"十二五"国家重点图书出版规划项目

— 南京大学学术文库 —

自主创新与经济增长

沈坤荣 等著

南京大学出版社

此项研究是国家自然科学基金项目"增强自主创新能力,提升经济增长质量研究"(71073076)的阶段性成果;也是国家社科基金重大招标项目"贯彻落实科学发展观与加快转变经济发展方式研究"(07 & ZD009)的阶段性成果。

沈坤荣

经济学博士，美国斯坦福（STANFORD）大学经济学系高级研究学者。现任南京大学经济学院院长、教育部长江学者特聘教授；教育部经济学教学指导委员会委员；南京大学—霍普金斯大学中美文化研究中心兼职教授；中国数量经济学会常务理事；中国价格协会理事；中国工业经济学会副理事长；江苏省交通经济研究会会长。主要研究领域：经济增长、转型经济、宏观经济、资本市场。近年来著有《新增长理论与中国经济增长》、《中国资本市场开放研究》、《中国经济的转型与增长》等专著和合作著作10部；在《中国社会科学》、《经济研究》、《管理世界》、"China & World Economy"、"China Business Review"、"Journal of Asian Economics"等杂志发表学术论文120余篇。曾获首届中国博士后学术大会论文一等奖；第二届全国青年优秀社会科学成果奖；第三届"江苏青年科学家奖"；国家级高等教育教学成果二等奖；教育部第四届、第六届中国高校人文社会科学研究成果二等奖；是首批教育部"新世纪优秀人才支持计划"入选者；"新世纪百千万人才工程"国家级人选；国家教学名师；全国优秀博士学位论文指导教师；孙冶方经济科学奖获得者；张培刚发展经济学奖获得者；享受国务院专家特殊津贴。

南京大学学术文库

编辑委员会

主　　任　蒋树声
副主任　洪银兴　　陈　骏　　张异宾（常务）
委　　员　（以姓氏笔画为序）
　　　　　　丁　帆　　王　颖　　王明生
　　　　　　左　健　　叶继元　　孙义燧
　　　　　　李　成　　吕　建　　许　钧
　　　　　　陈　骏　　宋林飞　　张异宾
　　　　　　吴培亨　　周　宪　　郭子建
　　　　　　洪银兴　　钱乘旦　　龚昌德
　　　　　　蒋树声　　程崇庆　　赖永海
　　　　　　谭仁祥

南京大学学术文库
总　　序

蒋树声

　　高等教育发展的核心是学术和人才。2000多年前的儒家典籍《大学》,就倡言"大学之道,在明明德,在亲民,在止于至善"。其中就蕴涵着昌明学术、探求真知之意。不过,在相当长的一段历史时期中,无论是我国两汉时期的太学,还是两宋以后逐渐昌盛的书院,无论是古希腊雅典城邦的哲学学园,还是中世纪欧洲次第建立的大学,类似的学术研究,都主要集中在经国治邦的政治理念与修身养性的道德哲学领域,而且以整理、阐发经典为主。19世纪初诞生的以柏林大学为代表的德国大学模式,由于更加重视科学研究,主张教学与研究相结合、相统一,由于将自然科学的研究引入高等教育的殿堂,因而使得大学的理念为之一变,高等学校的形态与功能也发生了深刻的变化。时至今日,高等学校,尤其是研究性大学,已经成为我们这个时代理论创新、知识创新和技术创新的重要基地,科学研究已经成为现代大学的一个重要职能。当然大学"学术研究"的内涵,也因时而进,不断丰富、充实,由只注重哲学、人文、社会科学的研究,发展到注重自然科学与工程技术、管理科学的探索,进而追求科学与人文的整合;由只注重基础研究,发展到兼顾理论、知识的应用与技术的开发、推广。正是在这样一个时代背景下,江泽民主席在庆祝北京大学建校100周年大会上的讲话中,专门论述了建设"若干所具有世界先进水平的一流大学"的重要性,指出这样的大学,"应该是培养和造就高素质的创造性人才的摇篮,应该是认识未知世界、探求客观真理、为人类解决面临的重大课题提供科学依据的前沿,应该是知识创新、推动科学技术成果向现实生产力转化的重要力量,应该是民族优秀文化与世界先进文明成果交流借鉴的桥梁"。立志于跻身世界一流大学,为国家强盛、民族复兴和人类文明演进作出更大贡献的南京大学,理所应当要承担起这样的使命与职责;而出版《南京大学学术文库》,正是我们为建设世界一流大学所作出的诸多努力之一,其现实意义与深远影响,是不言而喻的。

出版《南京大学学术文库》,应该贯彻理论联系实际、实事求是的原则与"百花齐放,百家争鸣"的方针。在此基础上,我们提倡学术创新。学术的生命、学术的价值就在于有所继承,有所突破,有所创新。创新是学术昌明、理论发展的灵魂所在。此外,在学术研究上,多学科、跨学科的研究已成为发展趋势。

新的知识生长点、新的理论突破口,往往处于学科的边缘及交叉地带。能否突破多年来业已形成的彼此分割和疏离的学科界限,携手攻关,进行多学科、跨学科的研究,是我们能否有所创造、有所突进的关键所在。

据我所知,欧美发达国家的堪称世界一流水平的研究性大学,大多有水平甚高、影响甚巨的学术期刊与出版机构。这些高水平的期刊与出版物,成为大学鲜明特色的标志之一。南京大学在近百年的办学实践中,逐渐形成了自己的办学特色和学术风格。在若干学科领域,南京大学不但在国内居领先地位,在国际上也接近前沿,有重要影响。《学术文库》要立足南京大学,进一步发扬我校已有的学科优势,并同时通过《学术文库》的出版,将我校正在生长发展中的新的学科影响扩展、光大,以形成南京大学新的学科优势和学术流派。对于南京大学出版社来说,能否使《南京大学学术文库》持续出版,形成特色,并在国内外学术界产生较大的影响,既是对南京大学出版社的一个挑战,又是为南京大学出版社上水平、上台阶提供的一个难得机遇。

祝《南京大学学术文库》越出越好!

1999年5月于北园

序

  党的十八大报告提出实施创新驱动战略,要求探索经济发展新动力,尤其强调科技创新对提高社会生产力和综合国力的战略支撑作用。创新驱动作为新的发展方式,可以依靠科学技术替代或节省紧缺的物质资源,依靠环保技术和环保产业实现绿色低碳生产,依靠自主创新技术增加中国产品和服务的附加值。而发展先进制造业需要增强自身的自主创新能力,掌握核心技术和关键技术,增强科技成果转化能力,从而提升产业的整体水平。

  自主创新能力涉及三种能力:原始创新能力、集成创新能力和引进消化吸收再创新能力。神六发射成功体现了自主创新的成就及三种创新能力的结合;表明中国现有的体制能够发展处于国际前沿的尖端技术,即使人均GDP处于发展中国家水平;同时也表明经济转型时期的体制优势(不完全是体制劣势),市场经济可以充分发挥个体的竞争力,政府作用是可以集中资源办大事,特别是集成创新力。

  集约型增长特别重视科技进步。在现阶段,经济增长将越来越取决于技术进步。科学技术不仅物化在劳动力、物质资本等有形生产要素上,还作为经济增长的独立要素起作用。经济增长建立在科技进步的基础上是最可靠的,能保持长期的稳定增长。

  经济增长方式与经济发展阶段有着密切的关系。在经济发展的第一阶段,由于劳动力、土地等生产要素价格便宜,具有比较优势,通过大规模投入生产资源来推动增长具有必然性。因此,该阶段具有明显的粗放型增长方式的特征。在经济发展的第二阶段,大规模投资以获得规模经济成为主要特征,同时由于技术物化于生产设备,技术进步和资本积累难以分割。因此,第二阶段是粗放型向集约型增长的过渡阶段,兼具大规模要素投入和全要素生产率提高的特征。在第三阶段,创新取代要素投入成为经济增长的主要推动力,经济增长将表现出典型集约型增长方式的特征。

依靠科技进步和自主创新可以克服经济持续增长的资源限制。长期以来,我国的经济增长主要依靠高投入,以人力、物力和财力的投入为基础,外延地扩大再生产,而忽视在技术进步的基础上内涵地扩大再生产,由此产生经济增长的自然约束。如果说过去相当长的时期中,经济增长主要依靠对大自然的索取的话,进入信息时代后,经济增长将主要依靠对知识和信息的索取。对建立在依靠科技进步基础上的经济,人们一般用知识经济来概括。知识经济对可持续发展的意义主要在于以下三个方面:① 以知识和信息替代物质消耗,体现物质消耗和环境污染的减少。② 各种自然物质可能被多次使用和反复使用。③ 物品在使用功能完成后重新变成可利用的资源。总的来说,科技进步需要形成这样一些技术:生产部门节约能源和原材料消耗的技术;提高资源使用效率的技术;替代不可再生资源的技术;减少和治理环境污染的技术等。

自主创新需要有发展高科技的理念。在采用技术上也有粗放型和集约型之分。长期采用传统技术没有创新就属于粗放型方式,只有追求技术创新的技术进步才可以说转向集约型方式。长期以来流行的理论是:由于先进技术明显节省劳动力,考虑到就业的压力,我国选择的技术应该是中间技术或适用技术。现在看来,这个理论形成的误导便是阻碍采用最新、最先进技术。在这里,扩大就

序

业是以降低经济中采用新技术的层次为代价的。这是典型的粗放型方式。这种技术选择在过去的封闭经济中似乎还过得去。现在，随着改革开放的深入，国内市场实际上正在成为国际市场的一部分，中国产品不仅在国外市场面临竞争，在国内市场也遇到国际竞争。以中间技术为基础的中国产品明显缺乏竞争力。这可以说是近年来许多企业因产品销售不畅而效益下降的主要说明因素。现实中也可发现一些企业的产品之所以能在买方市场背景下争得较大的市场份额，靠的就是首先采用国际最新、最先进的技术。就中国的消费者来说，其接受的产品也是具有高技术含量的产品。所有这些表明，在现阶段推进技术进步所要选择的技术应是国际最新、最先进的技术。

对发展中国家来说，科技进步的路径是多元的。可以通过自力更生地研究和开发取得，也可以通过进口或模仿国外先进技术取得。技术进步不仅仅是研究开发的同义词，也不仅仅出自于实验室，尽管这是现阶段产生新技术的主渠道，同样不能忽视的是生产过程中工人的技术发明和创新，这也是技术进步的重要方面，特别要突出自主创新。

沈坤荣教授最近主持完成了国家自然科学基金课题"增强自主创新能力提升经济增长质量研究"，呈现在读者面前的这本专著就是此项课题的阶段性成果。全书研究了技术进步路径与创新动力机制，技术引进与自主创新能力以及外资技术转移与经济增长质量之间的关系；探讨了间接 R&D、行业特征与知识生产效率；在知识产权保护水平测算的基础上，分析了知识产权保护影响技术创新的机理；并在统计数据的支持下，构造基本的经济计量模型，研究增强自主创新能力提升经济增长质量的途径与政策体系。全书在理论基础、分析方法和技术路径等方面有一定的新意，并形成一系列阶段性论文公开发表，产生良好的社会反响。该专著内容完全符合党

自主创新与经济增长

的十八大提出的创新驱动发展战略,也符合十八届三中全会提出的提升经济增长质量的要求。值此专著出版之际我很愿意向广大读者推荐。

洪银兴

2013 年 12 月 26 日

前　言

　　自改革开放以来,中国经济经历了三十多年的快速增长,取得了举世瞩目的成就,如经济总量规模跃居世界第二,人均收入水平得到显著提高,经济运行结构取得明显优化等等。但与此同时,这一过程所伴生的粗放型增长模式也积累了一些矛盾与问题,并在新形势下变得尤为尖锐和突出。比如:能源高度消耗所带来的资源约束、出口高度依赖所带来的内需不足以及投资高度膨胀所带来的产能过剩等等,这些问题都将成为中国经济实现可持续发展的制约瓶颈。因此,如何加快转变经济发展方式,以实现经济大国向经济强国的转换,是新的发展时期应进一步思考的问题。

　　加快转变经济发展方式的重中之重是重构经济增长的动力机制,提升经济增长的质量与效益。从增长的需求结构来看,应在发展开放型经济、稳定外需的同时,进一步提高消费、扩大内需;应在保持一定投资规模的前提下,进一步优化投资结构和提升投资效益,并使投资主体逐渐由政府财政主导向民间资本主导转变,以实现投资的可持续性。

　　从增长的要素来看,加快转变经济发展方式应从以往过度依赖劳动和资本转变到主要依赖全要素生产率的提高上;应从以往过度依赖生产要素的粗放型投入转变到技术进步的密集型发展上。应进一步改善要素组织效率,通过发展规模经济提升资源配置效应;

自主创新与经济增长

应进一步增强自主创新能力,通过加快技术进步提升经济增长质量。为此,主要应从研发能力、教育水平、技术引进以及产业支撑几方面来着重推进。

第一,增强社会研发能力。科技研发是技术进步的基础,增强自主创新能力应以提高社会研发水平为重点。这就要求建立健全以财政资金为引导、企业投入为主体、社会资本广泛参与的多元化科技创新投入体系,建立健全产学研相结合的多元化研发模式,全方位增强社会经济主体的研发能力,多层次提高社会各行各业的研发水平。

第二,增加教育培训投入。教育培训是技术进步的保证,增强自主创新能力应以提高教育培训水平为根本。这就要求在人才培养过程中坚持育人为本,以改革创新为动力,以服务社会为导向,大幅度增加教育培训投入,大幅度提高教育培训质量,大力促进教育公平,大力加强教师队伍建设,推动教育培训事业的科学发展,提高教育的现代化水平。

第三,加大技术引进力度。技术引进是自主创新的前提,增强自主创新能力应以加大技术引进力度为先行。这就要求继续深化发展开放型经济,提高外商直接投资资本的使用质量,优化进出口贸易产品的技术结构;继续发挥政府在技术引进中的政策优势和企业在技术引进中的主导作用,加强政策扶持,加大资金投入,进一步提高技术引进水平。

第四,发展战略新兴产业。高新产业是技术进步的载体,增强自主创新能力应以发展战略性新兴产业为支撑。这就要求加强政策支持和规划引导,促进新兴产业的跨越发展;推动高新技术产业做强做大,向价值链高端攀升,向研发设计和销售服务两端延伸,提高产品的附加值;重点发展高新产业,兼顾发展现代农业和工业,促进产业结构的调整和升级。

前　言

综合来看,研发能力的增强、教育投入的增加、引进力度的加大以及高新产业的发展都有赖于人才的大规模引进。因此,增强自主创新能力,人才支撑是关键。实施人才强国的战略,应在具体工作中优先投入人才资金,各级财政应设立人才培养、引进和奖励的专项资金,并引导企业加大人才投入,大幅度提高人力资本投资比重;应适应经济转型升级特别是发展创新型经济的需要,加快人才布局和结构调整,大规模培训各类人才,大力引进各类高层次人才特别是国际一流人才;应创新人才发展体制机制,坚持以用为本、人尽其才,落实人才培养引进使用政策,优化人才创新创业环境,激发各类人才的创造活力。

总之,加快转变经济增长方式,使中国经济在未来的发展中具有更强的可持续性,应增强自主创新能力,重构增长动力机制,提升增长质量与效益。

本书是我主持承担国家自然科学基金项目(71073076):"增强自主创新能力,提升经济增长质量研究"的阶段性成果。全书内容共分为十七章:第一章研究技术进步路径演变与创新动力机制;第二章研究外资技术溢出、技术购买与自主创新能力之间的关系;第三章分析外资技术转移与经济增长质量。在上述三章研究的基础上,第四章探讨间接R&D、行业特征与知识生产效率;第五章和第六章分别研究政府R&D资助方式的增长绩效与地方政府行为对R&D投入的影响;第七章研究地方官员创新精神与地区创新;第八章研究政府R&D支出与企业自主创新;第九章分析政府R&D补贴与自主创新产出绩效。第十章至第十二章分别从作用机理、区域差异和计量检验角度研究风险投资如何影响自主创新。在第十三章知识产权保护水平测算的基础上,第十四章研究知识产权保护影响技术创新的机理,第十五章分析人力资本对自主创新的门槛效应。第十六章考察金融发展影响自主创新的机理并进行了实证;第十七章研究中小企业创新能力与增长质量提升的微观基础。

当然,我们深知要在这些方面取得实质性突破,需要对这些领域的现实发展状况有一个更加全面的认识。因此,本书许多内容都在着眼于对增强自主创新能力如何提升经济增长质量的历史经验进行严谨的实证分析。其中的一些阶段性成果已经发表在《中国社会科学》、《经济研究》、《管理世界》、《经济科学》、Annals of Economics and Finance、《金融研究》、《求是》等学术期刊,并受到学术界广泛的关注。

本书的提纲和研究思路由我提出,初稿撰写的分工是:第一章,沈坤荣、李光泗;第二、三章,沈坤荣、傅元海;第四章,沈坤荣、张兴龙;第五章,沈坤荣、郑安;第六、七章,沈坤荣、顾元媛;第八章,赵善科、沈坤荣;第九章,景秀、沈坤荣;第十章,宋力嘉、沈坤荣;第十一章,沈坤荣、王启飞;第十二章,郭飞、沈坤荣;第十三章,李潇潇、沈坤荣;第十四章,沈坤荣、李蕊;第十五章,陆倩;第十六章,周密、沈坤荣;第十七章,沈坤荣、周卫民。另外,张磊在初稿编排中做了大量工作。初稿完成之后,我又对各章进行了修改和体例统一工作。

本书是我们进行中国经济增长方式转变、可持续增长系列研究的阶段性成果。我们深知对中国这样一个发展中的大国,有待深入探讨的研究课题还有许多,这本专著只能是我们研究现实中国经济增长问题的一个阶段性成果。而且由于我们的理论功底和研究水平有限,书中的错误和不足之处可能有许多,恳请专家学者不吝指正。

沈坤荣

2013 年 11 月

目 录

第一章　技术进步路径演变与创新动力机制 / 1

第二章　外资技术溢出、技术购买与自主创新能力 / 19

第三章　外资技术转移与经济增长质量 / 40

第四章　间接 R&D、行业特征与知识生产 / 58

第五章　政府 R&D 资助方式的增长绩效 / 80

第六章　地方政府行为对 R&D 投入的影响 / 107

第七章　地方官员创新精神与地区创新 / 126

第八章　政府 R&D 支出与企业自主创新 / 141

第九章　政府 R&D 补贴与自主创新产出绩效 / 153

第十章　创业风险投资对技术创新的作用 / 188

第十一章　风险投资对技术创新的影响及区域差异分析 / 203

第十二章　风险投资影响自主创新的计量检验 / 217

第十三章　知识产权保护水平的测算及创新效应 / 236

第十四章　知识产权保护影响技术创新的机理 / 264

第十五章　人力资本对自主创新的门槛效应 / 286

第十六章　金融发展影响自主创新的机理与实证 / 323

第十七章　中小企业创新能力与经济增长质量提升的

　　　　　微观基础 / 351

第一章　技术进步路径演变与创新动力机制

本章提要　伴随经济总量快速增长,中国经济发展进入了新的发展阶段,发展方式转变逐渐成为未来发展的重要主线,而技术进步与创新是实现发展方式转变的重要支撑。围绕技术创新能力,本章深入研究我国经济增长中技术进步路径演变与技术创新动力机制问题。研究结果显示:技术能力、技术知识积累、市场化程度、经济基础条件等因素对技术进步路径演变影响较强,技术进步路径存在一定依赖性,但不显著;不同技术进步方式对技术创新的影响存在较大差异,与技术引进相比,自主研发对技术创新能力影响程度最大、显著性水平最高;技术创新对经济增长效应影响显著,尤其是核心创新能力对经济增长影响更加显著。为此,应不断优化技术进步路径,提高技术知识的累积效应,加快技术进步转型,凸显技术创新功能,发挥自主创新作用,提升中国经济增长质量。

第一节　问题提出与文献回顾

一、问题提出

伴随经济快速发展,中国经济总量已达到世界第二位,但与发达国家相比,国内外技术差异仍较大,如何实现技术跨越,最终实现经济大国向经济强国转变是经济学家普遍关注的焦点。与发达国家自主研发相比,发展中国家除了采用自主研发方式实现技术进步外,技术引进无疑是成本较低的技术变迁方式(林毅夫和张鹏飞,2005)。改革开放以来,我国通过一系列重大措施,尤其是大力实施技术引进战略,推动了经济快速增长。1978—2009年,国内生产总值从3 645亿元持续增长到335 353亿元;据中国社会科学院预测,2010年中国GDP达到368 552亿元。但是,过去30多年我国经济发展是以数量扩张为特征的"数量型增长",伴随我国经济总量的快速增长,经济增长与人口、资源、环境的矛盾日益突出，单纯依靠自然资源和廉价劳动力的比较优势来积累资本、换取技术、发展经济的方式已经严重落后，技术进步路径及技术创新能力等存在的问题日益凸显，尤其是技术进步的路径依赖、核心技术创新能力相对低下等问题，备受理论与政策层面关注。

经济全球化背景下激烈的市场竞争与核心技术创新能力相对低下的矛盾对我国经济持续增长提出了比较严峻的挑战，也对我国技术进步方式与路径问题提出了新的要求。加入WTO以来，虽然我国各项技术创新经费投入绝对量保持连续增长势头，但是技术创新经费投入比例仍非常低下，自主创新投入相对不足问题仍较显著，甚至出现加剧现象。虽然我国各地区研发经费投入总量增长较快，但研发经费相对投入仍较低。2001—2008年，各地区研发经费支出从442.3亿元持续增长到2008年3 073.1亿元，研发经费支出占当年产品销售收入比重基本维持在0.7%左右，2008年出现显著下降，从2007年的0.7%下降到2008年的0.53%。

随着我国经济总量的不断增长，调整经济增长方式、提高经济增长质量的要求不断提高。党的十七大明确提出了加快转变经济发展方式的战略任务，转变经济增长方式、提高经济增长质量根本在于不断提高企业效率、提高产业竞争力、提高各要素报酬，这关键在于不断提高技术及产品创新能力、提高技术进步对经济增长的贡献。"十二五"期间，中国经济发展进入了新的发展阶段，发展方式转变逐渐成为未来发展的重要主线，发展方式转变依赖于需求结构调整，更依赖于要素供给结构优化，而技术创新能力是实现要素结构优化、实现发展方式转变的重要支撑。从技术创新路径来看，发展方式转变要求技术进步路径不断从引进推动向自主创新驱动转型。为此，本章研究重点从技术引进、自主研发投入行为及制约因素入手，研究我国技术进步路径演变规律、技术进步路径对技术创新能力影响动力机制以及技术创新的经济增长效应。

本章后续结构安排如下：本节第二部分是对已有研究进行回顾；第二节探讨技术创新与经济增长的研究框架和计量模型；第三节是实证分析，利用各地区大中型工业企业数据，对理论研究命题进行计量检验；第四节是研究结论与政策建议。

二、文献回顾

自亚当·斯密探讨分工与技术以来，大批经济学家孜孜以求研究技术变迁与经济增长的关系。直到20世纪中叶Solow(1956)首次将技术进步模型化以作为长期经济增长的源泉,20世纪80年代后期兴起的内生增长理论尤其是熊彼特内生增长理论才真正将技术进步内生化,并从技术进步形态、变迁过程、变迁方向等方面研究技术进步与经济增长关系。众多学者基于经济增长理论分析框架研究经济增长问题,研究得出并被普遍接受的结论是不同国家间经济水平差异主要是由于技术进步差异引起的。若考虑欠发达国家与发达国家的技术偏好、制度因素等导致的稳态水平的差异,在资本报酬递减与技术扩散的作用下,欠发达地区经济将趋向于更快地增长,最终能够实现世界经济发展趋同,当然这缺少非常一致的实证分析结果支撑(Barro and Sala-I-Martin,1991)。

对经济欠发达国家来说,如何实现技术进步的快速增长始终是难以回避的难题。众多学者通过各种理论模型得出,欠发达国家可以通过技术引进来实现技术进步快速增长。Nelson et al.(1966)证明,若一个后进国家技术水平的提高同它与技术前沿地区的技术差距呈线性正比,后发国技术进步速度常常高于先发国。Barro and Sala-I-Martin(1995)假定一国进行技术模仿成本是该国过去已经模仿的技术种类占现有技术总数量比例的增函数,得出的结论是通过技术赶超,各国在长期内将实现收入的趋同。Van Elkan(1996)在开放经济条件下建立了技术转移、模仿和创新的一般均衡模型,假定所有国家资本存量都可以从技术的转移、模仿或创新中得到有效的提升,研究得出欠发达国家可以通过技术引进,最终实现技术和经济水平的赶超,不同经济起点的国家的人力资本的积累、生产能力以及经济增长速度将最终趋于收敛。如果欠发达国家的技术进步可以用技术引进的概念来很好地描述,它就能提供一种被Gerschenkron(1962)所称的后发优势。

当然,欠发达国家的技术进步远比从发达国家简单地技术引进或蓝本转让(或机器)要复杂得多,这与技术所具有的"沉默性"和"环境敏感性"具有紧密关系(Evenson et al.,2003)。大多数技术包括隐性的技术及配套的沉默部分,对环境具有较强敏感性,为掌握这些技术并挖掘其价值,需要企业具有一定的吸收能力(absorptive capability)、理解能力,以充分吸收、应用该技术(Cohen and Levinthal,1989)。虽然一些能力可能随着时间推移可以自动获取,即"干中学",但是在大多数情况下,这些能力的积累必须依靠积极的技术努力才能获取,包括有计划的时间安排、技术学习必需的人力与物质资源投入等。Romijn(1997)使用巴基斯坦资本制造企业数据研究技术吸收及学习能

自主创新与经济增长

力在企业发展中的影响,研究表明企业对引进技术做出的努力对技术能力的构建具有重要影响。金麟洙(1998)通过研究韩国的经济发展和企业的技术学习得出教育在成功的技术引进中是一个重要因素的结论。Kim and Inkpen (2005)研究了与国外研发合作、吸收能力和技术学习的关系,研究发现:当企业引进新技术越快、合作经验越多、技术学习越快,在合作企业中,与国外企业的研发合作对技术学习产生影响越显著,吸收能力对技术学习效果产生越显著的促进作用。Falvey et al. (2006)利用面板数据检验南北国家间的技术扩散,研究发现吸收能力对技术扩散具有显著的促进作用,吸收能力是发展中国家获取后发优势的关键因素。

与众多发展中国家技术变迁方式相似,中国技术进步表现出非常明显的"强制性技术变迁"特征,即在现有的世界技术差距格局下,以产业发展为导向、以国家强控制力为保障、以技术引进为主要实现方式,实现技术持续进步、技术跨越、经济快速发展。中国技术进步的主要方式是技术引进,但是,就技术引进发展战略能否推动经济持续发展、实现技术跨越等方面,在理论界一直存在激烈争论。一方是以林毅夫等学者为代表的后发优势观点。林毅夫和张鹏飞(2005)指出技术引进的成本低于研发成本,欠发达国家在遵循要素禀赋所决定的比较优势发展时,只要欠发达国家可以从发达国家引进技术并实现比发达国家更快的技术升级,不但不会陷入永远生产低技术产品的陷阱,反而可以使得欠发达国家相对于发达国家有着更快的经济增长速度,并最终可以实现欠发达国家向发达国家人均收入的收敛,即实现了"后发优势"。另一方是以杨小凯等为代表的后发劣势观点。杨小凯(2000)认为落后国家模仿发达国家的技术容易而模仿发达国家的制度难,落后国家倾向于模仿发达国家的技术和管理而不去模仿发达国家的制度,这样落后国家虽然可以在短期内获得快速的经济增长,但是会强化制度模仿的惰性,给长期增长留下许多隐患,甚至长期发展变为不可能,因此,他认为后发国家有"后发劣势"。其所关注的重要方面是技术路径依赖问题,即所谓的"锁定"(lock-in)效应,根据路径依赖理论,由于规模经济、投资不可逆性和技术相互关联性的影响形成了一种正反馈和自我强化的机制。这样,技术一经选择可能产生一种"锁定"效应,使得经济上低效的技术可能继续存在下去。

技术引进向自主研发转变通常是复杂的组织学习过程,通常经过模仿创新、创造性模仿、改进型创新以及二次创新等阶段,充分提高企业组织学习能力,最终才可能真正实现自主创新(吴晓波,1995)。邹薇和代谦(2003)在标准内生增长模型中分析了发展中国家对发达国家的技术模仿和经济赶超问题，指出发展中国家对于发达国家先进技术的模仿能力取决于发展中国家的人均人力资本水平，引进的技术与人力资本的不匹配导致了发展中国家技术模仿的失败以及经济增长绩效低下。李平等（2007）从投入产出绩效视角分析了国内外不同的研发资本以及人力资本和知识产权保护对中国自主创新的影响，研究发现中国自主创新能力的提升主要依靠国内自主研发的投入，国外研发对中国自主创新能力的贡献度也不容忽视，三大国际技术扩散路径溢出的国外研发对自主创新的影响存在较大差异，并且每条路径溢出的国外研发对不同层次自主创新的贡献度也显著不同等。吴延兵（2008）运用1996—2003年中国地区工业面板数据研究了自主研发、国外技术引进和国内技术引进对生产率的影响，研究发现自主研发和国外技术引进对生产率有显著提升作用，但国内技术引进对生产率并没有显著影响；我国自主研发的吸收能力较低，阻碍了对引进技术的学习和消化，进而影响了生产率增长；自主研发、国外技术引进对生产率的影响也表现出明显的地区差异，各个地区不同的技术发展水平和创新能力基础可能是造成该现象的主要原因。

中国经济发展实践在一定程度上有效支持着后发优势理论的论断，伴随我国经济进一步深入发展，后发劣势理论所阐述的技术变迁路径依赖效应也逐渐引起更多关注。根据熊彼特内生增长理论可推知，在现有世界技术差距格局下，欠发达国家的技术引进通常具有技术扩散及外溢效应、创新能力不足所致的路径依赖效应、"创新"毁灭效应等，在这些效应共同作用下，技术进步影响着技术创新能力及经济增长。中国经济增长与宏观稳定课题组（2006）从"干中学"演进机制入手，研究得出中国正处于一个增长模式的转型期，这一期间的技术进步模式仍然是"干中学"为主，仍处在赶超的供给曲线上，但我们也需要通过改变企业外部的政策环境，来修正技术进步演进过程中企业的恶性竞争行为模式，从而在微观基础上改变生产要素的组合和竞争方式，真正使中国经济增长模式向集约型的增长阶段过渡，并提出通过供给政策和深化市场改革来推进经济增长方式转变。中国经济增长与宏观稳定课题组（2008）在企业生产函数中引入政府支持系数，分别研究了贫困陷阱阶段、中等收入阶段经济落入经济发展陷阱的主要影响因素，进而提出确定政府转型是关键，限制政府利益刚性、明确政府福利支出与企业发展能力相匹配是中国未来的新增长机制的关键。

第二节　研究框架和计量模型

一、研究基本思路

技术进步是实现长期经济增长的根本动力,技术进步路径对经济增长方式尤其是长期增长潜力具有重要影响。就地区层面来看,技术进步通常有三种途径:自主研发、从国外引进(本书特指从国外的技术引进)、从国内其他省市引进,国际技术影响的重要途径无疑是技术引进,当然也受到吸收能力等因素影响,这也要依赖国内企业的研发能力。总体来看,实现技术创新、经济发展的技术进步路径主要是自主研发、技术引进、国内技术引进,技术进步路径是在一定技术能力约束下选择结果,从而对技术创新绩效产生影响。为此本研究围绕下述三个命题展开。

命题一:在经济发展过程中,技术引进与国内研发间存在复杂关系,技术能力约束将导致经济发展路径更加强化技术引进战略,技术能力提高对自主创新产生重要影响,从而影响技术进步路径的演变。

技术引进提高技术创新能力、实现技术跨越关键在于充分发挥技术外溢效应、规避技术路径依赖效应、合理调节技术引进中的创新性毁灭效应等。若引进技术未被有效吸收、内化,落后地区经济发展可能产生"技术发展陷阱",只有不断突破技术能力约束才能不断提高自主创新投入,实现技术进步路径转变。

命题二:技术创新水平取决于技术进步方式(包括技术引进、研发投入)、技术知识存量、人力资本数量及其他变量等。地区间的技术能力、资源禀赋结构、市场结构状况等差异对技术创新动力产生重要影响。

技术引进可能通过两种途径对经济增长及技术创新产生影响:增加中间产品供给,表现在技术创新存量知识的有效增加,这依赖于有效吸收和整合能力;引进技术的外溢效应,这依赖于对引进技术的有效吸收及引进技术特征等。当然研发投入越多,技术创新的可能性必然越高。人力资本越多,可用于最终产品生产和研发部门的劳动力越多,这样人力资本的产出效应推动产出水平的作用加大。此外,我们注意到研发部门利用的劳动力通常为熟练劳动力,如专业技术人员,这样专业技术人员越多的地区,技术创新水平可能越高。在追求经济增长目标的情况下,技术能力约束将导致经济发展路径更加强化技术引进战略,若引进技术未被有效吸收、内化,落后地区经济发展可能产生"技术发展陷阱"。

命题三:经济增长与技术创新能力、人力资本、资本等要素投入以及其他技术参数等相关,技术创新对经济增长产生的影响包括技术创新的替代效应与技术创新的增长效应,综合效应取决于二者作用程度的对比。

技术创新的替代效应:在保持一定经济增长条件下,技术创新程度提高,则研发部分的工资水平将提高,而最终产品生产部门人力资本的工资保持相对稳定。在这种情况下,劳动者套利条件必将使得更多人力资本流向研发部门,使得最终产品部门人力资本数量下降,由此将降低经济增长水平。由于此时人力资本结构是由于技术创新外溢效应导致劳动力在两部门相对工资水平变动引起的,因此,可将其界定为技术创新外溢效应产生的人力资本结构替代效应。当然,在我国目前人力资源比较丰富的条件下,人力资本的软约束可能不强。技术创新的增长效应:在保持一定经济增长条件下,技术创新程度越高,技术创新的预期收益越高,这将促进技术创新效率的提高,中间产品数量增长越快,进而促进经济增长总量的增长。

二、计量模型

技术创新是在一定技术基础、技术引进与研发投入等一系列因素作用下的生产所得,当然也存在较大的随机性。正如吴延兵(2008)所强调的地区技术创新能力基础对技术创新能力具有重要影响,因此,在模型构建中有必要纳入该变量,当然技术创新能力基础度量是变量选择的难点。从技术创新过程来看,技术创新能力基础实际包括两大方面:一是拥有的技术知识;二是技术创新的条件。由此,本书采用企业拥有的专利数量与科研机构建设情况来反映技术创新能力基础状况。就技术进步路径变量的度量来看,本书拟采用流量指标加以考察,以分析技术进步路径动态变化及对创新能力的影响。技术创新函数可采用如下形式加以表述,基本方程为如下过程:

$$INOV_{it} = f(H_{it}, SK_{it}, TI_{it}, RD_{it}) \qquad (1.1)$$

对其取对数,可得

$$\ln INOV_{it} = f(\ln H_{it}, \ln SK_{it}, TI_{it}, RD_{it}) \qquad (1.2)$$

其中,$INOV_{it}$ 表示第 t 年第 i 省、自治区、直辖市(以下简称省)技术创新能力变量。根据技术创新方程,由此我们可以得出最终产品生产方程。技术创新能力通常反映经济增长潜力,测度技术创新水平一般用专利授权数指标或新产品指标,本书综合运用新产品开发项目数、专利数、发明专利数等变量

自主创新与经济增长

考察技术创新能力,相应的计量模型如下:

$$\ln INOV_{it} = \alpha_{it} + \beta \ln H_{it} + \varphi TP_{it} + \theta \cdot IV_{it} + \varepsilon \tag{1.3}$$

为控制资本对经济增长的影响,我们在最终产品生产方程中加入资本变量,模型的基本形式采用CD函数形式。其中资本存量(K_{it})、人力资本(H_{it})、技术创新($INOV_{it}$)以对数的形式进入方程,最终产品生产方程可表示为:

$$Y_{it} = g(K_{it}, H_{it}, INOV_{it}) \tag{1.4}$$

由此,我们可以得出技术创新对经济增长的贡献方程:

$$\ln Y_{it} = g(\ln K_{it}, \ln TH_{it}, \ln INOV_{it}) \tag{1.5}$$

根据理论分析的研究命题及上述分析结论,本书采用工业企业平均产品销售收入建立经济增长实证分析模型,经济增长计量模型对数形式如下:

$$\ln Y_{it} = \alpha_{it} + \alpha \ln K_{it} + \beta \ln TH_{it} + \gamma \ln INOV_{it} + \mu \tag{1.6}$$

关于技术进步类型选择的研究结果已表明(陈勇和唐朱昌,2006;黄茂兴和李军军,2009),技术选择是地方政府、企业在一定经济、技术、市场条件约束下内生选择的结果。因此,技术进步路径演变是政府、企业综合选择的结果,受到地区因素、产业发展状况、技术能力等因素综合制约。正如众多研究结果所表明的,技术引进、自主创新行为间通常存在较强的相互影响,因此,本书首先对技术引进、自主研发、国内技术购买等投入行为进行计量分析。模型表示如下:

$$\begin{cases} TI_{it} = f_1(FC_{it}, RC_{it}, GC_{it}, PR_{it}, IV_{it}, \varepsilon) & (1.7) \\ ITI_{it} = f_2(FC_{it}, RC_{it}, GC_{it}, PR_{it}, IV_{it}, \eta) & (1.8) \\ RD_{it} = f_3(FC_{it}, RC_{it}, GC_{it}, PR_{it}, IV_{it}, \mu) & (1.9) \end{cases}$$

被解释变量包括:① 技术进步路径特征变量,包括技术引进强度、国内研发强度、购买国内技术支出强度、消化吸收投入强度、国内研发与技术引进相对比值等变量,其中TI_{it}表示第i地区第t年的技术引进变量,由技术引进支出与产品销售收入之比计算而得;RD_{it}表示第i地区第t年的国内研发变量,由国内研发支出与产品销售收入之比计算而得;ITI_{it}表示第i地区第t年的国内技术购买变量,由购买国内技术支出与产品销售收入之比计算而得。② Y_{it}表示第i地区第t年的经济增长变量,分别采用企业平均产品销售收入、新产品销售收入表示,并利用定基消费品价格指数进行缩减。③ $INOV_{it}$表示第i地区第t年技术创新水平,分别采用企业平均新产品开发项目数、专利数、发明专利数等表示。

解释变量主要包括：① 技术能力变量，包括正式研发机构建设状况、技术知识基础变量，其中NRS_{it}表示第i地区第t年正式研发机构数量占工业企业比重。SK_{it}表示第i地区第t年技术知识基础变量，技术知识在测度方面非常模糊、复杂，本书采用滞后一期企业拥有发明专利数作为替代变量进行表示，显然该变量反映了技术存量特征。② 企业基本特征变量，包括企业资本存量、从业人员数量、工程技术人员比例、技术特征变量等。其中K_{it}表示第i地区第t年企业平均资本存量，采用工业企业平均年末固定资产余额表示，并采用定基固定资产价格指数进行缩减；EM_{it}表示第i地区第t年企业平均从业人员数量；HR_{it}表示第i地区第t年工程技术人员数量占从业人员的比重；AK_{it}表示第i地区第t年企业技术特征变量，采用人均资本存量表示，该变量反映了企业技术资本密集度。③ 市场化及市场竞争变量，包括国有企业比重、三资企业产值比重，SR_{it}表示第i地区第t年国有及国有控股企业产值比重；FDI_{it}表示第i地区第t年三资企业产值比重。④ 政府调控能力变量，SC_{it}表示第i地区第t年的政府调控能力变量，采用政府财政支出比重表示。⑤ 经济外向度，AS_{it}表示第i地区第t年的经济外向度变量，采用出口占GDP比重表示。

三、数据说明

在工业化、国际化快速推进形势下，工业发展能力对经济发展具有重要影响，工业企业创新能力对任何经济体竞争力具有决定性作用。因此，本书采用各省市大中型工业企业为对象进行实证分析。2001年，我国根据WTO规则对技术引进统计口径进行了调整，而且在省市层面缺少可采用的调整方法，基于数据的一致性与可比较性，本书研究时间范围界定为2001—2008年。由于西藏部分数据缺乏，本书将利用大陆地区除西藏外的其他30个省市的数据进行分析。数据来源于《中国统计年鉴》、《中国科技统计年鉴》以及其他相关年鉴。

第三节 实证检验与结果分析

一、技术进步路径演变的计量检验

为综合分析技术进步路径选择行为，本书将技术引进、国内研发支出、国内技术引进作为被解释变量，采用似不相关估计法（SUR）进行估计（结果见

自主创新与经济增长

表 1-1,检验结果分别见模型 M1、M2、M3),以验证假说一。从模型整体检验来看,三个模型的 $F/WALD$ 检验均在在1%水平显著,说明模型设置均比较合理。

表1-1 技术进步路径影响因素的计量检验

	M1(SUR)		M2(SUR)		M3(SUR)	
	显著值	系数	显著值	系数	显著值	系数
atp	$1.96E-08$***	3.37	$-2.96E-09$	-0.55	$-4.38E-09$*	-1.89
nrs	0.011 232 7***	4.46	0.016 250 8***	6.94	0.001 921*	1.91
$\ln ns$	$-0.000\ 809$***	-2.92	0.000 658 7***	2.68	$-0.000\ 26$**	-2.39
ak	$-4.96E-05$*	-1.97	$-6.91E-05$***	-2.95	$-1.63E-06$	-0.16
gy	0.002 314 5*	1.97	0.000 158 4	0.14	$-6.85E-05$	-0.15
fdi	0.001 648 7	1.39	0.001 339 1	1.22	$-2.26E-05$	-0.05
tax	0.001 077 2	0.42	0.005 278**	2.2	0.001 094 3	1.06
mgr	$-0.000\ 233$*	-1.82	0.000 010 6	0.09	$-3.32E-05$	-0.65
ex	$-0.015\ 52$**	-2.12	$-0.002\ 39$	-0.35	$-0.001\ 837$	-0.63
$y0$	$1.86E-07$***	4.99	$1.69E-07$***	4.87	$-4.92E-09$	-0.33
$ti95$	0.001 326 3	0.02	0.059 756 8	0.86	$-0.005\ 859$	-0.2
$\_cons$	$-0.000\ 729$	-0.66	0.001 514	1.47	0.000 515 1	1.16
拟合度	0.229 3		0.319 2		0.063 7	
R/WALD	71.41***		112.45***		16.32***	
P	0		0		0.090 8	

注:*** 表示1%水平显著,** 表示5%水平显著,* 表示10%水平显著。
数据来源:《中国科技统计年鉴》(2002—2009)。

技术能力是企业获取技术外溢效应、实现技术进步路径的关键因素,这突出反映在技术创新条件、技术知识基础等方面。结果显示,技术创新条件变量对技术引进、国内研发、国内技术引进投入均产生正向影响,分别在1%、1%、10%水平显著。技术知识基础变量对技术引进、国内研发、国内技术引进投入也产生显著影响,分别在1%、1%、5%水平显著,但影响方向与程度存在较大差异。技术知识基础对技术引进投入产生显著的负向影响,对国内研发投入产生显著的正向影响,对国内技术引进投入产生显著的负向影响。这说明技术能力对技术进步路径产生显著影响,是技术路径选择的重要约束因素。技术能力越强,实现自主创新的技术路径可能性越大。技术能力越低,选择外来技术引进的可能性越大,技术能力约束导致经济相对落后地区过度依赖外来技术,甚至陷入技术引进陷阱。

以人均实际资本量表示的资本密集度对技术创新投入产生负向影响。资本密集度对技术引进影响程度为负,且在10%水平显著,对国内研发投入影响程度在1%水平显著,对国内技术引进影响不显著。从技术创新投入来说,技术资本密集度越高,技术创新投入面临约束可能越强。

市场竞争变量对技术路径选择影响相对较弱。结果显示,国有企业产值比重、三资企业产值比重均对技术引进产生正向影响。其中,国有企业产值比重在10%水平显著;国有企业产值比重、三资企业产值比重对国内研发投入产生正向影响,但均不显著;国有企业产值比重、三资企业产值比重均对国内技术引进支出产生负向影响,但均不显著。

以政府财政能力表示的宏观调控变量对三个技术创新投入变量均产生正向影响。政府调控变量对技术引进投入产生正向影响,但不显著;政府调控变量对国内研发投入产生正向影响,且在5%水平显著;政府调控变量对国内技术引进投入产生正向影响,但不显著。

市场需求对技术进步路径影响相对较弱。以国内生产总值增长率表示的国内市场需求对技术引进产生负向影响,且在10%水平显著;国内市场需求对国内研发投入产生正向影响,但不显著;国内市场需求对国内技术引进产生负向影响,但不显著。

以出口产值与国内生产总值比值表示的经济外向变量对技术引进产生负向影响,且在5%水平显著;经济外向对国内研发投入产生负向影响,但不显著;经济外向对国内技术引进产生负向影响,但不显著。经济外向变量对技术进步路径的影响在一定程度上也反映了国际市场需求因素的影响。

经济基础条件对技术进步路径产生重要影响。以期初产值表示的经济基础变量对技术引进产生正向影响,且在1%水平显著;经济基础变量对国内研发投入产生正向影响,且在1%水平显著;经济基础变量对国内技术引进入产生负向影响,但不显著。这反映经济基础较好的地区在技术引进、自主创新等方面投入能力更强,而经济基础较弱的地区可能面临较强的投入约束。

为测度我国经济发展中技术路径依赖效应,本书采用"九五"期间的平均技术引进强度作为技术依赖工具变量,分别计量其对技术进步的影响。结果显示,技术依赖对技术引进产生正向影响,但不显著;技术依赖对国内研发投

自主创新与经济增长

入产生正向影响,但不显著;技术依赖对国内技术引进产生负向影响,但不显著。这说明我国经济发展中存在一定的技术路径依赖效应,但是并不显著。

二、技术进步路径与技术创新能力关系的计量检验

分别将新产品数量、专利申请数量、发明专利数量作为被解释变量,带入模型(1.3)进行估计(结果见表1-2,检验结果分别见模型 M4、M5、M6),以验证假说二。根据企业创新能力来看,企业创新程度依次表现为产品创新能

表1-2 技术创新能力影响因素的计量检验

变量类型	指标	M4(FE) 系数	检验值	M5(FE) 系数	检验值	M6(RE) 系数	检验值
技术路径	TI	32.139 8***	2.83	21.882 4	1.51	11.936 9	0.76
	RD	115.057 7***	8.8	49.087 9***	2.93	33.044 7*	1.84
	ITI	76.713 4***	2.66	6.005 2	0.16	37.235 3	0.88
技术能力、技术特征	NRS	1.380 6***	2.92	2.177 0***	3.6	1.510 5**	2.16
	lnSK	0.112 9**	2.27	0.299 5***	4.7	0.441 8***	7.14
	AK	0.005 7	1.33	0.009 2*	1.68	0.012 1**	1.97
人力资本	HR	1.125 6	0.51	3.410 0	1.21	0.497 8	0.16
	lnEM	0.763 0***	5.83	0.027 1	0.16	0.303 2*	1.61
市场竞争	SR	−0.306 3	−1.07	−0.163 9	−0.45	0.122 1	0.31
	FDI	0.198 1	0.88	0.501 9*	1.74	0.780 2***	2.5
宏观调控能力	SC	0.007 5	0.02	−0.625 3	−1.1	−0.285 2	−0.45
经济外向度	EX	−1.835 5	−1.47	4.673 8***	2.93	3.119 0*	1.75
常数项	C	−5.800 5***	−5.98	−1.312 8	−1.06	−3.785 2***	−2.7
调整 R^2		0.547 4		0.482 1		0.465 4	
R/WALD		23.860 0		15.960 0		170.610 0	
P		0.000 0		0.000 0		0.000 0	
HAUSMAN		54.490 0		155.610 0		2.300 0	
P		0.000 0		0.000 0		0.998 8	

注:*** 表示1%水平显著,** 表示5%水平显著,* 表示10%水平显著。
数据来源:《中国科技统计年鉴》(2002—2009)。

力、技术创新能力以及发明创新能力,显然产品创新相对来说较容易实现,因此,新产品创新数量、三项专利申请数量、发明专利申请数量等近似反映企业技术创新的深度。Hausman 检验结果显示,新产品创新数量与专利申请数量的 Hausman 检验均在 1% 水平显著,而发明专利申请数量的 Hausman 检验不显著。因此,三个模型形式分别确定为固定效应模型、固定效应模型、随机效应模型,并根据相应模型结果展开分析。从模型整体检验来看,三个模型的 F/WALD 检验均在 1% 水平显著,说明模型设置均比较合理。

技术进步路径特征的技术引进、自主研发、购买国内技术等三个变量对技术创新均产生正向影响,但对技术创新影响的程度与深度存在显著差异。自主研发投入对技术创新影响程度最大、显著性水平最高,技术引进对各项技术创新水平产生了正向影响,但影响程度及显著水平较低。技术引进对新产品数量影响程度为 32.139 8,且在 1% 水平显著,对专利申请数量影响程度为 21.882 4,基本在 10% 水平显著,但对发明专利数量影响程度仅为 11.936 9,且不显著。自主研发对各项技术创新水平产生了正向影响,影响程度显著高于其他技术特征变量,但影响程度及显著水平出现了逐渐下降特征。自主研发对新产品数量影响程度为 115.057 7,且在 1% 水平显著,对专利申请数量影响程度为 49.087 9,基本在 1% 水平显著,对发明专利数量影响程度仅为 33.044 7,在 5% 水平显著,研究结果与李平等(2007)得出的结论一致。国内技术引进对各项技术创新水平产生了正向影响,但其影响程度及显著水平波动更大。国内技术引进对新产品数量影响程度为 76.713 4,且在 1% 水平显著,但对专利申请数量、发明专利数量影响均不显著。这说明各地区技术引进的首要目的是改进产品供应、提高市场占有率。从企业创新来说,在原有技术基础上对产品的模仿创新等是企业通常较容易实现的,但是企业核心技术能力主要依赖于企业主动性的创新活动,尤其是自主创新。

技术能力对新产品创新、技术创新,尤其是发明创新均产生显著正向影响。其中技术创新体系变量对新产品创新、三项专利及发明专利均产生显著影响,分别在 1%、1%、5% 水平显著,尤其对三项专利影响程度最大、显著度最高。以各地区滞后创新水平表示的技术基础条件变量对新产品创新、三项专利及发明专利均产生显著影响,均在 1% 水平显著,而且对新产品创新、三项专利及发明专利的影响程度与显著水平表现出明显的递增规律,说明技术基础条件越好,技术创新越强,技术基础条件差异极可能导致地区间技术创新能力差距扩大。

自主创新与经济增长

人力资本对技术创新影响方向与预期一致,均产生正向影响,但是人力资本变量对技术创新影响差异性较大。以从业人员表示的人力资源总量对新产品创新、三项专利技术创新、发明创新均产生正向影响。除对三项专利技术创新影响不显著外,对新产品创新、发明创新的影响分别在1%、10%水平显著。以工程技术人员占从业人员总数比重表示的技术人员比重变量对技术创新也产生了正向影响,但是影响均不显著,这说明人力资本的创新动力仍有待进一步挖掘。

以人均实际资本量表示的技术特征变量对技术创新产生正向影响。结果显示,技术特征变量对新产品创新影响程度为0.005 7,但不显著,对三项专利技术创新影响程度上升为0.009 2,且在10%水平显著,对发明专利技术创新的影响程度进一步上升为0.012 1,且在5%水平显著。

市场竞争变量对技术创新影响与预期基本一致。结果显示,以国企产值比重表示的市场垄断程度变量对技术创新影响均不显著,且对新产品创新、三项专利技术创新均产生负向影响。以三资企业产值比重表示的市场化程度对新产品创新、三项专利技术创新、发明创新均产生正向影响,其影响程度与显著性表现出极强的递增态势,且对三项专利技术创新、发明创新影响分别在10%、1%水平显著。

以政府财政能力表示的宏观调控变量对三个技术创新变量影响差异较大。政府调控变量对企业新产品创新产生正向影响,对三项专利技术创新、发明创新均产生负向影响,且均不显著。这可能在一定程度上反映了我国经济发展中的实际状况,很多地方经济发展具有典型的"短期效应"特征,过多注重本地企业发展的短期市场竞争力、产品销售收入,从而较多关注企业短期的产品更新、创新行为,而对具有较长期限、持久的基础创新投入动力相对较弱。

经济外向度在一定程度上强化了企业技术创新动力,以各地区出口产值比重表示的经济外向度变量对技术创新产生了重要影响。虽然经济开放度变量对新产品创新影响不显著且为负值,但对三项专利技术创新、发明技术创新均产生正向影响,且分别在1%、10%水平显著。

三、技术创新能力提升的经济增长效应分析

为反映技术创新的经济增长效应,采用各省市大中型工业企业平均产品销售收入实际值为被解释变量进行计量检验,以验证假说三。采用产品销售收入作为衡量指标主要考虑到这一指标还体现了企业产后管理水平,如销售能力、市场预测能力以及库存管理水平等,能够较好反映经济增长效应。将新产品数量、专利申请数量、发明专利数量作为解释变量带入模型(1.6)进行估计。Hausman检验结果显示,Hausman检验均不显著,甚至为负值,因此,模型形式均确定为随机效应模型,并根据相应模型结果展开分析。从模型整体检验来看,三个模型的 F/WALD 检验均在 1%水平显著,说明模型设置均比较合理。计量结果说明影响企业的核心竞争力、经济发展效益主要依赖企业技术创新能力、产品的技术含量等,见表 1-3。

表 1-3 技术创新能力对经济增长影响的计量检验

指标	M7(RE) 系数	M7(RE) 检验值	M8(RE) 系数	M8(RE) 检验值	M9(RE) 系数	M9(RE) 检验值
$\ln K$	0.503 7***	11.45	0.502 6***	10.98	0.468 0***	11.17
$\ln EM$	−0.148 2**	−2.16	−0.052 4	−0.76	−0.084 6	−1.36
$\ln NP$	0.044 3*	1.74	—	—	—	—
$\ln ZL$	—	—	0.218 1***	8.93	—	—
$\ln INOV$	—	—	—	—	0.128 9***	6.01
C	6.692 0***	15.31	6.036 7***	13.89	6.745 2***	16.78
调整 R^2	0.281 9		0.563 1		0.392 4	
F/WALD	168.97		249.09		222.78	
P	0		0		0	
HAUSMAN	−1		−54.38		−2.14	

注:*** 表示 1%水平显著,** 表示 5%水平显著,* 表示 10%水平显著。
数据来源:《中国科技统计年鉴》(2002—2009)。

技术创新、资本对经济发展产生了显著正向影响,新产品创新、三项专利技术创新、发明技术创新对经济发展均产生显著正向影响,分别在 5%、1%、1%水平显著。从影响程度与影响显著性差异来看,新产品创新对经济发展影响程度为 0.044 3,在 10%水平显著;三项专利技术创新、发明技术创新对经济发展影响程度与显著性更高,这两个变量对经济发展影响显著性的检验值分别达到 8.93、6.01。计量结果充分证实技术创新能力对经济发展具有非常重要影响,是实现经济快速发展的关键因素,也验证了理论分析的结论。但是,从企业技术创新能力与创新水平实际来看,我国企业技术创新能力尤其是核心创新能力相对不足等问题仍非常突出。

资本对经济发展产生了非常显著的影响。三个模型计量检验结果非常一致,资本对经济发展影响程度基本在0.5左右,且均在1%水平显著,说明当前资本因素是推动我国经济发展的重要因素。虽然我国经济发展中存在过多依赖投资拉动问题,但从企业层面来看,资本因素仍是经济发展的重要影响因素。尤其在资本与技术可能互为补充的情况下,若资本与技术是互补品,则资本与技术对经济发展可能产生互动影响。当然,我国经济和谐、持续发展的关键是不断提高企业自主创新能力,进而实现技术创新与资本投资良性循环。

虽然理论模型在人力资源有效利用条件下得出人力资源对经济发展产生正向影响,但是,计量结果却发现,从企业层面来看,人力资源因素对经济发展产生了负向影响,这可能更好地反映了我国经济发展中面临的现实问题。我国当前经济发展面临的突出难题是就业问题,即使部分企业已经实行了改制,但是从总体来看部分企业可能仍存在从业人员相对过多问题。此外,由于本部分模型的被解释变量是产品销售收入而非总产值,人力资源因素对产品销售收入的影响不显著就更好理解了,即产品产量高但销售并不一定好。

第四节 研究结论与政策涵义

实现技术跨越、经济发展一直是经济学家最感兴趣的研究主题,也是众多落后经济体不懈追求的目标。毫无疑问,实现经济自主、持续增长的关键不在于可获取的技术流量知识,而是在于技术存量知识,这也是决定我国技术进步路径转型、实现自主创新、提升经济增长质量的关键。本章围绕技术创新能力,构建了技术创新与经济增长的内生增长模型,系统研究我国经济增长中技术进步路径演变与技术创新动力机制问题。

研究结果显示:① 技术能力、技术知识积累、市场化程度、经济基础条件等因素对技术进步路径演变影响较强,技术进步路径存在一定依赖性,但不显著。技术能力对技术进步路径产生显著影响,技术能力约束极可能导致经济相对落后地区过度依赖外来技术,甚至陷入技术引进陷阱。经济基础较好的地区在技术引进、自主创新等方面投入能力更强,而经济基础较弱的地区可能面临较强的投入约束。政府财政能力对国内研发投入产生显著正向影响。② 技术进步路径对技术创新影响存在较大差异,自主研发对技术创新能力影响程度最大、显著性水平最高。技术进步路径特征变量对技术创新均产生正向影响,其中自主研发投入对技术创新影响程度最大、显著性水平最高,技术引进对各项技术创新水平产生了正向影响,但影响程度及显著水平差异较大。③ 技术创新的经济增长效应显著,这是不断提升创新能力的重要引力。三项专利技术创新、发明技术创新对经济发展影响程度与显著性更高,证实技术创新能力对经济发展具有非常重要影响,是实现经济快速健康发展的关键因素。④ 技术能力、人力资本等因素对技术创新能力产生重要影响。地区间的技术能力、资源禀赋结构、市场结构状况等差异对技术创新动力产生重要影响。经济落后地区技术能力、人力资本等因素可能成为技术创新制约因素,在一定程度上强化其落后地位。

在我国经济增长已经跨越初期发展阶段的形势下,面对复杂多变的国内外经济环境,核心技术创新能力逐渐成为我国经济增长关键因素,经济增长方式转型要求技术进步路径应逐渐转向以自主创新为主的发展方式,技术进步应具有可持续性、知识累积效应,否则难以从根本上改变经济增长方式。就政策层面来看,宏观政策应进一步强化核心创新能力发展战略,加大政策支持;产业政策应具有持续、连贯性,政策才可能不断产生技术创新的累积效应;技术政策应进一步优化,提高产学研联动效应,克服企业创新的技术门槛限制,不断提升企业创新能力与创新动力。

本章参考文献

[1] Barro. R. J., X. Sala-I-Martin. Technological Diffusion, Convergence, and Growth. *National Bureau of Economic Research*, *Working Paper*, 1995.

[2] Cohen, W. M., Levinthal, D. Innovation and Learning: Two Faces of R&D. *Economic Journal*, 1989, 99(397): 569–596.

[3] Evenson, Robert. E, Westphal, Larry. E. Technological Change and Technology Strategy. *Handbook of Development Economics*. Northampton: Edward Elgar Publishing, Inc., 2003: 2211–2297.

[4] Falvey. R., Foster. N. Greenaway. D. Intellectual Property Rights and Economic Growth. *Review of Development Economics*, 2006, 10(4): 700–719.

[5] Gerschenkron A. *Economic Backwardness in Historical Perspective*. Cambridge, MA: Harvard University Press, 1962.

[6] Henny, Romijn. Acquisition of Technological Capability in Development: A

自主创新与经济增长

Quantitative Case Study of Pakistan's Capital Goods Sector. *World Development*，1997，25(3)：359-377.

[7] Kim, CS, Inkpen, A. C. Cross-border R&D Alliances, Absorptive Capacity and Technology Learning. *Journal of International Management*，2005，11(3)：313-329.

[8] R. Barro and X. Sala-I-Martin. Convergence Across States and Regions. *Brookings Paper on Economic Activity*，1991(1)：107-182.

[9] S. Nelson, E. Phleps. Investment in Human Technological Diffusion and Economy Growth. *American Economic Review*，1966，56(1)：69-75.

[10] Solow, Robert M. A Contribution to the Theory of Economic Growth Theory. *Quarterly Journal of Economics*，1956，70(1)：65-94.

[11] Van Elkan. R. Catching up and Slowing down：Learning and Growth Patterns in an Open Economy. *Journal of International Economics*，1996，41(1)：95-111.

[12] 陈勇,唐朱昌. 中国工业的技术选择与技术进步：1985—2003. 经济研究,2006(9).

[13] 陈璋,黄伟. 中国式经济增长:从投资与强制性技术变迁角度的一种解释. 经济理论与管理,2009(12).

[14] 黄茂兴,李军军. 技术选择、产业结构升级与经济增长. 经济研究,2009(7).

[15] 李平,崔喜君,刘建. 中国自主创新中研发资本投入产出绩效分析——兼论人力资本和知识产权保护的影响. 中国社会科学,2007(2).

[16] 林毅夫,张鹏飞. 后发优势、技术引进和落后国家的经济增长. 经济学(季刊),2005(4).

[17] 吴晓波. 二次创新的周期与企业组织学习模式. 管理世界,1995(3).

[18] 吴延兵. 自主研发、技术引进与生产率——基于中国地区工业的实证研究. 中国社会科学,2008(8).

[19] 杨小凯. 后发劣势. 经济学消息报,2000.

[20] 袁江,张成思. 强制性技术变迁、不平衡增长与中国经济周期模型. 经济研究,2009(12).

[21] 中国经济增长与宏观稳定课题组. 干中学、低成本竞争和增长路径转变. 经济研究,2006(4).

[22] 中国经济增长与宏观稳定课题组. 中国可持续增长的机制:证据、理论和政策. 经济研究,2008(10).

[23] 邹薇,代谦. 技术模仿、人力资本积累与经济赶超. 中国社会科学,2003(5).

[24] 金麟洙. 从模仿到创新. 北京:新华出版社,1998.

第二章　外资技术溢出、技术购买与自主创新能力

本章提要　一般来说,不同类型的技术引进对不同维度自主创新的作用不同。本章利用中国 2003—2008 年 28 个制造行业面板数据,采用 GMM 估计法进行了实证检验。研究显示,购买技术对发明专利增长具有正向作用,对全部专利、实用新型和外观设计专利增长,创新人力资本具有负向作用;研发溢出对自主创新能力具有负向作用;竞争效应对不同维度自主创新均具有正向作用;模仿效应对不同类型专利增长具有正向作用,对自主创新投入没有显著作用;消化吸收仅对低层次技术创新具有正向作用,反映本地企业倾向低层次技术创新,使得竞争效应和模仿效应对发明专利增长的促进作用小于对其他专利的促进作用。

第一节　研究背景与文献述评

一、研究背景

依靠廉价的劳动力、土地、原材料等生产要素,中国成为了世界制造大国,推动了经济持续高速增长,以及国家经济实力不断增强。但是,注重初级要素专业化的产业发展战略,使中国制造业在国际分工中主要承担低附加值的加工或组装生产环节,处于全球价值链的低端,而跨国公司控制了产品生产的国际分工中增值率较高的价值环节(刘志彪,2007)。我国在国际分工中更多是充当国际代工者角色。随着工资成本、土地和原材料价格不断上涨,环境压力不断增大,以初级要素专业化的产业发展战略推动经济高速持续增长面临严峻挑战,从制造大国向创造大国转变是走出困境、保持经济持续稳定增长的必由之路。加强自主创新推动技术进步是走向创造大国的必要条件。引进技术是提高自主创新能力的一条重要路径,在引进发达国家先进技术的基础上,通过消化吸收形成技术自我发展的能力,缩小与发达国家的技术差距,甚至赶超

发达国家的技术水平,这既能降低技术创新的成本,也能降低技术创新的风险,无疑是较优的选择。

国内外关于技术引进影响自主创新的研究成果很多,但是系统研究不同类型技术引进影响不同层面自主创新能力的成果很少,检验外资模仿效应影响自主创新能力的实证研究更少,而且将购买国外技术和外资的多种技术溢出纳入同一个分析框架来比较不同类型国际技术扩散影响自主创新差异的研究更为罕见。本章在梳理国际技术扩散影响自主创新的研究成果基础上,进一步厘清技术购买、外资研发溢出、竞争效应和模仿效应等国际技术扩散对不同维度自主创新的作用;利用2003—2008年28个制造行业面板数据,采用GMM估计法,实证比较四类国际技术扩散效应对我国自主创新的影响;为避免用单一指标度量自主创新导致实证结论的片面性,从创新产出和创新投入两个角度寻求自主创新度量方法。创新产出分发明专利、实用新型和外观设计专利、全部专利三种情况,创新投入分为创新经费投入和人力投入两种情况,主要目的是进一步考察不同类型国际技术扩散影响不同维度自主创新能力的差异。

二、文献述评

研究国际技术扩散的一些文献常常混淆技术进步与自主创新两个概念,前者是掌握他国已有的技术,没有自主知识产权;后者则是拥有自主知识产权的技术。因此,国际技术扩散促进东道国技术进步和自主创新的含义是完全不同的。国内外一些研究发现,引进、消化和吸收发达国家的先进技术是发展中国家实现技术跨越式发展的重要经验(Amsden,1989)。引进技术的路径主要有国际贸易、引进外国直接投资(简称外资)等。不同类型技术引进对自主创新的影响是不同的。学术界对购买技术是否促进自主创新能力一直存在争议,有学者认为购买国外技术会替代自主创新,降低国内企业自主创新的动机(Mohanan,1997),实证研究验证了这一点(Lee,1996);也有学者认为购买国外技术与自主创新是互补关系(Freeman,1997),国内外的一些实证研究支持这一观点(Chang and Robin,2006)。除了技术贸易外,国际技术转移的路径概括为进口、出口和国际直接投资三种(Keller,2004)。进口是进口国推动技术创新的重要途径,因为进口包含先进技术的产品,进口国通过逆向工程可以消化吸收和模仿学习先进技术,并对其创新,可以形成具有自主知识产权的技术,一些研究验证了进口促进技术进步的观点(Coe and Helpman,1995);也有少数实证研究检验进口技术溢出对自主创新的影响(孙顺成和蔡虹,2006)。出口也是促进技术创新不可忽视的重要路径,因为国际市场的需求方如果对产品质量要求更高,对出口国厂商生产产品提供了更高的技术标准,必然促进企业进行创新。

有研究认为国际直接投资是国际技术扩散最显著的路径(Blomström,1989)。外资技术溢出对东道国技术创新具有重要影响,但是学者对技术溢出是否促进东道国技术创新没有得出一致性结论。王红领等(2006)归纳了外资技术溢出影响东道国技术创新的三种观点:一是抑制论(Haddad and Harrison,1993;Young,1998);二是促进论(江小涓,2002;侯润秀和官建成,2006);三是"双刃剑论"(李晓钟和张小蒂,2008)。关于外资技术溢出影响东道国自主创新的研究成果没有形成一致的意见,其原因主要是模型构建不同。构建检验外资技术溢出影响技术创新的计量模型一般以生产函数为基础(徐侠和李树青,2008;王然等,2010),或者以经验为基础(王红领等,2006)。除了计量模型构建的理论依据存在差异外,测度解释变量方法和选择解释变量的不同也是计量模型存在差异的重要原因。在实证研究中,自主创新能力可以从产出和投入两个角度度量,创新产出可以用新产品、专利等来衡量,创新投入主要用劳动和资本衡量。很多实证研究仅检验外资技术溢出对内资企业某一维度创新能力的影响,自主创新从单一维度衡量主要有专利(薄文广等,2005;李玉梅和桑百川,2011)、新产品销售收入(沈坤荣和孙文杰,2009)、创新投入(邢斐和张建华,2009)。用单一指标反映创新能力、实证检验外资技术溢出影响创新能力的结论具有片面性,结论不一定科学。

实证检验外资技术溢出影响我国内资企业专利的文献还存在一个重要缺陷,专利是反映创新能力的一个重要维度,但是国内外专利的界定存在较大差异,国外绝大多数专利是发明专利,而国内则相反,实用新型和外观设计专利占多数。大多数用专利度量技术创新的国内文献,没有将发明专利区分开来,意味着这些实证研究所得到的结论不一定是外资技术溢出影响自主创新能力的结论。少数研究成果分别检验了外资技术溢出对我国内资企业发明专利与其他专利的影响(冼国明和严兵,2005;王然等,2010),则弥补了这一缺陷。另一些实证文献同时检验了外资技术溢出对内资企业多维创新能力如专利、销售收入和创新投入的影响(王红领等,2006),发现外资技术溢出对多维技术创新均具有正面作用;这些研究虽然没有将发明专利与其他专利区分开来,但是用多指标从多维度度量创新能力,外资技术溢出影响不同维度技术创新的结论可以相互佐证,不仅可以弥补没有将发明专利与其他专利区分开来所得到实证结论的缺陷,而且实证结论可能较为全面和稳健。

外资技术溢出类型不同和技术溢出变量的度量方法不同可能导致实证结论不同。外资技术溢出变量的度量不同很大程度上是学者对外资技术溢出效应的分类不同。学者一般将外资技术溢出效应分为示范效应、竞争效应、联系效应和人员流动效应(Kinoshita,1998),有研究将示范效应和人员流动效应归结于模仿效应(傅元海等,2010)。实际上,这里所指的外资技术主要是产品生产层面的技术。而外资企业研发溢出主要是指开发技术即产品创新技术的溢出。特别是,外资的生产技术溢出和研发溢出对东道国自主创新能力的影响存在很大差异。

多数实证文献仅检验某一类外资技术溢出对东道国国内资企业自主创新的影响,如竞争效应(王红领等,2006)、关联效应(王然等,2010)、研发溢出效应(盛垒,2010)。其中竞争效应用外资参与度度量(沈坤荣和孙文杰,2009)。一些检验外资技术溢出影响我国内资企业自主创新的实证研究对外资技术溢出变量主要有以下方法度量,如外商投资额(薄文广等,2005),三资企业资产(李玉梅和桑百川,2011),三资企业的产值(张海洋,2008),用三资企业的资产或产值或外商投资额可以度量多种外资技术溢出效应,但并不能区分不同类型技术溢出效应对自主创新的影响。也有一些学者检验了多种国际技术扩散对自主创新的影响,如将外资参与度和研发溢出纳入一个模型检验了竞争效应和研发溢出对自主创新的影响(徐侠和李树青,2008);或者运用一个模型检验购买技术和竞争效应对我国内资企业自主创新的影响,研究发现,技术购买替代了自主技术创新,但技术购买通过提高我国技术能力促进了研发投入,通过吸收和模仿引进技术推进了自主创新,而竞争效应在短期与长期均没有对我国研发投入产生显著影响(邢斐和张建华,2009)。

通过上述文献综述可以发现,国内外研究国际技术扩散影响自主创新的实证文献存在以下不足。一是检验外资技术溢出的成果忽略了模仿效应对自主创新的影响。二是多数研究偏向于检验某一类国际技术扩散如技术购买、进口技术溢出、外资竞争效应和关联效应对某一维度技术创新如专利、新产品销售收入和创新投入的影响。将多种国际技术扩散与多维度技术创新纳入一个框架比较不同类型国际技术扩散影响技术创新的成果很少,因此,现有研究难以保证结论的科学性。三是实证文献没有将发明专利与其他专利区分开来,实证结论不一定能说明技术引进对自主创新能力的影响;而且既没有实证研究检验多种国际技术扩散对发明专利的影响,也没有理论研究和实证文献比较不同类型国际技术扩散影响不同维度自主创新能力的差异。本章将技术购买、研发溢出、竞争效应和模仿效应纳入同一个分析框架,检验不同类型国际技术扩散对多维度自主技术创新如发明专利、其他专利、创新经费投入、创新人力投入的影响,比较不同类型国际技术扩散影响不同维度自主创新能力的差异,试图弥补现有研究的不足。

第二节　理论分析和实证模型

一、不同类型技术引进影响不同维度自主创新能力的机理

从东道国获得技术路径的角度看,国际技术扩散的路径一般有技术引进和出口贸易两种,技术引进可分为引进国际直接投资和进口贸易两类。技术通过国际直接投资扩散通常称为外资技术溢出效应,一般分为生产技术溢出和研发溢出,生产技术溢出可以进一步分为竞争效应、模仿效应和关联效应。进口技术扩散进一步分为专利转让和货物进口。下面主要讨论外资的研发溢出、竞争效应、模仿效应和专利转让对东道国自主创新能力的影响,见图2-1。

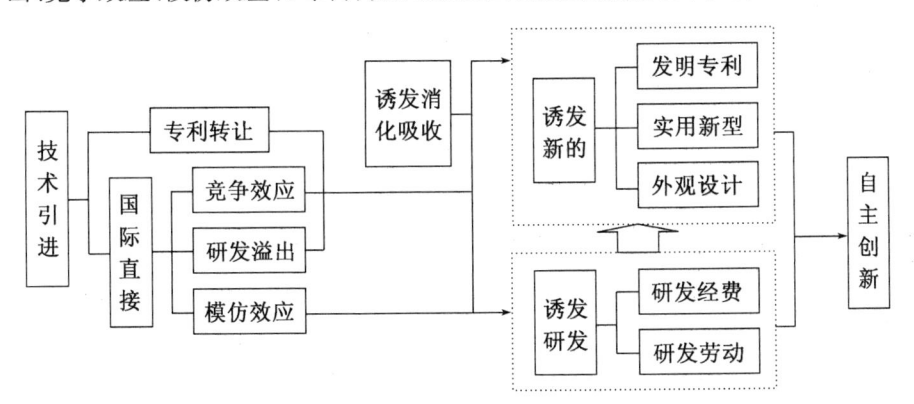

图2-1　技术引进影响自主创新的机理

国际专利转让对专利购买国自主创新的作用机理是颇为复杂的。虽然学者一致认为购买国外技术对自主创新能力可能产生两种截然相反的作用,但是这一观点并不总是正确的。因为自主创新能力可以从多维度进行度量,购买技术对不同维度的技术创新影响可能是有差异的。在某一时期,研发经费和研发人力资本数量是固定的,购买技术越多,技术应用、消化和吸收等需要的经费和人力资本越多,自主研发经费和人力资本投入会减少;本地企业如果对国外技术形成依赖,会降低自主研发的动机,可能直接诱发本地企业减少自主研发投入,也可能诱发本地企业加大消化吸收支出,间接减少研发投入。因此,购买技术对自主创新投入具有负面影响。技术购买对自主创新产出可能产生积极和消极两种作用。相对于国内技术而言,购买的技术是先进技术,本地企业在应用、消化和吸收基础上对核心技术或主要技术进行创新突破,超越来源国的技术水平,并达到国际领先水平,会形成自主创新能力。技术购买对自主创新的积极作用主要表现为降低自主创新的成本,提高自主创新的速度,诱发自主创新成果数量增加。技术购买通过减少研发投入可能对自主创新产生负面作用。总之,理论上看,技术购买对自主创新投入具有负向作用,对自主创新产出的影响是不确定的。

外资进入产生的竞争效应对东道国自主创新产生多方面的影响。一方面,本地企业为保持或扩大市场份额不断加大技术改进或引进的力度,如果本地企业注重追求短期效益,主要是模仿外资企业产品的工艺技术或购买技术,以提高企业的技术水平,而不是追求核心技术和主要技术的创新突破,就可能形成对外资技术的依赖,降低自主创新的动机和需求,诱发本地企业加大消化吸收外来技术的力度,可能减少自主研发投入和产出;如果本地企业在消化吸收外资技术或在自有技术基础上,加大投入力度,寻求关键技术和主要技术突破,就会诱发本地企业提高自主创新能力。另一方面,跨国公司为获得市场垄断地位,严格控制核心技术,一般将基础研发、核心技术、主要技术的研发和包含核心技术、主要技术的产品生产放在母国,减少知识和生产技术溢出,以抑制本地企业,减少本地企业的市场份额,诱发本地企业减少研发活动,自主创新能力随之下降。因此,竞争效应可能促进或抑制东道国自主创新能力。

研发国际化过程中的溢出效应对自主创新的影响也是复杂的。从创新投入角度看,跨国公司研发活动国际化过程中产生的知识溢出主要是产品创新技术溢出,即前沿先进技术的溢出。东道国企业对获得的新技术信息需要投入经费和人力进行学习、消化和吸收,诱发本地企业减少自主研发投入。跨国企业进行研发活动可能需要大量的研发人员,导致内资企业研发人力资本流失,抑制内资企业研发活动;同时跨国企业进行研发活动可能对雇佣的本地研发人员进行培训,外资企业研发人员的流动或者与内资企业研发人员进行交流,可以提高本地企业研发人力资本存量水平。因此,外资企业研发活动对内资企业自主创新经费投入具有负面作用,对内资企业自主创新劳动投入的影响是不确定的。从创新产出角度看,跨国公司研发活动不仅通过影响本地企业研发投入来影响创新产出,而且通过信息交流、合作、示范、竞争等途径影响本地企业的自主创新能力。跨国公司研发活动通过与本地研发机构的信息交流、合作,会加速先进知识和技术溢出,本地企业在充分学习、消化吸收基础上可能不断提高自主创新能力。跨国公司研发管理的科学性和规范性特别是服务市场的核心原则,对发展中国家研发活动具有很强的示范效应,对发展中国家自主创新具有促进作用。跨国公司研发活动一般以产品本地化为主要目的,对本地企业产生了激烈的竞争效应,外资技术溢出效应中的竞争效应和外资企业研发产生的竞争效应都是通过市场份额来表现,前者直接影响自主创新,后者间接影响自主创新,外资研发诱发的竞争效应可能促进也可能抑制东道国自主创新,具体原因与外资技术溢出效应中的竞争效应类似。由此可以看出,跨国公司研发溢出对东道国自主创新产出的影响是不确定的。

  本地企业对外资技术的模仿效应并不一定对自主创新能力具有正面作用。就自主创新投入来说,模仿学习效应越大,诱发本地企业模仿外资技术占用的研发投入越多,自主创新投入的资源必然减少,导致自主创新能力下降;同时,模仿学习效应越大也意味着本地企业以低成本获得更多技术,相对于通过自主创新获得同样多的技术而节约了大量的研发资源,节约的研发资源可以投入新的研发项目,意味着自主创新能力提高。因此,模仿效应对自主创新投入的影响是不确定的。从创新产出来看,模仿效应越大,虽然意味着本地企业掌握了更多先进技术,但如果本地企业对外资技术创新仅局限于产品本地化的需求,那么创新多是适应本地顾客需求的实用新型技术创新和外观改进,不会对核心技术和主要技术进行创新和突破,不能超越外资企业以至达到世界先进技术水平,也就没有在模仿基础上形成自主创新的能力,反而形成技术引进——模仿学习——再引进的低水平循环,强化了对外资技术的依赖性,严重削弱了自主创新能力。反之,在模仿学习基础上,如果诱发本地企业以形成自主创新能力为目的,对外资核心技术和主要技术进行创新和突破,东道国企业在该项技术上的水平就会超越外资企业的技术水平,甚至达到世界先进技术水平,形成技术引进——模仿学习——自主创新能力提升的路径。因此,模仿效应对自主创新能力的影响也是不确定的。

二、构建计量模型

(一) 创新产出的计量模型

从产出角度看,创新产出是创新投资、创新劳动等多种投入要素共同作用的结果,是新知识的生产(Pakes and Griliches,1980;李平等,2007),因此创新产出可以用 $C-D$ 生产函数表示为:

$$inno = c \cdot rdk^{\beta_1} \cdot rdl^{\beta_2} \cdot e^{a \cdot other} \tag{2.1}$$

其中,$inno$ 为创新产出,rdk 表示研发支出;rdl 为研发人员投入,$other$ 表示其他影响创新产出的因素,c 为知识生产函数的全要素生产率。创新投资本质上是对知识生产进行投资。知识不仅可以通过投资生产获得,而且可以通过购买获得,购买的知识既可能是对生产新知识的直接替代,也可能通过知识溢出效应促进新知识的生产,用技术引进支出($ftech$)来测度技术购买对创新产出的影响。技术溢出分解为竞争溢出效应(fdi)、研发溢出效应(frd)和模仿学习效应(loc),消化吸收($absp$)是本地企业掌握引进技术的主要环节,对本地企业的自主创新能力具有重要影响。基于上述分析,创新生产函数可以进一步表述为:

$$inno = c \cdot rdk^{\beta_1} \cdot rdl^{\beta_2} \cdot ftech^{\alpha} \cdot e^{fdi+frd+loc+absp} \tag{2.2}$$

对(2.2)式取对数得到(2.3)式:

$$\ln inno = c + fdi + frd + loc + absp + \alpha \ln ftech + \beta_1 \ln rdk + \beta_2 \ln rdl \tag{2.3}$$

依据(2.3)式可以构建创新产出的计量模型:

$$\ln inno_{it} = c + \alpha_1 fdi_{it} + \alpha_2 frd_{it} + \alpha_3 loc_{it} + \alpha_4 \ln ftech_{it} + \theta absp_{it} + \beta_2 \ln rdl_{it} + \beta_1 \ln rdk_{it} + \mu_{it} \tag{2.4}$$

其中,i 为第 $i(i=1,\cdots,28,$除烟草之外的 28 个制造行业)个制造业,t 表示第 $t(t=2003,\cdots,2008)$ 年[①]。(2.4)式中 $inno$、rdk、rdl 分别为内资企业的创新产出、研发支出、研发劳动投入。fdi 为外资进入产生的竞争效应(邢斐和张建华,2009;傅元海等,2010);frd 为外资企业研发溢出;loc 为本地企业

[①] 创新能力主要用研发产出和研发投入度量,虽然很多学者如王红领等(2006)用科技经费支出和科技活动人员度量研发投入,但是这种方法是不准确的,因为研发支出只是科技经费支出的一部分,研发人员也仅是科技活动人员的一部分。《中国科技统计年鉴》从 2003 年开始才有研发支出和研发人员统计口径的数据,2009 年则没有分行业外资企业研发数据,无法得到内资企业研发数据,因此,本文仅选择 2003—2008 年行业数据进行实证研究。

对外资技术的模仿学习效应;$ftech$ 为购买国外技术变量。4 个国际技术扩散变量是模型的核心解释变量[1]。$absp$ 为本地企业吸收消化支出水平,是模型的另一个重要解释变量。c 为截距项,μ 为残差项,α、β、θ 均为待估参数。

(二)创新投入的计量模型

借鉴王红领等(2006)构建模型的做法,我们进一步将外资技术溢出变量分解为模型(2.4)中的 4 个国际技术扩散变量,同时考虑内外资企业技术差距对研发投入的影响,得到内资企业研发投入的计量模型:

$$innop_{it} = c_{it} + \alpha_1 fdi_{it} + \alpha_2 frd_{it} + \alpha_3 loc_{it} + \alpha_4 ftechp_{it} + \theta_1 \ln scal_{it} + \theta_2 tgap_{it} + \theta_3 absp_{it} + \varepsilon_{it} \quad (2.5)$$

其中,$innop$ 表示行业的内资企业创新投入;$ftechp$ 为技术引进的支出,与模型(2.4)中技术引进支出 $ftech$ 用绝对值度量不同的是,$ftechp$ 用相对值度量,以与被解释变量创新投入用相对值度量保持一致[2];fdi、frd、loc 和 $ftechp$ 是模型(2.5)的核心解释变量,含义与模型(2.4)相同。$scal$ 为行业内资企业平均规模,$tgap$ 为内外资企业技术差距。i、t 和其他变量的含义均与模型(2.4)一致。

第三节 变量选择及其测度

一、变量的测度

(一)创新产出的测度

新产品和专利是反映创新产出($inno$)的两种主要方式,两种度量创新产出方法各有优缺点。就数据质量、可获得性而言,任何其他的数据无法与专利数据相媲美(Malerba and Orsenigo,1997)。专利包括专利申请和专利授权,国内学者认为专利授权在我国受人为因素影响较大,很多学者主张用专利申请度量创新产出能力(王红领等,2006;沈坤荣和李剑,2009)。因此,本书采用内资企业专利申请量反映创新产出能力。

---

[1] 因为没有获得行业货物进口和关联效应的相关数据,这里没有考虑货物进口和外资的关联效应两个变量。

[2] 模型(2.5)中技术引进变量采用模型(2.4)的度量方式,分研发投资和研发人员投资进行估计,在同一被解释变量条件下,技术引进变量用模型(2.5)和模型(2.4)两种度量方式的估计系数仅大小不同,所有解释变量和模型显著水平没有明显差异。

由于不同性质的专利技术含量不同,国际技术扩散对不同技术水平的创新能力影响也是不同的。专利技术有高端技术,也有低端技术。发明专利属于高层次技术,而实用新型和外观设计则是低端技术,不能在核心技术或主要技术上具有自主知识产权。因此,我们将模型(2.4)创新产出($inno$)分全部专利申请量($innoa$)、发明专利申请量($innov$)、实用新型和外观设计申请量($innod$)等3种情况进行讨论,以检验不同类型国际技术扩散对不同技术层次创新能力的影响。因为个别行业在某年发明专利申请量($innov$)和实用新型、外观设计申请量($innod$)为0,为使数据取对数后仍然有效,借鉴张海洋(2008)的处理方法,对$innov$和$innod$分别加1后取对数,即为$ln(1+innov)$和$ln(1+innod)$,而各行业全部专利申请量均不为0,则直接取对数为$\ln innov$。

(二) 研发投入的测度

创新劳动投入和创新经费投入是衡量创新投入两个主要方面。从现有的实证研究看,创新劳动投入和创新经费投入可采用多种数据进行测度;创新劳动投入采用企业科技活动人员(薄文广等,2005;蒋殿春和夏良科,2005)、专业技术人员(冼国明和严兵,2005)和研发人员(侯润秀和官建成,2006;陈劲等,2007)度量;创新经费投入采用企业科技经费支出额数据(李晓钟和张小蒂,2008;李玉梅和桑百川,2011)、研发机构科技经费支出额(冼国明和严兵,2005)度量;三是创新劳动投入采用研发人员全时当量数据,创新支出采用研发经费支出数据(徐侠和李树青,2008;王然等,2010)。创新成果主要决定于创新经费投入和劳动投入,与研发活动的外延相比,科技活动的范围更为宽泛,科技活动投入的统计口径比研发产出的统计口径更宽,可能导致实证估计结果有偏。

专业技术人员同样包含大量非研发人员,而且缺乏外资企业的专业技术人员数据,无法分离出内资企业的专业技术人员数据,在检验外资技术溢出对内资研发影响时,使用专业技术人员替代内资企业研发人员也可能导致估计结果有偏;而且研发机构科技经费也缺乏外资研发机构数据,无法分离出内资研发机构的数据,使用全部科技经费数据不仅包括企业科技经费,而且包括事业单位科技经费,在检验国际技术扩散对内资研发的溢出效应模型中,使用研发机构科技活动经费替代内资企业研发支出同样可能导致估计结果有偏。

基于上述理由,我们采用研发投入度量创新投入。在从事创新活动的研发人员中,科学家和工程师是决定创新产出的主要因素,而且按全时当量统计的研发人员中科学家和工程师的比例很高,2007年达到80%,因此,用研发人员中的科学家和工程师替代创新劳动投入。模型(2.4)中解释变量研发人员

(rdl)和研发支出(rdk)[①]分别对其当年绝对数取对数为 $\ln rdl$ 和 $\ln(rdk+1)$（个别行业某些年份研发支出为0，为使取对数有意义，研发支出均加1后再取对数）。模型(2.5)中被解释变量创新投入($innop$)分为研发劳动投入($innopl$)和研发经费投入($innopk$)两种情况，分别用研发人员中科学家和工程师占就业人数的比例和研发支出占工业总产值的比例测度，两个变量的单位均为百分比。

（三）技术购买及技术溢出的测度

技术购买的测度较为简单，技术溢出的测度较为复杂。技术购买直接采用技术引进支出费用数据，模型(2.4)中技术引进变量($ftech$)直接对技术引进费用取对数，模型(2.5)中技术引进变量($ftechp$)用技术引进费用占行业工业总产值的比例（按百分比计算）衡量。用外资参与度测度外资技术溢出的文献很多，一般研究利用外资存量数据测算外资参与度，如外商投资额占GDP或固定投资的比例（程惠芳，2002），由于外资存量难以准确测算，更多的研究则是用外资企业资产份额（Aitken and Harrsion,1999）、销售收入的份额（孙文杰和沈坤荣，2007）、就业的份额（Keller and Yeaple,2003）、产值份额（Sjöholm,1999）和增加值的份额（Xu,2000；傅元海等，2010）等测度。本文采用外资企业工业产值的比例衡量外资参与度(fdi)，以测度外资竞争效应对内资企业创新的影响。测度外资研发的知识溢出主要有两种方式：一是用外资企业研发支出绝对数量衡量外资研发水平，检验外资研发对内资企业技术水平或内资企业创新的影响（李小平和朱钟棣，2006；张倩肖和冯根福，2007）；二是用外资企业研发支出的比例衡量外资研发的知识溢出，以检验外资研发的溢出效应对内资企业创新的影响（盛垒，2010）。我们采用外资企业研发支出占行业研发支出的比例度量外资研发参与度(frd)，以测定外资研发对内资创新能力的溢出效应。借鉴傅元海等（2010）的做法，用外资企业增加值率反映外资企业本地化程度(loc)，以测度模仿效应。

（四）其他变量的测度

其他变量主要包括消化吸收支出、企业规模、技术差距等。内资企业消化

[①] 模型(2.4)中研发支出在一些研究采用存量，但是研发支出数据2003年才出现，时间跨度短，而且计算存量所需要的基期研发资本存量、研发投资价格指数、折旧等多种数据也难以获得，即使可以采用吴延兵（2006）提出的永续盘存法计算出制造行业的知识资本存量，结果并不一定准确。因此，国内研究一般采用当年研发支出数据（沈坤荣和孙文杰，2009）。

吸收变量($absp$)采用行业消化吸收支出占行业工业总产值的比例度量。对于企业规模的测度,学者主要采用企业销售收入(徐侠和李树青,2008)、产值(陈羽和邝国良,2009)、资本或资产(范承泽等,2008;陈涛涛,2003)衡量。但是,企业销售收入受市场需求、库存等因素的影响而不稳定,企业产值受市场供求、市场调整等影响,也缺乏稳定性,使时间序列上的可比性受到影响,因此,用销售收入或产值不能准确衡量企业规模。而资本或资产一般是比较稳定的,时间序列上的可比性强,因此,我们采用企业平均资产衡量企业的平均规模($scal$),并对其取对数为 $\ln scal$。

研究外资技术溢出的文献普遍认为,技术差距是影响技术外溢的重要因素,不过,对于技术差距的度量却各不相同。现有研究常常用内外资企业劳动生产率(Haddad and Harrsion,1993;Li et al.,2001)等指标的差距反映技术差距。劳动生产率一般用人均增加值衡量,由于科技统计数据中没有提供大中型企业增加值数据,研究外资溢出对创新影响的文献常常用内外资企业人均销售收入的比来度量技术差距(孙文杰和沈坤荣,2007),但销售收入受市场需求影响不能准确反映劳动投入对销售收入的影响,人均销售收入不能较好地度量劳动生产率。劳动投入与产出是直接关联的,用人均工业总产值较人均销售收入衡量劳动生产率更合理些。用工业总产值衡量劳动生产率也存在问题,如果中间投入多,劳动创造的增加值少,用人均工业总产值也不能准确反映技术水平,但是大中型企业数据中缺乏增加值,用人均工业总产值反映技术水平也是无奈的选择。这里用外资企业人均工业总产值与内资企业人均工业总产值之比衡量内外资企业的技术差距($tgap$)。

二、数据说明

专利申请、工业总产值、就业人数、研发支出、研发人员、科学家和工程师、技术引进支出和消化支出数据来自2004—2009年《中国科技统计年鉴》大中型企业数据,其中内资企业数据按行业全部数据减去外资企业数据计算。《中国科技统计年鉴》2004年和2008年仅有规模以上统计口径的全部企业和外资企业数据,为使两年数据的统计口径与其他年份一致,对两年内外资企业数据分别按2003年和2008年的比例对行业大中型数据进行分割计算,相应地得到两年大中型企业内外资的相关数据,以避免数据特别是用绝对值测度的数据较大波动。同时为避免模型(2.5)研发支出的比例和从事研发的科学家和工程师的比例2003年与2004年相同、2007年与2008年相同,2004年和2008年两个变量则按规模以上统计口径测算,因为相对指标的误差较少;2004年和2008年内外资企业技术差距则依据国研网大中型内外资企业的人均工业总产值计算,可以减少上述按比例法测算的误差。测算企业平均规模的资产数据来自国研网,其中2004年、2007年和2008年缺失1月至12月的累计数据,用1月至11月的累计数据替代。由于缺失大中型企业增加值数据,无法得到大中型外资企业生产本地化程度的数据,用规模以上外资企业生产本地化程度替代,2003年、2005—2007年外资企业生产本地化程度使用的数据来源于《中国统计年鉴》,2004年数据来自《中国贸易年鉴》,全国性的各类年鉴均缺乏2008年行业企业增加值数据,2008年数据仅用北京、广东和福建3省行业数据计算。

第四节 实证检验及结果分析

为避免内生性对模型估计结果的影响,将模型(2.4)的3种情况和模型(2.5)的两种情况均设定为动态面板,采用GMM进行估计。从表2-1和

表2-1 模型(2.4)的GMM估计

	被解释变量 $\ln innov$			被解释变量 $\ln innoa$			被解释变量 $\ln innod$		
	系数	z统计量	p值	系数	z统计量	p值	系数	z统计量	p值
$\ln ftech$	0.1097	3.2143	0.0013	−0.1254	−2.6623	0.0078	−0.2054	−3.7555	0.0002
frd	−1.3655	−1.8735	0.0610	−0.5734	−0.5891	0.5558	−0.2818	−0.2397	0.8105
fdi	4.3021	1.7398	0.0819	5.3070	2.5113	0.0120	7.1534	2.6013	0.0093
loc	3.0899	2.4454	0.0145	2.9886	3.3599	0.0008	3.6418	3.0553	0.0022
$absp$	0.0782	0.0982	0.9217	3.2025	3.3678	0.0008	4.8823	4.4054	0.0000
$\ln rdl$	−0.5967	−2.4888	0.0128	0.0876	0.3420	0.7323	0.3520	1.0261	0.3049
$\ln rdk$	−0.8476	−4.1224	0.0000	−0.4817	−1.8835	0.0596	−0.3472	−1.2018	0.2295
$\ln innov_{t-1}$	0.3619	2.4845	0.0130						
$\ln innoa_{t-1}$				0.9651	2.7002	0.0069			
$\ln innod_{t-1}$							0.9869	2.4887	0.0128
Sargan检验		6.4171	0.0930		1.2759	0.7349		2.8198	0.4202
一阶自相关检验		−1.8940	0.0291		1.9277	0.0269		−1.9401	0.0261
二阶自相关检验		1.6363	0.0502		1.6241	0.0522		1.4137	0.0787
样本数		168			168			168	

注:3种情况均包含个体效应和时间效应。

表2-2可以看出,5种情况Sargan检验χ^2统计量的p值较小的两个模型分别为0.07和0.09,其余3个模型均大于0.1,说明工具变量在10%显著水平下均是有效的。在专利作为被解释变量的3个模型中,在10%显著水平下均不存在二阶自相关,在创新投入为被解释变量的2个模型中,一阶自相关和二阶自相关检验的p值均大于0.1,说明两个模型均不存在一阶和二阶自相关。从统计意义上,5个动态面板模型均是理想的模型。下面主要介绍技术引进、外资竞争效应和模仿效应、研发溢出效应对我国内资企业自主创新的影响。

表2-2 模型(2.5)的GMM估计

	被解释变量$innopl$			被解释变量$innopk$		
	系数	t统计量	p值	系数	t统计量	p值
$ftechp$	-0.0649	-1.9394	0.0525	-0.0283	-1.2207	0.2222
frd	-0.3687	-1.3481	0.1776	-0.7241	-3.6536	0.0003
fdi	2.6797	2.4964	0.0126	1.1272	1.7808	0.0749
loc	-0.9102	-0.5201	0.6030	0.6820	1.4273	0.1535
$absp$	-0.0125	-0.0190	0.9848	0.9382	4.9534	0.0000
$\ln scal$	-0.6892	-2.1867	0.0288	0.1887	0.9536	0.3403
$tgap$	-0.4292	-2.2945	0.0218	-0.0765	-1.5397	0.1236
$innopl_{t-1}$	0.4526	8.6895	0.0000			
$innopk_{t-1}$				-0.0987	-1.3775	0.1684
$sargan$	6.9525		0.0734	1.2830		0.7332
一阶自相关	-1.1439		0.1263	-0.8543		0.1945
二阶自相关	0.9510		0.1708	0.2550		0.3994
样本数	168			168		

注:两种情况均包含个体效应和时间效应。

一、技术购买对自主创新的影响

检验结果表明,不同类型国际技术扩散对我国不同维度自主创新能力的影响存在很大差异。购买国外技术($\ln ftech$)对各种专利($\ln inno$)和研发劳动投入($innopl$)均具有显著影响,但购买技术对不同维度创新能力影响完全相反。在以发明专利($\ln inonv$)为被解释变量的模型中,$\ln ftech$的系数分别为0.11,显著水平达到1%,说明购买技术经费增加1%,在其他因素不变的情况下,我国内资企业发明专利增长 0.11%,即购买技术增多能显著促进发明专利增长。在以全部专利(ln $innoa$)和实用新型和外观设计(ln $innod$)为被解释变量的模型中,$ftechp$ 的系数分别为-0.13 和-0.21,显著水平均达到 1%,说明购买技术经费增加 1%,在其他因素不变的情况下,我国内资企业全部专利减少 0.13%,实用新型和外观设计专利减少 0.21%。在以研发劳动投入($innopl$)为被解释变量的模型中,$ftechp$ 的系数为-0.06,显著水平达 10%,意味着购买技术经费占行业工业总产值的比例增加 1%,我国内资企业研发人力资本占就业比例下降 0.06%,也就是说,购买国外技术增多会减少内资企业研发劳动投入。引进技术对内资企业研发经费没有显著影响。

购买国外技术影响我国内资企业发明专利和研发投入的结论不一致,从表面上看,购买国外技术影响我国自主创新能力的结论自相矛盾,实质上并不矛盾。进行研发投入的最终目的就是获得具有自主知识产权的技术,即可以用发明专利反映。虽然购买技术占用了我国自主创新投入的有限资源,最终却是增加了发明专利,可以认为购买技术对我国自主创新能力具有积极作用。原因是国际技术转让主要是技术含量高的发明专利转让,而我国 2003—2009 年发明专利申请数占全部专利的比例最高不超过 37%,发明专利授权数的比例最高不超过 26%,这就是说我国大多数研发活动是实用新型研发和外观设计。因此,购买的技术与实用新型研发和外观设计技术不是同层面的,购买技术越多,技术应用、消化、吸收需要的劳动越多,从事实用新型研发和外观设计技术研发人员减少,实用新型研发和外观设计技术专利减少,进而导致全部专利数量下降;引进技术越多,一旦本地企业掌握了引进的技术,就获得了更多的技术创新平台,进而提高发明专利产出的增长速度。

二、外资企业研发对自主创新的影响

由表 2-1 和表 2-2 可以看出,外资企业研发对我国本地企业的发明专利和研发经费投入具有显著的负面影响,对全部专利、实用新型和外观设计专利、研发劳动投入等没有显著影响。在以发明专利为被解释变量的模型中,frd 的系数为-1.37,显著水平达到 10%,可以说外资企业研发经费占我国制造企业研发经费的比例增加 0.01,在其他因素不变的情况下,我国内资企业发明专利减少 1.37%,即外资企业研发水平提高妨碍我国内资企业发明专利增长。在以研发经费为被解释变量的模型中,frd 的系数为-3.69,显著水平达到 1%,意味着外资企业研发经费的比例增加 1,我国内资企业研发经费投入占工业产值的比例下降3.69，也就是说，外资企业研发水平提高阻碍内资企业的自主创新。原因是，当外资企业研发水平提高，本地企业对外资技术的依赖程度提高，自主研发的动机降低，研发经费投入和发明专利产出减少；而且外资企业的研发主要是发明专利的研发，如2009年我国对美国、加拿大、日本、韩国和西欧等地发明专利授权占3种专利的比例大多数超过70%，较低的意大利和英国也在60%左右，而我国本地企业研发情况则相反，大多数研发活动是实用新型研发和外观设计，因此，外资企业研发技术与我国大多数研发技术不是同层面的，外资研发对本地企业实用新型研发和外观设计技术甚至整体创新活动的影响不显著。

三、竞争效应和模仿效应对自主创新的影响

表2-1和表2-2表明，竞争效应（fdi）的系数在5种情况下均为正，显著水平达到10%或1%，表明外资进入产生的竞争效应显著促进了本地企业的自主创新活动。在外资企业的竞争压力下，本地企业为争夺市场份额不断加大技术创新投入的力度，不仅注重以市场需要为导向，加强实用新型和外观设计等低层次技术创新，而且不论是在自有技术基础上还是在消化吸收和模仿外来技术基础上，都重视核心技术和主要技术的创新，以形成拥有自主知识产权的技术优势，因此，可以认为外资竞争效应对本地企业自主创新的促进作用远远大于抑制作用。在以发明专利、全部专利、实用新型和外观设计分别为解释变量情况下，模仿效应（loc）的系数均为正，且显著水平达到5%和1%；在自主创新经费投入和劳动投入的模型中，loc的系数均不显著。由此可以得到如下判断，本地企业对外资技术的模仿学习效应对自主创新投入没有显著影响，但能显著提高本地企业自主创新产出。因为本地企业对外资技术的模仿学习不仅能缩小内外资企业的技术差距，而且为内资企业提供了更高的技术创新平台，本地企业在模仿基础上进行自主创新就会使掌握的技术水平达到世界先进水平，形成更高的自主创新能力，创新产出就可能增加。

四、消化吸收对自主创新的影响

从表2-1和表2-2的回归结果可以发现，消化吸收支出对发明专利增长和自主研发劳动投入没有显著影响，对全部专利、实用新型和外观设计专利、自主研发经费投入具有正面作用。在全部专利、实用新型和外观设计专利、自主研发经费为被解释变量的模型中，消化吸收支出（$absp$）的系数分别为

3.2、4.88和0.94,显著水平均达到1%,意味着消化吸收支出占工业总产值的比例增加0.01,全部专利、实用新型和外观设计专利、自主研发经费投入水平分别增加3.2%、4.88%、0.009%。由此可以推断消化吸收支出增加主要对本地企业低层次技术创新能力具有显著促进作用,对本地企业核心技术或主要技术的创新能力没有显著影响。原因是,本地企业在引进技术的基础上,技术创新的方向主要是技术的应用、产品的外观设计等,以满足本地化市场的需求;本地企业消化吸收支出水平越高,诱使本地企业进行引进技术的本地化应用、实用新型技术和外观设计技术的研发支出增加,促进了低层次专利甚至全部专利产出增长。

可能正是本地企业创新方向的偏差,在以创新产出为被解释变量的回归结果中,fdi和loc分别对不同层面专利的作用存在差异。在以发明专利为被解释变量的模型中,fdi和loc的系数分别为4.3和3.1,分别低于实用新型和外观设计为被解释变量的模型中的系数;在实用新型和外观设计为被解释变量的模型中,fdi的系数7.2,loc的系数为3.6。基于这一实证结果可以作出这样的判断:外资进入产生的竞争效应和模仿效应对发明专利增长的促进作用可能低于对其他专利增长的促进作用。由于发明专利技术含量高,创新难度很大,而实用新型和外观设计专利技术含量低,创新难度小,发明专利与实用新型和外观设计专利可能不具有可比性,这一结论则可能不成立。如果发明专利与实用新型和外观设计专利具有一定的可比性,并且这一结论具有一定的合理性,那么我国内资企业技术创新出现的偏差可能是一个不可忽视的主要原因。具体地说,在外资进入产生的竞争效应和模仿效应作用下,本地企业为追求短期利益而抢占市场份额,创新的重点不是对自有或引进的核心技术或主要技术进行突破和创新,以推动产品创新,显著改善产品性能和质量,而是更多地偏向于生产工艺技术、产品外观设计或引进技术的本地化应用等方面,结果必然是竞争效应和模仿效应对反映高层次技术创新的发明专利增长的促进作用小于对其他低层次技术创新的作用。

从专利总量看,我国已是世界创新大国,2004—2007年我国工业发明专利授权从49 360件增加到67 948件,仅次于日、美、韩,但是就专利构成来说,实用新型和外观设计占我国专利的60%以上[①],2009年我国工业设计专利申

---

① 见科技部网站2009年《中国科技统计资料汇编》。

请数占世界50%[1]，与世界发达或新兴市场国家以发明专利占多数情况相反。这一点从2009年我国对国外的专利授权主要是发明专利看更为清晰。因此，与世界其他国家相比，我国创新明显偏向于低层次技术的实用新型和外观设计，致使反映自主创新能力的发明专利比例只接近这些国家的一半。进一步可以推断，竞争效应和模仿效应对发明专利增长的促进作用比其他专利增长的促进作用小的结论可能是合理的，内资企业的创新偏向于改进工艺、外观形态等可能是不可忽视的重要原因。

第五节　基本结论

梳理已有研究文献发现，讨论技术引进影响自主创新能力的成果很少系统地揭示不同类型国际技术扩散对不同维度自主创新能力的作用。我们从创新投入、发明专利等角度界定自主创新能力，并剖析技术购买、外资研发溢出、竞争效应和模仿效应对创新投入、发明专利等不同维度自主创新的影响。主要观点有：购买国外技术占用了有限的研发资源，对研发劳动和经费投入具有负面影响，进而可能抑制创新产出增长；但是购买技术为本地企业的自主创新提供更高的技术创新平台，提高了自主创新的速度，增加了自主创新成果数量。外资的研发既可能抑制也可能促进创新投入和创新产出增长。外资进入产生的竞争效应和模仿效应可能使内资企业对外资技术产生依赖而降低自主创新的积极性，竞争压力和模仿学习获得的创新平台可能促进本地企业提升自主创新能力。利用2003—2008年28个制造行业面板数据，运用GMM估计法实证检验了技术购买、外资研发、竞争效应和模仿效应对内资企业创新投入和创新产出的影响，主要有以下发现：

（1）购买国外技术对不同维度创新能力的作用完全相反，外资企业研发阻碍了我国本地企业自主创新能力提高。具体来说，购买技术增多能显著促进发明专利增长，妨碍了内资企业全部专利、实用新型和外观设计专利增长、研发人力资本水平提升。购买国外技术影响我国制造行业自主创新能力的结论表面上是矛盾的。实质上，购买技术经费增加必然占用有限的研发资源，导致自主创新投入减少，但是购买国外技术能为自主创新提供更高的技术创新平台，提升自主创新能力。获得具有自主知识产权的技术是自主研发的目的，

---

[1] 见世界知识产权组织(WIPO)公布的《WIPO 2011年IP大事和数据》。

因此，从自主创新目的来看，购买技术对我国自主创新能力具有积极作用。外资企业研发水平的提高，诱使本地企业增加消化吸收支出，模仿外资企业的技术，提高了本地企业对外资技术的依赖程度，降低了自主创新的动机，诱使本地企业减少自主研发支出，导致反映核心技术或主要技术的发明专利减少。

（2）不论是创新劳动投入，还是创新经费投入，不论是低层次技术创新如实用新型和外观设计技术，还是高层次技术创新如发明技术，外资进入产生的竞争效应均具有显著的正向作用。也就是说，外资竞争效应显著地促进了本地企业所有层面的自主创新能力提升。本地企业对外资企业技术的模仿学习，对低层次技术创新如实用新型、外观设计专利增长和高层次技术创新如发明专利增长均具有显著促进作用，但对自主创新投入没有显著影响。

（3）本地企业消化吸收支出主要促进了全部专利、实用新型和外观设计专利、自主研发经费投入增长，说明消化吸收主要促进本地企业提升低层次技术创新能力。由于本地企业技术创新方向存在偏差，使竞争效应和模仿效应对不同层面专利增长的作用存在差异。竞争效应和模仿效应分别提高0.01单位，其他因素不变情况下，发明专利分别增长4.3%和3.1%，实用新型和外观设计专利分别增长7.2%和3.6%。因此，外资进入产生的竞争效应和模仿效应对发明专利增长的促进作用可能低于对其他专利增长的促进作用。原因可能是，为追求短期利益而抢占市场份额，本地企业创新的重点是生产工艺技术、产品外观形态等方面，而不是产品创新技术。

本章参考文献

[1] Aitken, B. J., A. E. Harrison. Do Domestic Firms Benefit from Direct Foreign Investment? Evidence for Venezuela. *American Economic Review*, 1999, 89(3): 605-618.

[2] Amsden, A. H. *Asia's Next Giant: South Korea and Late Industrialization*. London: Oxford University Press, 1989.

[3] Blomström, M. *Foreign Investment and Spillovers: A Study of Technology Transfer to Mexico*. London: Routledge, 1989.

[4] Chang, C., S. Robin. Doing R&D and/or Importing Technologies: The Critical Importance of Firm Size in Taiwan's Manufacturing Industries. *Review of Industrial Organization*, 2006, 29(3): 253-278.

[5] Coe, D., E. Helpman. International R&D Spillovers. *European Economic Review*,

1995,39(5):859-887.

[6] Freeman C, L. Soete. *The Economics of Industrial Innovation*. Cambridge, MA: MIT Press,1997.

[7] Haddad, M., A. Harrsion. Are There Positive Spillovers from Foreign Direct Investment? Evidence from Panel Data for Morocco. *Journal of Developing Economics*,1993,42(1):51-74.

[8] Keller, W. International Technology Diffusion. *Journal of Economic Literature*,2004,42(3):752-782.

[9] Keller, W., S. Yeaple. *Multinational Enterprises, International Trade and Productivity Growth: Firm Level Evidence from the United States*. http://www.gsm.pku.edu.cn/userfiles/0708-30(3).pdf,2003.

[10] Kinoshita, Y. *Technology Spillovers Through Foreign Direct Investment*. http://www.cerge.cuni.cz/pdf/wp/Wp139·pdf,1998.

[11] Li, X., X. Liu, D. Parker. Foreign Direct Investment and Productivity Spillovers in the Chinese Manufacturing Sector. *Economic Systems*,2001,25(4):305-321.

[12] Malerba, F., L. Orsenigo. Technological Regimes and Sectoral Patterns of Innovative Activities. *Industrial and Corporate Change*,1997,6(1):83-118.

[13] Mohanan, P. P. Technology Transfer, Adaptation and Assimilation. *Economic and Political Weekly*,1997,14(47):121-126.

[14] Pakes, A., Z. Griliches. Patents and R&D at the Firm Level: A First Look. *Economics Letters*,1980(5):377-381.

[15] Sjöholm, F. Technology Gap, Competition and Spillovers from Direct Foreign Investment: Evidence from Establishment Data. *The Journal of Development Studies*,1999,36(1):53-73.

[16] Xu, B. Multinational Enterprises, Technology Diffusion and Host Country Productivity Growth. *Journal of Development Economics*,2000,62(2):477-493.

[17] Young, A. Growth without Scale Effects. *Journal of Political Economy*,1998,106(1):41-63.

[18] 陈涛涛.影响中国外商直接投资溢出效应的行业特征.中国社会科学,2003(4).

[19] 陈羽,邝国良.FDI、技术差距与本土企业的研发投入——理论及中国的经验研究.国际贸易问题,2009(7).

[20] 程惠芳.国际直接投资与开放型内生经济增长.经济研究,2002(10).

[21] 范承泽,胡一帆,郑红亮.FDI对国内企业技术创新影响的理论与实证研究.经济研究,2008(1).

[22] 傅元海,唐未兵,王展祥.FDI溢出机制、技术进步路径与经济增长绩效.经济研究,

2010(6).
[23] 侯润秀,官建成. 外商直接投资对我国区域创新能力的影响. 中国软科学,2006(5).
[24] 江小涓. 中国的外资经济对增长、结构升级和竞争力的贡献. 中国社会科学,2002(6).
[25] 蒋殿春,夏良科. 外商直接投资对中国高技术产业技术创新作用的经验分析. 世界经济,2005(8).
[26] 李平,崔喜君,刘建. 中国自主创新中研发资本投入产出绩效分析. 中国社会科学,2007(2).
[27] 李小平,朱钟棣. 国际贸易、R&D溢出和生产率增长. 经济研究,2006(2).
[28] 李晓钟,张小蒂. 外商直接投资对我国技术创新能力影响及地区差异分析. 中国工业经济,2008(9).
[29] 李玉梅,桑百川. FDI与我国内资企业自主创新互动关系的实证分析. 国际贸易问题,2011(2).
[30] 刘志彪. 全球价值链中我国外向型经济战略的提升——以长三角地区为例. 中国经济问题研究,2007(1).
[31] 沈坤荣,李剑. 企业间技术外溢的测度. 经济研究,2009(4).
[32] 沈坤荣,孙文杰. 市场竞争、技术溢出与内资企业R&D效率——基于行业层面的实证研究. 管理世界,2009(1).
[33] 盛垒. 外资研发是否促进了我国自主创新——一个基于中国行业面板数据的研究. 科学学研究,2010(10).
[34] 孙顺成,蔡虹. 基于进口贸易的外溢技术知识存量的测度研究. 科学管理研究,2006(6).
[35] 孙文杰,沈坤荣. 技术引进与中国企业的自主创新:基于分位数回归模型的经验研究. 世界经济,2007(11).
[36] 王红领,李稻葵,冯俊新. FDI与自主研发:基于行业数据的经验研究. 经济研究,2006(2).
[37] 王然,燕波,邓伟根. FDI对我国工业自主创新能力的影响及机制——基于产业关联的视角. 中国工业经济,2010(11).
[38] 冼国明,严兵. FDI对中国创新能力的溢出效应. 世界经济,2005(10).
[39] 邢斐,张建华. 外商技术转移对我国自主研发的影响. 经济研究,2009(6).
[40] 徐侠,李树青. FDI对科研活动影响的实证研究. 中国软科学,2008(4).
[41] 张海洋. 外国直接投资对我国工业自主创新能力的影响——兼论自主创新的决定因素. 国际贸易问题,2008(1).
[42] 张倩肖,冯根福. 三种R&D溢出与本地企业技术创新——基于我国高技术产业的经验分析. 中国工业经济,2007(11).
[43] 薄文广,马先标,冼国明. 外国直接投资对于中国技术创新作用的影响分析. 中国软科学,2005(11).

第三章 外资技术转移与经济增长质量

本章提要 本章利用1999—2007年我国29个地区的面板数据,系统地探讨FDI的不同溢出效应对内资经济增长质量的影响及其制约因素。研究结果显示,外资企业的技术转移与扩散对内资经济增长质量具有正面作用;外资企业的溢出效应(主要是竞争效应)对内资经济增长质量主要是负面作用,只有在外资聚集水平高的子样本中,外资的技术溢出效应与外资企业生产本地化反映的技术转移、扩散效应趋近时,才对内资经济增长质量具有正面作用。研究还发现,技术差距、外资聚集水平和增加值率差距是影响FDI企业的技术转移与扩散对内资经济增长质量效应的重要因素。

第一节 研究背景

改革开放以来,外资的流入不仅推动了我国经济持续稳定地高速增长,而且深刻影响了经济增长方式。FDI通过两种方式影响我国经济增长方式,一是直接影响,即通过投资,从数量上影响经济增长方式;二是间接影响,通过技术溢出影响内资经济的技术水平,进而影响内资经济增长质量(用投入产出率度量)。但是,不同的溢出效应因促进本地企业不同层面的技术进步而对内资经济增长质量产生不同的影响,本地企业通过外资企业生产本地化可能获得更多中间产品生产技术,提高投入产出率;通过竞争效应可能获得更多终端产品生产技术或某一中间产品技术,中间产品或零部件则依赖进口,创造新价值过程缩短,导致经济增长质量下降。

理论界对FDI影响经济增长质量的讨论可概括为两方面,一是讨论FDI的直接影响,郭克莎(1995)认为,提高利用FDI的规模和效益可以加快我国经济增长方式的转变;傅元海和王展祥(2010)指出,外资企业单位产值的消耗对全国的影响,就是FDI对经济增长质量的影响。二是从FDI溢出效应视角讨论间接影响。沈坤荣(1995)认为,FDI 除了直接影响经济增长方式外,还通过溢出效应影响技术水平、组织效率等来影响经济增长的方式。但是研究 FDI 的溢出效应影响经济增长质量的机制的文献不多。

FDI 溢出效应的理论研究多是讨论 FDI 技术溢出的机制,未涉及 FDI 不同的技术溢出机制影响本地企业不同层面的技术进步。实证方面,一般是基于本地企业的劳动生产率、全要素生产率或东道国 GDP 与 FDI 参与程度的联系构建计量模型,来判断 FDI 的技术转移与扩散效应,即根据 FDI 的参与程度这一解释变量系数估计的显著水平判断技术转移与扩散效应。外资参与程度的度量有多种方式,沈坤荣和耿强(2001)用外商投资额占 GDP 的比例、包群等(2006)用外商投资额占固定投资的比例、Aitken and Harrsion(1999)用外资企业资产的份额、Sjöholm(1999)用外资企业产值份额、Xu(2000)用外资企业增加值的份额等测度,外资参与程度虽然度量了外资企业的多种溢出效应,但是用外资参与程度检验 FDI 对东道国技术进步的影响,只能说明内资企业技术进步的动力源是 FDI,技术源不一定是 FDI。因此,用外资的参与程度作解释变量不能反映 FDI 的技术转移与扩散效应;更重要的是,外资的参与程度不能反映 FDI 溢出的不同技术特点,即不能区分中间产品与终端产品技术转移、扩散对东道国不同层面技术进步影响的差异。另一是没有 FDI 溢出效应影响经济增长质量的确切结论,虽然全要素生产率是衡量经济增长质量的重要指标,从卢荻(2003)等关于 FDI 对全要素生产率影响的结论,可以推断 FDI 溢出效应对经济增长质量的影响,但是就目前的测算方法,全要素生产率难以全部反映经济效果[①],必然导致 FDI 对全要素生产率的影响更难准确测度。

对 FDI 的溢出效应影响内资经济增长质量的机制的理论探讨及其实证检验,无论对理论发展还是政策探索均具有重要的现实意义。本章从理论上揭示 FDI 的不同技术溢出通过促进东道国不同层面的技术进步进而影响内资经济增长质量(用投入产出率度量)的机制;用 FDI 企业本地化度量技术转移和扩散效应,利用 1999—2007 年我国 29 个地区(西藏因数据不全、黑龙江因数据异常而未考虑)的面板数据,检验 FDI 技术转移、扩散效应与外资参与度反映的溢出效应对内资经济增长质量影响的差异,同时考察影响 FDI 企业技术转移对内资经济增长质量效应的因素。

---

① 郑玉歆(2007)指出,一些有影响的国际机构如世界银行(WB)、经合组织(OECD)在研究经济时,经常把全要素生产率的变动作为考察经济增长质量的重要内容。

第二节 机理分析

一、外资企业生产本地化的技术转移影响内资经济增长质量的机制

经济增长质量的内涵是多维的,投入产出率是衡量内资经济增长质量的重要指标之一,本章将内资经济增长质量界定为增加值与中间投入的比[①],以下称为投入产出率。投入产出率提高的关键在于技术水平,技术水平的提高能增加产出,即内资经济增长质量得到提升。本地技术进步的途径有研发投资、技术引进、模仿学习等,其中,模仿学习的重要来源是外资。外资影响本地技术进步可概括为两个关键问题,一是 FDI 技术转移与扩散程度;二是东道国模仿学习的能力,它受东道国的技术吸收能力制约。

FDI 企业通过生产本地化实现技术转移与扩散是 FDI 溢出效应的重要途径,反映了 FDI 企业对技术的控制程度,决定了东道国接触技术的概率,具体表现在以下两个方面。一是外资企业选择的技术水平决定了潜在技术转移与扩散的效应,是本地企业模仿学习的前提;其次是决定了外资企业的本地雇员接触技术的程度。如果东道国模仿学习能力充分,FDI 的技术转移与扩散效应可以理解为模仿学习效应(下文中二者等同)。目前仍缺乏 FDI 作为国际技术扩散路径的直接证据(李平,2007),原因是 FDI 的技术转移与扩散效应难以直接度量。2002 年 Kumar 认为,外资企业生产本地化水平反映了本地生产要素参与外资企业创造新价值的程度,是提高产品本地含量的重要途径,与技术转移和扩散程度高度正相关。

FDI 技术通过生产本地化实现转移与扩散的理由可以从微观上解释。一单位总投入生产的增加值(VAD)不仅决定于技术水平,也反映了企业技术水平。因为创造 VAD 过程包含多道工艺或工序,如果每道工序对应一个中间产品 $VAD_b(1 \leqslant b \leqslant j)$,每个中间产品 VAD_b 包含对应工序的知识,涉及生产、设计和开发技术,VAD 最终包含了产品的全部技术。增加值率(增加值与总产出的比例)可以反映企业的技术水平[②],跨国公司海外子公司的增加值率反映的技术水平决定了其技术转移和扩散的最大可能。

跨国企业(MNC)的增加值可以分解为母国创造 $VADH$ 和国外创造

---

① 沈利生和王恒(2006)利用中间投入率分析了我国经济增长质量的变化。
② 郭克莎(1995)、王美今和沈绿珠(2001)指出,工业的价值增值率是衡量技术含量的重要指标。

第三章 外资技术转移与经济增长质量

VADF 两部分。从东道国的视角,子公司在东道国创造 VADF 过程就是本地化过程。如果 VADF 趋近于 VAD,MNC 在东道国生产的工序越多,生产链条越长,MNC 在东道国使用的技术就越多,跨国企业本地化程度越高,技术转移与扩散力度越大。Madhok and Osegowitsch(2000)指出,中间产品或最终产品的生产、设计和开发技术,逆向模仿是不可能全部获得的;Cohen et al.(2002)强调,通过使用或观察产品、研究设计图纸、专利等知识也不能获得一些关键的技术,这些知识的获得很大程度上靠经验积累和直接的学习。外资企业生产的本地化程度则决定了本地企业获得这些知识经验的机会。

FDI 技术转移与扩散效应产生的三种渠道如人力资本流动、示范效应和联系效应与外资企业生产的本地化程度密切相关。FDI 企业生产本地化程度越高,本地雇员可以接触更多中间产品的技术,并积累相应的经验。本地雇员一旦流向本地企业或与本地企业雇员进行交流,本地企业就无偿地获得了相关中间产品的技术;同样,本地企业能观察到更多的技术信息、参数、指南及诀窍,示范效应大。联系效应除了外资企业雇员与内资企业雇员的交流外,与本地企业前向关联的外资企业因本地化程度提高而提供技术含量更高的中间产品。

外资企业生产的本地化程度就可以理解为单位产出($outp$)的增加值比例(傅元海等,2010),即增加值率。从宏观的角度来说,外资企业的生产本地化程度则反映技术转移与扩散的水平。外资企业通过控制生产本地化程度影响东道国经济增长质量的机制表述为,FDI 企业的生产本地化程度—模仿学习—本地技术进步—投入产出率提高—内资经济增长质量提升。

二、FDI 企业生产本地化的技术转移与其他溢出效应影响经济增长质量的差异

傅元海等(2010)将示范效应和人员培训效应归于生产本地化反映的模仿学习效应,与竞争效应、联系效应既有联系又有差异,在三类溢出效应下的本地企业技术进步动力均是 FDI,但技术来源不一定相同;模仿学习效应的技术来源于 FDI,其他溢出效应的技术来源不一定是 FDI。模仿学习效应与竞争效应、联系效应的外延部分重合,既包括本地企业在竞争压力下诱致的模仿学习效应,也包括本地企业与外资关联时诱致的模仿学习效应;区别主要是模仿学习效应也有非竞争性企业或非关联企业的模仿学习效应。

模仿学习效应、竞争效应和联系效应促进本地企业不同层面的技术进步,进而对经济增长质量产生不同的影响。提高外资企业生产的本地化水平,本地企业通过模仿学习可以获得更多产品的生产流程技术,本地企业提高单位投入创造的新价值,即提高投入产出率。竞争效应和联系效应可以通过模仿学习获得更多产品的生产流程技术而提高经济增长质量,也可能因为获得的技术并不是生产的流程技术而降低经济增长质量。外资企业为了确保竞争优势,通过进口包含核心技术的中间投入品支持企业的本地生产,严格控制中间产品技术外溢;或者本地企业迫于竞争压力,通过引进技术手段提高产品的竞争力,获得的是某一环节的生产技术,上游投入产品依赖进口,进口增加提高了投入,即创造增加值的过程缩短,创造增加值的比例可能下降,导致经济增长质量下降。在联系效应中,本地企业为外资企业提供合格的中间投入品,通过模仿外资企业的技术帮助获得了中间产品的技术,但零部件和原材料可能需要进口;同时放弃原有产品的生产流程,技术水平虽然提高,但创造增加值的比例下降,经济增长质量下降。

三、制约外资溢出效应影响经济增长质量的因素

外资企业生产本地化的技术转移与扩散对内资经济增长质量的效应可能受一些因素的影响。国内外相当多的经验研究,如 Kokko(1994)和陈涛涛(2003)的研究表明,内外资的技术差距是影响溢出效应的重要因素。除了内外资企业的技术差距外,本章还要检验外资的聚集水平和内外资企业增加值率的差距对技术转移效应的影响。模仿学习效应中的人力资本流动效应与外资参与度即外资聚集水平密切相关。FDI聚集水平越高,技术人员双向流动可能越频繁,模仿学习效应越大,经济增长质量可能提高;反之,FDI聚集水平低,外资企业少而且技术水平高,技术人员仅由内资企业向外资企业单向流动,本地企业无法通过人力资本的流动获得FDI的技术。同样,内外资企业的平均增加值率差距大,即外资企业增加值率相对于内资企业越低,本地企业的模仿学习效应越小,对经济增长质量提高的作用越小。

第三节 计量模型与研究方法

一、检验模型

依据前面关于投入产出率的定义,投入产出率用数学语言表述为:

$$R = VAD/MINP = (VAD/L)/(MINP/L) \quad (3.1)$$

R 为内资企业中间投入产出率,测度内资经济增长质量;VAD 为内资企业增加值,$MINP$ 为内资企业中间投入,L 为内资企业就业人数;相应地,VAD/L 为内资企业人均增加值,$MINP/L$ 为内资企业人均中间投入。

借鉴 Blomstrom(1983)和陈涛涛(2003)测度外资溢出效应的方法,将柯布-道格拉斯人均生产函数即内资企业人均增加值生产函数表述为:

$$VAD/L = Ae^{\theta EF + \varphi LQ}(K/L)^{\alpha} \quad (3.2)$$

VAD/L 为人均增加值,K 为内资企业的资本,EF 为外资的溢出效应,LQ 为内资企业劳动质量。将(3.2)式代入(3.1)式并取对数得到(3.3)式:

$$\ln R = \ln A + \theta EF + \alpha \ln(K/L) + \varphi LQ + \lambda \ln(MINP/L) \quad (3.3)$$

外资的溢出效应(EF)有多种度量方法,本章主要用外资企业生产本地化程度和外资参与度测度。外资企业生产本地化程度主要度量 FDI 的技术转移与扩散即模仿学习效应;外资参与度主要测度竞争效应,也测度部分模仿学习效应和联系效应。首先用 FDI 企业生产本地化度量溢出效应,以检验模仿学习对经济增长质量的影响,由(3.3)式得到投入产出率的基本计量模型:

$$\ln R_{it} = \beta + \theta LOC_{it} + \alpha \ln(K_{it}/L_{it}) + \varphi LQ_{it} + \eta NS_{it} + \lambda \ln(MINP_{it}/L_{it}) + \mu_{it} \quad (3.4)$$

$i(i=1,\cdots,29)$ 表示第 i 个地区,$t(t=1999\cdots2007)$ 表示第 t 年,μ 为残差,$\beta、\theta、\alpha、\varphi、\eta、\lambda$ 为待估参数。LOC 为溢出效应 EF 替代变量,用外资企业的平均生产本地化程度反映,测度 FDI 的技术转移与扩散效应,是模型的核心解释变量。其余为控制变量,人均资本(K/L)通过创造增加值间接影响投入产出率,预期符号为正;劳动质量(LQ)反映本地企业吸收 FDI 溢出效应的能力,

自主创新与经济增长

与投入产出率正相关;生产函数中的 A 选用市场化制度度量[①](令市场化制度变量 $NS=\ln A$),反映了制度环境对增长质量的影响;预期人均中间投入水平($MINP/L$)与投入产出率负相关。

(3.4)式中外资的溢出效应(EF)不仅可以用生产本地化度量,也可以用参与度度量,但是用生产本地化反映的技术转移、扩散效应和用参与度反映的溢出效应对内资经济增长质量的影响是有差异的。因此用本地化程度和外资参与度两个变量测度(3.3)式中的溢出效应,得到模型(3.5),检验模仿学习效应和非模仿学习效应影响经济增长质量的差异。

$$\ln R_{it}=\beta+\theta_1 LOC_{it}+\theta_2 PRVADF_{it}+\alpha\ln(K_{it}/L_{it})+\varphi LQ_{it}+\eta NS_{it}+\lambda\ln(MINP_{it}/L_{it})+\mu_{it} \quad (3.5)$$

$PRVADF$ 为外资工业企业增加值占全部工业企业增加值的比例,反映外资企业参与东道国创造新价值的程度,主要测度 FDI 的竞争效应对内资经济增长质量的影响,也能反映 FDI 的部分模仿学习效应和联系效应对内资经济增长质量的影响。理论分析表明,FDI 的技术转移、扩散效应与用 FDI 的参与度反映的溢出效应二者存在部分重合,重合的程度与诱致的模仿学习效应有关,在计量分析中则表现为 LOC 与 $PRVADF$ 的共线性程度。处理这一问题有两种方法,一是允许共线性存在,共线性程度低则不会影响检验结果,共线性程度高则影响检验结果;二是消除共线性,即借鉴 2002 年 Kumar 的处理方法,利用 $PRVADF_{it}=C+LOC_{it}+\varepsilon_{it}$ 对外资的参与度进行调整,用回归的残差 ε_{it} 表示 $PRVADF_{it}^*$,但这种方法存在缩小 FDI 竞争效应、联系效应的风险。对(3.5)式中的 $PRVADF$ 进行调整后,模型(3.5)变为:

$$\ln R_{it}=\beta+\theta_1 LOC_{it}+\theta_2 PRVADF_{it}^*+\alpha\ln(K_{it}/L_{it})+\varphi LQ_{it}+\eta NS_{it}+\lambda\ln(MINP_{it}/L_{it})+\mu_{it} \quad (3.6)$$

模型(3.5)和(3.6)核心解释变量则有生产本地化程度和外资参与度,控制变量不变。投入产出率 R 为内资企业增加值(VAD)与中间投入($MINP$)的比例,中间投入等于总产出减去增加值再加上增值税。外资企业生产本地化程度(LOC)为增加值与总产出的比例。资本(K)为内资企业固定资产的合

[①] 2001 年沈坤荣、耿强认为,根据各个国家的具体情况,C-D 函数中 A 要采取不同的制度变量;在计量检验与实证分析中以各地区的国有工业产值与工业总产值的比重来反映中国各地区的市场化程度。

计,就业人数(L)为内资企业年均就业人数。劳动质量(LQ)为内资企业中科技人员占就业人数的比例,但无法获得这一数据,本章采用1983年Blomstorm、1994年Kokko和2003年陈涛涛的处理方法,利用$LQ_{it}^{*}=\sigma+VADF_{it}/VAD_{it}+e_{it}$进行调整,用回归得到的残差$e$作为内资企业劳动质量的数值,$LQ^{*}$为工业企业科技人员占就业人数的比例。市场化($NS$)为非国有企业总产值占全部工业总产值的比例。以上数据均为规模以上工业企业统计数据,内资企业的相关数据均由各地区企业的数据减去外资企业的数据获得,人均资本和人均中间投入均未考虑价格因素。数据来自《中国工业经济统计年鉴》、《中国经济贸易年鉴》以及国研网。

二、研究方法与步骤

(一)研究方法

本章的实证检验主要有三个目标:第一,外资企业生产本地化的技术转移与扩散对内资经济增长质量是否有显著的影响;如果有显著影响,继而检验是否存在时滞效应。第二,在第一个问题的基础上,需要重点讨论FDI企业生产本地化的技术转移与扩散对内资经济增长质量的影响是否与FDI参与度反映的溢出效应的影响存在差异。第三,进一步讨论技术差距、聚集程度、增加值率的差距等因素影响FDI企业生产本地化的技术转移与扩散对内资经济增长质量效应的效果。在经验研究中常用两种方法检验影响FDI溢出效应的因素,一是采用分组法,二是采用连乘变量法。首先,运用面板数据模型分别按1999—2007年技术差距(用内资与外资企业平均人均增加值之比反映)、外资聚集度、平均增加值率的差距(用内外资企业增加值率的差额反映)分组的子样本进行检验,考察对应两组样本中FDI企业生产本地化变量系数的差异。然后,创造FDI的聚集度(CLU)、技术差距($TECHGAP$)分别与外资企业生产本地化的连乘式[①],将模型(3.4)改造为模型(3.7),按三个分组标准进行分组得到的子样本分别运行模型(3.7),考察连乘变量系数的差异。

[①] 未考虑增加值率的差距与外资企业生产本地化(LOC)的连乘式,因为增加值率的差距与外资企业生产本地化的连乘即为内资企业的增加值率,无法反映增加值率的差距对外资企业生产本地化的技术转移、扩散效应的影响。

$$\ln R_{it} = \beta + \theta_1 LOC_{it} + \theta_2 LOC_{it} * CLU_{it} + \theta_3 LOC_{it} * TECHGAP_{it} + \alpha \ln(K_{it}/L_{it}) + \varphi LQ_{it} + \eta NS_{it} + \lambda \ln(MINP_{it}/L_{it}) + \mu_{it}$$

(3.7)

(二)检验步骤

为了系统地检验外资企业生产本地化反映的技术转移对内资经济增长质量的影响,本章将检验分为三个步骤。第一步,分全样本和按技术差距、聚集程度、增加值率的差距三个标准分组的子样本运行基本模型(3.4),检验外资企业生产本地化在不同样本中对内资经济增长质量的影响及其时滞效应,初步考察技术差距、聚集程度、增加值率的差距三个因素对外资企业生产本地化的内资经济增长质量效应的影响。第二步,对模型(3.5)和(3.6)进行全样本和分子样本的检验,检验外资企业生产本地化和外资参与度影响内资经济增长质量的差异,判断外资企业生产本地化反应的技术转移和外资参与度反映的技术溢出是否存在趋同。第三步,运行模型(3.7)考察连乘项的估计系数,进一步验证内外资企业的技术差距、外资聚集程度因素对外资企业生产本地化的内资经济增长质量效应的影响。

第四节 计量结果分析[①]

一、外资企业生产本地化的技术转移对经济增长质量影响及时滞效应的检验

对模型(3.4)按全样本和设定的三个分组标准得到的子样本进行估计,结果如表3-1。全样本的检验表明,FDI企业生产本地化的技术转移与扩散(LOC)不仅当年而且滞后两期均支持内资经济质量提升。

---

① 由于实证检验主要是考察行业因素影响不同溢出效应对经济增长质量的效应,基于可比性,同一模型对按同一标准分组的样本估计方法一定相同,对按不同标准分组的样本估计方法则不必相同。通过模型设定检验,表3-2中全样本和按技术差距分组的样本采用固定效应估计,其余均采用混合最小二乘法估计。

表3-1 FDI企业生产本地化的技术转移对经济增长质量影响的检验结果(模型3.4)

解释变量	全样本	技术差距大	技术差距小	聚集程度高	聚集程度低	增加值率差距大	增加值率差距小
β	−1.7473 (0.0000)	−1.4223 (0.0091)	−1.8434 (0.0000)	−3.7292 (0.0000)	−1.7025 (0.0000)	−2.9842 (0.0000)	−1.8505 (0.0000)
LOC_t	0.8146 (0.0000)	1.0362 (0.0267)	0.7613 (0.0756)	1.4992 (0.0001)	0.3425 (0.0177)	1.3740 (0.0108)	1.3170 (0.0000)
LOC_{t-1}	0.6001 (0.0000)	0.8190 (0.0806)	0.9760 (0.0053)	1.6559 (0.0001)	0.2474 (0.0766)	1.7174 (0.0079)	0.9600 (0.0000)
LOC_{t-2}	0.3352 (0.0000)		1.1804 (0.0075)		0.4679 (0.0004)		0.5787 (0.0073)
LQ	0.1779 (0.0263)	0.9215 (0.0010)	0.1825 (0.5266)	−0.1736 (0.2452)	0.6191 (0.0001)	0.4095 (0.2668)	0.2713 (0.0020)
$\ln(K/L)$	0.2149 (0.0000)	0.0965 (0.2314)	0.1244 (0.0038)	0.3561 (0.0000)	0.1494 (0.0005)	0.1110 (0.1302)	0.1978 (0.0000)
NS	0.1966 (0.0000)	0.2235 (0.0396)	−0.3701 (0.0002)	0.2025 (0.0000)	−0.1287 (0.1645)	0.4466 (0.0695)	0.1395 (0.0089)
$\ln(MINP/L)$	−0.1882 (0.0000)	−0.0985 (0.0661)	−0.0893 (0.0923)	−0.1979 (0.0000)	−0.0893 (0.0019)	−0.0179 (0.7890)	−0.1890 (0.0000)
调整R^2	0.782	0.3702	0.7127	0.8138	0.4576	0.4627	0.8139
F统计量	104.5073	11.875	37.861	81.8728	13.5366	14.6363	74.7223
样本数	203	112	105	112	105	108	119

注:括号内数据为p值,以下均同。

按技术差距分组进行检验,结果如表3-1第三至第四列,当年FDI企业生产本地化的估计系数达到1%显著水平,其中技术差距小样本组的系数小于技术差距大样本组,初步认为FDI企业生产本地化的技术转移与扩散对内资经济增长质量的正面作用随技术差距扩大而扩大,但需要进一步检验。滞后效应则是明显随技术差距缩小而延长,技术差距大的样本组FDI企业生产本地化对内资经济增长质量的滞后一期影响是显著的,技术差距小样本组FDI企业生产本地化对内资经济增长质量的滞后两期影响是显著的,说明技术差距越小,本地企业模仿学习时间越长,对FDI的技术吸收和消化越充分。

自主创新与经济增长

按FDI的聚集程度分组检验,聚集程度高样本组FDI企业生产本地化的估计系数同期比低样本组更大,当年和滞后一期系数是后者的4~7倍。而且,FDI企业生产本地化对内资经济增长质量影响的滞后效应随FDI聚集水平降低而延长。这就是说,FDI企业生产本地化对内资经济增长质量提升的作用随外资聚集水平降低而下降,但滞后效应却随外资聚集水平降低而更长。

按增加值率差距分组检验,两组样本FDI企业当期生产本地化的系数没有明显差异;差距大样本组外资企业生产本地化系数滞后一期,差距小样本组外资企业生产本地化系数不仅当年而且滞后两期均达到1%显著水平,说明FDI企业转移与扩散技术对内资经济增长质量影响的滞后效应随着增加值率差距的缩小而延长。

二、生产本地化的技术转移与其他溢出效应对经济增长质量影响的检验

对模型(3.5)和(3.6)分别进行全样本和分组检验,两个模型所有系数估计的显著水平和模型整体的显著水平几乎一致,变量系数仅有常数项和 LOC 有微小变化,完全不影响结论的性质,说明 LOC 和 $PRVADF$ 共线性程度不高,进一步表明外资参与程度度量的溢出效应以非模仿学习效应为主。以模型(3.5)的检验结果对表3-2进行分析。

表3-2　生产本地化的技术转移与其他溢出效应对经济增长质量影响的差异(模型3.5)

解释变量	全样本	技术差距大	技术差距小	聚集程度高	聚集程度低	增加值率差距大	增加值率差距小
β	−0.7565 (0.0000)	−0.9724 (0.0000)	−2.3508 (0.0000)	−3.3929 (0.0000)	−2.0482 (0.0000)	−3.3057 (0.0000)	−1.6474 (0.0000)
LOC	0.2159 (0.0256)	0.4669 (0.0000)	0.3481 (0.0220)	2.7815 (0.0000)	0.7253 (0.0000)	1.3559 (0.0000)	1.4654 (0.0014)
$PRVADF$	−0.3416 (0.0000)	−1.2400 (0.0000)	0.0382 (0.7207)	0.2727 (0.0000)	−1.3221 (0.0000)	−0.3495 (0.0003)	−0.0964 (0.0433)
LQ	0.1391 (0.0692)	0.0036 (0.9821)	−0.0741 (0.7476)	−0.3190 (0.1401)	0.3898 (0.0875)	−0.6193 (0.1107)	0.7579 (0.0086)
$LN(K/L)$	0.0868 (0.0016)	0.0656 (0.0168)	0.2184 (0.0000)	0.2608 (0.0000)	0.1705 (0.0000)	0.0697 (0.1982)	0.2861 (0.0000)

(续表)

解释变量	全样本	技术差距大	技术差距小	聚集程度高	聚集程度低	增加值率差距大	增加值率差距小
NS	0.6703 (0.0000)	0.8273 (0.0000)	−0.2292 (0.0788)	−0.0471 (0.5623)	0.0067 (0.9405)	−0.4976 (0.0001)	0.2503 (0.0001)
ln(MINP/L)	−0.1183 (0.0000)	−0.0783 (0.0002)	−0.0916 (0.0042)	−0.1202 (0.0013)	−0.0698 (0.0418)	−0.1328 (0.0091)	−0.2629 (0.0000)
调整 R^2	0.9635	0.7928	0.9590	0.7899	0.5894	0.6294	0.6831
F统计量	202.6108	26.1801	158.1114	79.3384	33.0531	31.2843	55.6108
样本数	261	126	135	126	135	108	153

外资企业生产本地化的系数在全样本和分组的子样本中均为正,系数的显著水平均高于5%。系数变化规律与模型(3.4)的结果基本一致,具体来说,外资企业生产本地化的系数随技术差距缩小、外资的聚集水平提高和内外资企业增加值率差距缩小而增大。

外资的参与程度在全样本中的估计系数为负值,显著水平达到1%;在按技术差距分组的样本中,外资参与度的估计系数只有在技术差距大组是显著的,且为负值;外资参与程度在按聚集水平分组的子样本中估计系数显著水平均达到1%,其中外资聚集水平高样本组中的系数为正,低样本组中的系数为负值;在按增加值率差距分组的样本中,外资参与度的估计系数均在5%显著水平下显著,且均为负值,其中外资参与度在增加值率差距大样本组中对经济增长质量的负面作用大于低样本组。由检验结果可以初步得到一个结论,外资参与度在内外资技术差距较大时对经济增长质量具有负面作用;外资聚集水平高时,外资参与程度对内资经济增长质量具有正面作用,外资聚集水平低时,外资参与程度对内资经济增长质量具有负面作用;外资参与程度对内资经济增长质量的负面作用随内外资增加值率差距而变大。

通过比较外资企业生产本地化与外资参与程度两个变量的估计系数发现,二者分别度量的技术转移、扩散效应与其他溢出效应对经济增长质量的影响存在很大差异,初步验证了前面理论分析的结论,即外资企业生产本地化因转移更多中间产品技术而提高内资经济增长质量,外资参与度反映的溢出效应趋近于外资企业生产本地化的技术转移与扩散效应,才能提高内资经济增长的质量,否则就会阻碍内资经济增长质量的提高。

三、影响生产本地化的技术转移对经济增长质量效应因素的进一步检验

对包含内资企业技术差距、外资聚集水平与本地化程度连乘项的模型(3.7)进行检验,结果如表3-3。本地化程度的系数估计特征与模型(3.5)完全一致。除了增加值率差距大样本组外,技术差距与本地化程度连乘项的系

表3-3 影响生产本地化技术转移对经济增长质量效应因素的进一步检验(模型3.7)

解释变量	全样本	技术差距大	技术差距小	聚集程度高	聚集程度低	增加值率差距大	增加值率差距小
β	−1.2705 (0.0000)	−0.6710 (0.1213)	−1.3419 (0.0066)	−3.0755 (0.0000)	−1.3996 (0.0000)	−3.2431 (0.0024)	−2.0109 (0.0000)
LOC	1.2434 (0.0000)	1.2020 (0.0000)	0.5646 (0.0578)	2.3946 (0.0000)	0.8199 (0.0000)	1.5725 (0.0000)	1.6856 (0.0000)
$LOC*TECHGAP$	0.5828 (0.0000)	0.9395 (0.0003)	0.6693 (0.0000)	0.2478 (0.0012)	0.5114 (0.0004)	−0.0071 (0.6866)	0.0008 (0.0095)
$LOC*CLU$	−0.3542 (0.0000)	−0.1378 (0.4692)	−0.2189 (0.0422)	0.1067 (0.0053)	−0.8964 (0.0000)	−0.3408 (0.0006)	−0.0923 (0.0550)
LQ	0.5373 (0.0507)	−0.8142 (0.0102)	−0.1820 (0.6689)	−0.2170 (0.1929)	0.3599 (0.0946)	−0.5580 (0.1593)	0.1903 (0.0288)
$\ln(K/L)$	0.1337 (0.0001)	0.0699 (0.0350)	0.1570 (0.0140)	0.2368 (0.0000)	0.1720 (0.0000)	0.0722 (0.1851)	0.2800 (0.0000)
NS	−0.2447 (0.0056)	0.0730 (0.5010)	−0.5070 (0.0020)	−0.1528 (0.0243)	0.0203 (0.8302)	0.5050 (0.0001)	0.1926 (0.0049)
$\ln(MINP/L)$	−0.1286 (0.0003)	−0.1268 (0.0010)	−0.1208 (0.0600)	−0.1104 (0.0000)	−0.1410 (0.0003)	−0.1199 (0.0190)	−0.2284 (0.0000)
调整R^2	0.5955	0.4475	0.7978	0.8131	0.6301	0.6250	0.8118
F统计量	55.6921	15.4622	45.1950	78.7049	33.6029	26.4767	94.6771
样本数	261	126	135	126	135	108	153

数估计均为正,估计的系数均达到1%显著水平。技术差距小样本组的估计系数为0.67,小于技术差距大样本组的0.94,这不仅证实了内资企业相对于外资企业的技术能力是促使FDI企业通过生产本地化转移技术的重要因素,而且进一步验证了模型(3.4)和(3.5)中FDI企业生产本地化对经济增长质

量的正向作用随技术差距增大而缩小的结论。另外,按增加值率差距分组检验表明,技术差距对FDI企业生产本地化中技术转移与扩散的影响只有在内外资企业增加值率差距较小时才显著。

外资聚集水平与本地化程度连乘项的系数在外资聚集水平高样本组中为正,显著水平达到1%,其余均为负值,其中在技术差距大样本组中不显著,余下的或达到1%或接近5%的显著水平,与模型(3.5)的检验结果基本一致。这进一步证实了两个重要结论,外资参与程度只有达到较高水平时才能提升本地的经济增长质量,否则,会阻碍本地经济增长质量的提高;外资企业生产本地化产生的技术转移、扩散效应促进本地的技术进步,与外资参与度产生的溢出效应促进本地的技术进步是不同层面的,因而对本地经济增长质量产生的影响也是不同的。另外,按增加值率差距分组检验结果表明,外资聚集水平对外资企业生产本地化中技术转移与扩散效应的负面影响随内外资企业增加值率差距而扩大。

四、检验结果的解释

从经验研究的结果中我们得到了一些重要结论,这些结论有其内在的合理性。

第一,外资企业生产本地化程度反映的技术转移、扩散效应与外资参与度反映的溢出效应因为对本地企业不同层面的技术进步产生影响,进而对内资经济增长质量的影响存在很大的差异。外资企业生产本地化程度提高,意味着外资在本地创造新价值过程延长,采用了更多的中间产品生产技术,因而向本地转移与扩散了更多的生产流程技术,本地经济增长质量得到提升。外资参与度提高,因为竞争或与本地企业的关联加强而产生更多的溢出效应,如果FDI溢出更多的生产流程技术,FDI的溢出效应与FDI企业生产本地化的技术转移、扩散效应促进本地的技术进步趋近于相同层面,则同样会提高内资经济增长质量;如果FDI溢出更多的是某个中间产品环节(非完整的产品生产流程)的生产技术,本地企业不能获得产品完整流程的生产技术,因为依赖进口零部件或中间产品进行生产,虽然提高了产品的技术含量,但无益于投入产出率的提高,反而阻碍了经济增长质量的提升。

第二,FDI企业生产本地化的技术转移提升经济增长质量的作用存在显著的滞后效应,而且滞后效应随技术差距缩小、聚集水平降低和内外资企业平均增加值率差距缩小而更长。原因可能是,熟悉、掌握、吸收、消化技术需要一定的时间,决定了模仿学习技术是一个较长的过程,FDI企业生产本地化过程中的技术转移与扩散效应不仅发生在即期,而且会延续一段时间。随着内外资企业技术差距缩小,本地企业技术能力越强,模仿学习的动力越强,跟随模仿者越多,FDI企业生产本地化过程中的技术转移与扩散范围越大,滞后效应就越长。外资聚集水平越高,或者内外资企业交流的网络更发达,或者内外资企业竞争更激烈,本地企业模仿动机越强,模仿更充分,模仿速度更快,时滞更短;相反,模仿学习不充分,模仿速度慢,时滞越长。增加值率的差距越小,一是外资企业的本地化程度高,FDI技术转移与扩散更多;二是意味着内外资企业技术水平接近,模仿学习动力越强,模仿学习随FDI技术转移与扩散效应越多而时间越长。

第三,内外资企业的技术、FDI聚集水平和增加值率差距是影响FDI的技术转移与扩散对经济增长质量效应的重要因素。技术差距过大,一方面意味着外资企业技术先进,相对于本地企业,外资企业生产使用更多的中间产品技术,本地企业模仿学习空间大,技术转移与扩散效应大,本地企业投入产出率提高,对经济增长质量的作用就大;技术差距小意味着竞争激烈,外资企业技术优势不大,相对于本地企业,外资企业生产使用的中间产品少,本地企业模仿学习空间小,本地企业为获得竞争优势可能选择引进或研发等途径获取技术水平,使用新技术生产可能依靠进口原材料或中间投入品,降低了投入产出率,这样降低了内资经济增长质量。

外资的集聚水平对FDI企业生产本地化的经济增长质量效应的影响较为复杂。一方面,FDI聚集水平本质上就是外资参与度,对经济增长质量产生的影响是不确定的。另一方面,外资的聚集水平反映了示范效应和人力资本流动效应,FDI聚集水平越高,技术人员双向流动可能非常频繁,或者内外资企业交流的网络非常发达,学习效应大,或者竞争程度更为激烈,模仿则更为充分,内资企业获得了更多的中间产品生产技术,经济增长质量提高。反之,FDI聚集水平低,或者因为内资企业技术人员流向外资企业,或者缺乏内外交流的网络,或者内资企业与外资企业竞争程度弱,模仿学习不充分,FDI企业生产本地化的技术转移与扩散对经济增长质量的影响小。

内外资企业的平均增加值率差距过大,意味着FDI企业创造新价值过程短,东道国生产要素参与少,如果通过进口中间投入品支持本地企业的生产,项目出现"飞地化",无法转移与扩散产品的生产流程技术;反之,FDI企业转移与扩散更多的生产流程技术,本地企业通过模仿学习提高投入产出率,进而提升经济增长质量。

第五节 结论及政策建议

FDI 企业生产本地化过程中的技术转移、扩散效应与竞争效应、联系效应通过促进本地企业不同层面技术的进步而对经济增长质量产生不同的影响。利用 1999—2007 年我国 29 个地区的面板数据,采用全样本和按技术差距、外资聚集水平、增加值率差距分组的子样本进行检验。研究发现,外资企业生产本地化程度提高反映的技术转移与扩散效应提高了内资经济增长质量;外资参与度反映的溢出效应主要是阻碍了经济增长质量的提升,只有在外资聚集水平高的样本组中,外资参与度反映的 FDI 溢出效应促进了经济增长质量的提升,说明仅当外资参与程度达到较高水平,FDI 的溢出效应主要是 FDI 转移与扩散更多的中间产品技术时,即与 FDI 企业生产本地化的技术转移与扩散效应趋近,才能促进经济增长质量的提高。因此,这就验证了 FDI 企业生产本地化的技术转移、扩散效应与 FDI 的竞争效应和联系效应因为促进了本地不同层面的技术进步而对经济增长质量产生不同影响的理论观点。研究得到的结论还有,FDI 企业生产本地化对经济增长质量的正向效应不仅在当年存在,而且滞后效应显著;滞后效应随技术差距缩小、外资聚集水平下降和增加值率差距缩小而延长;FDI 企业生产本地化对经济增长质量的正向效应随技术差距扩大、外资聚集水平上升和增加值率差距缩小而增大。因此,技术差距、外资聚集水平和增加值率差距是影响 FDI 的技术转移与扩散对经济增长质量效应的重要因素。

上述的理论研究结论和经验检验的结果具有一些重要的政策启示,我国正面临经济增长方式的转变,通过节能减耗提高投入产出率是重要的途径。节能减耗以提高投入产出率的关键在于技术进步,利用外资促进技术进步是重要的措施。但外资促进本地不同层面的技术进步对经济增长质量的影响是存在明显差异的,只有 FDI 转移与扩散更多的生产流程技术从而促进经济增长质量提高才是最有效的。因此,政府应区分不同溢出效应对经济增长质量的不同影响,制定相应的政策,譬如借鉴世界其他一些国家,对外资企业产品的本地含量特别是外资企业在本地的增加值率做出相应的规定,提高外资企业生产的本地化水平,可以避免 FDI 项目的"飞地化",特别是可以促使其转移和扩散更多生产流程技术。企业或政府应加大研发支持和投资力度,提高企业技术能力,即提高模仿学习的能力,迫使外资企业转移与扩散更多的技

自主创新与经济增长

术。经验研究结果表明,技术差距越大,技术转移扩散的关键取决于本地模仿能力。继续扩大利用外资,进一步提高利用外资水平,因为只有利用外资达到较高水平时,才能提高内资经济增长质量。

本章参考文献

[1] Aitken, B. J., A. E. Harrison. Do Domestic Firms Benefit from Direct Foreign Investment? Evidence for Venezuela. *The American Economic Review*, 1999, 89(3).

[2] Blomstrom, M., H. Persson. Foreign Investment and Productive Efficiency in an Underdeveloped Economy: Evidence from Mexico Manufacturing Industry. *Word Development*, 1983, 11(6).

[3] Cohen, W., J. Bessant and R. Kaplimsky. Putting Supply Chain Learning into Practice. *International Journal of Operation and Production Management*, 2002, 23(2).

[4] Kokko, A. Technology Market Characteristics and Spillovers. *Journal of Development Economics*, 1994, 43(2).

[5] Kumar, N. *Globalization and the Quality of Foreign Direct Investment*. New Delhi: Oxford University Press, 2002.

[6] Madhok, A. and T. Osegowitsch. The International Biotechnology Industry: A Dynamic Capabilities Perspective. *Journal of International Business Studies*, 2000, 31(2).

[7] Sjöholm, F. Technology Gap, Competition and Spillovers from Direct Foreign Investment: Evidence From Establishment Data. *The Journal of Development Studies*, 1999, 36(1).

[8] Xu Bin. Multinational Enterprises, Technology Diffusion and Host Country Productivity Growth. *Journal of Development Economics*, 2000, 62(2).

[9] 包群,赖明勇,阳小晓. 外商直接投资、吸收能力与经济增长. 上海:上海三联书店,2006.

[10] 陈涛涛. 影响中国外商直接投资溢出效应的行业特征. 中国社会科学,2003(4).

[11] 傅元海,王展祥. 我国外资企业生产本地化程度研究. 经济纵横,2010(5).

[12] 傅元海,唐未兵,王展祥. FDI溢出机制、技术进步路径与经济增长绩效. 经济研究,2010(6).

[13] 郭克莎. 加快我国经济增长方式的转变. 管理世界,1995(5).

[14] 李平. 国际技术扩散对发展中国家技术进步的影响:机制、效果及对策分析. 北京:生

活、读书、新知三联书店,2007.
- [15] 卢获.外商投资与中国经济发展——产业和区域分析证据.经济研究,2003(9).
- [16] 沈坤荣,耿强.外国直接投资、技术外溢与内生经济增长——中国数据的计量检验与实证分析.中国社会科学,2001(5).
- [17] 沈坤荣.利用外资推动经济增长方式转变,洪银兴、沈坤荣、何旭强.经济增长方式转变研究.南京:南京大学出版社,2000.
- [18] 沈利生,王恒.增加值率下降意味着什么.经济研究,2006(3).
- [19] 王美今,沈绿珠.外商直接投资技术转移效应分析.数量经济技术经济研究,2001(8).
- [20] 郑玉歆.全要素生产率的再认识——用TFP分析经济增长质量存在的若干局限.数量经济技术研究,2007(9).

第四章　间接R&D、行业特征与知识生产

本章提要　一般认为R&D溢出是企业获得技术外溢并提高自主创新能力的主要渠道。但是R&D溢出并不一定能促进企业的创新活动及知识生产，还会受到行业特征的影响。本章通过改进间接R&D指标来测度行业间R&D溢出的大小，并使用分行业大中型工业面板数据，实证分析了行业间R&D溢出效应的存在性以及行业特征对其的影响。研究发现，行业间R&D溢出显著地促进了行业内部专利发明的产生，但行业特征会对这一过程产生影响：国有产权特征显著减弱了行业间R&D溢出效应；资本密集型行业有利于行业间R&D溢出效应的发挥；R&D密集型行业则抑制了R&D溢出效应；而外资进入程度、市场结构特征对行业间R&D溢出效应没有显著影响。依据以上结论，本章提出了若干提高我国工业企业自主创新能力的政策建议。

第一节　问题提出

改革开放30多年来，中国经济发展迅猛，在2010年经济总量超过日本，一跃成为世界第二大经济体。人们在感叹中国经济高速发展的同时，也不能忽视隐藏在发展背后的种种问题。随着"刘易斯转折点"的到来以及"人口红利"的消失，依靠大规模的政府主导型投资以保持经济增长速度的方式，不再具有可持续性（蔡昉，2013）。经济发展方式必须从依靠要素投入增加的粗放式增长转向依靠不断提高创新能力和技术含量的集约型增长。党的十八大报告也指出，"科技创新是提高社会生产力和综合国力的战略支撑，必须摆在国家发展全局的核心位置"。一般认为创新的过程也是新知识产生的过程，因此研究知识生产的过程对于人们理解创新的过程十分有帮助。

Griliches（1979）开创性地提出知识生产函数的概念，认为创新的产出与R&D投入存在函数关系并使用Cobb-Douglas形式的函数来表示。自此以

后,以 Griliches 知识生产函数为基础研究知识生产或专利生产的文献有很多。Pakes and Griliches(1980)应用此函数模型并使用 121 家大型公司 1968—1975 年的数据,研究发现专利申请和授予数量与 R&D 支出存在显著的正向关系;Crepon and Duguet(1997)使用法国制造业企业面板数据研究专利产出与 R&D 投入的关系;Jefferson et al.(2006)使用中国大中型企业数据,证明了 R&D 投入与企业新产品销售收入的正向关系。国内学者在此方面也开展了相应的研究:朱平芳和徐伟民(2005)重点研究 R&D 经费支出与专利产出的时间滞后机制问题;吴延兵(2006)则发现 R&D 人员比资本对知识生产的贡献更大,且知识生产过程具有规模报酬不变或递减的特征。这些文献对于理解知识生产的过程具有重要意义。但遗憾的是,以上文献都忽视了 R&D 溢出在知识生产过程中的重要作用。

由于知识具有非竞争性和部分排他性,所以很容易发生外溢,Romer(1986)通过将知识作为公共品引入生产函数,建立了包含知识溢出的内生增长模型。此后知识外溢或 R&D 外溢的研究得到了国内外学者的广泛重视。研究 R&D 外溢的文献主要可以分为两类。第一类研究主要关注区域内或区域间 R&D 溢出:Jaffe(1989)发现大学研究对企业创新的显著影响,Anselin et al.(2000)引入空间滞后变量研究知识溢出的空间效应,结果显示大学科研活动对其周围 50 英里内区域的创新具有显著的正面影响;Bottazzia and Peri(2003)使用欧洲 86 个州级区域数据,发现知识溢出对相邻地区的创新活动有正向影响。国内学者在此方面也做了相关的拓展。邓明和钱争鸣(2009)估算了中国省际知识存量,并对省际知识生产进行了实证研究,发现了知识生产活动中的正的空间溢出效应;类似的文献还有周明和李宗植(2011)、赵树宽和胡彩梅(2012)。这类文献在研究时重点关注知识溢出的区域性,但无法对知识溢出的渠道进行详尽分析。第二类研究则重点关注企业或行业层面的 R&D 外溢:Jaffe(1986)的研究表明公司生产率会受到"技术上相邻"企业 R&D 溢出的影响;Bernstein and Nadiri(1988,1989),Griliches(1991)等都证实行业内 R&D 溢出的普遍性和重要性;Los and Verspagen(2000)通过引入"间接 R&D"指标来测度企业受到的 R&D 外溢,证实了 R&D 外溢对企业生产率的正向作用,大量的实证研究用不同的数据得到了相似的结论(Cincera,2005;Aiello,Cardamone,2008;潘文卿等,2011)。这一类研究由于主要关注行业或企业层面 R&D 溢出的影响,可以很好地分析 R&D 溢出的渠道。但是因为各个文献研究的溢出渠道不同,在实证分析时很少有文献能把所有溢出渠道都考虑进来。

针对现有文献存在的不足,本章通过改进间接R&D指标的测度方法,尝试将行业间R&D溢出的所有渠道都包括进来,来测度行业间R&D溢出的大小;并使用中国大中型工业分行业面板数据,实证分析行业间R&D溢出对行业知识生产的影响,以及行业特征如何影响这一过程。本章后续安排如下:第二部分对行业间R&D外溢及其影响行业知识生产的理论机制进行分析;第三部分说明R&D资本存量和间接R&D的测度方法;第四部分为本章的计量模型和变量说明;第五部分为实证研究;最后对全文进行总结,并提出简单的政策建议。

第二节　理论机制

知识的非竞争性和部分排他性使得知识很容易发生外溢,不同主体之间通过直接或间接地交流是知识外溢发生的主要渠道。R&D作为一种特殊的知识形态,存在着与知识相似的溢出途径。Los and Verspagen(2000)将本企业受到的其他企业R&D溢出定义为间接R&D。本章的研究数据为行业层面数据,本章将一个行业受到其他行业的R&D溢出定义为间接R&D。对已有文献(Jaffe,1998;潘文卿等,2011)进行总结,将行业间R&D外溢途径归纳为以下几种:

(1)行业关联型溢出(network spillovers)。具有相似投入产出结构的行业之间,会主动或被动相互学习并进行创新。如化学纤维制造业改进技术提高对石油加工业原料的利用效率,这种创新也可以被塑料制造业进行模仿并进行创新。

(2)市场型溢出(market spillovers)。市场交易和商品贸易将物化型知识从一个行业传递到另一个行业。上游产品知识水平的提高可以促进下游产品创新的产生。如纺织业产品知识水平的提高会促进纺织服装、鞋、帽业的知识产出。

(3)知识型溢出(knowledge spillovers)。新思想、新方法的传播是知识型溢出的主要渠道。如黑色金属冶炼行业的创新思想和创新方法可以促进有色金属冶炼行业的知识产出。

从以上三种途径,我们发现,R&D外溢不仅与行业间互动交流的程度大小相关,还受行业之间的技术关联程度影响。市场型溢出程度的大小取决于行业间的交流程度;行业关联型溢出则主要发生在投入产出结构相似的行业之间;知识型溢出同时受行业交流程度与行业技术关联程度的影响。下文将根据上述三种溢出途径改进间接R&D指标,来测度行业间R&D溢出的大小。具体的测度方法见本章第三部分。

间接R&D作用于知识生产的过程,会受到行业自身特征的影响,包括产权特征、技术特征、市场结构特征等:

行业产权特征的影响。行业产权特征主要包括国有产权比重、外资进入程度。① 不少文献认为国有产权在创新方面存在效率损失的问题:吴延兵(2006,2012)认为行业国有产权比重对行业知识生产效率具有负面影响,国有企业创新收益权与创新控制权不匹配是造成国有企业存在创新效率损失的原因。国有产权在创新效率方面的损失会影响到行业间R&D溢出对知识生产的作用,有必要对此进行实证研究。② 关于外资进入与企业创新的研究有很多。王红领(2006)研究认为FDI进入加剧了市场竞争,因此FDI对内资企业的自主创新能力起到促进作用。而沈坤荣和李剑(2009)实证研究发现,三资企业对内资企业的技术外溢证据并不显著,相反内资企业对三资企业的技术外溢证据却非常显著,其原因可能是内资企业技术人员被三资企业所吸纳、跨国公司的垄断遏制以及外资对内资企业的并购。外资进入程度会从两方面影响间接R&D对行业知识生产的作用:一方面外资企业技术水平相对较高,创新能动性更强,其对行业间R&D溢出的吸收利用能力很强;另一方面行业的外资进入程度越高,会加剧本行业市场竞争,促进行业内其他企业提高创新能力和消化吸收能力。

行业技术特征的影响。本章所考虑的行业技术特征有行业平均资本密集度和行业R&D密集度。① 一般认为资本密集型行业比劳动密集型行业具有更高的技术水平,因此行业内企业的消化吸收能力更强,这有助于对行业间R&D溢出的有效吸收利用。② 行业R&D密集度可以反映行业技术更新的速度。R&D密集度越高的行业,技术更新的速度越快,本行业技术相比于其他行业会更先进,这会导致部分其他行业溢出的R&D相对于本行业的技术水平是无效,行业间R&D溢出效应将减弱。

市场结构特征的影响。本章分析的市场结构特征有行业市场集中度与产品出口度。① 市场集中度是市场势力的重要量化指标,体现了行业内市场的竞争与垄断程度。行业的竞争程度往往会影响行业内企业的创新能动性和努力程度。良性的市场竞争有利于行业内企业持续的创新,促进企业增强创新能力和消化吸收能力，有效吸收利用行业间R&D溢出。② 产品出口度指标反映了行业产品的出口状况。产品出口有利于对国际市场的了解、把握国际先进技术，有利于产业创新（魏守华等，2009）。因此，行业产品出口度高，可以有效促进行业内企业自主创新能力和消化吸收能力的提高，有助于行业间R&D溢出效应的发挥。

行业间R&D外溢对行业知识产出影响的理论机制如图4-1所示。本章将就以上理论分析进行实证检验。

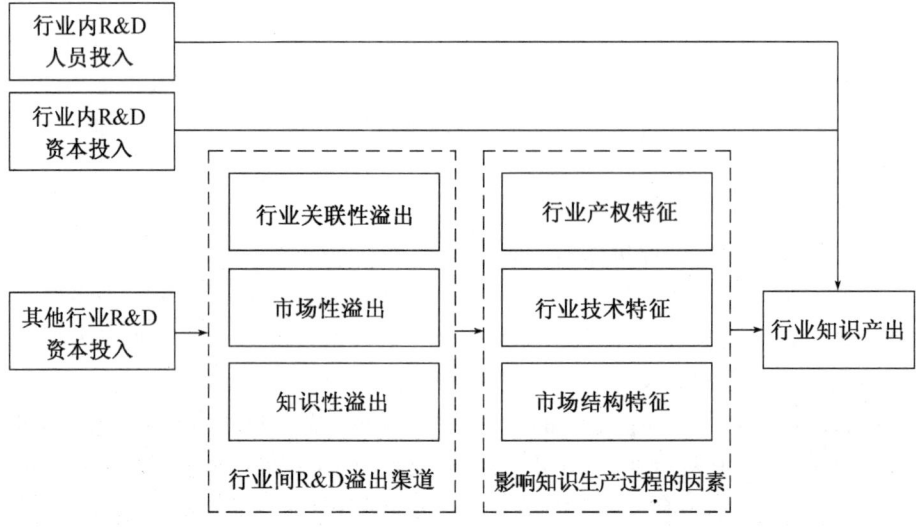

图4-1 行业间R&D外溢影响行业知识生产的理论机制

第三节 测度方法

Los and Verspagen(2000)使用公式(4.1)来测度间接R&D指标，之后，研究者多采用这个公式来测度R&D外溢的大小（潘文卿等，2011；Wolff，2011）。本章测度的间接R&D是行业受其他行业R&D外溢的大小。ω_{ij}是i行业对j行业的R&D溢出权数，IRD为间接R&D，RDK为R&D投入。R&D活动是一种特殊的投资活动，以前各期的R&D投入对当期知识产出也有影响。因此不同于其他研究者（Los and Verspagen，2000；潘文卿等，2011），本章$RDK_i(t)$选择t期末i行业的R&D资本存量，而不是t期R&D投入。

$$IRD_j(t) = \sum_{i \neq j} \omega_{ij}(t) RDK_i(t) \tag{4.1}$$

一、RDK 的测度

资本存量 RDK 的测度方法一般采用 Goldsmith 提出的永续盘存法(吴延兵,2006),基本公式如公式(4.2)和(4.3)所示,其中 $RDK(t)$ 为 t 期末 R&D 资本存量,$RDE(t)$ 为 t 期 R&D 资本流量,$g(1)$ 为第 0 期到第 1 期 R&D 资本流量的增长率,$\delta(t)$ 为每期 R&D 资本折旧率:

测算资本存量 RDK,有以下几点需要说明:① R&D 经费支出选用《中国科技统计年鉴》中大中型工业分行业科技活动经费内部支出,时间跨度为 1993—2008 年[1],共计算了 37 个行业[2]。② 从 R&D 经费去除劳务费,并构建价格指数进行平减,计算各期 R&D 资本流量。③ 参考已有文献(Crepon,Duguet,1997;Hu et al.,2005;吴延兵,2006)的做法,本章各期 $\delta(t)$ 选取 15%。④ $g(1)$ 使用 1993—2008 年实际年 R&D 资本流量的增长率的几何平均数,可以更好的衡量 R&D 资本投入流量增长率的平均水平。

$$RDK(t) = RDE(t) + [1-\delta(t)]RDK(t-1) \tag{4.2}$$

$$RDK(0) = RDE(1)/[g(1)+\delta(1)] \tag{4.3}$$

对 R&D 经费数据分析,发现已经列明的原材料费与固定资产购置费的比例关系集中在 1:2 到 1:1 之间。但是还有部分 R&D 费用未列明,无法

---

[1] 2008 年以后,《中国科技统计年鉴》不再公布分行业科技活动经费,若使用新统计口径的指标,将导致测算存量的时间跨度过短;而基期选择越早,有助于减弱基期存量估算误差对后期的影响,因此本章测算 R&D 资本存量的时间跨度为 1993—2008 年。

[2] 本章将数据不全的木材及竹材采运业、武器弹药制造业剔除;中国《国民经济行业分类》国家标准分别于 1994 年、2002 年进行了修改,参考两次修改的标准,本章默认科技统计年鉴中"食品加工业"与"农副食品加工业"、"普通设备制造业"与"通用设备制造业"、"其他制造业"与"工艺品及其他制造业"行业口径相同。37 个行业为:煤炭采选业;石油和天然气开采业;黑色金属矿采选业;有色金属矿采选业;非金属矿及其他矿采选业;农副产品加工业;食品制造业;饮料制造业;烟草制品业;纺织业;纺织服装、鞋、帽制造业;皮革、毛皮、羽毛(绒)及其制品业;木材加工及木、竹、藤、棕、草制品业;家具制造业;造纸及纸制品业;印刷业和记录媒介的复制业;文教体育用品制造业;石油加工、炼焦及核燃料加工业;化学原料及化学制品制造业;医药制造业;化学纤维制造业;橡胶制品业;塑料制品业;非金属矿物制品业;黑色金属冶炼及压延加工业;有色金属冶炼及压延加工业;金属制品业;通用设备制造业;专用设备制造业;交通运输设备制造业;电气机械及器材制造业;通讯设备、计算机及其他电子设备制造业;仪器仪表及文化办公用品制造业;工艺品及其他制造业;电力、热力的生产和供应业;燃气生产和供应业;水的生产和供应业。

知道准确的材料费与固定资产购置费的比例。不失一般性,本章假设材料费与固定资产购置费比例为0.45∶0.55,并依此为基础对R&D资本价格指数进行估计,见公式(4.4)。其中$RDEPI(t)$、$A(t)$、$B(t)$分别为t期R&D资本价格指数、原材料购进价格指数、固定资产投资价格指数。两种价格指数的数据来源于《中国统计年鉴》各期,并选取1993年作为基期。

$$RDEPI(t)=0.45A(t)+0.55B(t) \tag{4.4}$$

依据上述方法计算出37个行业分行业1993—2008年各期的R&D资本存量年末数据。

二、溢出权数的测度

公式(4.1)中的溢出权数ω_{ij}主要有两种确定方式:① 通过研究投入产出表中行业之间的投入产出关系来确定溢出权数。部分学者使用投入产出表中的分配系数作为溢出权数(Odagiri,1985;Goto,Suzuki,1989;Wolff,1997);还有部分学者采用消耗系数作为溢出权数(Wolff,Nadiri,1993;Wolff,2011)。② 通过计算行业之间的技术相似度作为溢出权数。Jaffe(1986)使用专利数据来测度相似性系数;而Los(2000)和潘文卿等(2011)则以投入产出表中的消耗系数,构造了行业间的技术相似系数,如公式(4.5)所示。其中,a_{ki}和a_{kj}分别表示i行业部门和j行业部门直接消耗系数列向量中第k个位置的元素。

$$\omega_{ij}=\frac{\sum_k a_{ki}a_{kj}}{\sqrt{\sum_k a_{ki}^2 \times \sum_k a_{kj}^2}} \tag{4.5}$$

以上两类方法都没有完整的反映出行业间R&D外溢的三种途径。第一种测度方法关注的重点是行业相互间交流程度的大小(市场性溢出,知识性溢出),而第二种方式则主要体现了行业间技术结构的相似度(知识性溢出,行业关联性溢出)。本章尝试构造一个新的溢出权数计算方法,以期能全面反映行业间R&D外溢的三种途径,见公式(4.6):

$$\omega b_{ij}=\frac{\sum_k a_{ki}a_{kj}}{\sum_k \sqrt{a_{ki}^2 \times \sum_k a_{kj}^2}} \times b_{ij} \tag{4.6}$$

其中，b_{ij}表示i部门分配系数行向量中第j个位置的元素，a_{ki}和a_{kj}分别表示i行业部门和j行业部门直接消耗系数列向量中第k个位置的元素。公式（4.6）等式右边包含了两个部分，一个部分反映了行业间的技术结构相似度，另一个部分反映了行业间的交流程度，这样可以有效地将行业间R&D外溢的三种途径结合到一起进行评价。

本章测算溢出权数矩阵ωb，有以下几点需要说明：① 公布详细行业部门的投入产出表的年份有1997年、2002年和2007年[①]，分别将这三份投入产出表，按《中国科技统计年鉴》行业分类合并成37[②]个行业部门，计算消耗系数矩阵和分配系数矩阵，并据此计算出溢出权数矩阵。② 借鉴潘文卿等（2011）的方法，对2008年采用2007年的ωb_{ij}系数矩阵进行近似，而1998—2001年和2003—2006年的ωb_{ij}系数矩阵采用如下两个公式进行计算：

$$\omega b_{ij,t} = \left(\frac{2002-t}{5}\right) \times \omega b_{ij,1997} + \left(\frac{t-1997}{5}\right) \times \omega b_{ij,2002}, t$$
$$= 1998, 1999, 2000, 2001 \qquad (4.7)$$

$$\omega b_{ij,t} = \left(\frac{2007-t}{5}\right) \times \omega b_{ij,2002} + \left(\frac{t-2002}{5}\right) \times \omega b_{ij,2007}, t$$
$$= 2003, 2004, 2005, 2006 \qquad (4.8)$$

根据计算出的各年度溢出权数矩阵及R&D资本存量数据，使用公式（4.1）计算各行业各期末的间接R&D。本章所计算的间接R&D时间跨度为1997—2008年。

第四节 计量模型与数据说明

为了检验行业间R&D溢出及行业特征在知识生产过程中作用，本章使用2002—2009年中国大中型工业36个行业[③]的面板数据进行计量分析。

一、计量模型

借鉴Griliches知识生产函数，使用Cobb-Douglas形式函数，构建如公式

[①] 1997年、2002年、2007年分别公布包含124、122、135个部门的投入产出表。

[②] 行业分类同上文。

[③] 工艺品及其他制造业数据不全，本章未使用。

(4.9)所示的知识生产模型。其中 P 表示知识产出；IRD 为间接 R&D；RDK 和 RDL 分别为 R&D 资本存量和人员投入，下标 i 和 t 分别表示行业 i 和时期 t（下同）：

$$P_{it}=A\,IRD_{it}^{\alpha}RDK_{it}^{\beta}RDL_{it}^{\gamma}e^{\varepsilon_{it}} \tag{4.9}$$

将上式两边分别除以 RDL，得到公式(4.10)，PL 和 $RDKL$ 分别表示人均知识产出和人均 R&D 资本存量：

$$PL_{it}=A\,IRD_{it}^{\alpha}RDKL_{it}^{\beta}RDL_{it}^{\gamma+\beta-1}e^{\varepsilon_{it}} \tag{4.10}$$

对数化处理公式(4.10)，得到本章的基础计量模型(Ⅰ)。如果知识生产具有规模报酬不变的性质，则系数($\beta+\gamma-1$)会不显著。

$$\ln PL_{it}=\alpha\ln IRD_{it}+\beta\ln RDKL_{it}+(\beta+\gamma-1)\ln RDL_{it}+\ln A+\varepsilon_{it} \quad (\text{Ⅰ})$$

行业特征会影响行业间 R&D 溢出在知识生产过程中的作用。为了检验行业特征如何影响行业间 R&D 溢出效应，本章将行业特征与间接 R&D 的交叉项加入计量模型，得到本章的计量模型(Ⅱ)。其中行业特征 Z 包括行业内国有产权比重 GOV，外资进入程度 FDI，人均固定资产净值 KPP，R&D 资本密集度 $TECH$，市场集中度 MAR，行业产品出口度 EX。

$$\ln PL_{it}=\alpha\ln IRD_{it}+\beta\ln RDKL_{it}+(\beta+\gamma-1)\ln RDL_{it}+\varphi Z_{it}*\ln IRD_{it}+\ln A+\varepsilon_{it}$$
$$(\text{Ⅱ})$$

二、数据说明

衡量知识产出的指标一般有专利授予数和专利申请数两类。专利从申请到授予需要经过一定的时间，滞后期无法确定。对于确定知识产出的准确时间，专利申请数比专利授予数更有优势。本章选取行业专利申请量和发明专利申请量作为知识产出的代理变量。选取两种变量作为代理变量，是为了检验计量结果的稳健性。数据来源为《中国科技统计年鉴》各期。

研发投入指标使用行业 R&D 资本存量和 R&D 人员投入，分别用于衡量知识生产过程中资本投入和人力投入。由于以前各期的 R&D 投入对当期知识产出也有影响，因此 R&D 资本投入应该以 R&D 资本存量来测度。本章计量使用的 R&D 资本存量的测度方法及过程见本章第三部分；R&D 人员投入使用《中国科技统计年鉴》中公布的分行业大中型工业企业科技活动人员数。行业间 R&D 溢出指标使用间接 R&D，具体测算方法见本章第三节。

行业内国有产权比重 GOV 使用大中型工业行业实收资本中的国有资本的比重衡量;外资进入程度 FDI 定义为实收资本中外商资本的比重;人均固定资产净值 KPP 为固定资产净值年平均余额与从业人员年平均数之比;行业产品出口度 EX 使用大中型工业行业出口交货值与销售总产值之比衡量;研发资本密集度 TECH 采用 R&D 资本存量与工业总产值(均以 1993 年为基期的不变价格)的比值;市场集中度 MAR 使用大中型工业企业销售总产值占行业销售总产值的比重。以上数据皆来自于《中国工业经济统计年鉴》各期及《中国经济普查年鉴 2004》。各变量具体定义见表 4-1。

表 4-1 各变量具体定义

变量名称	变量符号	变量单位	变量定义
人均专利申请量	P1L	件/人	大中型工业企业各行业每年专利的申请数量/R&D 人员
人均发明专利申请量	P2L	件/人	大中型工业企业各行业每年发明专利的申请数量/R&D 人员
间接 R&D	IRD	万元	行业间 R&D 溢出大小的衡量指标,具体测算方法见本章第三部分
人均 R&D 资本存量	RDKL	万元/人	R&D 资本存量/R&D 人员
R&D 人员	RDL	人	每年大中型工业企业各行业的科技活动人员数
国有产权比重	GOV	%	国家资本/实收资本
外资进入程度	FDI	%	外国资本/实收资本
资本密集度	KPP	万元/人	固定资产净值年平均余额/从业人员年平均数
R&D 密集度	TECH	%	R&D 资本存量/工业总产值(1993 不变价格)
市场密集度	MAR	%	大中型工业企业销售总产值/行业销售总产值
行业产品出口度	EX	%	出口交货值/销售总产值

间接 R&D 和 R&D 资本存量为年末指标,而其余数据为年度内数据。考虑到这种差异的存在,计量时使用后一年的专利申请衡量知识产出。因此在实证检验时使用的专利申请数和发明专利申请数为 2002—2009 年,研发投入指标和行业特征指标为 2001—2008 年。

第五节 实证检验

一、相关性分析

针对计量模型Ⅰ、Ⅱ,首先需要关注各主要解释变量可能存在的多重共线性问题,这可能导致主要解释变量的系数估计存在偏差。本章对主要解释变量进行 Pearson 和 Spearman 相关性检验,表 4-2 矩阵的右上方和左下方分别为 Pearson 相关性系数和 Spearman 相关性系数。十分幸运的是,本章重点关注的间接 R&D 指标、行业特征与间接 R&D 的交叉项的相关性系数不大,都不超过 0.5,多重共线性问题不严重。间接 R&D 与 R&D 人员投入相关性系数为 0.66,因此在计量时,需要进行稳健性检验来消除这两个变量之间可能存在的相关性问题。

表 4-2　Pearson 和 Spearman 相关性分析

	1	2	3	4	5	6	7	8	9
1. ln*IRD*	1	0.24*	0.66*	−0.26*	0.34*	0.12	0.49*	0.40*	0.28*
2. ln*RDKL*	0.26*	1	0.17*	−0.34*	0.26*	0.16*	0.23*	0.27*	−0.07
3. ln*RDL*	0.66*	0.18*	1	−0.03	0.26*	0.14	0.59*	0.66*	−0.01
4. *GOV*×ln*IRD*	−0.19*	−0.26*	0.02	1	−0.76*	0.44*	−0.09	0.23*	−0.64*
5. *FDI*×ln*IRD*	0.34*	0.26*	0.23*	−0.81*	1	−0.37*	0.31*	0.01	0.68*
6. *KPP*×ln*IRD*	0.08	0.45*	0.22*	0.47*	−0.33*	1	−0.22*	0.49*	−0.43*
7. *TECH*×ln*IRD*	0.48*	0.31*	0.58*	−0.01	0.32*	0.07	1	0.21*	0.01
8. *MAR*×ln*IRD*	0.43*	0.26*	0.69*	0.21*	−0.02	0.47*	0.26*	1	−0.16*
9. *EX*×ln*IRD*	0.37*	0.02	0.11	−0.74*	0.72*	−0.62*	0.24*	−0.19*	1

注:* 分别表示 1% 的显著性水平。

二、回归结果分析

对方程Ⅰ进行回归,回归结果见表 4-3。回归结果表明,无论是施加规模报酬不变这一假设还是放松这一假设,Hausman 检验和 F 统计量都显示固定效应模型更加合适。间接 R&D 的产出弹性系数很高,在 0.8 左右,且都在 1% 水平下显著,大于 R&D 资本和人员的产出弹性系数。表明中国工业各行业部门的知识生产不仅取决于 R&D 资本和人员的投入,还取决于行业间

R&D外溢。行业间R&D外溢对知识生产的作用明显。如果研究知识生产时没有考虑间接R&D的作用,将高估R&D资本投入和R&D人员投入的弹性系数。从模型(1)和模型(3)的R&D人员投入项系数估计结果看,在10%的显著性水平下,模型不拒绝$\beta+\gamma-1=0$的假设,中国工业行业知识生产具有规模报酬不变的特征。

表4-3 方程Ⅰ回归结果

	人均专利申请数		人均发明专利申请数	
	模型(1)FE	模型(2)FE	模型(3)FE	模型(4)FE
$\ln IRD$	0.8260*** (5.20)	0.7889*** (7.64)	0.9808*** (5.84)	0.8218*** (7.50)
$\ln RDKL$	0.4062* (1.84)	0.4412** (2.34)	0.4010* (1.72)	0.5510*** (2.75)
$\ln RDL$	−0.0532 (−0.31)		−0.2282 (−1.25)	
F统计量	22.38***	22.81***	13.59***	13.52***
Hausman检验	12.38**	12.80***	19.98***	19.29***
Obs	288	288	288	288

注:***、**、*分别表示1%、5%、10%的显著性水平,括号中的数字为双尾检验的t值,常数项结果略去。

对方程Ⅱ进行回归。表4-4给出了回归结果,四个回归模型的Hausman

表4-4 方程Ⅱ回归结果

	人均专利申请数		人均发明专利申请数	
	模型(1)FE	模型(2)FE	模型(3)FE	模型(4)FE
$\ln IRD$	0.4618** (2.47)	0.4609** (2.49)	0.4519** (2.34)	0.4354** (2.27)
$\ln RDKL$	0.5422** (2.27)	0.4324* (1.95)	0.5261** (2.13)	0.3604 (1.57)

(续表)

	人均专利申请数		人均发明专利申请数	
	模型(1)FE	模型(2)FE	模型(3)FE	模型(4)FE
$\ln RDL$	0.235 1 (1.20)	0.125 8 (0.70)	0.152 6 (0.75)	0.010 2 (0.06)
$GOV \times \ln IRD$	−0.000 9* (−1.89)	−0.000 9* (−1.91)	−0.001 5*** (−3.00)	−0.001 5*** (−3.23)
$FDI \times \ln IRD$	−0.000 9 (−0.85)		−0.001 2 (−1.11)	
$KPP \times \ln IRD$	0.001 0* (1.65)	0.001 1* (1.80)	0.002 0*** (3.03)	0.002 0*** (3.18)
$TECH \times \ln IRD$	−0.017 7*** (−3.62)	−0.015 1*** (−3.54)	−0.019 1*** (−3.79)	−0.015 8*** (−3.57)
$MAR \times \ln IRD$	−0.000 4 (−0.56)		−0.001 0 (−1.50)	
$EX \times \ln IRD$	−0.000 5 (−0.58)		0.000 5 (0.55)	
F 统计量	9.69***	11.89***	9.26***	10.44***
Hausman 检验	26.99***	22.31***	23.22***	22.20***
Obs	288	288	288	288

注：***、**、*分别表示1%、5%、10%的显著性水平，括号中的数字为双尾检验的 t 值，常数项结果略去。

检验和 F 统计量都显示固定效应模型更加合适。从表4-4可以得到如下结论。

（1）行业间R&D溢出促进了知识生产。回归结果显示，间接R&D的产出弹性系数稳定在0.45左右，且都在5%水平上显著。表明行业间R&D溢出是行业知识生产过程中重要的因素，影响不容忽视。但间接R&D产出弹性会受到行业特征的影响。

（2）产权特征对间接R&D产出弹性有影响。国有产权比重显著地降低了间接R&D的产出弹性系数，这个结论在所有回归中都是一致的。以人均发明专利申请量为被解释变量时，国有产权比重和间接R&D的交叉项系数在1%显著性水平上显著为负,系数为-0.0015,表明国有产权比重每提高1%,间接R&D的产出弹性系数将减小0.0015。以人均专利申请量为被解释变量时,国有产权比重和间接R&D的交叉项系数为-0.0009。可见在行业知识生产过程中,间接R&D的作用会被国有产权削弱。这证明国有产权企业对行业间R&D外溢没有充分利用,存在创新效率损失。回归结果还显示,外资对间接R&D的产出弹性没有显著影响,这一结论出乎我们意料。一般认为,外资的技术水平和创新努力程度较高,这有助于外资企业有效吸收行业间R&D溢出;但其本身较高的技术水平会导致可以被利用的间接R&D比例不高,这就减弱了行业间R&D溢出的作用。因此,两方面的影响相互抵消,可能是导致外溢进入程度与间接R&D交叉项系数不显著的原因。

(3) 技术特征显著影响间接R&D的知识产出弹性系数。无论以人均专利申请量还是以人均发明专利申请量为被解释变量,行业资本密集度与间接R&D的交叉项系数都显著为正,分别为0.001和0.002。对于资本密集度越高的行业,行业间R&D外溢对本行业知识生产能更好地发挥作用。资本密集型行业资本比重很大,技术水平相对较高,有利于对行业间R&D溢出的吸收。R&D密集度与间接R&D交叉项的系数显著为负。回归结果显示,该系数在-0.017左右,且都在1%水平上显著。R&D密集度高的行业,技术更新速度相对较快,会导致一部分行业间R&D溢出对本行业无效。因此对于R&D密集度高的行业,间接R&D对行业知识生产效果较弱。

(4) 行业的市场结构特征对间接R&D知识产出弹性没有显著影响。出口度与间接R&D的交叉项系数不显著,表明行业出口程度不会显著影响行业间R&D溢出效应。这一结论出乎意料,因为出口度高的行业对外交流程度较高,行业内企业创新能动性和消化吸收能力应该更强,但本章结果显示行业产品出口度对行业间R&D溢出效应无显著影响。这可能与我国现阶段很多出口企业处于产业链的低端有关,企业出口产品多为附加值较低的产品,依靠成本优势进行竞争而不是技术优势,这就导致企业不注重创新能力的建设。市场集中度与间接R&D的交叉项系数为负,行业集中度反映了行业的竞争激烈水平,集中度越高,则行业竞争水平越低,因此行业内企业创新能动性不强,导致不能有效利用行业间R&D溢出。但是这种负向影响并不显著。

自主创新与经济增长

本章选取的36个行业包括了5个采矿业行业、28个制造业行业和3个公用事业行业。5个采矿业和3个公用事业行业多为政府垄断行业,且这些行业与28个制造业行业差异较大。为了检验以上回归结果的稳健性,本章将这8个行业去除,使用28个制造业行业数据对方程Ⅱ进行回归,结果见表4-5。在

表4-5 28个制造业方程Ⅱ回归结果

	人均专利申请数			人均发明专利申请数		
	模型(1)FE	模型(2)FE	模型(3)FE	模型(4)RE	模型(5)FE	模型(6)RE
$\ln IRD$	0.4783*** (3.29)	0.5162*** (3.71)	0.3656* (1.95)	0.1478 (1.34)	0.4112** (2.29)	0.2049* (1.93)
$\ln RDKL$	0.4416** (2.32)	0.4193** (2.44)	0.7125*** (2.91)	0.7859*** (3.92)	0.6625*** (2.99)	0.7863*** (4.68)
$\ln RDL$	0.2796* (1.85)	0.2047 (1.48)	0.2957 (1.52)	0.3252*** (2.65)	0.1861 (1.05)	0.2684** (2.30)
$GOV\times$ $\ln IRD$	−0.0013*** (−3.05)	−0.0012*** (−2.85)	−0.0020*** (−3.51)	−0.0021*** (−4.43)	−0.0019*** (−3.53)	−0.0020*** (−4.56)
$FDI\times$ $\ln IRD$	−0.0006 (−0.76)		−0.0013 (−1.31)	−0.0010 (−1.31)		
$KPP\times$ $\ln IRD$	0.0003 (0.32)		0.0004 (0.39)	0.0008 (0.84)		
$TECH\times$ $\ln IRD$	−0.0159*** (−4.81)	−0.0150*** (−4.67)	−0.0178*** (−4.15)	−0.0122*** (−3.50)	−0.0175*** (−4.21)	−0.0132*** (−3.82)
$MAR\times$ $\ln IRD$	−0.0009* (−1.79)	−0.0011** (−2.20)	−0.0015** (−2.27)	−0.0008 (−1.53)	−0.0017*** (−2.62)	−0.0008 (−1.54)
$EX\times\ln IRD$	−0.0005 (−0.82)		0.0002 (0.25)	0.0007 (1.20)		
F统计量	22.76***	29.06***	15.60***		17.87***	
Hausman检验	24.24***	12.89**	12.96	12.96	9.62	9.62
Obs	224	224	224	224	224	224

注:***、**、*分别表示1%、5%、10%的显著性水平,括号中的数字为双尾检验的t值,常数项结果略去。

使用人均专利申请数为被解释变量时,Hausman检验和F统计量都显示固定

效应模型更合适；而使用人均发明专利申请数为被解释变量时，Hausman检验不拒绝随机效应模型。分析回归结果，我们发现，资本密集度对间接R&D知识产出弹性的正向影响变得不显著，表明制造业企业通过提高资本密集度并不能显著提高对行业间R&D溢出的吸收能力；而行业市场集中度与间接R&D交叉项系数显著为负，表明行业的集中度越高，越不利于行业间R&D溢出效应的发挥，这种负向影响在制造业企业中更加显著。表4-5其余解释变量的系数符号和显著性水平与表4-4相比未发生明显变化，表明表4-4回归结果总体上是稳健的。

三、稳健性检验

（1）R&D资本存量和间接R&D的计算依赖于折旧率的选择，本章以上部分的回归都使用了以15%的折旧率水平计算的间接R&D和R&D资本存量指标。这种人为的参数设定有可能会对回归结果的稳健性产生影响，为了检验这种影响，本章又分别采用17%和20%两种折旧率水平计算R&D资本存量和间接R&D，并使用新的数据进行回归，结果见表4-6。检验表明，表4-6回归结果的系数及显著性水平与表4-4基本未发生变化，表明本章的参数设定未对计量结果产生影响，计量模型的结果是稳健的。

表4-6 稳健性检验

	折旧率17%			折旧率20%		
	$\ln P1L$	$\ln P1L$	$\ln P2L$	$\ln P1L$	$\ln P1L$	$\ln P2L$
	模型(1)FE	模型(2)FE	模型(3)FE	模型(4)FE	模型(5)FE	模型(6)FE
$\ln IRD$	0.457 2** (2.46)	0.455 7** (2.47)	0.454 8** (2.37)	0.452 8** (2.45)	0.450 1** (2.46)	0.464 9** (2.44)
$\ln RDKL$	0.538 2** (2.28)	0.428 7* (1.95)	0.515 1** (2.11)	0.524 2** (2.26)	0.415 8* (1.93)	0.488 4** (2.04)
$\ln RDL$	0.232 4 (1.19)	0.122 6 (0.69)	0.143 9 (0.71)	0.223 7 (1.14)	0.113 7 (0.64)	0.123 4 (0.61)
$GOV\times \ln IRD$	−0.000 9* (−1.87)	−0.000 9* (−1.90)	−0.001 5*** (−2.98)	−0.000 9* (−1.83)	−0.000 9* (−1.87)	−0.001 5*** (−2.92)
$FDI\times \ln IRD$	−0.000 9 (−0.87)		−0.001 2 (−1.12)	−0.001 0 (−0.90)		−0.001 3 (−1.14)

(续表)

	折旧率17%			折旧率20%		
	$\ln P1L$	$\ln P1L$	$\ln P2L$	$\ln P1L$	$\ln P1L$	$\ln P2L$
	模型(1)FE	模型(2)FE	模型(3)FE	模型(4)FE	模型(5)FE	模型(6)FE
$KPP\times$ $\ln IRD$	0.0011* (1.68)	0.0011* (1.83)	0.0020*** (3.05)	0.0011* (1.72)	0.0012* (1.87)	0.0020*** (3.08)
$TECH\times$ $\ln IRD$	−0.0177*** (−3.62)	−0.0152*** (−3.45)	−0.0191*** (−3.77)	−0.0177*** (−3.60)	−0.0152*** (−3.52)	−0.0189*** (−3.73)
$MAR\times$ $\ln IRD$	−0.0004 (−0.56)		−0.0010 (−1.50)	−0.0004 (−0.58)		−0.0011 (−1.51)
$EX\times\ln IRD$	−0.0005 (−0.54)		0.0005 (0.58)	−0.0004 (−0.49)		0.0006 (0.63)
F统计量	9.61***	11.84***	9.12***	9.52***	11.78***	8.97***
Hausman检验	26.88***	22.18***	23.67***	26.75***	22.07***	24.35***
Obs	288	288	288	288	288	288

注：***、**、*分别表示1%、5%、10%的显著性水平，括号中的数字为双尾检验的 t 值，常数项结果略去。

（2）考虑在知识生产的过程中，知识产出本身可能会引致企业研发投入的增加，人均R&D资本存量可能存在内生性。为了检验可能存在的内生性问题是否会影响到表4-4回归结果的稳健性，本章采用两阶段最小二乘法（2SLS），使用人均R&D资本存量的一阶滞后作为内生变量的工具变量。回归结果见表4-7。模型回归结果表明，主要解释变量的系数和显著性水平与未使用工具变量时的回归结果是一致的，可见本章的计量结果是稳健的。

表4-7 方程Ⅱ使用工具变量回归结果

	人均专利申请数		人均发明专利申请数	
	模型(1)FE	模型(2)FE	模型(3)FE	模型(4)FE
$\ln IRD$	0.4569** (2.33)	0.4572** (2.35)	0.4083** (2.02)	0.3924* (1.94)
$\ln RDKL$	0.5535** (2.00)	0.4397* (1.74)	0.6285** (2.20)	0.4464* (1.71)

(续表)

	人均专利申请数		人均发明专利申请数	
	模型(1)FE	模型(2)FE	模型(3)FE	模型(4)FE
$\ln RDL$	0.240 4 (1.17)	0.128 7 (0.70)	0.200 2 (0.94)	0.044 5 (0.23)
$GOV \times \ln IRD$	−0.000 9* (−1.86)	−0.000 9* (−1.89)	−0.001 4*** (−2.88)	−0.001 5*** (−3.12)
$FDI \times \ln IRD$	−0.000 9 (−0.85)		−0.001 3 (−1.20)	
$KPP \times \ln IRD$	0.001 0* (1.64)	0.001 1* (1.80)	0.001 9*** (2.99)	0.002 0*** (3.15)
$TECH \times \ln IRD$	−0.017 7*** (−3.59)	−0.015 2*** (−3.53)	−0.019 6*** (−3.85)	−0.016 1*** (−3.62)
$MAR \times \ln IRD$	−0.000 4 (−0.56)		−0.001 1 (−1.58)	
$EX \times \ln IRD$	−0.000 5 (−0.58)		0.000 5 (0.58)	
F统计量	9.69***	11.89***	9.18***	10.38***
Hausman检验	367.16***	181.57***	41.46***	84.67***
Obs	288	288	288	288

注：***、**、*分别表示1%、5%、10%的显著性水平，括号中的数字为双尾检验的t值，常数项结果略去。

第六节 结论及政策建议

本章基于行业间R&D外溢的三种渠道，构造了新的间接R&D指标来测度行业间R&D溢出的大小。并使用中国2002—2009年36个大中型工业企业行业面板数据，实证检验了行业间R&D溢出对行业知识生产的作用；着重从行业特征角度，考察不同的行业特征对行业间R&D溢出效应的影响，并探讨差异背后的原因。本章的主要结论和政策建议如下。

行业间R&D溢出对行业内知识产出有显著的促进作用，其产出弹性系数甚至大于R&D资本和人员投入的弹性系数。行业间R&D溢出已经成为促进中国工业企业知识生产和创新的重要因素。但是行业特征会显著地影响行业间R&D溢出效应大小。

国有产权比重显著减弱了行业间R&D溢出效应。从微观角度看,国有企业自身存在的创新低效率问题,导致企业没有有效利用行业间R&D溢出;从宏观角度看,国有产权比重高的行业往往缺乏市场竞争,会导致行业内企业创新能动性不强,不能充分吸收行业间R&D溢出。外资进入程度对间接R&D的产出弹性无显著影响。行业层面而言,FDI进入程度高的行业,行业技术水平和竞争程度很高,会促使行业内企业创新能动性的提高,有利于对间接R&D的吸收;而从企业层面看,外资企业技术水平高,可能会导致相当一部分间接R&D相对于本企业的技术是无用的。因此,实证结果显示,FDI进入程度对行业间R&D溢出效应影响不显著。

行业的资本密集度高,可以显著地促进本行业对行业间R&D溢出的利用效率。一般而言,资本密集型行业比劳动密集型行业具有更高的技术水平,行业消化吸收能力更强,这有助于充分有效的利用行业间R&D外溢带来的创新收益;劳动密集型行业技术水平较低,消化吸收能力不强,不利于吸收外行业的R&D。因此提高企业的资本密集度水平,是企业增强消化吸收能力的一个很好的途径。R&D密集度高的行业则抑制了行业间R&D溢出效应。行业R&D密集度高,行业技术更新速度较快,较快的技术更新会导致相当一部分行业间R&D溢出相对于本行业的技术水平是无效的,因此R&D密集度削弱了行业间R&D溢出效应。

行业产品出口度对行业间R&D溢出效应无显著影响。出口度高的行业对外交流程度较高,创新能动性和行业消化吸收能力应该更强;但由于现阶段我国出口企业多处于产业链低端,依靠成本优势进行竞争,因此对于出口度高的行业,行业内企业并没有表现出比其他行业更强的消化吸收能力。出口型企业需要改变产业链低端的地位,不断提高自身的消化吸收能力,努力转变为依靠技术创新优势进行竞争。市场集中度对间接R&D产出弹性存在负向影响,这种影响在使用36个行业样本进行回归时不显著,而使用28个制造业行业数据进行分析时,负向影响十分显著。一般而言,市场集中度高的行业,市场竞争程度较低,行业内企业创新能动性不强、消化吸收能力不足,这会一定程度抑制行业间R&D溢出效应。

本章的研究表明行业间R&D溢出已经成为促进中国工业企业创新的重

要因素,但一系列的因素会影响到间接 R&D 作用的发挥。从微观层面来看,企业自身的消化吸收能力不足、创新效率低下的问题会导致对行业间 R&D 溢出利用不够。从宏观层面来看,行业的持续发展需要不断的技术创新来支撑,而良性的市场竞争可以促进微观主体的创新能动性,有效吸收利用客观存在的行业间 R&D 溢出,提高创新的社会收益率。因此,提高我国企业自主创新能力,一方面要增强企业的创新能动性,促进企业增强自身的消化吸收能力,有效吸收利用行业间 R&D 溢出;另一方面要建立并维持公平的市场环境和法制环境,保证企业的良性竞争,提高企业的创新激励。本章的研究也表明国有产权对行业间 R&D 溢出未有效利用,但是本章的这一结论并非要否定国有企业在中国经济社会发展中的作用,相反,而是要改革现行国有体制导致的创新能动性不足、创新效率不高等客观存在的问题,引导国有企业发挥创新能动性,有效吸收利用行业间 R&D 溢出促进自身创新,提高自主创新能力,更好的服务社会经济发展。

本章参考文献

[1] Aiello, F., Cardamone, P. R&D Spillovers and Firms' Performance in Italy Evidence from a Flexible Production Function. *Empirical Economics*, 2008,(34).

[2] Anselin, L., Varga, A. and Acs, Z. Geographical Spillovers and University Research: A Spatial Econometric Perspective. *Growth and Change*, 2000, 31(4).

[3] Bernstein, J. I., Nadiri, M. I. Interindustry R&D Spillovers, Rates of Return, and Production in High-Tech Industries. *American Economic Review*, 1988, 78(2).

[4] Bernstein, J. I. and Nadiri, M. I. Research and Development and Intra-industry Spillovers: An Empirical Application of Dynamic Duality. *The Review of Economic Studies*, 1989, 56(2).

[5] Bottazzi, L. and Peri, G. Innovation and Spillovers in Regions: Evidence from European Patent Data. *European Economic Review*, 2003, 47(4).

[6] Cincera, M. Firms' Productivity Growth and R&D Spillovers: An Analysis of Alternative Technological Proximity Measures. *Economics of Innovation and New Technology*, 2005, 14(8).

[7] Crepon, B. and Duguet, E. Estimating the Innovation Function from Patent Numbers: GMM on Count Panel Data. *Journal of Applied Econometrics*, 1997(12).

[8] Griliches, Z. Issues in Assessing the Contribution of R&D to Productivity Growth.

Journal of Economics, 1979(10).

[9] Goto A. and Suzuki K. R&D Capital, Rate of Return on R&D Investment and Spillover of R&D in Japanese Manufacturing Industries. *Review of Economics and Statistics*, 1989, (71).

[10] Griliches, Z. The Search for R&D Spillovers. *NBER Working Paper No. 3768*, 1991.

[11] Hu, Albert G. Z., Jefferson G. H. and QianJinchang. R&D and Technology Transfer: Firm-level Evidence from Chinese Industry. *Review of Economics and Statistics*, 2005, 87(4).

[12] Jaffe, A. B. Real Effects of Academic Research. *American Economic Review*, 1989, 79(5).

[13] Jaffe, A. B. Technological Opportunity and Spillovers of R&D: Evidence from Firms' Patents, Profits, and Market Value. *American Economic Review*, 1986, 76(5).

[14] Jaffe, A. B. The Importance of "Spillovers" in the Policy Mission of the Advanced Technology Program. *The Journal of Technology Transfer*, 1998, 23(2).

[15] Jefferson, G. H., BaiHuamao, Guan Xiaojing and Yu Xiaoyun. R&D Performance in Chinese Industry. *Economics of Innovation and New Technology*, 2006, 15(4/5).

[16] Los, B. and Verspagen, B. R&D Spillovers and Productivity: Evidence from US Manufacturing Micro-data. *Empirical Economics*, 2000(25).

[17] Los, B. The Empirical Performance of a New Inter-industry Technology Spillover Measure. *Technology and Knowledge: From the Firm to Innovation Systems*, 2000 (118).

[18] Odagiri, H. Research Activity, Output Growth, and Productivity Increase in Japanese Manufacturing Industries. *Research Policy*, 1985(14).

[19] Pakes, A., Griliches, Z. Patents and R&D at the Firm Level: A First Look. *NBER Working Paper No. 561*, 1980.

[20] Wolff, E. N., Nadiri, M. I. Spillover Effects, Linkage Structure and Research and Development. *Structural Change and Economic Dynamics*, 1993(4).

[21] Romer, P. M. Increasing Returns and Long-run Growth. *Journal of Political Economy*, 1986, 94(5).

[22] Wolff, E. N. Spillovers, Linkages, and Productivity Growth in the US Economy, 1958 to 2007. *NBER Working Paper No. 16864*, 2011.

[23] Wolff, E. N. Spillovers, Linkages, and Technical Change. *Economic Systems Research*, 1997(9).

[24] 蔡昉. 中国经济增长如何转向全要素生产率驱动型. 中国社会科学, 2013(1).

[25] 邓明,钱争鸣.我国省际知识存量、知识生产与知识的空间溢出.数量经济技术经济研究,2009(5).

[26] 潘文卿,李子奈,刘强.中国产业间的技术溢出效应:基于35个工业部门的经验研究.经济研究,2011(7).

[27] 沈坤荣,李剑.企业间技术外溢的测度.经济研究,2009(4).

[28] 王红领,李稻葵,冯俊新.FDI与自主研发:基于行业数据的经验研究.经济研究,2006(2).

[29] 魏守华,姜宁,吴贵生.内生创新努力、本土技术溢出与长三角高技术产业创新绩效.中国工业经济,2009(2).

[30] 吴延兵.R&D存量、知识函数与生产效率.经济学(季刊),2006,5(4).

[31] 吴延兵.国有企业双重效率损失研究.经济研究,2012(3).

[32] 赵树宽,胡彩梅.知识溢出对中国省域知识生产影响的实证研究.科研管理,2012(9).

[33] 周明,李宗植.基于产业集聚的高技术产业创新能力研究.科研管理,2011(1).

[34] 朱平芳,徐伟民.上海市大中型工业行业专利产出滞后机制研究.数量经济技术经济研究,2005(9).

第五章　政府 R&D 资助方式的增长绩效

本章提要　本章在一般均衡框架和 Aghion and Howitt 垂直创新理论基础上，引入政府部门，建立了包含政府 R&D 资助行为的内生增长模型。通过参数校准和数值模拟得到以下结论，在政府不干预经济的情况下，单纯依靠私人研发部门技术进步获得的经济增长会遇到"瓶颈"问题，而简单地通过政府干预也并不一定能有效地解决这一问题，它还跟政府资助方式有关。只有税收优惠方式才能较好地突破增长的瓶颈，而在研发补贴方式中，政府研发支出可能会挤出企业的创新投入，并不能获得很好的政策效果。

第一节　研究背景

自 20 世纪 80 年代中期，以 Lucas 和 Romer 为代表的经济学家将技术作为内生变量引入增长模型，技术进步与资本、劳动投入成为影响经济增长的重要变量。同时，发达国家和新兴工业化国家的经济发展也表明，技术进步越来越成为一国经济增长的核心源泉。但是，由于 R&D 活动具有正的外溢性和高风险的特点，完全由市场配置时难以达到最优的社会投入量，即产生"市场失灵"（Arrow，1962），所以需要政府的支持和干预。政府常见的支持技术创新的公共政策有直接支持和间接支持两种，间接支持表现为知识产权制度、政府采购和贸易政策、金融信贷支持政策等，而对企业创新活动的税收优惠及研发补贴是直接支持的常见途径（Martin and Scott，2000）。

本章中的研发补贴是政府对从事研发活动的企业所提供的直接的财政补助和津贴，在我国主要集中于各类科技计划上，比如：星火计划、火炬计划、国家重点新产品计划等。从图 5-1 中可以看出，我国的 R&D 总经费占 GDP

第五章 政府R&D资助方式的增长绩效

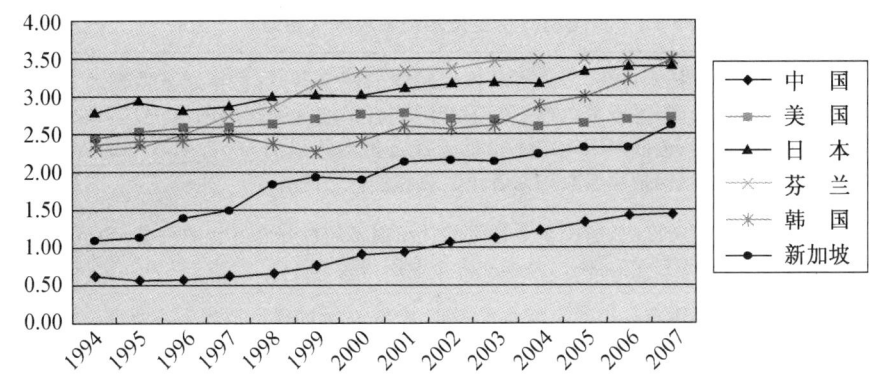

图 5-1 各国 R&D 经费占 GDP 的比重

的比重呈逐年上升的趋势,但是与发达国家相比仍然较低。从图 5-2 中可以看出,自 2003 年以来,我国 R&D 经费来源以企业自有资金为主,占到 60% 以上,呈逐年上升趋势;政府资金在 30% 以下,呈逐年下降趋势。截止到 2009 年,政府财政科技拨款 3224.9 亿元,占财政总支出 4.2%,占 R&D 总经费来源 23.4%[①]。

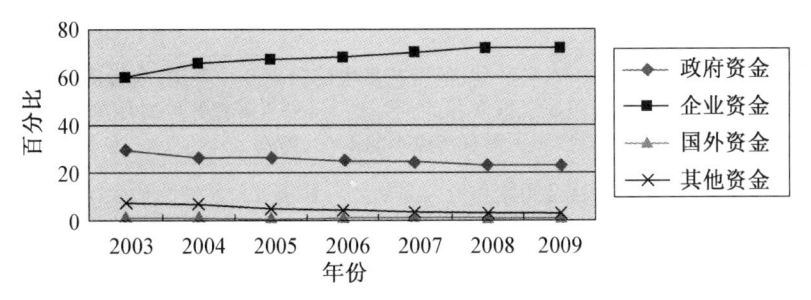

图 5-2 2003—2009 年我国 R&D 经费来源结构

本章中的 R&D 税收优惠是政府对从事研发活动的企业给予的税收激励和照顾措施,实质上是降低了企业研发的成本,包括税收递延、税收抵免、税前扣除等形式(见表 5-1)。

---

① 数据来源:《中国科技统计年鉴 2010》。

表 5-1 我国现行企业技术创新税收优惠政策一览表

税收递延	企业由于技术进步,产品更换换代较快的固定资产;常年处于强震动、高腐蚀状态的固定资产,可以采取缩短折旧年限或者采取加速折旧的方法。采取缩短折旧年限方法的,最低折旧年限不得低于规定折旧年限的 60%;采取加速折旧方法的,可以采取双倍余额递减法或者年数总和法。
税收抵免	一个纳税年度内,居民企业技术转让所得不超过 500 万元的部分,免征企业所得税;超过 500 万元的部分,减半征收企业所得税。
	国家需要重点扶持的高新技术企业,减按 15% 的税率征收企业所得税。
	对单位和个人(包括外商投资企业、外商投资设立的研究开发中心、外国企业和外籍个人)从事技术转让、技术开发业务和与之相关的技术咨询、技术服务业务取得的收入,免征营业税。
	对经国家批准的转制科研机构,从转制之日起或注册之日起 5 年内免征科研开发自用土地、房产的城镇土地使用税、房产税;5 年期满后,经审定可延长 2 年。地方转制科研机构可参照上述优惠政策。
税前扣除	创业投资企业采取股权投资方式投资于未上市的中小高新技术企业 2 年以上的(含 2 年),凡符合条件的,可按其对中小高新技术企业投资额的 70% 在股权持有满 2 年的当年抵扣该创业投资企业的应纳税所得额。当年不足抵扣的,可在以后纳税年度结转抵扣。
	企业为开发新技术、新产品、新工艺发生的研究开发费用,未形成无形资产计入当期损益的,在按照规定据实扣除的基础上,按照研究开发费用的 50% 加计扣除;形成无形资产的,按照无形资产成本的 150% 摊销。
	对企事业单位、社会团体和个人等社会力量通过公益性的社会团体和国家机关向科技部科技型中小企业技术创新基金管理中心用于科技型中小企业技术创新基金的捐赠,企业在年度利润总额 12% 以内的部分,个人在申报个人所得税应纳税所得额 30% 以内的部分,准予在计算缴纳所得税税前扣除。

政府研发补贴和 R&D 税收优惠是通过不同渠道来影响技术创新的。研发补贴相当于政府强制性地从社会总产品中拿出一部分来进行 R&D 活动,这可以弥补企业创新投入的不足,降低企业创新的风险。但是这种政府配置是不是一定优于市场配置呢?会不会挤出企业自身的 R&D 投资呢?税收优惠是降低企业的研发成本,仍然由企业来进行投资决策。但是由于 R&D 活动的外溢性,能否真正有效地促进企业增加创新投入呢?跟完全的市场配置相比较,政府 R&D 资助行为能否通过支持技术创新来促进经济增长?哪一种资助政策更有效?这是本章所要研究的主要问题。本章的贡献主要体现在

以下几个方面：

（1）现有的文献多侧重于对单个R&D政策工具的创新绩效的分析，比较税收优惠和研发补贴两者政策效果的文献不多，而且多侧重于实证分析，本章在一般均衡框架下，引入政府部门，建立了包含政府R&D资助行为的内生增长模型，从理论的角度进行了分析。

（2）现有的文献多侧重于分析税收优惠和研发补贴对企业R&D投入是否存在挤出效应，本章着眼于长期经济增长的角度，在Aghion and Howitt垂直创新的理论基础上，分别建立了税收优惠和研发补贴两种不同的政府R&D资助方式下的经济增长模型。

（3）用Matlab软件分别求解政府不干预技术创新以及两种不同资助方式的均衡状态下的非线性系统，并用数值模拟的方法比较了三种情况下的经济增长率及其他经济变量的均衡值。

本章的内容安排如下：第二部分对R&D税收优惠和研发补贴两类政策工具及其创新绩效的相关文献进行了梳理，第三部分是本章的重点，在一般均衡框架和Aghion and Howitt垂直创新的理论基础上，分别建立了税收优惠和研发补贴两种不同的政府R&D资助方式下的经济增长模型。第四部分用参数校准和数值模拟的方法比较了政府不干预技术创新以及两种不同资助方式下经济增长率及其他经济变量的均衡值。第五部分是对本模型的评价和政策意义。

第二节　文献综述

一、财政政策与内生经济增长研究

从20世纪80年代中期开始，内生经济增长理论的研究浪潮逐渐兴起，这些理论力图将新古典经济增长理论中视为外生的技术进步内生化。关于技术进步内生化的研究大致分成三个方向：一是把技术进步视为某些生产和投资行为的副产品，从而以生产或投资等行为的外部性来解释技术的进步，例如Romer(1986)；二是把技术进步归结为人力资本的增加，从而建立人力资本的生产函数，来说明生产率的增加，例如Lucas(1988)；三是把技术进步视为专门的研究和开发活动的成果，以研究和开发部门的生产活动来解释技术进步，例如Romer(1990)，Aghion and Howitt(1992)。其中，第三个方向是近年来内生经济增长理论较为活跃的研究领域。这方面的理论主要将R&D与不完

自主创新与经济增长

全竞争引入增长理论框架,基本上采用 Dixit-Stigliz(1977)的产品多样化理论,将经济划分为最终产品生产部门,中间产品生产部门和研究部门,技术的进步表现为出现新的中间产品。按照新旧中间产品的替代关系不同,这一理论又分为水平创新模型(Romer 1990)和垂直创新模型(Aghion and Howitt 1992)。在垂直创新模型中,Aghion and Howitt 引入了熊彼特的"创造性破坏"的思想,即每一次创新都会出现质量更高的新的中间产品,从而替代现有的中间产品,同时,对应的研发成功的厂商也因此获得了垄断利润,但是这些垄断利润是暂时的,现在的质量领先者会被更新一代的质量领先者所替代。所以创新是一个创造性破坏过程,它使得一部分人获得了垄断利润,又破坏了另一部分人的垄断利润。

与此同时,内生经济增长理论也致力于将财政政策内生化,财政政策对于长期经济增长的作用引起了经济学界的重视。关于这方面的研究主要分为三个方向:一是分析财政支出与长期经济增长的关系,例如 Lucas(1988),Aschauer(1989),Barro(1990),Bloom et al.(2001),Devarajan et al.(1996)。二是从财政收入的角度分析税收政策与经济增长的关系。例如 Romer(1986),Milesi-Feretti and Roubini(1998),Turnovsky(1996)。三是考察国债与经济增长的关系。例如 Zagler(1999)。国内学者多从事财政政策对经济增长影响的实证研究(如财政支出、税收政策等),理论研究较少,如严成樑(2010)、金戈(2010)等。本章正是基于垂直创新的内生增长模型,从理论的角度分析政府 R&D 资助方式与长期经济增长的关系。

二、政府研发补贴与创新绩效研究

该领域多是从实证的角度研究政府研发补贴是否对企业的研发投入有挤出效应,进而影响创新的产出以及经济增长,因此争议较大。Holemans(1988)采用比利时数据、Antonelli(1989)采用意大利数据、Duguet(2003)采用法国数据、Leyden and Link(1991)、Mamuneas and Nadiri(1996)采用美国数据、Czarnitzki and Hussinger(2004)采用德国数据、Gonzalez and Pazo(2008)采用西班牙数据、Guellec and Pottelsberghe(2000)采用 OECD 成员国数据证实了政府研发补贴与企业的研发投入是互补关系;Goolsbee(1998)、Wallsten(2000)采用美国数据,Gorg and Strobl(2008)采用爱尔兰数据证实了政府研发补贴对企业的研发投入存在替代效应;González(2008)采用西班牙数据发现不存在政府研发补贴的挤出效应,同时政府资金对企业研发投入的激励作用也不明显。

我国的学者樊琦(2011)基于28个省域面板数据的实证分析得到:我国政府R&D补贴投入政策对提高国家及区域自主创新产出有十分显著的影响。另外我国政府R&D补贴投入对经济相对发达地区和科研基础较好地区自主创新产出影响绩效要高于经济相对落后地区。白俊红(2011)采用1998—2007年中国大中型工业企业分行业数据发现,中国政府的R&D资助(研发补贴)显著地促进了企业的技术创新,而且企业自身的知识存量、企业规模、行业技术水平及产权类型等因素均会对资助效果产生不同程度的影响。

另外,还有部分文献侧重于对政府R&D补贴目标企业的选择问题的研究。Bizan(2003)认为政府R&D补贴的对象往往倾向于规模较大的企业;Tsai and Wang(2004)认为高技术行业更易于获得政府的R&D补贴;吴延兵(2007)认为国有企业相比更易于获得政府的R&D资助;安同良(2009)针对企业常常发送虚假的"创新类型"信号以获取政府R&D补贴,导致财政激励效果不明显的问题,通过博弈论的方法证明了政府的最优补贴策略是提高原始创新的专用性人力资本价格。

三、R&D税收优惠与创新绩效研究

近年来的文献中多是采用价格弹性法来比较政府因为R&D税收优惠所导致的税收损失额与企业R&D支出增加额的大小,进而评价R&D税收优惠政策对创新激励的效果。其基本思想是将企业R&D支出对其价格(包括税收优惠的度量)的反应程度看做是价格弹性。税收优惠的度量有的是以企业实际获得的税额减免(Hall and Reenen,2000),有的是以税后R&D使用成本、B指数和METC作为替代变量(Bloom et al.,2002;Koga and Tadahisa,2003)。众多学者得出了结论是比较一致的,即价格弹性为负,所以税收优惠促进了企业R&D支出。但是,Berger(1993),Hines(1994)采用美国的数据、Hall and Reenen(2000)采用OECD成员国数据发现价格弹性的绝对值大于1,也就是说,企业R&D支出增加百分比大于政府税收损失的百分比;Mansfield and Switzer(1985a;b)、Mansfield(1986)采用加拿大的数据、Baily and Lawrence(1992)采用美国行业层面数据发现价格弹性的绝对值小于1,也就是说,R&D税收优惠存在一定的挤出效应。

四、两类政策工具的比较和搭配研究

大多数文献比较注重政府单个的 R&D 政策工具的有效性研究，只有 Guellecand Van Pottelsberghe(1999)采用 17 个 OECD 国家 1981—1996 年的数据，将 R&D 补贴和税收优惠进行了比较，认为两者都会刺激企业 R&D 投入，但是从长期来看 R&D 补贴政策更有效，同时它的针对性比较强，但是公平性方面不及税收优惠。另外还通过检验它们之间的交互关系发现，他们之间存在替代关系。我国学者朱平芳和徐伟民(2003)运用面板数据模型实证研究了上海市政府的科技激励政策对大中型工业企业自筹的 R&D 投入及其专利产出的影响。结果表明政府的科技拨款资助和税收减免这两个政策工具对大中型工业企业增加自筹的 R&D 投入都具有积极效果，并且两者互为补充，提高一个的强度也会增加另一个的效果，但这个效应以政府税收减免为主。郑绪涛(2008)通过构造企业和政府的三阶段微观博弈模型从理论上得出：如果政府能对企业从事的 R&D 活动进行事前补贴和事后补贴，就可以消除 R&D 活动在研究阶段以及开发阶段的市场失灵，从而引导企业从事社会所期望的 R&D 活动。戴晨(2008)通过实证分析发现，在我国税收优惠比财政补贴对企业 R&D 投资具有更强的激励作用，但财政补贴针对性强，反应迅速的特征是税收优惠不具备的。

第三节　模型构造

一、经济环境的描述

我们考虑一个类似于 Robinson Crusoe 的封闭的经济体，由消费者、最终产品生产部门、中间产品生产部门、研发部门和政府部门组成。为了简化模型，假设劳动力是外生的，每个消费者固定提供 1 单位的劳动，经济体中有 L 个消费者，且不考虑人口的增长，所以劳动力的总量为 L。最终产品生产部门用中间产品和劳动力只生产一种最终产品，最终产品市场是完全竞争的，所以厂商利润为 0。中间产品生产部门由一系列连续的总的测度为 1 的厂商组成，每个厂商从资本市场租赁最终产品作为资本，垄断生产一种中间产品，可以获得垄断利润，所以中间产品也是连续的总的测度为 1。每个中间产品对应一个研发部门，所以研发部门也是连续的总的测度为 1。研发部门根据套利条件直接用最终产品生产，利润为 0。政府部门通过征收统一的收入税为其支出融资，这里我们只考虑政府的研发性支出，不考虑消费性和生产性支

出。消费者既提供劳动和资本,又拥有企业,所以其总收入为工资收入,资本收入和中间产品生产部门的垄断利润,同时扣除被政府征去的税收;其总支出为消费,通过资本市场向中间产品生产部门的投资和直接用于研发部门提高生产技术水平。具体关系见图 5-3。

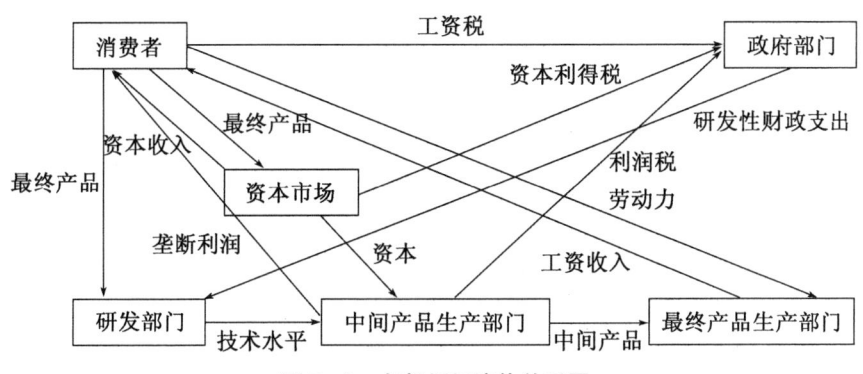

图 5-3　多部门经济体关系图

二、消费者

假设代表性的具有无限寿命的消费者的决策是最大化其终生效用:

$$\max \quad U = \int_0^{+\infty} u(C_t) e^{-\rho t} dt$$

其中,C_t 为人均 t 时刻的消费,$u(C_t)$ 为即时效用函数,我们使用 Barro(1990)的方法,设为等弹性效用函数,即 $u(C_t) = \dfrac{C_t^{1-\theta} - 1}{1-\theta}$,其中 $\theta > 0$ 为边际效用的弹性,$\rho \geq 0$ 是外生的效用贴现率,所以目标函数可写为:

$$\max \quad U = \int_0^{+\infty} \frac{C_t^{1-\theta} - 1}{1-\theta} e^{-\rho t} dt$$

整个社会面临的资源约束为:

$$\dot{K}_t = (1-\tau)(w_t L + r_t K_t + \int_0^1 \pi_{it} di) - C_t L - N_t \tag{5.1}$$

其中,K_t 是为 t 时刻资本市场中的总资本,τ 是政府征收的收入税的税率,w_t 表示人均工资收入,L 是劳动力也即消费者的数量,r_t 为利率,π_{it} 是中间产品生产部门厂商 i 所获得的垄断利润,N_t 为研发部门的总投入。这里我们假设政府征收的是统一的收入税,而 Barro(1990)使用的是总量税,但是因

为我们是在一般均衡的框架下,所以得到的最终结果是一致的。构造哈密尔顿函数,求解上述动态最优化问题:

$$H = \frac{C_t^{1-\theta}-1}{1-\theta}e^{-\rho t} + \lambda_t \left[(1-\tau)(w_t L + r_t K_t + \int_0^1 \pi_{it} di) - C_t L - N_t\right]$$

$$\Rightarrow \begin{cases} C_t^{-\theta} e^{-\rho t} = \lambda_t L \\ \dot{\lambda}_t = -r_t(1-\tau)\lambda_t \end{cases}$$

$$\Rightarrow \frac{\dot{\lambda}_t}{\lambda_t} = -r_t(1-\tau) = \frac{-\theta C_t^{-\theta-1}\dot{C}_t e^{-\rho t} - \rho C_t^{-\theta} e^{-\rho t}}{C_t^{-\theta} e^{-\rho t}}$$

$$\Rightarrow \frac{\dot{C}_t}{C_t} = \frac{r_t(1-\tau)-\rho}{\theta}$$

同时,横截面条件为:$\lim_{t\to\infty} K_t \exp\left(-\int_0^t r_i(1-\tau)di\right) = 0$

定义每单位有效劳动的消费 $c_t = \frac{C_t}{A_t}$,A_t 为 t 时刻平均社会生产力水平,且 $\frac{\dot{A}_t}{A_t} = g_t$,则

$$\frac{\dot{c}_t}{c_t} = \frac{\dot{C}_t}{C_t} - \frac{\dot{A}_t}{A_t} = \frac{r_t(1-\tau)-\rho}{\theta} - g_t \tag{5.2}$$

这就是我们常见的欧拉方程,但是考虑了政府收税的问题,所以多了$(1-\tau)$部分。

三、最终产品生产部门

假设市场上只有一种最终产品,且是完全竞争的,价格标准化为1,我们采用 Dixit-Stigliz(1977) 的产品多样化理论,即假设存在一系列中间产品 m_i,$i \in [0,1]$,最终产品生产厂商用中间产品 m_i 和 L 生产,生产函数为 $Y_t = L^{1-\alpha}\int_0^1 A_{it} m_{it}^\alpha di$,其中 L 代表总劳动力,A_i 为中间产品 m_i 对应的生产力水平,$p(m_i)$ 为中间产品 m_i 对应的价格,因此厂商最大化利润为:

$$\max \quad L^{1-\alpha}\int_0^1 A_{it} m_{it}^\alpha di - \int_0^1 p(m_{it}) m_{it}^\alpha di - w_t L$$

对 m_{it} 求导,得到中间产品的价格:

$$p(m_{it})=\alpha L^{1-\alpha}A_{it}m_{it}^{\alpha-1} \quad (5.3)$$

对 w_t 求导,得到劳动力的价格:

$$w_t=(1-\alpha)L^{-\alpha}\int_0^1 A_{it}m_{it}^{\alpha}di \quad (5.4)$$

四、中间产品生产部门

t 时刻中间产品生产厂商 i 通过资本市场从消费者那里租借作为资本的最终产品 K_{it} 生产中间产品 m_{it},生产函数为 $m_{it}=\dfrac{K_{it}}{A_{it}}$,这表示中间产品的生产力水平越高,即 A_i 越大,越是需要投入更多的资本来生产该中间产品,以上生产函数又可化为 $K_{it}=m_{it}A_{it}$,定义为 t 时刻资本市场的总资本,为 $K_t=\int_0^1 K_{it}di=\int_0^1 m_{it}A_{it}di$,$\zeta_t$ 为资本 K_t 的价格,则生产中间产品 i 的厂商的利润函数为 $\pi_{it}=p(m_{it})m_{it}-\zeta_t K_{it}$,根据(5.3)式中间产品的价格和中间产品的生产函数,中间产品 i 的厂商的利润最大化问题为:

$$\max\quad \pi_{it}=\alpha L^{1-\alpha}A_{it}m_{it}^{\alpha}-A_{it}m_{it}\zeta_t$$

对 m_{it} 求导:$m_{it}=L\left(\dfrac{\alpha^2}{\zeta_t}\right)^{\frac{1}{1-\alpha}}$,可见不同部门生产的 m_{it} 都相同,所以

$$m_{it}=m_t=L\left(\frac{\alpha^2}{\zeta_t}\right)^{\frac{1}{1-\alpha}}, \quad (5.5)$$

$$\zeta_t=\left(\frac{m_t}{L}\right)^{\alpha-1}\alpha^2 \quad (5.6)$$

将(5.5)代入目标函数中,可得到:

$$\pi_{it}=\alpha(1-\alpha)A_{it}L\left(\frac{\alpha^2}{\zeta_t}\right)^{\frac{\alpha}{1-\alpha}} \quad (5.7)$$

定义单位有效劳动的资本 $k_{it}=\dfrac{K_{it}}{A_{it}L}=\dfrac{m_{it}}{L}=\dfrac{m_t}{L}=k_t$,则(5.5)、(5.6)、(5.7)式可改写为:

$$k_t=\left(\frac{\alpha^2}{\zeta_t}\right)^{\frac{1}{1-\alpha}} \quad (5.8)$$

自主创新与经济增长

$$\zeta_t = k_t^{\alpha-1}\alpha^2 \tag{5.9}$$

$$\pi_{it} = \alpha(1-\alpha)A_{it}Lk_t^{\alpha} \tag{5.10}$$

定义 $A_t = \int_0^1 A_{it}di$ 为 t 时刻平均社会生产力水平,则

$$K_t = \int_0^1 K_{it}di = \int_0^1 m_{it}A_{it}di = m_t\int_0^1 A_{it}di = m_tA_t \Rightarrow k_t = \frac{K_t}{A_tL} \tag{5.11}$$

最终产品的生产函数也可以简化为:

$$Y_t = L^{1-\alpha}\int_0^1 A_{it}m_{it}^{\alpha}di = L^{1-\alpha}A_tm_t^{\alpha} \Rightarrow \frac{Y_t}{A_tL} = y_t = k_t^{\alpha} \tag{5.12}$$

其中,y_t 为定义的单位有效劳动的产出。至此,我们可以把资本的价格 ζ_t,中间产品厂商的垄断利润 π_{it},单位有效劳动的产出 y_t 都表示为单位有效劳动的资本 k_t 的函数。

五、研发部门
（一）研发部门的套利条件

在我们的模型中,中间产品生产部门中不同的厂商所对应不同的生产力水平 A_{it} 来源于对应的研发部门的研发活动。假设每个研发部门 i 的技术创新以一个泊松抵达率 ϕ_{it} 随机出现,且

$$\phi_{it} = \lambda\frac{N_{it}}{A_t^{\max}} = \lambda n_{it}$$

其中,λ 表示研发技术生产力的参数,N_{it} 表示研发部门 i 使用最终产品进行研发的部分,则社会总的研发投入为 $N_t = \int_0^1 N_{it}di$,$A_t^{\max} \equiv \max\{A_{it}|i\in[0,1]\}$,代表 t 时刻社会生产力前沿水平,n_{it} 表示经过 $A_t^{\max}$ 调整的研发投入,因为随着社会生产力水平的进步,获得更先进技术所要求的研发投入成本也不断上升。从 ϕ_{it} 的表达式也可以看出,本章中我们假设研发部门只使用最终产品作为研发投入,而没有使用劳动力。

根据熊彼特的"创造性毁灭"理论,在时间 t 进行创新成功的研发部门,从 t 开始,它的生产力水平 A_{it} 将等于 $A_t^{\max}$,直到它被该部门下一个创新者所代替。所以该部门进行创新成功的价值为:

$$V_{it} = \int_t^{+\infty}e^{-\int_t^{\tau}(r_s+\varphi_{is})ds}\alpha(1-\alpha)Lk_{\tau}^{\alpha}A_t^{\max}d\tau$$

其中，$e^{-\int_t^\tau r_s ds}$ 表示从时间 t 到时间 τ 的贴现率，$e^{-\int_t^\tau \varphi_{is} ds}$ 表示从时间 t 到时间 τ 处于技术领先的部门未被替代的概率，这是因为泊松过程中事件发生的时间间隔序列服从指数分布。$\alpha(1-\alpha)Lk_t^\alpha A_t^{\max}$ 是 (5.10) 式中算出来的处于技术领先的部门获得的垄断利润。

结论 1：研发部门的套利条件为 $1=\lambda\dfrac{\alpha(1-\alpha)Lk_t^\alpha}{r_t+\varphi_{it}}$

假设 N_{it} 为研发部门进行技术创新投入的成本，$\phi_{it}V_{it}$ 为其预期的贴现回报率，所以套利条件可写为：

$$N_{it}=\phi_{it}V_{it}=\phi_{it}\int_t^{+\infty}e^{-\int_t^\tau(r_s+\phi_{is})ds}\alpha(1-\alpha)\ Lk_\tau^\alpha A_t^{\max}d\tau.$$

定义 $\varphi(t,\tau)=e^{-\int_t^\tau(r_s+\phi_{is})ds}$，则 $\dfrac{\partial\varphi(t,\tau)}{\partial t}=\varphi(t,\tau)(r_t+\phi_{it})$，且 $\varphi(t,t)=1$

由 $N_{it}=\phi_{it}V_{it}\Rightarrow 1=\lambda\int_t^{+\infty}e^{-\int_t^\tau(r_s+\phi_{is})ds}\alpha(1-\alpha)Lk_\tau^\alpha d\tau$

$=\lambda\int_t^{+\infty}\varphi(t,\tau)\alpha(1-\alpha)Lk_\tau^\alpha d\tau$

两边对 t 求导，可推出：

$$0=\lambda(\int_t^{+\infty}\dfrac{\partial\varphi(t,\tau)}{\partial t}\alpha(1-\alpha)Lk_\tau^\alpha d\tau+\varphi(t,t)\alpha(1-\alpha)Lk_t^\alpha)$$

$$\Rightarrow\int_t^{+\infty}\dfrac{\partial\varphi(t,\tau)}{\partial t}\alpha(1-\alpha)k_\tau^\alpha d\tau=\varphi(t,t)\alpha(1-\alpha)k_t^\alpha$$

$$\Rightarrow\int_t^{+\infty}\varphi(t,\tau)(r_t+\varphi_{it})\alpha(1-\alpha)k_\tau^\alpha d\tau=\alpha(1-\alpha)k_t^\alpha$$

$$\Rightarrow\int_t^{+\infty}\varphi(t,\tau)\alpha(1-\alpha)k_\tau^\alpha d\tau=\dfrac{\alpha(1-\alpha)k_t^\alpha}{(r_t+\varphi_{it})}$$

将结果再代入到套利条件中，即得到命题 1：研发部门的套利条件为：

$$1=\lambda\dfrac{\alpha(1-\alpha)Lk_t^\alpha}{r_t+\phi_{it}} \quad (5.13)$$

同时从 (5.13) 式也可以看出，各研发部门的 ϕ_{it} 相同，所以对应的 N_{it}，n_{it} 也相同。所以各研发部门的泊松抵达率也可以写做：

$$\phi_t=\lambda\dfrac{N_t}{A_t^{\max}}=\lambda n_t \quad (5.14)$$

（二）社会生产力前沿水平增长率 $\dfrac{\dot{A}_t^{\max}}{A_t^{\max}}$ 的确定

结论 2：社会生产力前沿水平增长率 $g_t = \dfrac{\dot{A}_t^{\max}}{A_t^{\max}} = \phi_t \ln \gamma$，其中 t 为时间序列。

假设 $A_{i+1}^{\max} = \gamma A_i^{\max}$，其中 i 为创新序列，则 $\ln A_{i+1}^{\max} = \ln \gamma + \ln A_i^{\max}$。

可以推出 $\ln A_{t+1}^{\max} = \ln A_t^{\max} + \varepsilon(t) \ln \gamma$，其中 $\varepsilon(t)$ 为时间 $(t, t+1)$ 内发生的创新数目。

由于创新以一个泊松抵达率 ϕ_t 随机出现，且泊松过程是独立、平稳、增量的过程，即单位时间内创新发生的平均个数为 ϕ_t。所以 $E[\ln A_{t+1}^{\max} - \ln A_t^{\max}] = \phi_t \ln \gamma$，即得到命题 2：社会生产力前沿水平增长率为：

$$g_t = \dfrac{\dot{A}_t^{\max}}{A_t^{\max}} = \phi_t \ln \gamma \tag{5.15}$$

（三）平均社会生产力水平增长率 $\dfrac{\dot{A}_t}{A_t}$ 的确定

结论 3：当时间 $t \to +\infty$ 时，$\dfrac{A_t^{\max}}{A_t}$ 渐进趋向于常数 $1 + \ln \gamma$。

因为社会生产力前沿水平 $A_t^{\max}$ 以一个泊松抵达率 ϕ_t 随机出现在某个中间产品生产部门，取代生产力水平 A_{it}，同时由于技术的外溢性，在任何部门，时间 t 的每一个创新都允许创新者在最开始使用最先进的技术来进行生产，导致平均社会生产力水平 $A_t = \int_0^1 A_{it} di$ 上升为 $A_t^{\max}$，所以 $\dfrac{dA_t}{dt} = \phi_t (A_t^{\max} - A_t)$，同时，我们定义 $\Omega_t = \dfrac{A_t^{\max}}{A_t}$。

$$\Rightarrow \dfrac{1}{\Omega_t} \dfrac{d\Omega_t}{dt} = \dfrac{\dot{A}_t}{A_t^{\max}} \times \dfrac{\dot{A}_t^{\max} A_t - A_t^{\max} \dot{A}_t}{A_t^2} = \dfrac{\dot{A}_t^{\max}}{A_t^{\max}} - \dfrac{\dot{A}_t}{A_t}$$

将 $g_t = \dfrac{\dot{A}_t^{\max}}{A_t^{\max}} = \phi_t \ln \gamma$ 和 $\dfrac{dA_t}{dt} = \phi_t (A_t^{\max} - A_t)$ 代入上式中，得到：

$$\dfrac{1}{\Omega_t} \dfrac{d\Omega_t}{dt} = \phi_t \ln \gamma - \phi_t \left(\dfrac{A_t^{\max}}{A_t} - 1 \right) = \phi_t \ln \gamma - \phi_t (\Omega_t - 1)$$

解此微分方程，

$$\Rightarrow \frac{d\Omega_t}{\Omega_t(1+\ln\gamma-\Omega_t)}=\phi_t dt \Rightarrow \frac{1}{1+\ln\gamma}\left(\frac{d\Omega_t}{\Omega_t}+\frac{d\Omega_t}{1+\ln\gamma-\Omega_t}\right)=\phi_t dt$$

$$\Rightarrow \ln\frac{\Omega_t}{1+\ln\gamma-\Omega_t}=(1+\ln\gamma)\int_0^t\varphi_i di \Rightarrow \Omega_t=\frac{(1+\ln\gamma)\Theta_t}{1+\Theta_t}$$

其中,$\Theta_t=\exp[(1+\ln\gamma)\int_0^t\varphi_i di]$。当 $t\to+\infty$ 时,ϕ_i 为大于 0 的数,$\Theta_t\to+\infty$,所以得到结论 3:

$$\Omega_t=\frac{A_t^{\max}}{A_t}\to 1+\ln\gamma \tag{5.16}$$

由结论 3 可知,$\frac{A_t^{\max}}{A_t}$ 渐进趋向于常数 $1+\ln\gamma$,所以,此时平均社会生产力水平增长率 $\frac{\dot{A}_t}{A_t}$ 等于社会生产力前沿水平增长率 $g_t=\frac{\dot{A}_t^{\max}}{A_t^{\max}}=\phi_t\ln\gamma$,也即

$$\frac{\dot{A}_t}{A_t}=g_t=\phi_t\ln\gamma \tag{5.17}$$

六、政府部门

我们这里主要考虑两种政府 R&D 资助方式:税收优惠和研发补贴。不同的资助方式会导致研发部门套利条件的变化,进而做出不同的研发决策。

方式 1:税收优惠

因为我们的假设中,研发部门的利润为 0,所以税收优惠体现不出来,但是考虑到税收优惠降低了企业的研发成本,其实质与政府对研发部门成本进行补贴的作用是一致的[①],所以我们假设研发部门每投入 1 单位的成本,成本补贴为 β,则政府总的成本补贴为 βN_{it},企业研发的套利条件变为 $(1-\beta)N_{it}=\phi_t V_{it}$,通过类似结论 1 的证明,我们可以得到,在该情况下,企业的套利条件为

$$1-\beta=\lambda\frac{\alpha(1-\alpha)Lk_t^\alpha}{r_t+\phi_t} \tag{5.18}$$

方式 2:研发补贴

---

① 在实证中,税收优惠强度的度量指标(B 指数、R&D 使用成本等)也常常使用到一单位 R&D 投入的实际成本。成本越高,相关指标值越大,反映的税收优惠强度越低。

自主创新与经济增长

政府研发补贴增加了研发部门的投入,使技术创新的泊松抵达率提高。假设研发补贴为 G_t^n,根据独立泊松过程的可加性,则第 i 研发部门的泊松抵达率变为 $\lambda \left(\dfrac{N_{it}}{A_t^{\max}} + \dfrac{G_t^n}{A_t^{\max}} \right)$,定义 $\dfrac{G_t^n}{A_t^{\max}} = g_t^n$,则该部门泊松抵达率变为 $\lambda n_{it} + \lambda g_t^n$。对应的该部门进行创新成功的价值变为 $V_{it} = \int_t^{+\infty} e^{-\int_t^\tau (r_s + \varphi_{is} + \lambda g_t^n) ds} \alpha (1-\alpha) L k_\tau^\alpha A_t^{\max} d\tau$,即降低了从时间 t 到时间 τ 处于技术领先的部门未被替代的概率,创新成功的价值降低了。再通过类似命题 1 的证明,我们可以得到,在该情况下,企业的套利条件为:

$$1 = \lambda \frac{\alpha(1-\alpha) L k_t^\alpha}{r_t + \varphi_t + \lambda g_t^n} \tag{5.19}$$

七、平衡增长状态

(1) 在平衡增长路径上,单位有效劳动的消费 c_t 的增长率为 0,则

$$\frac{\dot{c}_t}{c_t} = \frac{r(1-\tau) - \rho}{\theta} - g = 0 \Rightarrow r(1-\tau) = \rho + g\theta \tag{5.20}$$

(2) 在平衡增长路径上,单位有效劳动的资本 k_t 的增长率为 0,即

$$k_t = \frac{K_t}{A_t L} \Rightarrow \dot{k}_t = \frac{\dot{K}_t}{A_t L} - \frac{\dot{A}_t}{A_t} \frac{K_t}{A_t L} = \frac{(1-\tau) Y_t - C_t - N_t}{A_t L} - g_t k_t$$

将(5.12)式代入,$\dot{k}_t = (1-\tau) k_t^\alpha - c_t - \dfrac{N_t}{A_t L} - g_t k_t = 0$

其中,$\dfrac{N_t}{A_t L} = \dfrac{\int_0^1 N_{it} di}{A_t^{\max}} \dfrac{A_t^{\max}}{A_t L} = \int_0^1 n_{it} di \dfrac{1 + \ln \gamma}{L} = n_t \dfrac{1 + \ln \gamma}{L}$,所以

$$(1-\tau) k^\alpha - c - n \frac{1 + \ln \gamma}{L} - g k = 0 \tag{5.21}$$

(3) 在平衡增长路径上,当 c_t 的增长率和 k_t 的增长率均为 0 时,由(5.12)式可知,y_t 的增长率也为 0,由于不考虑劳动力 L 的增长,所以在均衡增长路径上,人均消费、人均资本和人均产出的增长率等于平均社会生产力水平增长率 $\dfrac{\dot{A}_t}{A_t} = g$。

第五章 政府 R&D 资助方式的增长绩效

① 在税收优惠方式中,即
$$g = \lambda n \ln \gamma \tag{5.22}$$

② 在研发补贴方式中,由于有研发补贴参与创新活动,所以
$$g = \lambda(n + g^n)\ln \gamma \tag{5.23}$$

(4) 资本市场均衡:假设不考虑资本折旧的问题,利率即是资本的价格,同时结合(5.9),得
$$r = \zeta = k^{\alpha-1}\alpha^2 \tag{5.24}$$

(5) 政府部门的预算平衡:本模型建立在一般均衡框架下,所以政府的 R&D 资助通过收入税 τY_t 融资,假设政府不会出现负债,也不会出现盈余,执行了预算平衡政策。

① 在税收优惠方式中 $\beta N = \tau Y \Rightarrow \dfrac{\beta N}{AL} = \tau y = \beta n \dfrac{1+\ln \gamma}{L} = \tau k^{\alpha}$

求解出 $\beta = \dfrac{L\tau k^{\alpha}}{(1+\ln \gamma)n}$,代入研发部门的套利条件(5.18)式中,则

$\lambda \dfrac{\alpha(1-\alpha)Lk^{\alpha}}{r+\lambda n} = 1 - \dfrac{L\tau k^{\alpha}}{(1+\ln \gamma)n}$,化简可得:

$$\lambda\alpha(1-\alpha)Lk^{\alpha}(1+\ln \gamma)n = [(1+\ln \gamma)n - L\tau k^{\alpha}](r+\lambda n) \tag{5.25}$$

② 在研发补贴方式中 $G^n = \tau Y \Rightarrow \dfrac{G^n}{AL} = \tau y = g^n \dfrac{1+\ln \gamma}{L} = \tau k^{\alpha}$

求解出 $g^n = \dfrac{L\tau k^{\alpha}}{(1+\ln \gamma)}$,代入研发部门的套利条件(19)式中,则

$\lambda \dfrac{L\alpha(1-\alpha)k^{\alpha}}{r+\lambda n + \dfrac{\lambda L\tau k^{\alpha}}{(1+\ln \gamma)}} = 1$,化简可得:

$$\lambda L\alpha(1-\alpha)k^{\alpha} = r + \lambda n + \dfrac{\lambda L\tau k^{\alpha}}{(1+\ln \gamma)} \tag{5.26}$$

(6) 产品市场出清。

将(5.4)、(5.24)、(5.10)、(5.12)代入国民总收入 $w_t L + r_t K_t + \int_0^1 \pi_{it} di$ 中,可得到

$$w_t L + r_t K_t + \int_0^1 \pi_{it} di = (1-\alpha)L^{1-\alpha}A_t m_t^{\alpha} + k^{\alpha}\alpha^2 A_t L + \alpha(1-\alpha)A_t L k_t^{\alpha}$$
$$= (1-\alpha)LA_t k_t^{\alpha} + k_t^{\alpha}\alpha^2 A_t L + \alpha(1-\alpha)A_t L k_t^{\alpha}$$
$$= LA_t k_t^{\alpha} = Y_t$$

自主创新与经济增长

即国民总收入等于总产出。从这里我们也可以看出,政府征收统一的收入税与征收总量税的结果是一致的。

(7) 平衡增长状态的求解。

① 综合以上(5.20)、(5.21)、(5.22)、(5.24)、(5.13)在政府不干预的基准状态下($\tau=0$),平衡增长状态为以下的非线性系统,其中r,g,k,c,n为内生变量,$\rho,\theta,\lambda,\alpha,\gamma,L$为外生的参数。

$$\begin{cases} r=\rho+g\theta \\ k^\alpha-c-n\dfrac{1+\ln\gamma}{L}-gk=0 \\ g=\lambda n\ln\gamma \\ r=k^{\alpha-1}\alpha^2 \\ \lambda L\alpha(1-\alpha)k^\alpha=r+\lambda n \end{cases}$$

② 综合以上(5.20)、(5.21)、(5.22)、(5.24)、(5.25)在税收优惠方式中,平衡增长状态为以下的非线性系统,其中r,g,k,c,n为内生变量,$\tau,\rho,\theta,\lambda,\alpha,\gamma,L$为外生的参数。

$$\begin{cases} r(1-\tau)=\rho+g\theta \\ (1-\tau)k^\alpha-c-n\dfrac{1+\ln\gamma}{L}-gk=0 \\ g=\lambda n\ln\gamma \\ r=k^{\alpha-1}\alpha^2 \\ \lambda\alpha(1-\alpha)Lk^\alpha(1+\ln\gamma)n=[(1+\ln\gamma)n-L\tau k^\alpha](r+\lambda n) \end{cases}$$

③ 综合以上(5.20)、(5.21)、(5.23)、(5.24)、(5.26)在研发补贴方式中,平衡增长状态为以下的非线性系统,其中r,g,k,c,n为内生变量,$\tau,\rho,\theta,\lambda,\alpha,\gamma,L$为外生的参数。

$$\begin{cases} r(1-\tau)=\rho+g\theta \\ (1-\tau)k^\alpha-c-n\dfrac{1+\ln\gamma}{L}-gk=0 \\ g=\lambda(n+g^n)\ln\gamma=\lambda\left(n+\dfrac{L\tau k^\alpha}{(1+\ln\gamma)}\right)\ln\gamma \\ r=k^{\alpha-1}\alpha^2 \\ \lambda L\alpha(1-\alpha)k^\alpha=r+\lambda n+\dfrac{\lambda L\tau k^\alpha}{(1+\ln\gamma)} \end{cases}$$

第四节 参数校准及数值模拟

求解以上三个非线性系统的显示解非常困难,为了比较分析两种不同创新模式对平衡增长路径上经济增长率和其他指标的影响,我们采用数值模拟的方法,对三种情况下的外生参数 $\rho, \theta, \lambda, \alpha, \gamma, L$ 赋相同的值,首先分析政府不干预的基准状态时(即 $\tau=0$),平衡增长路径上经济增长率和其他指标的值,然后同时统一调整 τ 的变化,即观察研发性政府支出变动相同的情况下,在两种创新模式中分别会产生怎样的影响。

为了简化模型,我们令社会的劳动力的总量 L 为1,根据杜清源(2005)的估计,资本产出弹性 α 为0.42,但是程序计算速度较慢,所以本章近似取值0.5。根据Lucas(1990)的研究,我们取主观贴现率 ρ 为0.02,边际效用对消费的弹性 θ 为2。参考严成樑(2010)的取值,我们令研发技术生产力的参数 λ 为1.274。根据我们前面的定义,因为 γ 衡量的是两个相邻的创新序列 A_{i+1}^{max} 和 A_i^{max} 之间的关系,所以 $\ln\gamma$ 实际上为创新程度,又因为下一创新序列 A_{i+1}^{max} 至少大于现有的 A_i^{max},也即 $\gamma>1$,所以 $\ln\gamma>0$,我们假设暂时为0.5,则模型的参数校准值为表5-2。

表5-2 模型的参数校准值

ρ	θ	λ	α	$\ln\gamma$	L
0.02	2	1.274	0.5	0.5	1

一、基准状态(无政府干预,$\tau=0$)

表5-3列出了政府不进行干预时,平衡增长路径上内生变量的值,说明该模型在稳定状态时,在我们的参数假设下(无人口增长),此时经济的增长率为9.23%,研发部门的技术进步成为推动经济增长的主要动力,这也正是内生经济增长理论所要表达的观点。

表5-3 基准状态下平衡增长路径上内生变量的值

c	g	k	n	r
0.8668	0.0923	1.4931	0.1449	0.2046

那么是不是不断地创新突破就一定会带来经济增长率持续地上升呢?下

自主创新与经济增长

面我们令创新程度 $\ln\gamma$ 在区间 $[0.1,10]$ 进行变动,得到其对平衡增长路径上内生变量的影响,见图 5-4。首先,我们可以看见经济的增长率 g 并没有我

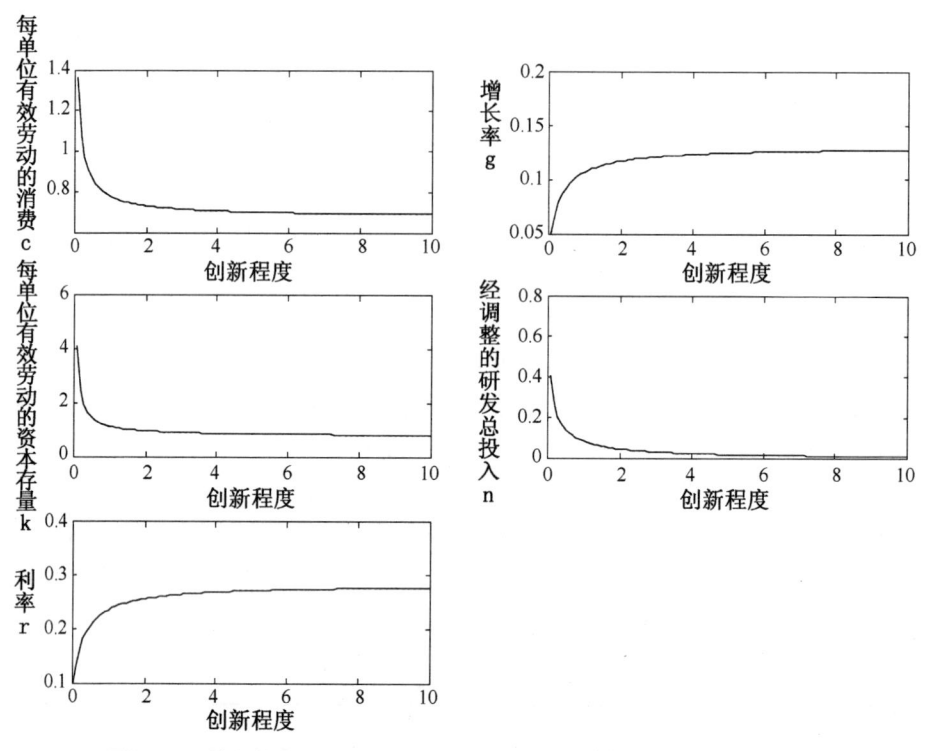

图 5-4 基准状态下创新程度 $\ln\gamma$ 对平衡增长路径上内生变量的影响

们所期望的那样一直呈快速上升趋势,而是先以较快速度上升,然后趋缓,处于"瓶颈"状态。从 $g=\lambda n\ln\gamma$ 的表达式可以看出,其受到创新的泊松抵达率和创新程度的影响,随着技术的发展,由于 A_t^{max} 的不断增加,创新的难度越来越大,创新的泊松抵达率越来越低,这一点可以从图 5-4 中"经调整的研发总投入 n"的下降趋势可以看出,从而抵消了创新程度 $\ln\gamma$ 的增长。其次,每单位有效劳动的消费 c 和资本存量 k 都是先快速下降,然后趋缓。这是因为创新伊始,创新的泊松抵达率较高,社会将较多的最终产品投入到创新部门,从而导致用于消费和资本投资的部分减少,同时平均社会生产力水平 A_t 增加,两者共同导致 c 和 k 的快速下降。随着创新的难度越来越大,创新的泊松抵达率越来越低,研发部门创新的动力也随之减弱,用于研发的最终产品减少,用于消费和资本投资的部分有所增加,抵消了平均社会生产力水平 A_t 增加,

从而下降速度趋缓。

二、政府干预情况($\tau \neq 0$)

我们将创新程度 $\ln\gamma$ 固定在 0.5[①],分析税率 τ 对平衡增长路径上内生变量的影响,见图 5-5。因为在我们的模型中,政府的研发性支出完全靠税收

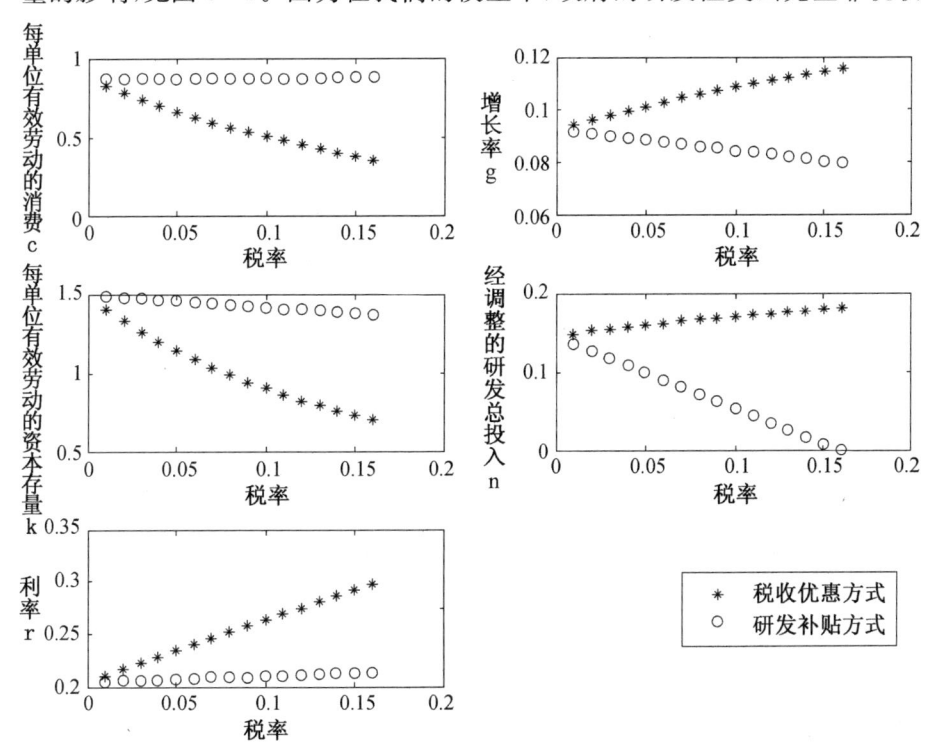

图 5-5 政府干预下税率 τ 对平衡增长路径上内生变量的影响

融资,所以税率 τ 也即反映了研发性支出的总量。考虑到研发性支出实际上只占政府财政支出一部分[②],同时要保证平衡增长路径上内生变量的值都大于 0,所以 τ 的取值不宜过大,它的区间为 [0.01,0.16]。从图 5-5 可以看出,

---

① 从图 5-4 中可以看出,$\ln\gamma$ 取不同值表示不同的技术发展水平,在 $\ln\gamma$ 取值较小的"技术发展初期",市场配置仍然可以保证经济快地增长,而在 $\ln\gamma$ 取值较大的"技术发展后期",市场配置遭遇"增长陷阱",为了避免两种情况下的政府干预行为可能会有不同的效果,我们还计算了 $\ln\gamma=10$ 的平衡增长路径,但其与 $\ln\gamma=0.5$ 的趋势基本一致,所以在此略去。

② 以 2009 年为例,我国政府财政科技拨占财政总支出 4.2%,占 GDP 的 1%。

两种政府 R&D 资助方式下的内生变量曲线在 $\tau=0$ 时相交,这一点即表 5-3 中基准状态的值。

在税收优惠方式中,经济增长率 g 高于基准状态,并且随着优惠幅度的增加 g 也增加。这是因为 R&D 的税收优惠降低了企业的研发成本,根据套利条件,刺激企业使用更多的最终产品用于研发,所以尽管 A_t^{max} 增加,创新的难度越来越大,但是"经调整的研发总投入 n"仍然呈上升趋势,这点从图 5-5 中也可以看出,n 的增加导致了 g 的增加。另外值得注意的是每单位有效劳动的消费 c 和资本存量 k 都显著下降,这是因为受到政府研发补贴的激励,企业自觉地将更多的最终产品用于研发,但是由于平均社会生产力水平 A_t 增加显著,所以社会总消费和总资本存量下降得并没有那么快。

在研发补贴方式中,平衡增长路径上经济的增长率 g 低于基准状态,这主要是因为技术创新的外溢性所导致的。虽然政府研发补贴提高了创新的泊松抵达率,但是同时也加速了社会的技术更迭,导致企业参与研发的预期的垄断利润减少,企业的 R&D 投入被挤出,同时社会生产力前沿水平 A_t^{max} 增加,共同导致企业"经调整的研发总投入 n"呈下降趋势,这点从图 5-5 中可以看出。但是这里的 g 不仅跟企业的研发投入有关,还与政府的研发补贴有关,而随着政府研发补贴的增加,抵消了一部分企业的研发投入的下降,所以从图 5-5 可以看出经济的增长率 g 下降得比 n 较为平缓。另外我们还可以观察到每单位有效劳动的消费 c 和资本存量 k 与基准状态相比,c 小幅上升,k 小幅下降,所以判断社会总消费和资本存量是下降的。这是因为,研发补贴相当于强制性地从最终产品中拿出部分用于研发部门,同时经济的增长率 g 低于基准状态,导致最终产品数量也是低于基准状态的。所以总体来说研发补贴方式在提高经济增长率方面不及税收优惠方式。

第五节 基本结论

本章在一般均衡框架和 Aghion and Howitt 垂直创新的理论基础上,引入政府部门,建立了含政府 R&D 资助行为的内生增长模型,通过参数校准和数值模拟得到:在政府不干预经济的情况下,单纯依靠私人研发部门的技术进步获得的经济增长会遇到"瓶颈"问题,而简单地通过政府干预也并不一定能有效地解决这一问题,它还跟政府资助的方式有关。只有税收优惠的方式才能较好地突破增长的瓶颈,而在研发补贴方式中,政府的研发支出可能会挤出企业的创新投入,并不能获得很好的政策效果。另外,在选择补贴对象的时候还可能存在逆向选择和道德风险(安同良,2009),以及寻租行为,这都会导致"政府失灵"。但是,为什么研发补贴方式被各国广泛使用呢?因为相对于税收优惠,研发补贴更直接,更迅速,对于目标企业和目标行业能起到立竿见影的效果。同时,税收优惠的执行也会产生相应的成本,比如税收的立法成本,税务机关的行政成本、纳税人的申报成本等。另外,虽然对有税收优惠行业的 R&D 投入会有促进作用,但是会挤出其他行业的 R&D 投入,即产生负的外溢性,所以对总体企业的 R&D 活动也有一定的挤出效应(Mamuneas and Nadiri,1996)。因此,实际操作中也要考虑到税收优惠带来的这些效率损失。

值得注意的是,本章的结论建立在垂直创新模型的基础上,即主要针对成熟技术领域的垂直创新,此时,新的中间产品的出现会完全替代现有的中间产品,同时由于 R&D 活动的巨大外溢性,降低了企业从事研发所带来的垄断利润,导致企业的研发性投入被挤出,所以不能取得良好的政策效果。但是如果基于水平创新模型,比如在新兴技术领域的水平创新,此时,技术进步表现为中间产品的种类的增加,新旧中间产品之间不存在替代关系,则本章的结论不一定成立。所以这也是进一步研究的方向。另外,本章假设研发部门中各企业可以共享现有的技术水平,完全公平地进行研发竞争,没有进入的壁垒,获得研发成功的企业即可取代上一个企业获得垄断利润。最后本章从简化模型的角度出发,只考虑了研发性财政支出,我们还可以结合政府的消费性支出和生产性支出,分析财政支出结构对经济增长的综合影响。

通过本章的模型,我们得到的政策启示有:① 在现阶段我国经济增长方式转型时期,政府有必要通过对企业的 R&D 补贴,税收优惠,信贷支持等措施降低企业的研发成本和研发风险,引导企业加大研发投入,促进经济增长。② 对于一些成熟技术领域(比如一些传统产业),技术外溢性比较大的行业,由于其技术创新主要集中在挖掘、改善与提升现有技术水平的垂直创新,R&D 税收优惠的政策效果更好。③ 在我们的模型中可以看出,有效的知识产权保护制度和产权交易市场可以保证拥有新技术和新工艺的企业在一定时间内可以获得一定的垄断利润,从而促进他们更积极地从事自主创新,所以政府应该进一步完善相关的知识产权制度,完善包括技术市场、人才市场、信息市场、产权交易市场等在内的生产要素市场体系。

自主创新与经济增长

本章参考文献

[1] Arrow, K. The Economic Implications of Learning by Doing. *Review of Economic Studies*, 1962, 29(2):155-173.

[2] Aghion, P. and Howitt, P. A Model of Growth Through Creative Destruction. *Econometrica*, 1992, 60:323-351.

[3] Aghion, P., and Howitt, P. *Endogenous Growth Theory*. Cambridge, MA: MIT Press, 1998.

[4] Antonelli, Ch. A Failure Inducement Model of Research and Development Expenditure: Italian Evidence from Early 1980s. *Journal of Economic Behavior and Organization*, 1989, 12(2):159-180.

[5] Baily, M. N., Lawrence, R. Z. *Tax Incentives for R&D: What do the Data Tell Us? Study Commissioned by the Council on Research and Technology*. Washington, D. C., 1992.

[6] Barro, R. J. Government Spending in a Simple Model of Endogenous Growth. *Journal of Political Economy*, 1990, 98(5).

[7] Barro, R. J., Sala-I-Martin. Public Finance in Models of Economic Growth. *Review of Economics Studies*, 1992, 59:645-661.

[8] Berger, P. Explicit and Implicit Effects of the R&D Tax Credit. *Journal of Accounting Research*, 1993, 31:131-171.

[9] Bizan, O. The Determinants of Success of R&D Projects: Evidence from American-Israeli Research Alliances. *Research Policy*, 2003, 32(9):1619-1640.

[10] Bloom, D. E., Canning, D., Sevilla, J. The Effect of Health on Economic Growth: Theory and Evidence. *NBER Working Paper No. 8587*, 2001.

[11] Bloom, N., Griffith, R., Reenen, John Van. Do R&D Tax Credits Work? Evidence from a Panel of Countries 1979—1997. *Journal of Public Ecnomics*, 2002, 85:1-31.

[12] Caballero, R. J., Jaffe, A. B. How High are the Giants' Shoulders: An Empirical Assessment of Knowledge Spillovers and Creative Destruction in a Model of Economic Growth. *NBER Macroeconomic Annals*, 1993:15-74.

[13] Capron, H., B. Van Pottelsberghe de la Potterie. Public Support to Business R&D: A Survey and Some New Quantitative Evidence, in OECD. *Policy Evaluation in Innovation and Technology—Towards Best Practices*, 1997:171-188.

[14] Czarnitzki, D., K. Hussinger. The Link Between R&D Subsidies, R&D Spending

and Technological Performance. *ZEW Discussion Paper 04256*, 2004.

[15] David, P. A., Hall, B. H., Toole, A. A. Is Public R&D a Complement or a Substitute for Private R&D? A Review of the Econometric Evidence. *NBER Working Paper No. 7373*, 2000.

[16] Devarajan, Shantayanan, Vinaya Swaroop and Heng-fuZou. The Composition of Public Expenditure and Economic Growth. *Journal of Monetary Economics*, 1996, 37(2): 313-344.

[17] Duguet, E. Are Subsidies a Substitute or a Complement to Privately Funded R&D? Evidence from France Using Propensity Score Methods for Non-experiment Data. *Working Paper 75*, University de Pair I, 2003.

[18] Dxit, Avinash K., Joseph E. Stilgitz. Monopolistic Competition and Optimum Product Diversity. *American Economic Review*, 1997, 67(3): 297-308.

[19] Futagami, Koichi, Morita, Yuichi, Shibata, Akihisa. Dynamic Analysis of an Endogenous Growth Model with Public Capital. *Scandinavian Journal of Economics*, 1993, 95(4): 607-625.

[20] González, X., Pazó, C. Do Public Subsidies Stimulate Private R&D Spending?. *Research Policy*, 2008, 37: 371-389.

[21] Goolsbee, A. Does Government R&D Policy Mainly Benefit Scientists and Engineers. *American Economic Review*, 1998, 88(2): 298-302.

[22] Gorg, H., and E. Strobl. The Effect of R&D Subsidies on Private R&D. *Economica*, 2007, 74(294): 215-234.

[23] Leyden, D., and A. Link. Why are Governmental R&D and Private R&D Complements?. *Applied Economics*, 1991, 23(10): 1673-1681.

[24] Grossman, G. M., Helpman, E. Quality Ladders in the Theory of Growth. *Review of Economic Studies*, 1991, 58: 43-61.

[25] Guellec, D. and B. Van Pottelsberghe de la Potterie. Does Government Support Stimulate Private R&D? *OECD Economic Studies*, 1999, 29: 95-12.

[26] Guellec, D., and B. Van Pottelsberghe de la Potterie. The Effect of Public Expenditure to Business R&D. *OECD STI Working Paper*, 2000/4, Paris.

[27] Hall, B., and Reenen, John Van. How Effective are Fiscal Incentives for R&D? A Review of the Evidence. *Research Policy*, 2000, 29: 449-469.

[28] Ham, R. and D. Mowery. Improving the Effectiveness of Public-private R&D Collaboration: Case Studies at a US Weapons Laboratory. *Research Policy*, 1998, 26: 661-675.

[29] Hines, J. No Place Like Home: Tax Credit and the Location of R&D by American

Multinationals. *Tax Policy and the Economy*, 1994, 8: 65 - 104.

[30] Holemans, B., L. Sleuwaegen. Innovation Expenditures and the Role of Government in Belgium. *Research Policy*, 1998, 17: 375 - 379.

[31] Howitt, P., Aghion, P. Capital Accumulation and Innovation as Complementary Factors in Long-run Growth. *Journal of Economic Growth*, 1998, 3: 111 - 130.

[32] Jones, C. R&D-Based Models of Economic Growth. *Journal of Political Economy*, 1995, 103: 759 - 784.

[33] Lucas, R. E., Jr. On the Mechanics of Economic Development. *Journal of Monetary Economics*, 1988, 22(7): 3 - 42.

[34] Lucas, R. E., Jr. Supply-side Economics: An Analytical Review. *Oxford Economic Papers*, 1990, 42: 293 - 316.

[35] Klette, T., J. Moen. From Growth Theory to Technology Policy: Coordination Problems in Theory and Practice. *Nordic Journal of Political Economy*, 1990, 25: 53 - 47.

[36] Koga, Tadahisa. Firm Size and R&D Tax Incentives. *Technovation*, 2003, 23: 643 - 648.

[37] Mamuneas, T. Spillovers from Publicly Financed R&D Capital in High-tech Industries. *International Journal of Industrial Organization*, 1999, 17: 215 - 239.

[38] Mamuneas, T., M. Nadiri. Public R&D Policies and Cost Behavior of the US Manufacturing Industries. *Journal of Public Economics*, 1996, 63: 57 - 81.

[39] Mansfield, E., Switzer, L. The Effects of R&D Tax Credit and Allowances in Canada. *Research Policy*, 1985a, 14: 97 - 107.

[40] Mansfield, E., Switzer, L. How Effective are Canada's Direct Tax Incentives for R&D?. *Canadian Public Policy*, 1985b, 11: 241 - 246.

[41] Mansfield, E. The R&D Tax Credit and Other Technology Policy Issues. *AEA Papers and Proceedings*, 1986, 76: 190 - 194.

[42] Mansfield, E. Academic Research Underlying Industrial Innovations: Sources, Characteristics and Financing. *The Review of Economics and Statistics*, 1995, 77: 55 - 65.

[43] Martin, S., Scott, J. T. The Nature of Innovation Market Failure and the Design of Public Support for Private Innovation. *Research Policy*, 2000, 29: 437 - 447.

[44] Milesi-Ferretti, G. M., Roubini, N. Growth Effects of Income and Consumption Taxes. *Journal of Money, Credit and Banking*, 1998, 30 (4).

[45] Morales, F. Research Policy and Endogenous Growth. *Spanish Economic Review*, 2004, 6 (10): 179 - 209.

[46] Narin, F., Hamilton, K. S. and Olivastro, D. The Increasing Linkage Between US Technology and Public Science. *Research Policy*, 1997, 26 (3): 317-330.

[47] Romer, P. M. Endogenous Technological Change. *Journal of Political Economy*, 1990, 98(5): 71-102.

[48] Romer, P. M. Increasing Returns and Long Run Growth. *Journal of Political Economy*, 1986, 94: 1002-1037.

[49] Tsai, K., J. Wang. R&D Productivity and the Spillover Effects of High-tech Industry on the Traditional Manufacturing Sector: The Case of Taiwan. *The World Economy*, 2004, 27(10): 1555-1570.

[50] Turnovsky, S. J. Optimal Tax, Debt and Expenditures Policies in a Growing Economy. *Journal of Public Economics*, 1996, 60: 21-44.

[51] Turnovsky, S. J. Fiscal Policy, Elastic Labor Supply, and Endogenous Growth. *Journal of Monetary Economics*, 2000, 45: 185-210.

[52] Wallsten, S. The Effects of Government-industry R&D Programs on Private R&D: The Case of the Small Business Innovation Research Program. *RAND Journal of Economics*, 2000, 31(1): 82-100.

[53] Zagler, M. *Endogenous Growth, Market Failures, and Economic Policy*. New York: St. Martin's Press, 1999.

[54] 艾冰,陈晓红. 政府采购与自主创新的关系. 管理世界,2008(3).

[55] 安同良,周绍东,皮建才. R&D补贴对中国企业自主创新的激励效应. 经济研究,2009(10).

[56] 白俊红. 中国的政府R&D资助有效吗——来自大中型工业企业的经验证据. 经济学(季刊),2011(4).

[57] 戴晨,刘怡. 税收优惠与财政补贴对企业R&D影响的比较分析. 经济科学,2008(3).

[58] 董雪兵,王争. R&D风险、创新环境与软件最优专利期限研究. 经济研究,2007(9).

[59] 杜清源,龚六堂. 带"金融加速器"的RBC模型. 金融研究,2005(4).

[60] 樊琦,韩民春. 政府R&D补贴对国家及区域自主创新产出影响绩效研究. 管理工程学报,2011(3).

[61] 范红忠. 有效需求规模假说、研发投入与国家自主创新能力. 经济研究,2007(3).

[62] 金戈. 多种类型公共支出与经济增长. 经济研究,2010(7).

[63] 李平,崔喜君,刘建. 中国自主创新中研发资本投入产出绩效分析. 中国社会科学,2007(2).

[64] 潘士远. 最优专利制度研究. 经济研究,2005(12).

[65] 吴延兵. R&D存量、知识函数与生产效率. 经济学(季刊),2006(4).

[66] 吴延兵. 市场结构、产权结构与R&D——中国制造业的实证分析. 统计研究,2007

(7).
[67] 严成樑,王弟海,龚六堂.政府财政政策对经济增长的影响——基于一个资本积累与创新相互作用模型的分析.南开经济研究,2010(1).
[68] 郑绪涛.促进R&D活动的税收和补贴政策工具的有效搭配.产业经济研究,2008(1).
[69] 朱平芳,徐伟民.政府的科技激励政策对大中型工业企业R&D投入及其专利产出的影响——上海市的实证研究.经济研究,2003(6).

第六章　地方政府行为对 R&D 投入的影响

本章提要　本章从官员激励视角研究了在现行政府治理架构下,官员晋升竞争与财政分权对政府 R&D 补贴的影响,并将 R&D 补贴和法制环境内生到企业决策模型中,探寻我国企业 R&D 投入激励不足的原因。实证检验表明,官员晋升竞争和财政分权会显著减少政府研发补贴,进而影响企业研发投入。反腐败力度的加强改善了地区法制环境,企业向地方官员寻租空间相对减小,迫于竞争压力,企业加大了创新投入。

第一节　问题的提出

新增长理论认为 R&D 投入是驱动科技进步、推动创新的最直接来源(Romer,1990)。但 R&D 活动的正外部性会遇到市场失灵和投资不足的问题(Tassey,2004),因此,为弥补这种溢出性,政府有必要给予企业 R&D 补贴。虽然近年来我国政府 R&D 补贴增长迅速,但与发达国家相比仍有相当差距,2008 年我国 R&D 支出中政府占比 23.6%,而欧盟国家平均为 33.8%,美国为 27.1%(OECD Main Science and Technology Indicators Database,2010)。全社会研发投入更是不足,2010 年我国全年 R&D 经费支出6 980 亿元,仅占国内生产总值的 1.75%,未达到《国家中长期科学和技术发展规划纲要(2006—2020)》提出的 2% 的目标。相比之下,美国在 2008 年 R&D 强度就达到 2.77%,日本为 3.42%,德国为 2.64%,韩国为 3.37%(OECD Main Science and Technology Indicators Database,2010)。可见,在发展方式转变的关键时期,对研发投入激励问题的探讨意义重大。

在对创新投入激励的研究中,大量文献要么从企业微观层面出发,讨论企业间的研发博弈;要么从国家层面提出如何构建国家创新体系。却鲜有文献在强政府的背景下,从制度层面探讨地方政府行为对企业 R&D 投入激励的

自主创新与经济增长

影响。虽然有大量文献证实了政府 R&D 补贴对企业研发支出具有显著的促进作用(Hamberg,1966;Hu,2001;解维敏和唐清泉等,2009),并在此基础上,提出完善财政制度安排、加大政府补贴即可促进企业 R&D 投入,但以往的文献大多讨论至此便戛然而止。但事实上,从 1998 年中央即提出要从传统的"建设性"财政向"公共财政"转型,而这一转型却显得异常艰难而缓慢,至今政府 R&D 支出仍显不足。因此,我们有必要寻根究底,从更为深层次的制度层面,从官员激励角度,探析造成政府 R&D 补贴不足、进而引致企业研发支出不足的原因。

考虑到公共财政的执行在很大程度上依赖于地方政府的参与,导致财政体制转型困难的根本原因在于它与地方政府的激励结构之间存在着基本的冲突(周黎安,2008),因为任何一种经济制度都是与政治制度相互嵌入并通过这种嵌入来影响市场中交易主体的。长期以来,唯 GDP 至上的"晋升锦标赛"设计使地方政府为了追求产出增长而竞相开展"标尺竞争"。地方官员为获得任期内的短期增长,将有限的财政资金投入到对短期增长有直接贡献的"经济性公共物品",如交通、通讯等基础设施,而具有消费性质、无法"兑现"经济短期增长的"非经济性公共物品"被忽略,如文化教育和社会福利等(傅勇,2010)。创新活动作为生产性的公共物品,虽然可以增加长期产出、扩大税基、增加地方政府税收收入,但因为缺乏短期增长效应,唯 GDP 至上的地方政府会减少 R&D 支出。

在中央政府行政逐级发包的过程中,伴随着大量的事权和自由裁量权的下放,政府官员掌握了大量的企业所需的经济资源和行政资源,企业的发展受制于政府。在 GDP 考核的"政治锦标赛"影响下,地方官员把自己的政治目标和社会任务转嫁给企业,从而对企业决策产生影响。同时,由于地区司法监督的缺位导致了资源配置的不透明,企业可以通过寻租这一渠道获得 R&D 补贴,却并不一定将资金投入研发领域[1],从而扭曲了社会稀缺资源的有效配置。可见,法制环境越差的地区,地方政府的 R&D 补贴越具有任意性,真正有创新需求的企业无法获得或者只能获得少量补贴,影响全社会研发投入水

---

[1] 这与创新的性质有关。创新活动的不确定性、复杂性决定创新具有相当大的风险,规避风险的企业既然可以通过寻租得到创新补贴等稀缺资源,则能依靠与地方政府的"关系"轻松获得其他稀缺的生产要素,从而并不依靠创新即能增加短期收益。同时,更多的寻租会降低创新活动的边际生产率,企业将减少创新投入(庄子银,2007)。

平,补贴效率低下。

由此可见,在中国当前官员考核机制下,地方政府为了追求 GDP 增长而竞相开展的"标尺竞争"会导致政府的支出结构发生偏向,政府支出从公共服务领域更多地转移到基础建设等生产性投入上,导致具有长期增长效应的创新被忽略,政府 R&D 补贴不足;另一方面,一个地区法制环境深刻影响到该地区的政企关系,地区法制环境越腐败,地方政府对企业干涉越多,企业承担越多的社会责任,同时司法监督的缺位增加寻租的可能,扭曲资源的配置,最终导致企业的 R&D 投入不足。因此,"政治锦标赛"——这一曾经支撑中国经济高速增长的制度基础也是造成当今创新不足的原因。本章从制度层面出发,研究在现行行政体制和财政体制下存在异化的地方政府行为,以及"条块结合"下特殊的法制环境中形成的政企关系对研发投入的影响。如何诱使地方政府更多的伸出"扶持之手",而不是"掠夺之手"是本章将要探讨的问题。

第二节 文献综述及分析框架

国内外针对影响 R&D 投入的研究可以分为三条线索,一是从政府角度出发,或讨论政府 R&D 补贴与企业 R&D 投入的关系(Hamberg,1966;Link,1982;Lichtenberg,1988;Hu,2001;解维敏和唐清泉等,2009),或研究政府不同的政策工具对企业 R&D 投入的影响(Guellec and Van Pottlesberghe,2000;朱平芳、徐伟民,2003)。二是从制度安排角度研究影响企业 R&D 投入的因素,包括知识产权制度、对外开放政策和区域金融发展等(Lederman and Maloney,2003;Aghion et al.,2005;Hoekman et al.,2005)。三是从结构角度探析影响企业 R&D 投入的因素,包括市场集中度、所有权结构等(Levin et al.,1985;Braga and Willmore,1991;Lee,2005)。但是在现有文献中,缺乏在中国转型背景下,对行政体制和财政体制下异化的地方政府行为,以及"条块结合"下特殊的法制环境中形成的政企关系的讨论。

随着对中国转型过程、方式和绩效的深入思考,经济学家开始尝试从制度经济学的视角解释中国改革开放 30 年的增长奇迹以及增长背后高昂的成本。大多数学者从"分权"角度,认为中国传统的地方政府治理将一个"向上负责"的政治体制与财政分权有效结合,为中国经济的高速增长奠定制度基础,但这一体制也是引发诸多问题的根源,如环境污染、教育及创新投入不足等。周黎安(2008)认为,中国地方政府治理体制通过四个基本要素:行政逐级发包、属地管理、财政分成和官员晋升竞争,形成"纵向发包"与"横向竞争"的统一。其中,财政分权构成了中国财政体制的基础,而官员晋升竞争则成为中国行政体制的基础。在行政逐级发包的过程中,伴随着大量的事权和自由裁量权的下放,地方政府的权力触伸到行政、司法、社会治安以及经济发展等方方面面,企业的发展受制于政府,并且承担了政府的社会责任,其独立决策地位受到影响,而"条条块块"的治理结构下,由于司法监督的缺位,官员受到的监督和约束有限,官员利用手中的权力与企业勾结的腐败和寻租活动扭曲了稀缺资源的有效配置,降低了社会总体效益。

由此,在分权体制下,可以从三个角度来对中国 R&D 投入不足的原因进行解释,一是从官员晋升竞争的角度,二是从财政分权的角度,三是从地区法制环境的角度。

中国经济转型时期一个显著的制度特征是"政治锦标赛",这是一种将政治集权与强激励兼容在一起的官员治理模式,以 GDP 为考核指标。政府官员为获得政治晋升竞相发展地方经济,展开"标尺竞争"(周黎安,2008)。这种竞争虽然铸就了中国的增长奇迹,但也产生了一系列扭曲性后果,比如教育投入不足、地方保护主义和经济波动等(陆铭、陈钊、严冀,2004;周黎安,2008;傅勇,2010)。造成这一系列扭曲的原因在于,在现行 GDP 至上的考核体制下,经济增长、税收、基础设施等硬性指标才是最主要的"指挥棒",地方官员没有对居民非经济性公共物品需求作出回应的激励(傅勇,2010)。

第一代财政联邦主义理论认为,与中央政府相比,地方政府更了解辖区选民的偏好和需求,也面临更少的政治约束,由于每个辖区的居民拥有"用脚投票"的权利,地方政府之间的竞争使得地方政府能够供给合意的公共品(Tiebout,1956;Oates,1972)。在转型国家,财政分权也是一种普遍的趋势。改革开放以来,我国财政体制的改革基本是围绕着扩大地方政府财权,调动地方政府积极性展开的,财政分权对我国地区经济增长有明显的促进作用(林毅夫和刘志强,2000;沈坤荣和付文林,2005)。不同于传统财政联邦主义,分权领域近来越来越关注财政分权引致的负面效应,探讨扭曲性竞争对公共支出结构的影响。由于公共品的外部性和规模经济问题,财政分权会导致公平的社会福利制度难以实施(Qian and Weingast,1997)。郑磊(2008)认为政府竞争和财政分权制度结合在一起,共同对地方政府的教育支出比重产生显著的负面影响。傅勇(2010)根据公共物品生产性和消费性的区别,将公共物品分为经济性和非经济性,研究发现,财政分权显著且可观地降低了基础教育的质量,也减少了城市公用设施的供给。

分权化改革带来的一个弊端就是官员腐败。逐级下放的自由裁量权使地方官员的权力触及行政、社会治安以及经济发展等各方面,拥有行政资源的政府部门可以通过设置较多的审批环节来获得更多的管制权力和寻租机会(Shleifer and Vishny,1993),"条块结合"下司法体系的地方化倾向更是为腐败提供了"保护伞"。余明桂等(2010)认为在财政支出方面,除了个别支出项目以外,并没有明确的法律和制度规范来约束和限制地方政府,因此,在法制环境越差的地区,拥有政治联系的企业补贴获取效应越强。同时,与地方政府建立政治联系的民营企业获得的财政补贴与企业绩效及社会绩效负相关,反映了政府补贴的低效率。腐败带来负面的示范效应,更是会影响一个地区的政治风气,导致该地区官僚主义的抬头(周黎安和陶婧,2009)。企业的发展很大程度上受制于地方官员,而政府间的竞争又使地方政府把自己的政治目标和社会任务转嫁给企业,企业的独立决策地位受到影响。

简言之,在以 GDP 为考核标准的官员晋升竞争下,提供补贴的自由裁量权使得政府 R&D 补贴存在着数量上和质量上的不足,对企业 R&D 投入激励不足;另一方面,在法制环境差、官僚主义盛行的地区,企业发展受制于政府,政府官员出于晋升竞争需要把自己的政治目标转嫁给企业,企业只关心短期产出而忽略创新,最终导致企业 R&D 投入不足,影响自主创新的绩效。具体机制见图 6-1。

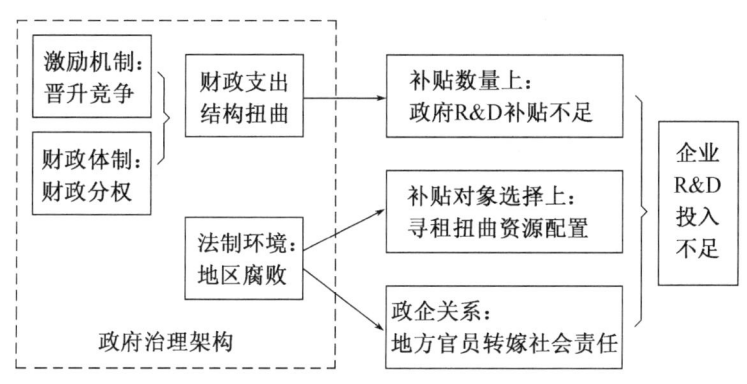

图 6-1 政府治理架构下地方政府行为对企业 R&D 投入的影响

综上所述,对比现有文献,本章具有以下特点。第一,以往文献多用财政分权和政府治理来解释教育、城市公用设施投入的不足,缺少对同样具有公共品性质的创新投入的研究。本章从官员激励角度，旨在中国现行政府治理架构下，纳入法制环境来解释R&D活动的投入不足。第二，大多数文献只是从实证角度，用计量方法检验中国的财政分权和政府竞争对公共品投入的影响，而很少有文献能将这一机制抽象为理论模型，本章尝试建立地方政府和企业间的动态博弈模型梳理影响R&D投入的机制。第三，在研究政府R&D补贴与企业R&D投入之间关系时，大多数文献把政府R&D补贴视作外生变量，忽略了政府R&D补贴与企业R&D投入之间的双向交互影响，因此，本章试图将政府R&D补贴内生进计量模型。

第三节 理论模型

本节的建模思路受到企业决策模型的启发[①]，试图在传统行政体制和财政体制下，将地方官员行为纳入企业研发投入决策模型，从微观视角解读为何与发达国家相比，我国的R&D投入始终不足。

一、企业目标的构建

以GDP作为考核标准的官员晋升机制使地方政府过分追求产出，考虑到中国的政企关系，地方官员的这一目标偏好也间接影响到企业的目标函数，因此，企业的目标不仅只是利润最大化，还需兼顾产出，故将企业的目标函数设定为：

$$U=U(Y,\pi)=\lambda Y+(1-\lambda)\pi \quad (6.1)$$

其中，λ衡量了企业对产出的重视程度（$0<\lambda<1$），间接反映出地方政府对企业的影响程度。由于地方官员往往控制着该地区重要的经济资源，掌握行政审批等行政权力，司法监督的缺位将影响企业独立决策地位，因而λ可视作一个地区法制环境的代理变量。λ越大，代表该地区越腐败。

与安同良等（2009）一样，为避免对中间产品生产商和最终产品生产商之间交易行为的复杂讨论，本章假设R&D活动与最终产品生产在同一企业内部进行。在传统"晋升锦标赛"下，地方政府官员只重视其任期内的短期产出，因而会忽视具有长期增长效应的R&D投入，地方政府的这一偏好又会影响

[①] 具体请参见田伟（2007）。

到企业的生产函数。与 Romer(1990)一致,本章假设在 R&D 活动中没有物质资本投入,企业的研发投入只体现在增加人力资本 H 上,因此假设企业的短期生产函数为:

$$Y = A(K/H)^\alpha \tag{6.2}$$

其中,K 为包含物质资本的广义资本投入,α 是 K 的投入弹性,$\frac{\partial Y}{\partial H}<0$,研发投入与短期产出成反比,表示在短期内加大 R&D 投入反而降低产出水平[①]。为简化计算,本章对企业短期生产函数做一个递增变换,取对数形式,得:

$$\ln Y = \ln A + \alpha \ln K - \alpha \ln H \tag{6.3}$$

假设研发成功的概率为 $P(H)$,P 是 H 的增函数,研发投入越多,成功的概率越大,即 $\frac{\partial P}{\partial H}>0$。为方便讨论,设 $P(H)=\ln BH=\ln B+\ln H$,其中,B 是大于 0 的参数,概率的非负性要求 $1 \leqslant BH \leqslant e$。假定如果企业研发成功,将拥有 w 的市场份额[②],设消费者总支出为 C,故企业创新的预期利润为:

$$E(\pi) = (\ln B + \ln H)(1-t)wC - (1-\theta)WH - RK \tag{6.4}$$

其中,t 为地方政府生产税率,θ 为政府给予企业的创新补贴率,R、W 分别为广义物质资本、人力资本的价格。将(6.3)式与(6.4)式代入(6.1)式,可得企业的目标函数:

$$\max_{K,H} U = \lambda(\ln A + \alpha \ln K - \alpha \ln H) + \\ (1-\lambda)[(\ln B + \ln H)(1-t)wC - (1-\theta)WH - RK] \tag{6.5}$$

二、地方政府目标的构建

中央政府对地方官员考核的最直观的一个标准就是 GDP,另一方面,财政分权使地方政府希望尽可能多的获得财政收入,故地方政府拥有政治晋升

---

① 这与现实情况相符。因为企业的资金有限,如果企业将有限的资金投入研发活动,必然会减少物质资本投入,而研发活动又伴随着不确定性,其短期产出效应为负。
② 这里假设企业进行创新活动的期望收益大于不进行创新活动的收益,事实上这也与现实相符,随着企业面临的竞争加剧,越来越多的企业认识到 R&D 对企业生存和发展的重要性。

和财政收入的双重激励,其目标函数为:
$$V=V(Y,F)=\sigma Y+(1-\sigma)F \tag{6.6}$$

其中,$\sigma>0$,衡量了晋升机制下地方官员对产出的偏好程度,F 是地方政府的期望财政盈余,一定程度上度量了财政分权的程度:
$$E(F)=(\ln B+\ln H)wC \cdot t-\theta WH \tag{6.7}$$

将(6.3)式及(6.7)式代入(6.6)式,可得地方政府的目标函数:
$$\max_{\lambda,\theta} V=\sigma(\ln A+\alpha\ln K-\alpha\ln H)+(1-\sigma)[(\ln B+\ln H)wC \cdot t-\theta WH] \tag{6.8}$$

三、政府和企业的两阶段互动决策

根据两阶段序贯博弈的基本理论,一般采用逆向求解。考虑到政府具有"先发优势",会调整 λ 和 θ 的大小以影响企业的行为,实现自身效用的最大化。因此,首先考察企业在面临 θ 和 λ 的最优反应,对企业目标函数(6.5)式求 K、H 的一阶条件,可以解出 K、H 的表达式:

$$K=\frac{\lambda\alpha}{(1-\lambda)R} \tag{6.9}$$

$$H=\frac{(1-\lambda)(1-t)wC-\lambda\alpha}{(1-\theta)(1-\lambda)W} \tag{6.10}$$

至此,得到了企业 K 和 H 的最优投入量,根据 K、H 的表达式,可得:

$$\text{I} \cdot \frac{\partial K}{\partial \lambda}=\frac{\alpha}{R(1-\lambda)^2}>0$$

$$\text{II} \cdot \frac{\partial H}{\partial \theta}=\frac{(1-\lambda)(1-t)wC-\lambda\alpha}{(1-\lambda)(1-\theta)^2 W}>0$$

$$\text{III} \cdot \frac{\partial H}{\partial \lambda}=-\frac{\alpha}{(1-\theta)(1-\lambda)^2 W}<0$$

从上面的式子可以看出 θ 和 λ 对企业最优选择行为的影响,其结论主要体现于命题一。

命题一:一个地区法制环境越差,地方官员对该地区企业产出目标权重的影响越大,企业将增加物质资本的投入量,而减少具有长期增长效应的人力资本投入,即减少创新投入。地方政府的 R&D 补贴和企业的 R&D 投入之间成正比关系,即政府 R&D 补贴对企业 R&D 支出产生"挤入效应"。

将(6.9)、(6.10)式代入政府目标函数(6.8),对政府目标函数求分别关于

θ 和 λ 的一阶条件,可以得到 θ 的表达式①:

$$\theta = \frac{\alpha(\sigma-\lambda) + wC(1-\lambda)(1-\sigma)(1-2t)}{(1-\lambda)[(\sigma-1)twC + \sigma\alpha]} \quad (6.11)$$

根据 θ 的表达式,可得:

$$\text{IV.} \frac{\partial \theta}{\partial \sigma} = -\frac{\alpha[wC(1-\lambda)(1-t) - \lambda\alpha]}{(1-\lambda)[(\sigma-1)twC + \sigma\alpha]^2} < 0$$

$$\text{V.} \frac{\partial \theta}{\partial F} = 1/\frac{\partial F}{\partial \theta} = -\frac{(1-\lambda)(1-\theta)^2}{wC(1-\lambda)(1-2t+t\theta) - \lambda\alpha} < 0$$

由于 wC 为企业总收入,相对 λ、α($0<\lambda<1$,$0<\alpha<1$) 为很大的值,因此可以判定 IV、V 式的符号为负,得到命题二。

命题二:地方官员晋升中 GDP 考核占比越大,地方政府越关注短期增长,对企业的 R&D 补贴越少。财政分权虽然提高了地方政府的财政收入和财政能力,使其有能力对企业的创新行为进行补贴,但是,以税种为基础的税收分成机制导致地方政府想方设法保证本地税收,因而只关注企业短期产出,减少对创新的补贴,因此,财政分权减少了政府的 R&D 补贴。

第四节 实证检验

本章选取 1997—2010 年中国 30 个省(直辖市、自治区)的面板数据对命题一、二加以验证。沿着前文的理论思路,首先检验官员晋升竞争与财政分权对政府 R&D 补贴的影响,在此基础上,再检验法制环境和政府补贴对企业 R&D 投入的影响。

一、模型设定与变量定义

基于以上考虑,本章建立如下两个回归模型:

$$Subsidy_{i,t} = \alpha_0 + \alpha_1 \cdot FD_{i,t} + \alpha_2 \cdot C_{i,t} + \alpha_3 \cdot FD_{i,t} \cdot C_{i,t} + \alpha_4 \cdot X_{i,t} + \alpha_i + \varepsilon_{i,t} \quad \text{I}$$

$$R\&DInput_{i,t} = \beta_0 + \beta_1 \cdot Subsidy_{i,t} + \beta_2 \cdot L_{i,t} + \beta_3 \cdot X'_{i,t} + \alpha_i + \varepsilon'_{i,t} \quad \text{II}$$

---

① 有关 λ 的方程为二次方程,系数都为数值不确定的参数,如 σ、α、t 等,因此无法解出 λ 的确定表达式,由于本章重点考察影响政府 R&D 补贴 θ 和企业 R&D 投入 H 的因素,因此 λ 表达式的不确定并不影响本章的讨论。

方程Ⅰ中$Subsidy_{it}$为第i个地区第t年的政府R&D补贴,由于统计口径中并没有专门的政府R&D补贴(Subsidy)的数据,因此,本章选择各地区大中型企业科技经费筹集中来自政府资金这一数据代替。FD_{it}为财政分权度,C_{it}为官员晋升竞争,$FD_{it} \cdot C_{it}$是财政分权度与晋升竞争的交叉项,X_{it}是一组控制变量,α_i为不随时间变化的个体效应,ε_{it}表示随机扰动项。

Akia and Sakata(2002)认为当中央对地方的转移支付是有条件时,收入占比指标反映地方政府的实际财力;当转移支付是无条件时,支出占比指标则显示了地方政府掌握的财力。因此,考虑到"公共池资源"(common-pool resource)的存在,有必要区分财政支出分权和财政收入分权。所以,关于财政分权度(FD)本章采用两个指标,即地区预算内收入占全国预算内总收入比重、地区预算内支出占全国预算内总支出比重。

官员晋升竞争指标(C)[①]采用政治周期虚拟变量来衡量,按全国党代会召开年份前一年取1,其余年份为0。之所以前置一期,是考虑到党代会召开前一年,地方官员铆足干劲为下一年的晋升竞争做"最后冲刺",此时,大量具有短期增长效应的项目纷纷"上马","冲刺效应"凸显。

为了控制其他因素对于政府研发补贴的影响,方程中加入以下控制变量。考虑到地方政府的财力不仅包括预算内收入,还包括预算外收入,预算外收入的增加可能改善公共物品的供给,因此引入人均预算外财政收入这一变量。地方政府规模越庞大,财政支出会更多地被行政公务费挤占,因此引入该变量,用机关工作人员数表示,本章取其对数值。由于信息的非对称性,政府对资助对象选择性很弱,国有企业往往能轻松得到补贴,而真正有创新动力和渴求的中小企业却难以获得政府资助,因此模型中引入国有企业占比,以各地区国有工业企业总产值占该地区规模以上工业企业总产值的比重表示[②]。为了控制地区效应,方程中还加入了地区虚拟变量。

方程Ⅱ中,$R\&DInput_{(i,t)}$代表企业R&D投入强度,用各地区大中型工

[①] 官员晋升竞争指标的选择与张军等人不同,张军等(2007)以地方政府实际利用的FDI数量作为衡量政府竞争度的代理变量,而郑磊(2008)则以各地政府吸引的FDI占全国当年FDI的比重作为代理变量。本章认为前两者使用的代理变量FDI,不论是其绝对数还是占比,都可以视作一个地区的开放度,外资的数量不仅仅是靠地方官员的努力,更是一个地区地理位置、历史原因等多方面影响的结果。因此,用FDI作为衡量政府竞争度的代理变量有待商榷。

[②] 《中国统计年鉴》未公布2004年国有工业企业总产值,因而用2003年和2005年的算术平均数代替。

业企业 R&D 支出占产品销售收入比重表示①。$Subsidy_{(i,t)}$ 为地方政府对企业的 R&D 补贴，$L_{(i,t)}$ 为法制环境变量，$X'_{(i,t)}$ 是一组控制变量，α_i 为个体效应，$\varepsilon'_{(i,t)}$ 为残差。

法制环境（L）这一变量用各地区官员贪污受贿、渎职的立案数表示，并除以该地区机关工作人员数，以消除政府规模影响。参照张军（2007）的方法，腐败立案数这一指标用来度量该地区政府对官员腐败的治理力度。一个地区反腐力度越大，越具有良好的法制环境，地方政府对企业的干预越少。

参考顾元媛（2011），在控制变量中考虑其他制度安排对企业 R&D 投入的影响。区域金融的发展可以缓解企业面临的资金约束，为企业研发活动提供支持，因此引入区域金融发展指标，用地区金融机构存贷款余额之和与 GDP 比重表示。开放的竞争效应将迫使本国企业投入更多的研发资金，引入对外开放程度，用地区进出口总量占地区国内生产总值比重表示。一般认为，高新技术企业由于企业本身的性质而呈现出 R&D 投入大的特点，本章用地区高技术产业总产值占规模以上工业企业总产值比重表示地区产业结构。同时，模型中还加入企业层面的控制因素。相关文献表明，由于国有企业产权所有者的缺位，以及处于垄断地位而缺乏创新动力，研发强度较低，本章用各地区国有企业占比表示企业性质，计算方法为地区国有工业企业总产值与地区规模以上工业企业总产值之比。模型引入人力资本水平变量，用地区普通高等学校在校人数表示。负债率高的企业对创新投资决策更为谨慎，再加入资产负债率这一指标。以上各变量数据来源于《中国统计年鉴》、《中国科技统计年鉴》、《中国财政年鉴》、《中国检察年鉴》、《中国区域经济统计年鉴》各期。

考虑到企业的研发投入是个积累的过程，一个 R&D 项目的开展往往需要企业持续的资金投入，存在路径依赖，因此，在静态方程 Ⅱ 中加入企业研发投入的滞后项，建立动态面板数据模型：

$$R\&DInput_{i,t} = \beta_0 + \sum_{j=1}^{N} \alpha_j \cdot R\&DInput_{i,t-j} + \beta_1 \cdot Subsidy_{i,t} + \beta_2 \cdot L_{i,t} + \beta_3 \cdot X'_{i,t} + \alpha_i + \varepsilon'_{i,t} \qquad Ⅲ$$

其中，$R\&DInput_{i,t-j}$ 为企业研发投入滞后项，N 为最大滞后阶数。

---

① 由于《中国科技统计年鉴》中 1998 年才开始统计企业 R&D 支出，因此，1997 年的数据本章使用 1998 年和 1999 年两期算数平均值来代替。

二、回归结果分析

首先对方程Ⅰ进行回归,经 Hausman 检验方程Ⅰ为随机效应模型。表6-1给出了回归结果,从中可以得到如下结论。

表6-1 方程Ⅰ回归结果

	模型(1)	模型(2)	模型(3)	模型(4)	模型(5)
官员晋升竞争	-0.079 5*** (-2.646 7)	-0.070 4** (-2.342 4)	-0.069 5** (-2.312 8)	-0.087 2*** (-2.832 4)	-0.071 3** (-2.318 2)
财政支出分权	-5.271 0** (-2.231 4)	-3.940 1* (-1.804 0)	-5.574 7** (-2.375 4)		
财政收入分权				-0.368 9 (-0.171 8)	2.161 8 (1.221 8)
预算外收入		-0.025 7*** (-2.764 3)	-0.029 1*** (-3.062 9)		-0.029 4*** (-3.012 7)
政府规模	0.040 4 (0.537 7)	0.049 8 (0.685 2)	0.079 5 (1.054 3)	-0.383 1*** (-3.029 1)	-0.008 1 (-0.109 1)
国有企业占比	0.560 0*** (5.064 0)	0.418 3*** (3.683 3)	0.452 6*** (3.920 0)	0.356 3*** (2.759 5)	0.439 1*** (3.706 1)
地区效应	0.161 6 (1.292 5)		0.230 5* (1.837 6)		0.048 2 (0.360 8)
观察值	420	420	420	420	420
F 值	8.284 9***	9.427 8***	8.496 2***	23.737 9***	7.736 5***
Hausman 值	0	0	0	12.666 6	10.504 1

注:***、**、*分别表示1%、5%和10%的显著性水平,括号中的数字为双尾检验的 t 值,常数项结果略去。

第一,官员晋升竞争显著地降低了政府对企业的 R&D 补贴。这个结论在所有的回归中都是一致的。模型(1)至(5)中,官员晋升竞争指标都至少在5%的水平上显著,可见,以 GDP 为考核标准的晋升竞争扭曲了地方政府的财政支出,从某种意义上说,GDP 至上的官员晋升竞争是中国经济粗放增长的根源之一。

第二,在模型(1)至(5)中,财政支出分权显著地降低了政府 R&D 补贴,而模型(4)、(5)中,财政收入分权却并不显著。这是由于"公共池资源"如转移支付、"晋升锦标赛"的存在,财政支出分权使政府增加经济性公共品的投入,而减少在缺乏短期增长效应的公共品领域的投资。

第三,预算外收入显著地减少了政府的研发补贴。在模型(2)、(3)、(5)中加入预算外收入变量,系数都在1%的水平上显著为负,表明地方政府并没有将预算外收入用于提高企业补贴、促进科技发展,而是用于基本建设,即所谓"预算内收入保民生,预算外收入搞建设"。国有企业能获得政府更多的R&D补贴,反映了政府在选择补贴对象时偏重国有企业,而忽视了最具创新渴求的民营企业。政府规模对政府补贴没有显著影响,同时,政府创新补贴并没有明显的地区效应。

其次对方程Ⅱ进行回归,经 Hausman 检验方程Ⅱ为固定效应模型,表6-2给出了回归结果,从中可以得到如下结论。

表6-2 方程Ⅱ、Ⅲ回归结果

	OLS		System GMM	
	模型(1)	模型(2)	模型(3)	模型(4)
反腐力度	0.293 6** (1.940 0)	0.280 5* (1.821 8)	0.339 4*** (7.621 8)	0.359 9*** (3.375 8)
企业R&D 投入滞后一期			0.513 1*** (17.496 8)	0.453 3*** (17.792 8)
政府R&D补贴	0.253 5*** (3.334 9)	0.242 4*** (3.400 0)	0.066 3** (2.134 5)	0.137 2*** (4.134 2)
人力资本	0.053 1*** (2.931 8)	0.066 1** (2.420 5)	−0.025 2** (−2.514 8)	0.074 0*** (3.834 4)
金融发展	0.037 7 (1.307 7)	0.030 0 (1.177 8)	−0.007 0 (−0.252 7)	0.004 6 (0.176 1)
开放度	0.157 4** (2.334 6)	0.176 8*** (2.778 7)	0.361 3*** (3.440 6)	0.321 5*** (2.961 6)
产业结构	0.549 1*** (3.294 0)	0.574 0*** (2.729 2)	0.531 5*** (4.545 4)	0.211 6 (1.521 7)
企业性质		−0.006 2 (−0.042 9)		0.739 4 (2.677 7)

自主创新与经济增长

(续表)

	OLS		System GMM	
	模型(1)	模型(2)	模型(3)	模型(4)
资产负债率		0.5454 (1.5806)		−0.5870*** (−3.5685)
观察值	420	420	360	360
F值	19.4846***	16.6259***		
Hausman值	0	0		
Arellano-Bond AR(1)检验(p值)			0.0165	0.0041
Arellano-Bond AR(2)检验(p值)			0.4696	0.4583
Sargan检验(p值)			0.8352	0.8903

注：***、**、*分别表示1%、5%和10%的显著性水平,括号中的数字为双尾检验的 t 值,常数项结果略去。

第一,政府补贴显著地促进了企业 R&D 的投入。模型(1)、(2)中指标都在1%的水平上显著,这与 Hamberg(1966)、Hu(2001)的结论一致,表明在现阶段政府对创新的促进作用不可取代。R&D 活动具有公共产品的溢出特性,会遇到投资不足的问题,为弥补这种正外部性,政府有必要给予企业 R&D 补贴。

第二,反腐败力度的加强显著地增加了企业的 R&D 投入。反腐败力度的加强改善了地区的法制环境,地方官员减少对企业的干预,企业出于长期发展的考虑,加大创新投入。并且,从寻租角度考虑,随着反腐力度的加大,企业向官员寻租的空间变小,真正有研发活动的企业得到补贴,政府补贴的效率得到提高。可见,良好的法制环境对企业的良性发展具有重要作用。

第三,地区高新技术企业占比越大,地区研发投入越多。对外开放程度指标在两个模型中系数均显著为正,说明开放的竞争效应使我国企业投入了更多的研发资金。地区人力资本水平越高,企业研发投入越多。企业层面的控制变量多不显著。

再对方程Ⅲ进行回归。由于自变量中含有因变量的滞后项,模型存在内生性问题,OLS 估计将是有偏的。本章采用 Arellano and Bover(1995)以及 Blundell and Bond(1998)提出的系统广义矩估计(System-GMM)方法进行估算。用解释变量的滞后两阶作为工具变量对方程Ⅲ进行估算,具体结果见表 6-2。由 Sargan 检验可知,模型不存在显著的工具变量过度识别问题。通过 Arellano-Bond 自相关检验发现残差项存在显著的一阶自相关,但不存在显著的二阶自相关。对比方程Ⅱ的静态结果,方程Ⅲ捕捉了企业投资的动态过程。可见,企业以往的研发投资越多对当前的投资越产生正面的促进作用。反腐力度与政府补贴的系数仍显著为正。其他控制变量与静态模型变化不大。

三、平稳性检验

考虑到政府 R&D 补贴与企业 R&D 投入之间的双向交互影响,方程Ⅱ中政府 R&D 补贴具有内生性,因此,本章使用两阶段最小二乘法(2SLS),用方程Ⅰ的自变量以及政府补贴滞后一阶作为政府 R&D 补贴的工具变量对方程Ⅱ进行估计,试图将地方政府补贴内生进企业投入模型,考察在现行政府治理体制下的企业行为,回归结果显示在表 6-3。

表 6-3 方程Ⅱ使用工具变量回归结果

	财政支出分权		财政收入分权	
	模型(1)	模型(2)	模型(3)	模型(4)
反腐力度	0.291 2** (2.457 5)	0.303 9** (2.284 2)	0.291 2** (2.455 9)	0.305 6** (2.294 0)
政府 R&D 补贴	0.330 1*** (6.512 4)	0.310 2*** (4.176 1)	0.333 9* (1.878 2)	0.317 6*** (4.223 0)
人力资本	0.063 2*** (4.733 3)	0.079 7*** (2.641 2)	0.063 5*** (4.757 2)	0.081 0*** (2.676 6)
金融发展	0.046 6** (2.192 1)	0.074 8*** (2.679 9)	0.046 7** (2.194 9)	0.075 3*** (2.695 3)
开放度	0.141 8** (2.754 3)	0.197 8** (2.492 6)	0.141 7** (2.750 2)	0.196 5** (2.473 2)

(续表)

	财政支出分权		财政收入分权	
	模型(1)	模型(2)	模型(3)	模型(4)
产业结构	0.519 8*** (3.422 9)	0.612 0*** (3.327 7)	0.517 7*** (3.412 7)	0.609 8*** (3.311 8)
企业性质		0.204 6 (1.229 6)		0.209 3 (1.255 1)
资产负债率		−0.071 5 (−0.213 7)		−0.085 1 (−0.253 8)
F 值	16.218 5***	19.068 9***	16.412 1***	19.094 0***
Hausman 值	9.586 2	21.761 5***	9.466 7	21.303 7***

注：***、**、*分别表示1%、5%和10%的显著性水平,括号中的数字为双尾检验的 t 值,常数项结果略去。

回归结果表明,无论用财政收入分权还是财政支出分权作为工具变量,政府补贴对企业研发都具有显著的促进作用。其他控制变量的符号及显著性均与未使用工具变量回归结果一致,可见回归结果是相当稳健的。

以上静态、动态回归模型以及工具变量模型,都验证了本章数理模型提出的两个命题:一方面,在中国特有的政治集权和财政分权的体制下,地方官员之间展开标尺竞争,固化的 GDP 考核标准使得地方政府的支出结构发生扭曲,有限的财政资源被大量投入到短期能够产生成效的领域,对创新的补贴不足;另一方面,一个地区法制环境越腐败,越缺乏"政府良治",地方官员对该地区企业干涉越多,同时企业可以通过寻租获得地方官员的 R&D 补贴,却并未用于研发领域,造成企业 R&D 投入不足。

第五节 基本结论

本章运用中国省级层面上的面板数据解释了中国 R&D 投入不足的原因,在阐述政府 R&D 投入不足时,着重考察官员晋升竞争、财政分权对政府 R&D 补贴的影响;并将政府研发补贴和法制环境内生到企业决策模型中,从政企关系以及寻租角度解释了我国企业 R&D 投入不足的原因。研究发现,传统以 GDP 为考核标准的"晋升锦标赛"显著地降低了政府对企业的 R&D 补贴,财政支出分权显著地减少了政府的 R&D 补贴。反腐败力度的加强改善了地区的法制环境,企业向地方官员寻租空间减小,企业加大了 R&D 投入。

本章的分析过程并非要过度凸显政府及地方官员个人在创新中的重要程度,而否定企业在创新活动中的主体地位。相反,在分析过程中,本章从企业的微观视角出发,构建以企业为主体、市场为导向,充分发挥政府功能的、促进全社会创新的体制架构和经济机制。

本章的结论亦不是要摒弃分权体制,而是要改革现行体制中不利于经济健康、持续发展的因素,加快地方政府转型,形成能有效促进技术创新的体制架构。在财政体制方面,应由原来的建设型财政向公共财政发展,地方政府财政支出的重点应当转向具有正外部效应的公共品领域。在行政体制方面,改变原有的 GDP 至上的官员考核标准,纳入民意民生、资源环境类的考核标准。值得提出的是,财政体制的改革必须有相应的行政体制改革配套,只有从行政体制改革入手,才能从根本上促进财政体制的改革。加强反腐力度,促进司法的完善,重新确立"垂直领导"的司法体系,遏制司法"地方化"倾向。严格监督政府 R&D 补贴对象的选择过程,减小寻租发生的空间。建立新型政企关系,确立政府与企业的法律对等关系,减少地方官员对企业的行政干预,只有健全的司法体制才能对企业产生更透明、更持久的保护。诚然,上述提出的政策建议并不简单地建立在地方政府—企业(代理人—代理人)博弈的这一框架内,而需要通过委托人(中央政府)改变对代理人(地方政府)的激励标准,即改革官员晋升指标,改善官员激励扭曲,才能促进经济增长方式的根本转变。

本章参考文献

[1] Aghion, P., Banerjee, A. V. and George Marios, A., et al. Volatility and Growth: Credit Constraints and Productivity-enhancing Investment. *NBER Working Papers*, 2005.

[2] Akai, N., Sakata, M. Fiscal Decentralization Contributes to Economic Growth: Evidence from State-level Cross-section Data for the United States. *Journal of Urban Economics*, 2002, 52(1): 93-108.

[3] Braga, H., Willmore, L. Technological Imports and Technological Effort: An Analysis of Their Determinants in Brazilian Firms. *Journal of Industrial Economics*,

2002,39(4):421-432.

[4] David, P., Hall, B. and Toole, A. Is Public R&D a Complement or Substitute for Private R&D?. A Review of the Econometric Evidence. *Research Policy*, 2000, 29(4): 497-529.

[5] Guellec. D., B., Van Pottelsberghe. The Effect of Public Expenditure to Business R&D. *OECD STI Working Papers*,2000,4.

[6] Hamberg, D. *R&D:Essays on the Economics of Research&Development*. New York: Random House, 1966.

[7] Heckman, James J. Sample Selection Bias as a Specification Error. *Econometrica*, 1979,147(1):153-162.

[8] Hoekman, B. M., Maskus, K. E. and Saggi, K. Transfer of Technology to Developing Countries: Unilateral and Multilateral Policy Options. *World Development*, 2005,33(10):1587-1602.

[9] Hu, Albert, G. Z. Ownership, Government R&D, PrivateR&D and Productivity in Chinese Industry. *Journal of Comparative Economics*, 2001,29(1):136-157.

[10] Lederman, D., Maloney, W. F. R&D and Development. *World Bank Policy Research Working Papes*,2003,4.

[11] Lee Chang-Yang. A New Perspective on Industry R&D and Market Structure. *Journal of Industrial Economics*, 2005,53(1):101-122.

[12] Levin, R. C., Cohen, W. M. and Mowery, D. C. R&D Appropriability, Opportunity, and Market Structure: New Evidence on Some Schumpeterian Hypotheses. *American Economic Review*, *Papers and Proceedings*, 1985,75(2): 20-24.

[13] Lichtenberg, R. The Private R&D Investment Response to Federal Design and Technical Competitions. *American Economic Review*, 1988,78(3):550-559.

[14] Link, Albeit N. An Analysis of the Composition of R&D Spending. *Southern Journal of Economics*, 1982, 49(2):342-349.

[15] Oates, W. *Fiscal Federalism*. New York: Harcourt Brace, 1972.

[16] Qian, Y., Weingast, B. Federalism as a Commitment to Preserving Market Incentives. *Journal of Economic Perspective*, 1997,11(4):83-92.

[17] Romer, P. Endogenous Technological Change. *Journal of Political Economy*, 1990, 98(5): 71-102.

[18] Shleifer, A., Vishny, R. Corruption. *Quarterly Journal of Economics*, 1993, 108(3):599-617.

[19] Tassey, G. Policy Issues for R&D Investment in a Knowledge-based Economy.

Journal of Technology Transfer, 2004, 29(2): 153-185.
[20] Tiebout, C. A Pure Theory of Local Expenditures. Journal of Political Economy, 1956, 64(5): 416-424.
[21] 安同良,周绍东,皮建才. R&D补贴对中国企业自主创新的激励效应. 经济研究, 2009(10).
[22] 傅勇. 财政分权、政府治理与非经济性公共物品供给. 经济研究, 2010(8).
[23] 顾元媛. 寻租行为与政府R&D补贴效率损失. 经济科学, 2011(5).
[24] 解维敏,唐清泉,陆姗姗. 政府R&D资助、企业R&D支出与自主创新——来自中国上市公司的经验证据. 金融研究, 2009(6).
[25] 林毅夫,刘志强. 中国的财政分权与经济增长. 北京大学学报(哲学社会科学版), 2000(4).
[26] 陆铭,陈钊,严冀. 收益递增、发展战略与区域经济的分割. 经济研究, 2004(1).
[27] 沈坤荣,付文林. 中国的财政分权制度与地区经济增长. 管理世界, 2005(1).
[28] 田伟. 考虑地方政府因素的企业决策模型——基于企业微观视角的中国宏观经济现象解读. 管理世界, 2007(5).
[29] 余明桂,回雅甫,潘红波. 政治联系、寻租与地方政府财政补贴有效性. 经济研究, 2010(3).
[30] 张军,高远,傅勇,张弘. 中国为什么拥有了良好的基础设施? 经济研究, 2007(3).
[31] 郑磊. 财政分权、政府竞争与公共支出结构——政府教育支出比重的影响因素分析. 经济科学, 2008(1).
[32] 周黎安,陶婧. 政府规模、市场化与地区腐败问题研究. 经济研究, 2009(1).
[33] 周黎安. 转型中的地方政府:官员激励与治理. 上海:上海人民出版社, 2008.
[34] 朱平芳,徐伟民. 政府的科技激励政策对大中型工业企业R&D投入及其专利产出的影响——上海市的实证研究. 经济研究, 2003(6).
[35] 庄子银. 创新、企业家活动配置与长期经济增长. 经济研究, 2007(8).

第七章　地方官员创新精神与地区创新

本章提要　中国改革进程中的每一次制度创新都与当地官员的支持与推动分不开。本章以长三角、珠三角地区的地级市作为研究对象,考察地方官员的创新精神对地区创新投入产出的影响。在企业微观层面,以2007—2009年中小企业板上市公司为样本,用官员的企业家背景、年龄、学历分别作为官员"创新精神"的代理变量,考察地方官员的创新精神对企业创新投入的影响。在地区宏观层面,以小企业数量为创新精神的代理变量,考察官员创新精神对地区创新产出的影响。实证检验表明,官员创新精神对当地的创新投入产出具有显著的促进作用。

第一节　研究背景

熊彼特(1934)认为创新依赖于企业家的"创造性破坏"活动,此后,Baumol(1990)、Grossman and Helpman(1991)、李宏彬等(2009)开始关注企业家的创新精神与经济增长之间的关系,经过定性和定量的分析,这些研究都认为一个经济体的企业家精神对创新及经济增长起着至关重要的作用。但是,很少有文献在中国强政府的背景下,研究地方官员创新精神对地区创新活动的影响。毋庸置疑,地方官员在我国改革开放过程中扮演了重要角色,促成了中国30年的经济增长奇迹,是破解旧体制弊端,孕育制度创新的重要力量(周黎安,2008)。农村联产责任承包制的发起、乡镇企业与民营企业的异军突起,每一次的制度创新都与当地官员的支持与推动分不开。因此,随着加快转变经济发展方式、全面提升自主创新战略的提出,探讨地方官员为获得政治晋升而表现出的积极探索经济新增长点的"创新精神"显得尤为必要。

定量地分析"创新精神"对经济增长的作用一直是理论界的难点。Beugelsdijk and Noorderhaven(2004)使用自我雇用率作为企业家精神的代理指标，Glaear(2007)则用小企业数量来衡量企业家精神。对于地方官员创新精神的测度一直是研究的空白。1981年，党的十一届六中全会明确提出干部队伍建设的"四化"方针，即在坚持革命化的前提下逐步实现各级领导人员的年轻化、知识化和专业化。一大批从企业中选拔的有较高学历的年轻干部充实了政府机关，改善了地方官员的结构，提高了地方官员的素质。因此，本章采用官员是否在企业担任过"一把手"[①]、年龄和学历分别作为官员"创新精神"的代理变量。

在考察官员对经济增长影响的文献中多选择省级层面的数据，而据人民论坛问卷调查中心(2010)调查显示，政府竞争最激烈的是县(市)级之间和地(市)级之间。因此，本章选择长三角、珠三角地区[②]的地级市作为研究对象，手工整理了这两个地区2007—2009年中小企业板上市公司信息，考察地方官员(本章选择地级市市委书记、市长)的创新精神对当地企业创新投入的影响。

本章不仅从企业微观角度出发检验地方官员创新精神对创新投入的影响，还从地区宏观层面出发，考察官员创新精神对地区创新产出的影响。同样是基于长三角、珠三角22个地级市的地区数据，用宏观数据——地区小企业数量作为官员创新精神的代理变量，这样处理是考虑到小企业数量代表一个地区经济的活跃程度，反映了当地官员对中小民营企业开放的态度，相当程度上体现了地区官员的"创新精神"。

第二节 文献综述与理论假说

一、地方官员与经济增长

由于分权化的趋势，学术界开始重视地方官员行为对地区经济影响的研究。在中国目前的行政体制下，地方官员对地方经济的发展具有巨大的影响力和控制力，"政治锦标赛"的设计使得地方官员有很大的热情发展本地的经济，以增加政治晋升的筹码。因此，在人均资源匮乏、人力资本水平低下、产权

[①] 本章认为只有在企业担任过总经理(厂长)才具有企业家精神，才具备企业家精神中的最重要的创新精神，而在国有企业担任过党委书记一职的官员，或者是企业副经理的官员，本章一律不视作具有创新精神，这是因为党委书记并不参与企业具体的生产经营活动，副经理也不是企业最终的决策者。

[②] 之所以选择这两个地区，是因为中国创新活动大多集中在东部沿海，其中，以广东、江苏、浙江的创新活动最为活跃。并且，两个地区经济发展水平相当，两地官员处于同一政治竞争平台。

保护及司法金融制度安排不完善的中国,独特的政府治理方式可以视作制度不完善的替代机制。

对地方官员与经济增长之间关系的研究一般分为两条线索:一是在财政分权下探讨官员行为对经济的影响(Young,2000;白重恩等,2004),二是从政治晋升竞争角度解释官员对辖区内经济建设的热情(Besley and Case,1995;周黎安,2008)。

近来,有文献从干部人事管理制度角度研究地方官员对经济增长的影响。改革开放以来,干部异地交流的推行是中国干部人事管理制度的重要创新。徐现祥等(2007)定量地分析了省长、省委书记交流对流入省区经济增长的影响,结果发现,省长交流能够使流入地的经济增长速度提高1个百分点左右,并且认为这种省长交流效应是通过在流入地采取大力发展二产、重视一产、忽视三产的产业发展取向实现的。张军和高远(2007)考察了省级高级官员的任期限制和异地交流对地方经济业绩的影响,实证检验表明官员的任期限制和异地交流制度总体上对经济增长有相当正面的推动作用。

也有文献尝试从官员个人特征角度考察地方官员对当地经济增长的绩效。这牵涉到一个历史命题,即个人作用对历史发展的影响。唯物主义史观并不否认个人在经济社会发展中的作用(徐现祥等,2007)。这种对官员个体的微观研究实际上承袭了经济学一以贯之的个体主义方法论传统,即任何集体行为都必须在微观个体的水平上进行研究(周黎安,2008)。张尔升(2010)认为市场经济体制下有企业背景的地方官员促进了区域经济增长,因为市场经济体制下的企业家摆脱了计划经济体制的束缚,适应了社会化大生产的要求,积累了现代化的管理经验。徐现祥、王贤彬(2010)认为在政治上集权、经济上分权的经济体中,不仅会出现竞争效应,还会出现极化效应,即认为地方官员个体是异质的,其发展辖区经济的能力不同,面临相同政治激励,地方官员将会选择不同的经济增长行为。

在研究官员个人特征影响经济发展的文献中,鲜有涉及官员创新精神的论述。这可能是因为创新精神这一变量很难量化。

二、创新精神与创新绩效

对创新精神的探讨源于熊彼特(1934)《经济发展理论》中对企业家精神的论述,他认为企业家的创新精神是指企业家进行产品创新、引进新的生产方法、开拓新的市场、发现新的供应渠道以及组织上的创新等行为,认为企业家精神是一种重要的生产要素,是经济发展最重要的驱动力。Baumol(1990)则在熊彼特模型的基础上作了拓展,认为企业家精神在生产性和非生产性活动之间的配置对经济中的技术创新以及创新的扩散程度有深刻的影响,决定着经济体能否实现持续增长。诚然,熊彼特以及 Baumol 文献中的企业家精神包涵多种含义,如冒险精神、自信心等,但创新精神显然是熊彼特关于企业家精神的最重要内涵。

关于创新精神的度量,众多文献采用的指标不一。Beugelsdijk and Noorderhaven(2004)使用自我雇用率作为企业家精神的代理指标,他们认为企业家精神是导致战后欧洲 54 个地区经济增长差异的一个重要因素。Glaear(2007)则用小企业数量来衡量企业家精神,并用企业家精神解释了美国城市经济发展的差异。李宏彬等(2009)进一步将企业家精神分为企业家的创业精神和企业家的创新精神,用宏观数据——个体和私营企业所雇佣的工人数占总就业人口的比率作为衡量企业家创业精神的指标,而企业家的创新精神则用专利申请量来衡量。实证检验表明,企业家创业和创新精神对经济增长有显著的正效应。并且,进一步的稳健性分析和工具变量估计表明,这种正效应是因果性的,即企业家精神促进了经济增长。

现有文献却鲜有对地方官员创新精神的论述和测度。随着无锡"尚德模式"的成功,地方官员的"创新精神"、"创新意识"对自主创新的作用逐步凸显。"无锡模式"简言之就是"一个开明的政府,找到具有资本和商业管理意识、且有名望的人或组织来代表'政府',把各种资源,包括政策、资本、技术、市场整合在一起,支持企业,然后功成身退"(何伊凡,2006)。无锡地方官员敢于模式创新的精神正是其"创新精神"的体现。

同样,对官员创新精神的测度仍然是本章的难点。我国重视干部选拔工作,尤其是改革开放以来,党组织的工作重心转到社会主义经济建设上来,强调选拔干部的"四化"标准。"四化"方针强调的年轻化和专业化为干部队伍注入了思想开放、专业素质过硬的新生力量。一大批从企业中选拔的有较高学历的干部充实政府机关,改善了地方官员的结构,提高了地方官员的素质。由此,我们可以把官员企业家背景、年龄、学历视作"创新精神"的代理变量。这样处理是基于以下几点考虑:一是担任过企业"一把手"的官员有着丰富的现代化管理经验,激烈的市场竞争使其具备企业家精神中最重要的创新精神。而在国有企业担任过党委书记一职的官员、或者是企业副经理的官员,本章一律不视作具有创新精神,这是考虑到国有企业党委书记并不参与企业具体的生产经营活动,副经理也不是企业最终的决策者,不具备"创新精神"的内涵。二是年轻的领导干部,职业前景激励(career concerns)对其更强,会对"政治锦标赛"设计做出更大反应。并且现在选拔干部的标准越来越倾向"年轻化",不在一定年龄前得到提拔,会错失后续提升,因此,当各地官员纷纷追求 GDP 数字时,越年轻的干部越容易摆脱 GDP 数字崇拜,另辟蹊径,探索经济新的增长点。三是越具有高学历的人才越相信"科学技术是第一生产力",尤其是有海外留学或工作经历的视野越宽阔①,越重视创新的作用。

同时,本章也从地区层面出发,基于宏观数据来考察地方官员创新精神对创新产出的影响。借鉴 Glaear(2007)的处理方法,本章用宏观数据——地区小企业数量来代替"创新精神"。这样处理,是因为小企业数量不仅反映了一个地区企业家创新精神,更是体现了当地官员的"创新"精神、"开放"意识,这种创新精神更多地包涵了制度创新的内涵。譬如,改革之初,乡镇企业与民营企业的异军突起都离不开当地官员的支持与推动。正是有地方官员这种"创新"精神,当地的民营小企业才如雨后春笋般涌现。

由此,我们提出如下四个假说。

假说一:担任过企业总经理、厂长的官员对创新活动越重视,对企业的创新投入越具有正向影响。

假说二:越年轻的官员对创新活动越重视,对企业的创新投入越具有正面影响。

假说三:学历越高的官员对创新活动越重视,对企业的创新投入越具有积极作用。

假说四:地区小企业数量与地区企业创新产出正相关。

第三节 企业视角:微观数据检验

首先从企业微观视角考察官员创新精神对企业创新投入的影响。本章选取长三角、珠三角地区 22 个地级市的中小企业板上市公司 2007—2009 年信息,对假说一、二、三加以验证。

---

① 由于官员履历中未介绍其海外经历,因此本章无法将具有海外经历作为具有创新精神的代理变量。

一、模型设定与数据说明

$$Input_i = \beta_0 + \beta_1 \cdot Innovation_i + \beta_2 \cdot X_i + \beta_3 \cdot Year_{08} + \beta_4 \cdot Year_{09} + \varepsilon_i \tag{7.1}$$

方程(7.1)中 $Input_i$ 分别代表地区的企业创新投入，$Innovation_i$ 代表地方官员的创新精神，X_i 是一组控制变量，$Year_{08}$、$Year_{09}$ 为年度效应虚拟变量，ε_i 为随机扰动项。

本章选择中小板上市公司作为研究对象，这是考虑到相对主板市场，中小板上市企业年报中有关创新投入产出的资料更为完整，板块内公司多为具有成长性、科技含量高的中小企业，更加体现经济活力。数据来源于深圳证券交易所。对创新的考察时间跨度选用三年，这也与国际惯例相符(OECD and Eurostat,2005；陆国庆,2011)。2008年12月31日[①]前在中小板上市的长三角、珠三角公司共有127家，剔除ST公司2家、信息不完整和无研发投入的公司36家，剩下有完整资料的公司89家。每个地区官员特征考察市委书记及市长两位，因此，本章实际有效观察值为89×2×3＝534个，是混合横截面数据。

方程(7.1)解释变量定义如下。

地方官员创新精神($Innovation$)：分别用官员的企业家背景、年龄和学历来作代理变量。在企业担任过总经理和厂长的官员设为1，否则为0。年龄根据官员在任年份减去出生年份。学历是大专则设为1，本科为2，依次类推。这里需要说明的是，如果某官员在下半年(这里设阈值为8月)到某地任职，则在该年不选择该官员的信息作为样本数据，而用上半年离职的官员个人特征为样本。这样处理是考虑到一般来说，在年初，地方官员就会制定当地经济发展计划，官员的离职不会很大程度上影响该计划的实施。官员信息来源于人民网和百度网。

企业规模($Size$)：用企业总资产的对数值表示。熊彼特(1979)认为大企业比小企业更有创新的积极性。Cohen and Klepper(1996)实证检验表明，经营单位规模对经营单位R&D支出有显著的正影响。

政府补贴($Subsidy$)：大量文献(Hamberg,1966；朱平芳、徐伟民,2003)表明，政府补贴及相关R&D政策支持对企业研发投入具有显著的促进作用，因此，控制变量中加入政府补贴这一变量，取其对数值。

[①] 只有在2008年12月31日前上市的公司才有2007—2009年有关变量的详细数据。

企业利润(Profit)：企业创新投入不仅和企业的大小有关，也和企业的利润有关，盈利能力强的企业有能力投入更多的研发成本。这里取利润额的对数值。

资产负债率(Leverage)：公司负债总额与资产之比。负债率高的企业对创新投资决策更为谨慎。Myers(1977)认为R&D活动投资大、风险高，债权人为保护自己的利益在贷出资金时会附带苛刻的条件。

企业年龄(Age)：对企业年龄的计算，本章选择公司注册时间算起。Hussinger(2003)认为年轻的企业缺乏R&D基础，因此企业越年轻，在R&D投入上越多。

以上控制变量是以企业自身视角，接下来，为了控制不同地区影响创新投入的因素，方程(7.1)再引入公司所在地区的金融发展水平变量(Finance)和对外开放水平变量(Open)。区域金融的发展可以缓解企业面临的资金约束，为企业研发活动提供支持，因此引入区域金融发展指标，用地区金融机构存贷款余额之和与GDP比重表示。开放的竞争效应将迫使本国企业投入更多的研发资金，引入对外开放程度，用地区FDI总量占地区国内生产总值比重表示。地区变量数据来源于《中国区域经济统计年鉴》各期。

二、回归结果分析

回归结果见表7-1，从中可以得出以下结论。

表7-1　微观数据回归结果

	企业层面控制变量			加入地区层面控制变量		
	模型(1)	模型(2)	模型(3)	模型(4)	模型(5)	模型(6)
企业家背景	0.145 7** (2.194 9)			0.162 2** (2.421 7)		
官员年龄		0.025 0** (2.152 4)			0.012 9 (1.079 9)	
官员学历			−0.119 8*** (−2.589 6)			−0.128 7*** (−2.828 9)
企业规模	0.301 7*** (5.908 8)	0.312 0*** (5.643 3)	0.294 0*** (5.704 8)	0.320 5*** (6.501 8)	0.320 2*** (5.711 5)	0.314 9*** (6.320 7)

(续表)

	企业层面控制变量			加入地区层面控制变量		
	模型(1)	模型(2)	模型(3)	模型(4)	模型(5)	模型(6)
企业利润	0.142 3*** (4.845 9)	0.129 6*** (4.371 5)	0.138 3*** (4.646 4)	0.127 0*** (4.609 7)	0.120 3*** (4.217 2)	0.123 0*** (4.368 5)
资产负债率	0.774 6*** (3.589 1)	0.761 5*** (3.078 7)	0.735 5*** (3.448 2)	0.830 0*** (3.960 9)	0.810 6*** (3.295 3)	0.799 3*** (3.852 2)
企业年龄	−0.037 6*** (−4.093 9)	−0.035 0*** (−2.835 2)	−0.037 0*** (−4.075 4)	−0.043 7*** (−4.705 4)	−0.040 0*** (−3.214 8)	−0.128 7*** (−4.786 7)
政府补贴	0.170 7*** (5.709 5)	0.165 8*** (4.280 4)	0.170 7*** (5.609 9)	0.167 6*** (5.678 2)	0.167 2*** (4.287 3)	0.166 3*** (5.512 3)
2008年虚拟变量	0.270 2*** (3.518 6)	0.225 0*** (3.463 5)	0.272 3*** (3.541 6)	0.235 7*** (3.043 3)	0.211 6*** (3.111 0)	0.243 8*** (3.110 0)
2009年虚拟变量	0.388 4*** (4.963 3)	0.313 2*** (4.236 2)	0.384 7*** (4.987 1)	0.313 7*** (4.115 1)	0.267 1*** (3.501 6)	0.314 4*** (4.102 2)
金融发展水平				0.032 8*** (4.224 7)	0.029 0** (2.479 9)	0.035 0*** (4.524 4)
对外开放水平				−3.749 0** (−2.553 7)	−3.304 5* (−1.793 8)	−3.163 6** (−2.154 7)
观察值	534	534	534	534	534	534
F值	44.629 1***	45.353 3***	45.300 7***	40.148 7***	39.387 1***	40.749 5***

注:***、**、*分别表示1%、5%和10%的显著性水平,括号中的数字为双尾检验的 t 值,常数项结果略去。

第一,以官员企业家背景代表的"创新精神"显著地促进了企业的 R&D 投入,说明地方官员的企业经理人经历使官员注重新产品的开发、新生产方法的引进、新市场的开拓,即具有企业家精神,拥有企业家精神的最重要内涵——创新精神,因而对本地区的创新活动具有显著的正向作用。由此可见,企业家背景是官员创新精神的一个恰当的代理变量。

第二,官员年龄越大反而对本地区创新投入越具有正向影响,这和我们原先的设想相反。可能是以下几点原因导致出现相反的结果:一是本章选择了2007—2009年的微观数据,时间跨度短,并不能很好地反映年龄大小对创新投入的影响；二是随着时代的发展，各地官员都开始重视创新对经济发展的作用，因此造成年龄越大，创新投入越多的结果；三是样本数据中深圳的上市公司数量占到近24%，因此深圳市委书记和市长的个人特征对总体样本回归影响很大。可见，官员年龄并不是官员创新精神有效的代理变量，官员的经验对创新也有正面的影响。

第三，官员学历越高对地区创新活动越具有负面影响。这其实说明了学历和能力并不能画等号，并且，很多地方官员学历的获得大多只是形式。可见，官员学历也不是官员创新精神的有效代理变量。

第四，企业规模越大，创新投入越多，这与熊彼特（1979）、Cohen and Klepper（1996）的研究结果相一致。资产负债率与创新投入正相关。企业利润越多，创新投入越多，说明盈利能力强的企业有能力投入更多的研发成本。企业越年轻，在 R&D 投入上越多。政府补贴显著地促进了企业创新投入的增加，这与 Hamberg（1966）、朱平芳、徐伟民（2003）的研究结论相一致。2008年及2009年的时间虚拟变量的符号都显著为正，说明随着国家对自主创新重视的增加，企业也开始加大创新投入。区域金融的发展缓解了企业面临的金融约束，显著地增加了企业的 R&D 投入。对外开放程度与企业创新投入呈反比关系，这说明 FDI 带来了技术外溢，对企业 R&D 投入具有替代效应。

三、稳健性检验

在89家的样本公司中深圳的公司占了21家，而镇江、中山两个城市分别只有1家。因此，由于不同的地级市上市公司数量不一致，会造成样本数量占比大的深圳市官员个人特征决定回归结果。故去除深圳、镇江、中山这三个极端值，对模型重新进行回归，结果见表7-2模型（1）至（3）。同时，本章用各地区上市公司数量占比作为权重，以消除不同地区不同公司数的影响，回归结果见表7-2模型（4）至（6）。

表7-2　去除深圳等地样本回归结果

	去除深圳等地样本			用权重法消除公司数量影响		
	模型（1）	模型（2）	模型（3）	模型（4）	模型（5）	模型（6）
企业家背景	0.2536*** (3.0698)			0.2004*** (2.7205)		

(续表)

	去除深圳等地样本			用权重法消除公司数量影响		
	模型(1)	模型(2)	模型(3)	模型(4)	模型(5)	模型(6)
官员年龄		0.007 3 (0.505 7)			0.012 2 (0.982 9)	
官员学历			−0.155 6*** (−2.945 7)			−0.173 8*** (−3.378 2)
企业规模	0.289 8*** (5.399 6)	0.282 5*** (5.148 0)	0.275 8*** (5.050 0)	0.295 2*** (5.078 2)	0.289 9*** (4.929 2)	0.280 9*** (4.868 9)
企业利润	0.107 8*** (4.149 4)	0.102 7*** (3.862 8)	0.101 9*** (3.799 5)	0.077 2*** (3.870 1)	0.070 6*** (3.496 8)	0.070 6*** (3.568 5)
资产负债率	0.433 5* (1.749 7)	0.442 8* (1.749 7)	0.396 7 (1.590 6)	0.307 7 (1.358 7)	0.359 9 (1.579 1)	0.280 4 (1.242 1)
企业年龄	−0.053 2*** (−5.322 4)	−0.048 0*** (−5.058 8)	−0.052 1*** (−5.434 5)	−0.063 4*** (−8.582 0)	−0.059 3*** (−8.100 0)	−0.063 8*** (−8.716 9)
2008年虚拟变量	0.209 5** (2.201 3)	0.204 9** (2.122 3)	0.193 3** (2.007 7)	0.207 0** (2.216 5)	0.202 2** (2.147 1)	0.196 6** (2.118 3)
2009年虚拟变量	0.265 2*** (2.585 7)	0.261 2** (2.510 7)	0.242 6** (2.326 2)	0.242 0** (2.432 7)	0.240 1** (2.389 9)	0.230 9** (2.334 1)
金融发展水平	0.078 5*** (2.708 7)	0.084 5*** (2.859 9)	0.084 5*** (4.524 4)	0.097 2*** (2.834 6)	0.074 9* (1.955 3)	0.088 2*** (2.589 6)
对外开放水平	−4.799 2*** (−3.105 1)	−4.031 0*** (−2.653 3)	−3.163 6** (−2.154 7)	−2.879 1* (−1.800 1)	−2.132 2 (−1.301 6)	−2.667 1* (−1.683 1)
观察值	396	396	396	396	396	396
F 值	31.070 3***	27.053 4***	31.356 0***	26.180 0***	25.106 1***	31.506 6***

注：***、**、*分别表示1%、5%和10%的显著性水平，括号中的数字为双尾检验的 t 值，常数项结果略去。

由表7-2可见，在去除深圳等地样本，并且用权重法消除公司数量影响后，官员企业家背景对企业创新投入仍然是显著的正效应，说明官员企业家背景是其创新精神一个合适的替代变量。而在调整样本和权重后，官员年龄则对地区创新投入没有显著的影响，说明全样本下，由于深圳上市公司占比过大,其官员个人特征影响了回归结果,同时也证明官员年龄并不是官员创新精神恰当的代理变量。官员学历的符号和显著性基本未变,学历对创新投入显著的负效应说明了学历和能力并不能画等号,可见,官员学历也不是官员创新精神的有效代理变量。其余控制变量相比调整样本和权重前并无符号和显著性水平的变化。可见,对方程(7.1)的回归结果是稳健的。

第四节 地区角度:宏观数据检验

接着从地区层面考察官员创新精神对企业创新产出的影响。选取2000—2009年长三角、珠三角22个地级市的宏观数据,以小企业数量为创新精神代理变量,对假说四进行验证。

一、模型设定与数据说明

$$Effect_{i,t}=\beta_0+\beta_1 \cdot Innovation_{i,t}+\beta_2 \cdot X_{i,t}+\alpha_i+\varepsilon_{i,t} \tag{7.2}$$

方程(7.2)中$Effect_i$代表地区i的创新产出,$Innovation_i$代表地方官员的创新精神,X_i是一组控制变量,ε_i为随机扰动项。由于地级市统计资料不全,被解释变量创新产出数据无法选择地区专利数量或新产品销售收入来表示,因此,本章选择企业产品销售收入来代替,并取其对数值。在从宏观地区层面检验官员创新精神对创新产出影响时,用宏观数据——地区小企业数量来表示官员创新精神,并取其对数值。方程(7.2)中的控制变量考虑物质资本($Investment$)和人力资本($Human\ Capital$)变量,并加入金融发展($Finance$)指标,用以度量地区金融发展水平对地区产出的影响,计算方法为地区金融机构存贷款余额之和与GDP之比。同时,方程(7.2)中再加入地区虚拟变量,用以考察长三角地区和珠三角地区之间以及长三角地区内部江苏和浙江两省的差异。变量具体定义见表7-3。

表7-3 变量定义

	变量名称	变量含义	计算方法
被解释变量	$Effect$	创新产出	企业产品销售收入取对数
核心解释变量	$Innovation$	官员创新精神	小企业数量取对数
控制变量	$Investment$	物质资本	固定资产投资取对数

(续表)

变量名称	变量含义	计算方法
Human Capital	人力资本	地区普通高等学校在校人数/总人口
Finance	金融发展	地区金融机构存贷款余额之和/GDP
Region	地区间虚拟变量	长三角地区＝1,珠三角地区＝0
Province	地区内虚拟变量	江苏＝1,浙江＝0

注:以上各变量数据来源于《中国区域经济统计年鉴》各期。

二、回归结果分析

宏观数据回归结果见表7-4,经Hausman检验,模型(1)和(3)为随机效应模型,模型(2)为固定效应模型。同时,经White检验,模型均不存在显著的异方差。

表7-4 宏观数据回归结果

	模型(1)	模型(2)	模型(3)
官员创新精神	0.631 0*** (13.822 9)	0.654 4*** (13.842 9)	0.613 1*** (13.960 6)
物质资本	0.573 8*** (16.159 5)	0.567 6*** (15.850 4)	0.587 0*** (16.847 6)
人力资本	0.047 8*** (5.620 7)	0.050 6*** (5.771 3)	0.044 4*** (5.366 3)
金融发展		−0.015 2 (−1.412 7)	
地区间虚拟变量			−0.676 1*** (−5.794 1)
地区内虚拟变量			0.245 0** (2.166 5)
Hausman检验	2.000 2	10.068 7**	7.446 7
F值	1 708.225 0***	487.690 1***	1 034.894 0***
观察值	220	220	220

注:***、**、*分别表示1%、5%和10%的显著性水平,括号中的数字为双尾检验的t值,常数项结果略去。

由表 7-4 可见,用小企业数量代表的官员创新精神显著地增加了企业销售收入,这在模型(1)~(3)中都在 1% 的水平上显著。物质资本及人力资本水平与企业销售收入也都有显著的正向关系。在模型(2)中,加入了地区金融发展程度的变量,回归结果显示系数为负,并且不显著。这其实并不能说明地区金融发展程度越高对企业收入具有负面影响,而可能存在逆向因果关系,说明我国金融发展水平低、存在金融抑制,限制了企业的发展。模型(3)中又加入了地区间虚拟变量和地区内虚拟变量,回归结果表明,即使在发展水平相当的长三角和珠三角之间以及长三角内部也存在着地区差异,企业赢利能力为广东＞江苏＞浙江。

第五节 基本结论及其启示

关于地方官员与经济增长之间的研究越来越引起学术界的关注。本章选择长三角、珠三角地区的地级市作为研究对象,手工整理了这两个地区的中小企业板上市公司信息,从企业微观层面考察地方官员(地级市市委书记、市长)的创新精神对当地企业创新投入的影响。实证检验表明,以官员的企业家背景衡量的创新精神对企业创新投入有显著的正效应。相比官员年龄和学历,地方官员的企业家背景是其创新精神更合适的代理变量。同时,本章又从地区宏观层面出发,以小企业数量为创新精神的代理变量,考察官员创新精神对地区创新产出的影响。实证检验表明,官员的创新精神对当地的创新产出具有显著的促进作用。

本章的结论对地方官员的选拔和培养提供了一些启示。在地方干部选拔的过程中,除了坚持"四化"方针外,应当重视从企业中提拔优秀人才。因为相对于年龄、学历来说,企业家背景更能体现官员的创新精神、统筹大局的能力和丰富的现代化管理经验,尤其是在市场经济体制下具有企业家背景的官员更深谙竞争之道,更加重视创新。官员的这种"创新精神"不仅激励企业增加创新投入,提高创新产出,更促进地区体制制度创新,"尚德模式"便是一个很好的例子。因此,在加快高新技术产业发展、提高我国自主创新能力的新诉求下,选择来自企业的官员无疑是推动区域创新能力的有效途径。对地方官员的培养更要注重思想的解放,帮助其摆脱思想禁锢,激发其创新精神,从而使地方官员逐步摒弃传统追求 GDP 数字的增长手段,积极探索新的经济增长点。

第七章　地方官员创新精神与地区创新

本章参考文献

[1] Baumol, W. Entrepreneurship: Productive, Unproductive, and Destructive. *Journal of Political Economy*, 1990, 98(5):893-921.

[2] Besley, T., A. Case. Incumbent Behavior: Vote-seeking, Tax-setting, and Yardstick Competition. *American Economic Review*, 1995, 85(1):25-45.

[3] Beugelsdijk S., Noorderhaven N. Entrepreneurial Attitude and Economic Growth: A Cross-section of 54 Regions. *Annals of Regional Science*, 2004, 38(2):199-218.

[4] Cohen, W. M., Klepper. S. A Reprise of Size and R&D. *Economic Journal*, 1996, 106(437):925-951.

[5] Glaeser E. Entrepreneurship and the City. *Working paper*, 2007.

[6] Grossman G., Helpman E. Quality Ladders and Product Cycles. *Quarterly Journal of Economics*, 1991, 106(2):557-586.

[7] Hamberg, D. Size of Firm, Oligopoly, and Research: The Evidence. *Canadian Journal of Economics and Political Science*, 1964, 30(1): 62-75.

[8] Hamberg, D. *R&D: Essays on the Economics of Research & Development*. New York: Random House, 1966.

[9] Hussinger, K. *Crowding out or Stimulus: The Effect of Public R&D Subsidies on Firm's R&D Expenditure*. Mimeo, ZEW, 2003.

[10] OECD, Eurostat. *Oslo Manual: Proposed Guidelines for Collecting and Interpreting Technological Innovation Data*. 2005, 3. edn., Paris.

[11] Schumpeter, J. *The Theory of Economic Development*. Harvard University Press, 1934.

[12] Young, A. The Razor's Edge: Distributions and Incremental Reform in the People's Republic China. *Quarterly Journal of Economics*, 2000, 115(4):1091-1135.

[13] 白重恩,杜颖娟,陶志刚,仝月婷.地方保护主义及产业地区集中度的决定因素和变动趋势.经济研究,2004(4):29-40.

[14] 高建.中国企业技术创新能力研究.北京:清华大学出版社,1997.

[15] 李宏彬,李杏,姚先国,张海峰,张俊森.企业家的创业与创新精神对中国经济增长的影响.经济研究,2009(10).

[16] 陆国庆.中国中小板上市公司产业创新的绩效研究.经济研究,2011(2).

[17] 人民论坛问卷调查中心.经济增长动能抑或政治晋升比拼——当代中国地方政府竞争状况问卷调查分析报告.人民论坛,2010(5).

[18] 熊彼特.资本主义、社会主义与民主.北京:商务印书馆,1979.

- [19] 徐现祥,王贤彬.任命制下的官员经济增长行为.经济学(季刊),2010,9(4).
- [20] 徐现祥,王贤彬,舒元.地方官员与经济增长——来自中国省长、省委书记交流的证据.经济研究,2007(9).
- [21] 张尔升.地方官员的企业背景与经济增长——来自中国省委书记、省长的证据.中国工业经济,2010(3).
- [22] 张军,高远.官员任期、异地交流与经济增长——来自省级经验的证据.经济研究,2007(11).
- [23] 周黎安.转型中的地方政府:官员激励与治理.上海:上海人民出版社,2008.
- [24] 朱平芳,徐伟民.政府的科技激励政策对大中型工业企业 R&D 投入及其专利产出的影响——上海市的实证研究.经济研究,2003(6).

第八章 政府R&D支出与企业自主创新

本章提要 本章选取了我国各省市的数据并运用动态面板数据模型,就全国层面政府的科技财政支出对于大中型工业企业自身的R&D投入以及R&D产出的影响进行研究。研究显示政府的财政支出并没有带动企业增加研发支出,但是财政支出对于企业的研发产出有着显著的积极影响。企业作为研发活动的主要资金来源,其研发投入的产出效率较低,并没有体现出其研发的主体地位。因此,政府应该通过加强财政支持对企业的激励作用,加强企业研发投入的产出效率,从而提高社会的自主创新能力。

第一节 问题提出与文献综述

一、问题提出

创新已经成为当今世界各国综合实力和国际竞争力的重要来源,也是企业发展的不竭动力。在我国从资源消耗为主的粗放发展模式,向以技术进步为主的集约化发展方式转变的过程中,创新起到极其重要的作用,大力加强自主创新已成为我国当前经济发展的一个核心。创新活动需要大量资金和人才的投入,大中型企业有实力从事创新活动并且将创新成果转化为实际生产力,因此大中型工业企业应当成为自主创新的重要主体。而创新本身的一些特性决定了创新活动还需要政府对企业进行一定的支持。

R&D具有一定的外部性特征,主要表现为技术外溢、模仿创新等,这使得企业难以独占其创新产出的全部收益。而研发活动本身往往具有较大的不确定性,使企业面临着巨大的风险。因此企业获得的收益往往与承担的成本、面对的风险不相匹配。高成本、高风险与低回报使得企业自主进行研发投入的水平偏低。仅由市场调节自主创新活动时,创新投入可能低于社会最优水平。要解决由于外部性与市场的失灵所导致的企业R&D投资规模不足、研发水平低等问题就需要政府对企业提供一定的支持,将政府的部分收入用于补偿企业的创新收益。

并且,有些大型研发项目一般周期较长,投入规模较大,从事研发活动的企业承担的风险较大。若研发成功,企业能够获得巨大的收益,但是一旦研发失败,企业的经营状况可能因此受到冲击,甚至可能出现生存困难。这不利于企业长期坚持研发活动,也不利于市场的稳定。政府有必要为进行 R&D 活动的企业分担风险,从而提高企业进行研发活动的积极性。

创新活动一般分为知识创新和技术创新,其中知识创新包括基础研究和应用研究,与实际生产活动关联较弱,对企业提高产出增加收益的直接效果不明显。因此对于企业而言,如果没有政府的支持,企业所进行的创新活动可能偏重于技术创新,侧重于研发新技术和新工艺,而对于知识创新的投入将不足。政府有必要对企业从事的研发活动进行一定的引导,使各领域的创新活动能够均衡发展。

二、文献综述

财政政策是政府支持企业进行研发的一种重要政策手段。关于企业的研发创新行为,许多国外学者从政府的财政政策角度进行了研究,关注政府的财政支出对于企业创新行为的作用。Carmichael(1981)从企业参与研发活动过程中的风险和收益特征出发,在 CAPM 模型基础上研究政府财政支出对于企业的影响,并且运用运输业的数据得到 1 单位财政支出会激励 0.92 单位的企业研发支出,同时会挤出 0.08 单位的企业支出。Levy(1983)从宏观角度研究了政府的 R&D 投入对于企业 R&D 投入的影响,并将政府投入进行分类研究,认为政府 1 单位合同研发支出能够刺激 0.27 单位的企业研发投入,而间接的补偿对于企业的研发产出会有负面影响。Almus and Czarnitzki(2003)以德国为例研究政府的科技支出是否对于企业自身的支出存在挤出作用,发现与不受政府支持的企业相比,受到政府支持的企业参与的创新活动增加了 4%。Gonzalez and Pazo(2008)对西班牙的制造业企业进行了分析研究,同时考虑到了企业规模大小、技术水平以及企业类型对于政府研发支持效果的影响,最终得出结论,在政府研发补助和企业自身的研发投入之间不存在部分或者完全的挤出效应,一些中小企业如果没有政府的支持将不进行研发。Clausen(2009)则将政府的财政支出分为研究支出和发展支出,经过实证研究发现,研究支出能够刺激企业增加自身的 R&D 支出,而发展支出则替代了企业自身的投入。

国内学者对企业自主创新的研究成果较少。朱平芳和徐伟民(2003)以上海市为例进行了微观层面的实证研究,认为科技拨款资助和税收减免都对于增加企业自筹的R&D投入有积极效果,且两个政策工具之间存在一定的互补关系。周黎安和罗凯(2005)则从企业规模角度入手研究其与企业创新成果的关系,认为企业规模对于企业创新产出有一定的正向影响,但是需要以一定的企业治理结构为前提。叶子荣和贾宪洲(2011)研究了科技财政对企业创新产出的影响,将创新产出分为发明专利以及实用新型和外观设计两类,分类进行了分析。樊琦和韩民春(2011)则考察了政府的R&D补贴对于企业创新产出的影响,发现政府补贴对于企业的创新产出有显著影响,且这种积极影响在东部地区更为明显。综上所述,虽然已有国内文献就自主创新进行研究,但是鲜有文章从财政支出角度切入,就财政支出与企业的自主创新进行深入分析。本章将基于目前已有研究成果,选择财政支出这一政策工具,研究政府政策对于企业自主创新的影响,以充实现有文献。本章选用全国各省市的数据,建立动态面板数据模型进行分析。

第二节 模型设定与数据处理

一、变量选择

企业从事自主创新活动需要政府给予相应的支持。当研发活动需要企业承担较大的风险,给企业收益带来较大的不确定性时,企业的研发积极性将会受到影响。政府通过财政支出帮助企业分担风险、补偿收益,能够增强企业创新的动力与积极性。政府通过财政支出对于企业的研发进行引导与激励。但是也存在企业以政府支出代替自身支出的可能,政府的支持作用被市场的不利影响所抵消,企业不愿意进一步进行投入,此时总的R&D投入并不因为政府投入的增加而显著增加。因此,在研究政府的财政支出对于企业创新产出的影响前,有必要首先研究一下政府支出与企业支出之间的关系。探究政府支出是否代替了企业自身的研发支出,以及政府支出是否推动了企业进一步的研发投入。

企业自身进行研发投入的规模,除了受到政府财政投入数额的影响,还会受到其他因素的约束。例如金融机构的贷款以及其他资金来源会对企业的投入产生一定影响。当企业拥有更多银行贷款时,企业拥有了更多资金,能够用于研发的资金将增加。企业在进行研发投入决策时还受到自身经营状况的影响,即期或者企业上期的盈利状况会影响现期的投资决策。如果企业经济形势良好,企业盈利状况改善,企业进行研发投入的积极性将提高。而企业经营不良时,势必减少 R&D 支出。以上因素都是在建立模型过程中需要考虑的。

二、数据处理

表 8-1 是本章中相关变量的中英文描述。本章着眼于全国 31 个省域,运用面板数据模型进行分析,所采用的数据来自于《中国科技统计年鉴》以及《中国统计年鉴》,数据涵盖了 29 个省域的统计值。其中西藏自治区和海南省由于数据不全而被剔除。在 2008 年以后按不同来源分别统计的 R&D 经费的统计口径由经费筹集调整为经费支出,因此为保持数据口径一致,本章的研究截至到 2008 年,采用自 1999—2008 年共计 10 年的数据进行检验和分析。本章以 1999 年作为基期,将创新投入以及产出等变量中的价格因素予以剔除。考虑到数据的可得性,以及从事研发活动的企业一般具有一定的规模,本章中所讨论的研发企业是大中型工业企业,所选用的数据也以大中型工业企业为统计口径。

表 8-1 各回归变量的定义和符号

变量	定义	符号
企业创新投入	大型工业企业自投资金(万元)	EPC
政府创新投入	科技经费中政府资金(万元)	EPG
金融机构贷款	科技经费中金融机构贷款(万元)	EPF
其他资金	科技经费中其他资金(万元)	EPO
创新	专利数	INNO
企业产出	实际产值(万元)	PRO
经济发展水平	该地区实际 GDP(万元)	DEV
人力资本	科技研究人员数/工业企业数	HC

注:表中各指标取值均为分省数据,投入资金以及产出均为实际值。

三、模型设定

本章通过建立一个基本模型来分析政府科技支出与企业 R&D 支出之间的关系,重点考察政府财政科技支出对企业自身支出的影响,并将金融机构的

贷款,企业上一期的经营状况作为控制变量加以考察,其中用企业的产值作为经营状况的代理变量。本模型设定如下:

$$EPC_{i,t}=\beta_1 EPC_{i,t-1}+\beta_2 EPG_{i,t}+\beta_3 EPF_{i,t}+\beta_4 EPO_{i,t}+\beta_5 PRO_{i,t-1}+\alpha_i+\mu_t+\varepsilon_{i,t} \tag{8.1}$$

(8.1)式中 EPC 表示企业自身的 R&D 支出,EPG 代表政府的财政支出,EPF 代表来自金融机构的贷款,EPO 表示其他的资金来源,PRO 代表企业的产值。α 是不同省份之间的个体效应,μ 代表了不同年份的时间效应,而 ε 表示随机误差项。

考虑到 R&D 支出的调节需要一定的时间,这里采用因变量与自变量的滞后项来反映对于企业当期 R&D 支出的影响。为了体现这一动态影响效应,本章选用动态面板数据模型进行分析。如果采用普通的 OLS 方法进行估计,可能会存在内生性问题。误差项中的个体效应与解释变量可能存在相关性,或者滞后的被解释变量与误差项可能存在相关性,这些都会导致内生性问题。内生性问题的存在会使最小二乘估计结果存在一定的偏误。本章采用 Arellano and Bond(1991)提出的一阶差分方法以消除个体效应,减少内生性问题。在这里,对于(8.1)式进行差分可以得到:

$$\Delta EPC_{i,t}=\beta_1 \Delta EPC_{i,t-1}+\beta_2 \Delta EPG_{i,t}+\beta_3 \Delta EPF_{i,t}+\beta_4 \Delta EPO_{i,t}+\beta_5 \Delta PRO_{i,t-1}+\Delta\mu_t+\Delta\varepsilon_{i,t} \tag{8.2}$$

这是具有一阶差分滞后的随机效应模型。经过差分后,不随时间变化的各省市的个体效应得到了消除,但是模型中仍然可能存在自变量与误差项的相关性,因此本章采用一阶差分广义矩估计(first-difference GMM)方法,引入内生变量的滞后项作为工具变量进行分析。

第三节 政府科技财政与企业 R&D 支出的关系

一、检验结果

本章运用一阶差分广义矩方法进行估计,同时也将运用 OLS 方法估计的结果与之进行对比。首先初步分析政府财政支出与企业自身的 R&D 支出的关系,检验结果见表 8-2。

自主创新与经济增长

表 8-2 企业 R&D 支出与政府科技财政支出的关系

	OLS (1)	OLS (2)	DPD (3)
EPC_{t-1}		0.732 409 (12.483 88)***	0.531 513 (11.297 27)***
EPG	20.926 40 (24.808 96)***	0.402 414 (1.054 406)	−1.231 293 (−1.884 419)
EPF		0.726 168 (3.981 021)***	1.125 163 (8.320 255)***
EPO		0.146 525 (0.349 976)	0.114 067 (0.430 375)
$PROD_{t-1}$		0.005 270 (6.763 381)***	0.008 751 (15.478 24)***
R^2	0.680 127	0.985 223	
Sargan 检验			22.136 33
p 值			0.571 130
样本数	203	203	203

注：括号内的数字为 t 检验值。*** 表示在 1% 的水平下显著。

对动态面板数据模型进行分析时进行的 Sargan 检验 p 值大于 0.05，说明在 5% 的显著性水平下，工具变量的选取是合理的。通过检验结果可以看到，创新投入的不同资金来源对企业的创新行为有着不同的影响，且受到上期企业投入的影响比较明显。

二、分析说明

企业上一期的 R&D 投入对企业当期的研发投入有着显著的影响。这可能与 R&D 项目本身的特性有关，企业从事研发活动的周期较长，一旦确定启动某一研发项目，就需要企业持续进行投入才能使项目完成，因此企业前期研发投入的增加需要后期也增加相应的投入，企业的研发投入存在一定的惯性。企业短期内无法自由调整自主研发的支出，即使在市场环境较为恶劣，企业经营周转不佳的情况下，企业往往也需要维持一定规模的自主研发支出，以尽量减少损失。

政府支出对于企业研发投入的影响是本章分析过程中最为关注的。从结果中可以看出政府支出对于企业增加自主研发投入有一定的负面影响,但是在统计上并不显著,即政府财政支持对于激励企业创新投入的影响并不明显。究其原因可能是存在某些企业以政府的科技财政支持代替了企业自身研发支出的现象。政府通过财政支出来激励企业的科技研发活动,但是企业自身的研发积极性并不高,除了政府支出的研发资金以外并没有增加自主投入。由此说明在影响企业自主创新的因素中,政府的力量要弱于市场,企业在进行自主创新决策时受到政府的影响较小,主要还是在市场的作用下进行研发决策。政府并没有通过增加财政在研发方面的支出来带动企业的研发支出,这将不利于提高全社会的创新水平,增加创新产出。政府有必要加强其在自主创新方面的引导作用,强化财政政策对于企业自主创新的激励作用。

金融机构贷款对于企业的 R&D 投入有一定的正相关性。企业获得银行贷款的多少在一定程度上反映了经济发展状况,当国内经济状况良好时,银行对于研发活动的投资意愿较高,愿意承担风险,企业能够获得更多的研发资金。而此时大多数企业的经营状况也相对良好,自身投入的研发资金也较多。相反,当企业获得的银行贷款较少时,可能意味着国内经济较为低迷,银行信贷收缩,对于风险的承担意愿减弱。此时企业可能自身经营也遇到了困难,能够投入研发活动的资金减少。并且,通过杠杆效应的影响,企业获得的银行贷款的增加能够带动企业自身增加研发投入,银行贷款减少时企业相应的配套资金也会减少。因此,银行信贷与企业研发支出的显著关系表明信贷是刺激企业增加自主创新投入的一个有效途径。

其他资金来源对于企业研发投入的影响并不显著。这里的其他资金来源为大型工业企业的 R&D 总投入中减去企业自身投入资金,减去政府财政支持,再减去银行等金融机构贷款后的剩余资金。这些资金来源可能自身存在着一定的不确定性,因此与企业 R&D 投入的相关性较弱。

企业产值虽然与企业自发的 R&D 支出之间正相关系数较小,但是其作用十分显著。本章在研究中所采用的是企业上一期的产值,可见企业前期的经营状况对于企业下一期研发投入的决策有着重大的影响。这一结论符合企业的经营逻辑,当企业经营状况良好时企业有能力参与一些大型的科研项目,并且研发投入的意愿也较为强烈。企业产值还反映了企业规模的大小,一般大型企业拥有更多的资源和能力进行自主创新,而小企业的创新能力相对较弱。对于大企业而言，创新是影响其市场竞争地位的决定性因素，因而大企业也更为重视自主创新活动，将其企业产出中较大比例的开支用于创新投入。所以从企业规模和经营状况两方面都反映出企业产出与R&D投入的正相关关系。

第四节 政府科技支出与企业创新成果的实证检验

一、模型拓展

在影响企业创新成果的因素中，R&D投入是一个重要因子，也是本章关注的核心。本章在考察R&D支出对于企业创新成果的影响时，仍然按照资金来源分为企业自发投入的资金、政府财政支出以及银行贷款三类分别加以考察。然而，企业研发成果与研发投入的关系要相对复杂，除了前文重点考虑的政府科技投入与企业自身投入外，企业R&D产出还受到各省市经济发展水平和科技人才数量的影响。创新活动需要高科技人才的参与才能够完成。而各地区良好的经济发展水平能够为创新提供资源条件、市场环境等。因此本节将增加人力资本水平以及经济发展水平作为控制变量。自主创新的各项开支最终需要投入到创新活动中形成创新成果，企业获得的专利授权数是衡量企业创新成果的有效指标，在衡量企业创新成果时，本节参考现有文献的做法，采用各省市的三种专利申请授权数作为代理变量。将企业的专利授权数看成是企业R&D投入、政府财政科技支出、金融机构贷款、各地区生产总值以及科技活动人员数的线性函数。其中用地区的产值衡量该地区的经济水平。模型拓展如下：

$$INNO_{i,t} = \beta_1 INNO_{i,t-1} + \beta_2 EPC_{i,t} + \beta_3 EPG_{i,t} + \beta_4 EPO_{i,t} + \beta_5 DEV_{i,t-1} + \beta_6 HC_{i,t} + \alpha_i + \mu_t + \varepsilon_{i,t} \quad (8.3)$$

企业的创新产出存在一定的累积效应，当期的企业创新成果可能受到上一期企业创新产出的影响。可能的原因在于企业创新成果运用于生产中推动了企业生产效率的提高，或者企业前期的创新成果是下一期创新的基础，有利于后续的创新产出。因此有必要将因变量的滞后一期作为解释变量以控制这种累积效应。

二、检验结果

由于方程中将因变量的滞后项作为一个解释变量,本章仍然选用动态面板数据模型,并采用一阶差分广义矩(GMM)法进行估计,结果见表8-3。

表8-3 政府财政支出与创新产出的关系

	OLS (4)	OLS (5)	DPD (6)
$INNO_{t-1}$		0.974 976 (21.190 64)***	0.455 205 (17.605 26)***
EPC	0.006 561 (23.708 11)***	0.001 275 (4.716 768)***	0.003 368 (5.023 093)***
EPG	0.027 437 (6.300 718)***	0.007 513 (2.444 780)**	0.012 051 (1.365 587)
EPF	0.009 004 (3.214 551)***	0.002 220 (1.466 268)	0.002 218 (0.957 079)
HC		0.010 569 (3.295 409)***	0.033 362 (3.393 638)***
DEV_{t-1}		0.044 661 (3.381 680)***	0.230 407 (2.770 475)***
R^2	0.955 01	0.982 57	
Sargan 检验			21.224 80
p 值			0.567 4
样本数	203	203	203

注:括号内的数字为 t 检验值。***、**分别表示在1%和5%的水平下显著。

从检验结果中可以看出,企业的自主创新成果的确有比较显著的累积效应,即期的创新产出受到上期产出的影响较大,企业在已有的创新成果基础上更易于产出新的成果。从事研究与开发的人员数目与企业研发活动成果之间的显著正相关性也得到了验证。研究与开发人员的劳动是企业研发成果的必要条件,研究人员数量丰富的地区,企业的创新成果也更加丰富。一个地区的经济发展水平与该地区的研发成果之间呈现显著的相关性,经济水平发达的地区,研究成果更多。经济的发达为企业创新提供多方面的便利。

企业自身投入R&D活动的经费以及政府的财政支出对于研发产出都有着正向影响,而来自金融机构的贷款对于企业最终的研发产出效果却不显著。这与前文中三种不同的资金来源对于企业自身研发投入的影响效果并不完全一致。前文的研究中,政府支出对于增加企业自身研发支出的作用虽然为负,但是并不显著。银行等金融机构的贷款以及企业前期的R&D支出作用显著。而对于企业最终创新产出的影响中,政府科技财政支出有显著的正面影响,金融机构贷款的作用为正,但是不显著。比较政府的科技投入与企业自身的研发投入还可以发现,企业自身的R&D支出虽然显著性水平更高,但是系数小,即同等规模的科技投入下,来自企业自身投入资金的作用明显小于政府科技财政支出的作用。

政府科技财政支出对于企业研发成果的积极影响说明了当前政府支持自主创新发展取得了一定的效果,财政支出有利于增加企业创新产出,提高自主创新能力。并且政府财政支持的产出效果要优于企业自身进行的研发投入。

三、进一步分析

考察企业R&D经费的来源可以发现,目前大中型工业企业的研发投入总额中来源于企业自身的支出占比较大,而政府的财政支出占比较小(见图8-1)。以2008年为例,全国各省市政府支出的规模大多小于企业R&D经费总额的10%,企业自身的研发投入是R&D活动的主要资金来源。

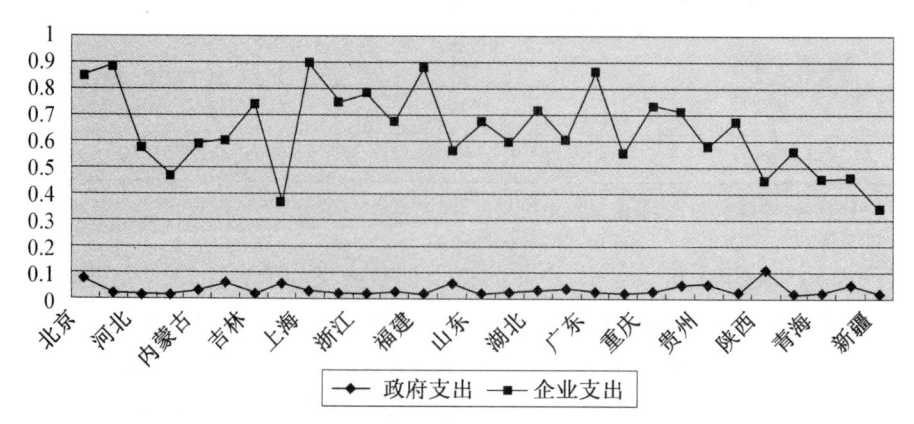

图8-1 2008年大中型工业企业R&D投入经费来源

政府的财政支出在企业研发经费中占比少但是单位投资的产出高,而企业自身的研发投资虽然在经费总额中占较大比重,但是单位投资的研发产出低。可见企业在研发活动中产出效率较低,同时也说明了大中型工业企业在自主创新活动中并没有很好地承担起研发主体的重任。企业应当利用自身的资金以及人才优势承担主要的研发任务,但是目前政府在研发活动中起到重要的作用,政府的财政支出对于创新产出有着较大的贡献。虽然政府对于研发活动的支持力度不断加大,对于大中型工业企业R&D经费的支出不断增加,但是企业仍然是研发活动中经费的主要来源。如果企业自身的研发投入效率不高,则企业的研发产出以及社会研发水平将大打折扣。如何提高企业自身研发投入的产出效率,是提高企业自主创新能力,提高社会创新水平的关键。

第五节 研究结论与政策启示

一、研究结论

通过实证分析可以看到政府的科技财政支出对于激励企业增加研发投入的作用并不显著。大中型工业进行的研发决策主要受到市场环境的影响,政府在其中作用力不强,政府对于企业自主创新行为的影响较弱。

企业利用政府的财政支持进行研究活动,其单位投入的产出效果要明显高于企业自身进行的研发投入。这一方面说明了政府在研发方面的支出取得了一定的成果,另一方面也说明了企业并未真正在研发活动中起到主导作用。作为研发活动的主要投入者,企业的研发效率不高,会导致社会的研发效率难以提高。

二、政策启示

政府要提高社会的自主创新水平应从两方面入手。一是在进一步增加对企业研发活动的支持力度时,应该更加注重于提高对企业研发的激励作用,切实增加企业的研发积极性,带动企业增加自身的研发支出,从而提高总体的研发支出水平。二是要努力加强企业,尤其是大中型工业企业在创新活动中的主体地位,提高企业在创新活动中的产出效率,使企业投入的研发资金得到更有效的利用,从而使全社会的自主创新水平得到显著提升。

自主创新与经济增长

本章参考文献

[1] Almus, M., D. Czarnitzi. The Effects of Public R&D Subsidies on Firm's Innovation Activities: The Case of Eastern Germany. *Journal of Business & Economic Statistics*, 2003, 21(2): 226-236.

[2] Arellano, M., S. Bond. Some Tests of Specification for Panel Data: Monte Carlo Evidence and an Application to Employment Equations. *Review of Economic Studies*, 1991, 58: 277-297.

[3] Carmichael, J. The Effects of Mission-oriented Public R&D Spending on Private Industry. *The Journal of Finance*, 1981, 36(3): 617-627.

[4] Clausen, T. H. Do Subsidies Have Positive Impacts on R&D and Innovation Activities at the Firm Level? *Structural Change and Economic Dynamics*, 2009, 20: 239-253.

[5] Gonzalez, X., C. Pazo. Do Public Subsidies Stimulate Private R&D Spending?. *Research Policy*, 2008, 37: 371-389.

[6] Guellec, D., B. Van Pottelsberghe, De La Potterie. Does Government Support Stimulate Private R&D?. *OECD Economic Studies*, 1999, 29: 95-12.

[7] Levy, D. M., N. E. Terleckjy. Effects of Government R&D on Private R&D Investment and Productivity: A Macroeconomic Analysis. *The Bell Journal of Economics*, 1983, 14(2): 551-561.

[8] 樊琦,韩民春. 政府 R&D 补贴对国家及区域自主创新产出影响绩效研究——基于中国 28 个省域面板数据的实证分析. 管理工程学报,2011(3).

[9] 叶子荣,贾宪洲. 科技财政与自主创新:基于中国省级 DPD 模型的实证研究. 管理评论,2011(2).

[10] 周黎安,罗凯. 企业规模与创新:来自中国省级水平的经验证据. 经济学(季刊),2005(3).

[11] 朱平芳,徐伟民. 政府的科技激励政策对大中型工业企业 R&D 投入及其专利产出的影响——上海市的实证研究. 经济研究,2003(6).

第九章　政府 R&D 补贴与自主创新产出绩效

本章提要　本章主要研究 R&D 补贴对自主创新产出绩效的影响。在自主创新产出绩效的衡量上进行了一定的拓展,综合考虑一省专利授权数、专利的申请数目和高科技产业的增加值,运用熵权法综合评价自主创新的产出绩效。通过 1998—2011 年省域自主创新产出绩效模型进行回归分析。研究表明,R&D 补贴、企业 R&D 投入、R&D 人员投入与自主创新产出绩效存在显著的正相关关系。省域 R&D 补贴对自主创新产出绩效的弹性分析表明,在比较落后的西部地区,政府 R&D 补贴对于自主创新产出推动作用不显著,而在较发达的中、东部地区 R&D 补贴显著推动了自主创新产出绩效的提高,但是越是发达地区,R&D 补贴对于自主创新产出绩效的推动作用反而较低。

第一节　研究背景与基本框架

我国一直以来的经济增长模式是以粗放式增长为主,长期依靠资源的大量投入,主要集中体现在大量投资和产品出口上,而且在投资中也是以扩张性投资为主,并且出口商品的竞争力往往是依赖于我国廉价的劳动力。从近几年的经济增长速度放缓可以看出这种粗放式的增长模式是不科学的,而且是不能持续的。目前随着人民币升值、能源价格上涨、土地资源稀缺、劳动力成本上升以及环境成本内部化等问题聚集在一起,企业依靠廉价劳动力、低环境维护成本等带来的低成本的竞争优势正在逐步消失,因而这种高消耗、高污染、低效率的粗放型增长模式已经难以支撑我国经济稳健的发展。推进自主创新是改变这种粗放式经济增长模式的突破口,推进我国企业的自主创新可以优化我国企业的竞争战略,将企业的低成本竞争优势转变为高技术附加价值的竞争优势,这不仅可以提高企业的整体收益,同时还能调整企业在产业价值链的位置,为企业带来更高的额外收益。因此,我国经济要以自主创新为手

自主创新与经济增长

段,推动经济增长模式的转变,促进我国经济的整体竞争水平的提高。

推动自主创新既是我国经济发展方式转变的重要突破口,也是我国企业提高市场竞争力的重要手段之一。但是,自主创新首先需要资源投入,且一般短期内不会有明显的经济效益,甚至长期对于企业来说也是一种风险投资,未来不一定会给企业带来正收益。自主创新的这一特征会使得企业短期的积极性不高,或者说市场因素的短期驱动性并不明显。可是,从长期来看,自主创新对企业、市场是利大于弊的。为此,可以通过政府干预推动自主创新,为企业的自主创新提供动力。中共中央、国务院在 2012 年发布的《关于深化科技体制改革加快国家创新体系建设的意见》中,已经提出要建设中国特色国家创新体系,就必须要以推动自主创新能力提高为载体,促进科学技术的发展,利用技术进步支撑和引领经济结构的调整和经济增长方式的转变[①]。该项《意见》的发布再一次证明了自主创新对于我国经济发展方式转型的重要作用,同时也说明了在推动自主创新中,政府也扮演着重要的角色。

推动自主创新的主要因素可以概括为需求因素和供给因素两个方面。其中推动自主创新的需求是指通过政治、经济等因素刺激产生市场需求,企业为了追求更多的收益而进行自主创新,以期获得生产价值链顶端的额外收益。而推动自主创新的供给因素是指在外界因素的不断刺激下,随着自主创新的需求增加,自主创新所需要的资源投入也会增加,这些资源包括经济资源、政治资源、制度资源以及各种自主创新所需要的服务资源,例如一些中介机构等等。这些供给因素随着自主创新需求增加而不断发展,也进一步推动了自主创新的发展。根据自主创新推动因素的两大来源,政府干预自主创新可以从需求和供给两个方面着手。例如,政府可以通过对特定产品的采购来扩大相关产业的市场需求,推动该产业的自主创新。同样,政府可以通过 R&D (research and development)补贴、贷款优惠、税收优惠等方式,扩大自主创新的研发投入,从供给层面推进自主创新。

本章从政府干预自主创新角度,研究政府 R&D 补贴对自主创新产出绩效的影响。通过建立自主创新的柯布—道格拉斯生产函数(Cobb-Douglas production function),评价人力资源投入、创新资金投入带来的自主创新经济

---

① 新华社,2012 年 09 月 23 日,《关于深化科技体制改革加快国家创新体系建设的意见》,中央政府门户网站,http://www.gov.cn。

效益和科技成果效率,进一步研究自主创新的产出绩效。为了更好地说明政府干预自主创新的效果,本章将创新的资金投入分为企业 R&D 投入和政府 R&D 补贴。虽然 R&D 补贴只是政府干预自主创新的主要政策工具之一,但却也是最直接的干预工具之一。从本章所采用的自主创新柯布—道格拉斯生产函数来看,研究 R&D 补贴对自主创新产出绩效的影响可以部分地反映政府干预自主创新产出的绩效。

本章在自主创新的研究综述、政府干预自主创新的理论依据以及对政府干预自主创新与 R&D 补贴的研究回顾基础上,建立研究模型;并对自主创新产出绩效和我国省域政府 R&D 投入进行描述性统计;在计量检验结果进行分析的基础上,提出相应的政策建议。具体如图 9-1 所示。

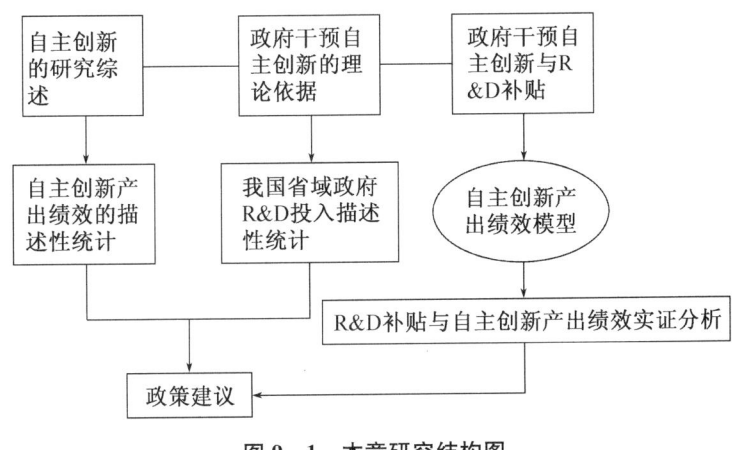

图 9-1 本章研究结构图

第二节 相关理论及文献综述

一、自主创新的研究综述

（一）自主创新的涵义

"创新"一词源于我国对英文单词"innovation"的翻译,熊彼特(1990)在《经济发展理论》中首次将"创新"引入经济学分析。熊彼特将创新理解为各种生产要素与生产条件的重新组合,得到新的生产函数,使得创新主体获得潜在的超额利润。在我国的科学技术发展水平相对落后的背景下,我国首次提出了"自主创新"的概念。1999 年 9 月 18 日,江泽民主席首次从国家层面上提出了自主创新:我国要想提高在科学技术领域的地位就必须要依靠自主创新,依靠自主创新,掌握核心技术的知识产权,才能保证我国国家经济安全。在引进外国关键技术的同时,要注重将自主创新与引进科学技术相结合,推动我国的技术进步和经济发展(江泽民,2002)。

关于自主创新的定义,目前我国尚无明确规范的解释。傅家骥(1998)通过对技术创新的研究,将自主创新定义为企业为了获取超额收益,自发地通过自身努力或者是通过与其他企业或研究机构的合作,进行技术改进和攻克,推动技术创新产品的市场化的一种创新活动。刘凤朝等(2005)从保障国家经济安全的角度,将自主创新定义为创新主体主要依靠自身的努力攻克科学技术,通过掌握核心技术促进社会经济的可持续发展。我国学者陈劲(1994)研究表明在研究开发中学习是我国自主创新的主要学习模式。我国通过对自主创新产品的规定对自主创新活动进行了解释。根据我国统计局的规定,自主创新产品必须具有以下6个特点:一是自主创新产品要与我国的法律法规和产业技术政策相符合;二是自主创新产品必须符合我国对知识产权的法律规定;三是自主创新产品必须符合我国产品注册商标的相关法律规定;四是自主创新产品必须是以技术进步为基础,在产品的性能上有实质性的改进,表现为在材质、结构、工艺上的明显改进,或者是表现为产品能效的提高、资源使用效率的提高、污染的减少等方面;五是自主创新产品必须要有可靠的质量,特殊行业的产品要有产品许可证,强制性行业的产品需要通过认证;六是自主创新产品必须要在市场上具有潜在的经济效益或者是已经在市场上进入销售环节[①]。

根据国内外学者的研究分析,本章认为自主创新是拥有创新自主权的各个创新主体为了获取自主知识产权,掌握核心技术,获取市场的超额收益,而自发地进行技术改进和发明,形成以技术进步为核心的具有市场竞争力的产品和产业。

(二)国内外关于自主创新产出绩效的研究

国内外对自主创新产出绩效的研究主要是基于企业技术创新能力的结构性分析,对自主创新的能力进行研究。Adler and Shenbar(1990)从四个方面分析了技术创新能力,包括创新产品满足市场需求的能力、创新产品的技术生产能力、对技术引进吸收并发展的能力以及应对市场技术进步影响的能力。Guan(2003)则从7个维度分析了技术创新能力,从技术、知识、产品、工艺、生

---

① 参见《经济日报》,2010年4月18日。

产、销售、组织等方面将技术创新看成是一种具有特殊形式的资源或资产。Burgelman et al.(2008)从战略管理角度对技术创新能力进行了研究,研究表明技术创新能力具有支持和促进企业创新战略的综合特征。魏江和寒午(1998)对技术创新能力进行了结构性分析,从研究开发、制造生产、市场营销、资本投入以及组织的角度研究了技术创新能力。许庆瑞(2000)研究发现技术创新能力表现为多种能力的结构性组合,这些能力主要包括研究开发能力、市场营销能力和投入转化能力。刘凤朝等(2005)通过研究自主创新的实现过程,从研究开发能力、产业化能力以及市场竞争能力三个角度衡量自主创新能力。结合国内外的研究发现,自主创新能力是多种能力复合作用的结果,既包括科技成果的创造能力,也包括市场价值的实现能力。

基于自主创新能力的结构化特征,一般对创新主体的自主创新能力的测度是通过建立相应的结构化指标体系来综合评价自主创新产出绩效。目前,自主创新能力的指标体系,最权威的还是我国国家统计局建立的企业自主创新能力的指标体系,该指标体系也是建立在技术创新能力研究的基础上,主要包括四个一级指标:潜在技术创新资源指标、技术创新产出能力指标、技术创新活动评价指标、技术创新环境指标[①]。国内学者的研究都是基于这四个一级指标,根据实际研究的产业、创新主体进行指标修正,试图建立一个能够有效评价研究主体自主创新能力的指标体系。

二、政府干预自主创新的理论依据

(一)市场缺陷论

要正确定位政府在自主创新中的职能必然要求分析把握自主创新中的市场缺陷。完全有效的市场会直接推动创新,但是市场并不是完全有效的,所以不能做到资源的高效配置。市场机制的固有缺陷使得政府干预成为必然。本章主要从经济外部性和信息不对称两个方面对企业在进行自主创新活动中面临的市场缺陷进行分析。

1. 市场机制不能有效解决经济外部效应问题

经济外部性包括经济正外部性和经济负外部性。经济的正外部性是指经济主体的活动为他人或社会带来了收益,也就是说经济主体不能享有其经济活动带来的全部收益。相对于正外部性,经济负外部性是指经济主体的经济

---

① 参见《国家统计局提出衡量中国企业自主创新能力的四大指标》,《机械》,2005年。

活动造成了他人或社会的利益受损。自主创新成果,由于知识外溢,使得它介于公共产品和完全排他性产品之间。企业自主创新的投入需要资本和劳动力,而这些生产资料一般是私人性质的,但是自主创新的成果信息则具有公共品性质,而且这种信息具有扩散效应。这使得自主创新主体无法独占自主创新的收益。一般来说,一旦自主创新成功,往往具有高收益性,但这一收益却由于自主创新成果的非独占性,使得私人和社会均获得较大的收益。正是由于自主创新的这种正外部效应,使得创新主体缺乏从事自主创新的积极性,从而导致自主创新供给不足。为了促进国家或社会的发展,同时还要兼顾企业的利益,政府需要在两者的矛盾中起到平衡冲突的作用。政府在兼顾国家或社会的利益的同时,必须通过有效干预手段使得创新主体的私人收益率与社会收益率趋于一致,维持自主创新主体的创新动力(万兴亚,2001),所以政府可以通过 R&D 补贴、政府直接干预、税收优惠、金融贷款优惠等政策保持企业自主创新的动力。

2. 市场机制无法解决信息不对称问题

市场无法解决的另一个问题就是信息不对称。信息不对称是由于市场中的各个主体掌握信息渠道的差异造成的各个主体对信息了解程度的不同。在市场中,信息掌握得越多,就越会在市场中处于有利地位。自主创新活动是一个庞大的系统,该系统由政府、企业、研究机构等组织所构成,这使得自主创新需要官、产、学、研等社会各部门相互有效合作,但是这仅仅靠市场是难以为继的。自主创新往往意味着对未知领域的探索研究,而且还要将探索研究的结果向现实生产力转化,并且这种市场化所获取的收益要高于自主创新的投入,只有在这些条件都满足的情况下,创新主体的自主创新活动才有经济效益。但是现实中,对未知领域的探索研究未必有结果,而且探索研究的结果未必具有潜在的市场价值,这使得自主创新活动具有了高风险性和不确定性。在科学研究向现实生产力转化的过程中,市场信息传送渠道的不完全畅通更加使得自主创新的不确定性提高。陈劲等(2004)研究发现应用型研究的成功率一般为15%,而纯基础研究的成功率仅为3%,这会使得很多企业在自主创新面前望而却步。因此,政府应该起到促进经济与科技良好互动的作用,协调自主创新活动,建立有效的市场信息渠道,降低创新主体的信息不对称,推动自主创新(徐顽强和廖少刚,2004)。

(二)国家创新系统理论

根据弗里曼的国家创新系统理论,可以将国家创新系统视为由政府、企业、教育研究机构和国家产业政策等要素组成的具有双向作用的有机整体。在国家创新系统中各个组织机构有着各自的职能,其中政府担任着建设国家创新系统的重任,理论研究表明政府对国家创新系统的效率有着重要的影响;企业作为创新的主体,是实现科学技术向现实生产力转化的重要枢纽,与创新成果的实现有着直接的关联;科研机构则主要负责基础研究和重大科学技术的攻克;大学的主要职责是创新人才的培养和基础性科技的研发。

国家创新系统理论的研究起源于李斯特对于国家政治经济发展的研究。李斯特首先明确提出了"政治经济学的国家创新系统"概念,并且深入研究了国家政府在一国经济发展中的重要职能作用,分析了一国的内生科学技术的能力,也就是一国的自主创新能力对一国经济增长的重要影响。之后,弗里曼、波特和纳尔逊等人在李斯特理论的基础上,进一步对国家创新系统进行研究,丰富了国家创新系统的理论体系。

1. 弗里曼的国家创新系统论

弗里曼通过对日本的技术政策和经济业绩的研究,将国家创新系统定义为由公共部门和私人部门组成的机构网络。公共部门和私人部门通过各自的经济活动以及相互作用,激发新技术的产生,促进一国的技术引入,推进技术的二次创新,扩散技术创新的市场经济效益,从而提高一国整体的创新能力与国际竞争力。弗里曼通过对日本通产省的研究证明,在一国的经济向技术进步的增长模式的转变中,仅依靠市场机制是不够的,还需要该国政府通过有效配置该国的资源来推动该国的技术创新(G·多西,1992)。弗里曼的理论认为一国的创新能力不仅受制于该国企业的技术创新水平,还受制于该国的制度、组织等对于创新活动的影响,例如国家可以通过制定产业政策推动企业自主创新。在知识经济的时代,产业政策不仅可以解决企业创新资金短缺的问题,同时对于一国的科技和经济安全也有着重要的作用。

弗里曼的国家创新系统理论认为一国政府可以通过对该国社会经济发展模式的转型,使其适应该国技术经济发展模式的要求,来推动该国的技术创新。因而一个国家的创新能力受到了该国政府推动经济转型的能力的影响,这说明了在一国的技术创新中,政府扮演着重要的职能作用,通过有效配置创新资源来协调各个创新主体的创新活动,促进一国的技术进步,提高国家市场竞争力。

2. 波特的国家创新系统论

波特的国家创新系统理论是在全球化的背景下,通过研究创新的微观机制和宏观机制,得出了国家创新体系的钻石理论模型。该模型主要通过对生产要素、本国市场需求、相关及支持产业、企业结构和市场竞争环境四个方面的研究,来解释国家产业竞争力。研究表明,国家有效地形成竞争环境来推动创新是提高国家产业国际市场竞争力的关键。政府可以通过对本国市场需求以及相关和支持产业的作用,利用钻石模型中四个要素的双向作用,为企业自主创新提供机会和推动力。

波特的国家创新系统理论认为具有技术创新能力的企业是一国国家竞争力的核心,而国家政府的主要职责就是为该国的企业提供推动创新的环境,从而推动企业创新,提高一国的国家竞争力(郑传锋,2003)。

3. 纳尔逊的国家创新系统论

纳尔逊通过对美国、日本等国的技术创新与国家制度体系的研究,分析指出了国家创新体系是一个复杂的系统,国家创新系统不仅包括政府、企业、研发机构、学校等行为主体,还包括了各种经济政策、技术基础、制度因素等等。一国的技术创新的主体是以盈利为目的的企业,同时一国的技术创新还受到该国企业市场竞争环境、政府行为、研发机构以及国际竞争的影响。纳尔逊通过研究技术革命,结合技术革命与制度结构的相互作用的关系,提出了多种可能的国家创新系统的战略选择(Nelson,1993)。

纳尔逊的国家创新系统理论指出,国家技术创新能力的提高不仅与R&D的资本投入和劳动力投入有关,还与一国创新知识的流动和市场转化能力有关,而一国的政府在推动企业、学校、研究机构的相互交流中起着重要的作用。

三、政府干预自主创新与 R&D 补贴

(一)政府直接干预自主创新的管理工具

政策管理工具是达成政府政策目标的手段,政府可以从需求和供给两个方面干预自主创新。以政府作为直接的市场参与主体为标准,政府直接干预自主创新的政策工具包括以下两种。

1. 政府直接投资

政府直接投资是从自主创新的供给角度对企业自主创新进行直接干预。政府直接投资主要指政府直接用于科学技术研究方面的资金,即地方财政预

算中的科技经费支出。自主创新成果,由于知识外溢,使得它介于公共产品和完全排他性产品之间。这就需要政府在自主创新中扮演重要的参与者,推动社会技术的进步。对于一般创新项目企业来说,创新研发投入一般较大,且存在较高的市场风险,出于成本收益以及现金流的考虑,企业往往会放弃研发投入,此时企业就急需政府的资助。技术创新的知识外溢,导致企业创新的预期收益低于社会平均收益,这就很大程度上降低了自主创新主体的创新积极性,引致自主创新的供给不足,这时各国政府的通用做法是进行 R&D 补贴,使得 R&D 外部性内在化,从而解决自主创新外部性问题,而且已取得了成效(唐清泉等,2008)。

2. 政府采购

政府直接投资是从自主创新的供给角度对企业自主创新进行直接干预。政府采购是推动企业自主创新的重要政策工具之一,政府采购是指由政府以消费者身份为其自身消费或履行公共职责而进行的消费行为。Rothwell(1984)认为政府采购主要从三个方面促进技术创新:一是政府采购可以为新技术创造一个需求上的拉动力;二是利用政府的购买力创造一个超出现有技术水平的产品市场;三是政府采购可以为创新性产品提供一个具备一定规模的市场生存测试环境。谢光亚和张蔚(2002)归纳总结了各发达国家中政府对民用 R&D 的经费投入一般占 R&D 经费总额 20%—30%;政府采购占全部GDP 的 10%—15%,许多政府使用这一工具能有效地降低企业自主创新产品进入市场的风险,同时政府通过制定标准来进一步影响创新的方向和速度。我国应积极发挥政府采购对技术创新的需求拉动作用,优先选择有自主知识产权的产品和有高产值的核心产业技术。

(二) R&D 补贴与自主创新产出绩效

1. R&D 投入对技术创新影响的研究

R&D 投入对技术创新影响的研究源于内生增长模型理论。Griliehes(1980)通过建立数学模型研究表明 R&D 投入、政府 R&D 补贴以及技术引进对生产效率的提高有显著的推动作用。Romer(1991)通过建立创新技术的生产速度函数,研究 R&D 投入和知识存量对于技术创新的影响,同时 R&D 投入受到了创新技术的市场经济收益和研发效率的影响。Grossman and Helpman(1991)以及 Aghion and Howitt(1990)通过经济增长模型,分析了 R&D 投入对企业技术创新的影响,结果显示 R&D 的投入促进了企业的技术进步。Griffith et al.(2004)通过对 12 个 OECD 国家的 1974—1990 年的工业

自主创新与经济增长

数据的研究发现,研发的资本投入和研发的人员投入对技术使用的影响相似,并且国内研发资本投入越多,该国的技术创新速度越快。Furman et al.(2002)研究发现 OECD 国家之间创新能力的差异可以用 R&D 投入的差异来解释。

国内学者方希桦等(2004)通过研究 R&D 投入与技术进步的关系,说明了一国的 R&D 投入显著推动了该国的技术进步。李平等(2007)通过研究我国的 R&D 资本投入对自主创新产出绩效的影响,结论显示我国自主创新产出绩效的提高很大程度上依赖于国内的 R&D 投入。范红忠(2007)还研究了有效需求规模、研发投入对国家自主创新能力的推动作用。何庆丰等(2009)通过对 R&D 人员投入、R&D 资本投入以及创新绩效的实证研究,发现 R&D 的人员投入与 R&D 的资本投入均促进了创新绩效的提高,同时 R&D 资本投入对创新绩效的推动作用大于 R&D 人员投入对创新绩效的推动。

2. 创新的弹性研究

创新的弹性研究是指创新投入每变化百分之一,创新产出变化的百分数。一般根据国内外的研究来看,创新的弹性分析常常要借助于知识生产函数。知识生产函数主要是源于新古典增长理论。知识生产函数最早是由 Griliches(1980)提出,并且假设创新的产出是创新投入的函数,Griliches(1998)最初用研发投入来表示创新投入。Bottazzi and Peri(2000)用欧洲 1977—1995 年的专利和研发投入数据来估计创新生产函数,结果显示创新产出对研发人员的弹性接近于 1。Riddel and Schwer(2003)通过对美国 52 个州的实证研究分析表明,影响美国地区技术创新能力的主要因素包括知识存量、工业研发投入、高技术人力资本和获得大学学位的人力资本数量。Fritsch(2004)运用知识生产函数研究比较不同地区创新系统的能力,通过对欧洲 11 个地区的数据进行分析发现产业集聚中心的创新的产出弹性较高。Hu and Mathew(2005)在知识产出模型中加入了公共 R&D 支出变量,研究表明公共 R&D 投入对技术后发区域技术创新能力有重要影响。Krammer(2009)通过对 16 个东欧转型国家的研究,结果表明大学、公共 R&D、私人 R&D 是影响国家创新能力的主要因素。

柳卸林(2002)利用知识生产函数对我国 30 个省区数据进行研究,用发明专利作为区域创新产出,结合创新人力投入、创新资本投入研究区域创新能力。吴玉鸣(2006)利用空间计量经济学模型,对我国 31 个省份的技术创新的影响因素进行分析,结果表明,企业 R&D 投入对省域创新能力有明显的贡献,而且人力资本投入对省域的创新能力具有正向促进作用。刘莹莹(2008)综合分析了区域技术创新能力的影响因素,研究表明技术水平和对外开放度是我国中、东、西部地区创新能力的重要影响因素。龚荒和孙鸽(2008)对江苏省各个地区的自主创新能力进行了比较研究,结果显示创新的基础和经济发展的成熟度也是影响区域自主创新能力的重要因素。张宗和和彭昌奇(2009)利用改进的知识生产函数,通过对我国30个省域的面板数据进行研究,结果表明企业R&D投入对技术创新产出的影响取决于市场化程度,市场化程度越高,影响越显著。

第三节 研究设计及统计描述

一、自主创新产出绩效模型

(一)模型设定及变量说明

对于自主创新产出绩效的研究主要是源于对自主创新能力的研究,根据我国自主创新能力的研究,主要是对自主创新的资源指标、自主创新的环境指标、自主创新的产出能力指标以及自主创新的活动评价指标进行综合分析。基于此,本章对自主创新产出绩效的研究选取自主创新能力中的技术创新产出能力指标进行简单的分析研究。

结合宏观产业环境,可以将自主创新的过程视为自主创新的投入—产出过程,参照知识生产函数的定义,可以将R&D的资本投入和R&D的人员投入作为自主创新的投入要素,定义自主创新产出绩效为自主创新的产出结果,结合柯布道格拉斯生产函数(Cobb-Douglas production function),本章建立如下的自主创新产出绩效模型:

$$Innov = AL^{\alpha}R^{\beta} \tag{9.1}$$

其中,$Innov$ 表示自主创新产出绩效,L 表示研发人力投入,R 表示研发资本投入,A 表示影响影响自主创新的其他因素。

由于本章主要将考察我国政府的R&D补贴投入对自主创新产出绩效影响,由此模型设定如下:

$$Innov = AL^{\alpha}(R^g \times R^c)^{\beta} \tag{9.2}$$

其中,R^g 表示来自政府的R&D投入,R^c 表示企业的R&D投入。L 则表示研发的人力资本投入,文中选取国际上通用的R&D人员全时当量来表

自主创新与经济增长

示研发人力资本投入。R&D 人员全时当量是指 R&D 全时人员的工作量与 R&D 非全时工作人员的按实际工作时间折算的工作量之和,其中 R&D 全时人员的定义是指全年累积从事 R&D 活动的工作时间占全部工作时间 90% 以上的人员①。

对等式(9.2)两边取对数,整理得到以下模型:

$$\ln Innov = \ln A + \alpha \ln L + \beta^g \ln R^g + \beta^c \ln R^c \tag{9.3}$$

由公式(9.3)推导得到(9.4):

$$\frac{\dot{Innov}}{Innov} = \lambda + \alpha \frac{\dot{L}}{L} + \beta^g \frac{\dot{R}^g}{R^g} + \beta^c \frac{\dot{R}^c}{R^c} \tag{9.4}$$

其中,$\frac{\dot{Innov}}{Innov}$ 表示创新产出绩效增长率,$\frac{\dot{L}}{L}$、$\frac{\dot{R}^g}{R^g}$、$\frac{\dot{R}^c}{R^c}$ 分别表示 R&D 人员投入、政府 R&D 投入和企业 R&D 投入的增长率。

根据以上的内容,本章的自主创新产出绩效计量模型为:

$$\ln Innov_{it} = \ln A_{it} + \alpha \ln L_{it} + \beta^g \ln R^g_{it} + \beta^c \ln R^c_{it} + \varepsilon_{it} \tag{9.5}$$

其中,$Innov_{it}$ 表示自主创新产出绩效,α、β^g、β^c 表示弹性系数,$\ln A_{it}$ 表示截距项,ε_{it} 表示随机误差项。i 表示省域,t 表示年份。

(二)自主创新产出绩效(Innov)的计算

自主创新产出绩效(Innov)是指自主创新的有效产出,而自主创新的有效产出则是指自主创新为市场带来的生产技术能力的提高和经济效益。可以用自主创新产出绩效来反映自主创新能力的高低。一般来说,衡量自主创新产出绩效的指标主要包括专利产出和高科技产业增加值两个方面,具体可表现为如下3个指标:

(1)专利授权数(P_1)是指省内一年发明专利授权数量。一般来说,专利是企业自主创新的重要产出结果,用专利授权数衡量自主创新能力也是我国学者在研究自主创新时常用的指标。

(2)专利申请数(P_2)是指省内一年发明专利申请数量。考虑到专利从申请到授权有一定的时限性,如果仅仅考虑专利授权数就不能全面地反映当年的自主创新能力。因而本章在衡量自主创新产出绩效时,综合考虑了专利授

---

① 参见《中国科技统计年鉴》,北京:中国统计出版社,2011年。

权数和专利申请数。

（3）高科技产业增加值（H）是指省内高科技产业增加值，高新技术产品增加值＝工业总产值－中间投入＋应交增值税，它反映了自主创新带来的经济收益。

文本对自主创新产出绩效衡量是对以上 3 个指标的系统性综合评价。系统性综合评价的重点在于确定各个单项指标的权重大小，也就是确定各项指标在总体中起到的作用大小。胡海波（2010）比较了系统性综合评价的各种客观赋权，研究发现在使用主成分分析法和因子分析法来确定系统性综合评价的各个单项指标权重时，需要确保所用样本符合经典正态分布，同时样本数量必须满足大于指标个数的 15 倍以上，才能保证所求权重系数的精确性和稳定性。本章选取的自主创新的相关样本数据受到我国科技统计数据的限制，仅仅选择了 1998—2011 年 14 年的数据，样本数目不符合成分分析法、因子分析法的要求。本章出于样本数量的局限性，同时考虑到计算的简便性，选用熵权法对 P_1、P_2、H 进行客观赋权。

熵权法的应用主要源于信息经济学。熵的概念源于热力学，信息熵是对系统信息的有序性和有效性的度量。一般用 $H(X) = -k\sum_{i=1}^{n} p_i \ln p_i$ 来表示信息熵，其中 k 为玻尔兹曼常数。通常信息熵越大，表示一个系统信息的有序性和有效性越高，越应该受到重视；信息熵越小，则该系统信息的有序性和有效性越低，则该系统信息的贡献率就越小。因而根据信息熵的定义，可以通过计算综合评价系统中的各个单项指标的信息熵，比较分析各个单项指标对于综合评价系统的信息含量的贡献大小，从而确定各个单项指标的权重（郭显光，1994）。

（三）数据选取

本章选取的研究时段为 1998—2011 年 14 年的相关统计数据，主要也是因为 1998 年之前《中国科技统计年鉴》中关于各个省的 R&D 数据不齐全。自主创新产出（$Innov$）估计中使用的专利授权数（P_1）、专利申请数（P_2）和高科技产业增加值（H）来自于《中国科技统计年鉴》和《中国高科技产业统计年鉴》，创新投入指标变量中企业的自主研发投入和政府的 R&D 投入数据也来自于《中国科技统计年鉴》，代表中国的人力资本投入水平的 R&D 人员全时当量来源于《中国科技统计年鉴》。

二、基于熵权法自主创新产出绩效的统计性描述

（一）自主创新产出绩效的指标权重的确定

衡量自主创新产出绩效（$Innov$）的指标一般主要包括专利产出和高科技产业增加值两个方面，本章主要选取专利授权数（P_1）、专利申请数（P_2）、高科技产业增加值（H）进行综合评价。为了确定 P_1、P_2、H 对 $Innov$ 的最终影响程度，本章采用熵值法对 P_1、P_2、H 的权重 $w_j(w_1、w_2、w_3)$ 进行计算。由于本章只需要确定三个权重数，计算量较小，所以用 Excel 进行了熵值法的权重处理。具体的操作步骤如下：

（1）首先计算 j 项指标的第 t 个值的系统比重 $p_{tj} = \dfrac{x_{tj}}{\sum\limits_{t=1}^{n} x_{tj}}$，将各项指标同度量化。其中 t 表示数据的年份，$j = 1, 2, 3$，即 $x_{1t}、x_{2t}、x_{3t}$ 分别对应 P_1、P_2、H 的数值。

（2）计算第 j 指标的熵值。$e_j = -k \sum\limits_{t=1}^{n} p_{tj} \ln(p_{tj})$，其中 $k > 0, e_j > 0$。如果 x_{tj} 对于给定的 j 全部相等，那么 $p_{tj} = \dfrac{1}{n}$，此时 $e_j = k \ln n$。根据熵值法的定义，初始直接使用 k（玻尔兹曼常数），即选取 $k = 1.38 \times 10^{-23}$。据此得出的全国及各地的 $w_1、w_2、w_3$ 值均等于 0.333，可以说明本章所选数据的信息含量几乎是同等重要的，即差异性很小。根据本章数据的特点，为了能够显著地显示各个权数间的细微区别，本章使用 $k = 1$，将权数间的区别扩大。

（3）计算 j 项指标的差异性系数 $g_j = 1 - e_j$。对于 j 项指标，e_j 越大则表示 x_{tj} 的差异性越小，则该项指标对系统间的作用就比较小；e_j 越小，则表示 x_{tj} 的差异性越大，则该项指标的信息含量就比较大，从而该项指标对系统间的作用就比较大。因此，根据差异系数 g_j 的定义，若 g_j 越大，则表示 j 项指标间的差异性越大，j 项指标在系统间的作用也就越大，因而对应的权重数应该越大。若是选取 $k = 1.38 \times 10^{-23}$，可以算出 g_j 的值几乎都是 1，可以说明 x_j 对于系统间的比较作用是比较大的。但是考虑到本章数值的特殊性，本章采用 $k = 1$ 计算得到的 g_j 并不能定义为差异性系数。

（4）确定权数。$w_j = \dfrac{g_j}{\sum\limits_{j=1}^{m} g_j}$，$j = 1, 2, \cdots, m$。其中，$w_j$ 为归一化的权重系数，$w_1、w_2、w_3$ 分别为 P_1、P_2、H 的权重数。据此，可以算出全国的 P_1、P_2、H 的权重

数分别为 $w_1=0.323$、$w_2=0.326$、$w_3=0.351$，且满足 $w_1+w_2+w_3=1$。

(5) 重复上述步骤分别算出东、中、西部地区以及全国各地的 P_1、P_2、H 的权重数，如表 9-1 所示。

表 9-1　全国各地区的自主创新产出绩效评价指标权重 w_1、w_2、w_3

	w_1	w_2	w_3		w_1	w_2	w_3
东部	0.312	0.319	0.369	山东	0.317	0.319	0.364
中部	0.315	0.315	0.369	河南	0.315	0.316	0.369
西部	0.318	0.311	0.370	湖北	0.309	0.312	0.379
北京	0.316	0.317	0.368	湖南	0.316	0.320	0.364
天津	0.320	0.312	0.368	广东	0.379	0.382	0.239
河北	0.326	0.327	0.347	广西	0.327	0.326	0.347
山西	0.330	0.305	0.365	海南	0.331	0.332	0.337
内蒙古	0.339	0.339	0.323	重庆	0.324	0.303	0.372
辽宁	0.326	0.324	0.350	四川	0.305	0.315	0.380
吉林	0.327	0.331	0.342	贵州	0.325	0.314	0.361
黑龙江	0.323	0.319	0.358	云南	0.334	0.329	0.337
上海	0.306	0.320	0.374	西藏	0.291	0.304	0.405
江苏	0.269	0.290	0.441	陕西	0.322	0.289	0.388
浙江	0.297	0.318	0.385	甘肃	0.325	0.313	0.362
安徽	0.272	0.266	0.462	青海	0.319	0.334	0.347
福建	0.316	0.320	0.364	宁夏	0.316	0.336	0.348
江西	0.320	0.325	0.355	新疆	0.324	0.326	0.350

(二) 我国各省域的自主创新产出绩效的描述性统计

通过计算 $Innov=w_1P_1+w_2P_2+w_3H$ 可以得出全国及各地每年的自主创新产出绩效 $Innov_{it}$。本章选取的数据来源于 1998—2011 年《中国科技统计年鉴》和《中国高科技产业统计年鉴》，专利授权数（P_1）、专利申请数（P_2）的数据单位为件，而高科技产业增加值（H）则是以亿元为单位的。由于原始数据计量单位的不同，无法直接进行加权综合，因而需要通过标准化处理来消除变量间的量纲差异。本章采用极差变换法对原始的数据 x_{1t}、x_{2t}、x_{3t} 进行标准化处理。

$X_i=(x_{ijt})_{3\times14}$ 表示全国及各地原始数据矩阵，利用极差变换法对矩阵

自主创新与经济增长

$X_i = (x_{ijt})_{3\times 14}$ 进行标准化处理,得到新矩阵 $Y_i = (y_{ijt})_{3\times 14}$,其中 $y_{ijt} = \dfrac{x_{ijt} - \min x_{ijt}}{\max x_{ijt} - \min x_{ijt}}$。通过计算 $Innov_{it} = (w_j)(y_{ijt})$ 可以求出全国及各地每年的自主创新产出绩效 $Innov_{it}$。

据此,可以算出 1998—2011 年全国的自主创新产出绩效。从最终的结果显示来看,1998—2011 年全国的自主创新产出呈现了平滑增长的趋势,而且这一稳步上涨的趋势也可以从图 9-2 中标出的 2000 年、2002 年、2004 年、2006 年、2008 年和 2010 年全国的自主创新产出绩效的数值中看出。

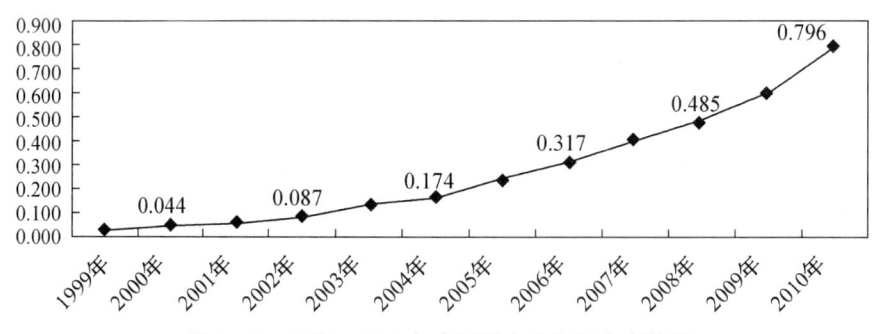

图 9-2　1999—2010 年全国的自主创新产出绩效

由于本章中在计算 $Innov_{it}$ 采用了极差变换法,消除了 P_1、P_2、H 间的量纲差异,所以导致文中对于 $Innov_{it}$ 的计算的比较意义只存在于组内,组间的比较没有经济学上的意义。也就是说在图 9-3 中的分别描述东、中、西部的自主创新产出绩效的曲线之间是没有比较意义的。例如,文中计算出 2010 年东、中、西部地区的自主创新产出值分别为 0.816、0.792、0.873,这并不能说

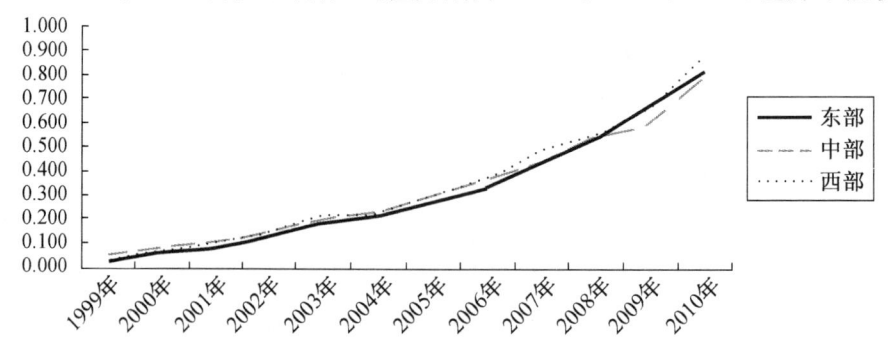

图 9-3　1999—2010 年东、中、西部地区的自主创新产出绩效

明西部地区在2010年的自主创新产出绩效高于东部地区。但是,从东、中、西部地区的自主创新产出绩效的曲线的整体趋势来看,各个区域内的自主创新产出绩效的大体趋势都是增长的。这说明不管是从全国范围,还是从东、中、西部各个区域来看,我国自主创新的产出绩效是在逐年增加的,该结果与我国近些年来一直推动自主创新的经济政策方向是一致的。同时,也表明在我国各个地区的经济增长的各项因素中,自主创新起到的作用是越来越大的,这也与各地经济增长方式的转变方向的趋势是一致的。

我国各个地区的经济发展水平不一,但是总体来说可以分为东、中、西部三个区域,其中东部地区的经济发展水平相对于中、西部地区的会相对较高些。表9-2、表9-3、表9-4分别列出了东、中、西部各个地区部分年份的自

表9-2 东部地区各个省域的自主创新产出绩效

	2000年	2002年	2004年	2006年	2008年	2010年
北京	0.178	0.189	0.277	0.366	0.516	0.773
天津	0.111	0.238	0.391	0.483	0.628	0.801
河北	0.120	0.284	0.300	0.400	0.531	0.779
辽宁	0.149	0.252	0.385	0.483	0.594	0.908
上海	0.165	0.276	0.262	0.466	0.632	0.906
江苏	0.054	0.127	0.197	0.308	0.470	0.711
浙江	0.056	0.129	0.211	0.405	0.605	0.820
福建	0.164	0.356	0.292	0.448	0.482	0.735
山东	0.061	0.142	0.227	0.406	0.639	0.859
广东	0.036	0.092	0.158	0.279	0.368	0.880
海南	0.164	0.178	0.217	0.245	0.460	0.762

主创新产出绩效,同样,由于采用了标准化处理,这些地区自主创新产出绩效数值之间是没有比较意义的。但是某些地区各年的自主创新产出绩效之间还是有比较意义的。根据表9-2,可以发现基本上东部地区的自主创新产出绩效也是呈现了增长的趋势,但是上海、福建的自主创新产出绩效则在2002—2004年出现了不同寻常的波动。主要原因是上海、福建在2002—2004年的专利产出的增加幅度小于高科技产业的增加值的降低幅度,从而导致异常数据的出现。本章所计算的自主创新产出绩效的估计还是有一定的局限性,尤其是仅仅考虑了高科技产业的增加值,人为地忽略了其他产业由于自主创新

自主创新与经济增长

带来的自主创新产出的增加。因此,表 9-2 中的数据无法直接说明 2002—2004 年上海、福建的自主创新产出是负增长的,或者说它们的自主创新能力是下降的,这种特殊情况的出现,只能说明在本章的测算范围内的自主创新产出绩效是下降的。

表 9-3 中部地区各个省域的自主创新产出绩效

	2000 年	2002 年	2004 年	2006 年	2008 年	2010 年
山西	0.136	0.194	0.242	0.287	0.517	0.793
吉林	0.250	0.379	0.507	0.516	0.562	0.619
黑龙江	0.180	0.258	0.301	0.391	0.475	0.602
安徽	0.070	0.167	0.242	0.360	0.463	0.820
江西	0.082	0.167	0.281	0.384	0.482	0.759
河南	0.102	0.106	0.201	0.372	0.620	0.845
湖北	0.070	0.157	0.261	0.415	0.527	0.831
湖南	0.118	0.209	0.337	0.400	0.542	0.755

我们可以直观地从表 9-2、表 9-3、表 9-4 的各省域自主创新产出绩效

表 9-4 西部地区各个省域的自主创新产出绩效

	2000 年	2002 年	2004 年	2006 年	2008 年	2010 年
内蒙古	0.115	0.209	0.295	0.426	0.558	0.824
广西	0.128	0.186	0.246	0.304	0.496	0.689
重庆	0.028	0.205	0.315	0.385	0.448	0.804
四川	0.067	0.098	0.154	0.315	0.523	0.893
贵州	0.107	0.173	0.240	0.372	0.513	0.772
云南	0.103	0.164	0.236	0.365	0.519	0.872
西藏	0.172	0.252	0.382	0.526	0.796	0.560
陕西	0.033	0.109	0.168	0.285	0.492	0.811
甘肃	0.357	0.267	0.329	0.470	0.546	0.803
青海	0.087	0.170	0.118	0.324	0.526	0.695
宁夏	0.131	0.257	0.275	0.441	0.725	0.797
新疆	0.153	0.069	0.152	0.423	0.481	0.878

的数值看出，各个地区在 2006 年之前的自主创新产出绩效都是相对较低的，而由于近几年政策向自主创新的倾斜，2010 年各个地区的自主创新产出绩效相对以前年份较高，这充分说明了近期我国对于经济增长模式转化的关注在很大程度上推动了各个地区的自主创新。从表 9-4 中可以发现，西部地区中西藏在 2010 年的自主创新产出绩效有所下降。根据对原始数据的观察发现，在 2010 年，企业 R&D 投入发生了明显的下降，从 0.6 亿元减至 0.4 亿元，这也部分解释了西藏 2010 年自主创新产出绩效的下降。

从表 9-4 中我们也可以观察到，2002 年甘肃、新疆的自主创新产出绩效有所下降，追溯至原始数据，可以发现在 2002 年，甘肃和新疆的专利授权数存在明显的下降，这是导致 2002 年自主创新产出效率下降的最直观的原因。同时，我们观察到 2002 年新疆的 R&D 的投入并没有下降，这说明 2002 年新疆自主创新产出效率下降是由于专利产出效率的下降所导致的。至于甘肃 2002 年自主创新产出效率下降的原因，可以由甘肃 2002 年 R&D 人员的全时当量数的下降来解释。

三、我国各省域政府 R&D 投入描述性统计

本章所分析的各省域政府 R&D 投入的数据，来源于 1999—2012 年《中国科技统计年鉴》中的 R&D 经费内部支出的政府资金部分，其中 2009 年之前的数据并没有直接的数值，是通过对企业、研究与开发机构、高等学校等部门中的 R&D 经费内部支出的政府资金部分进行加总估算的，即 1998—2008 年的省域政府 R&D 投入都是通过对相应年份的《中国科技统计年鉴》中的分部门的数据加总估算得来的。但是，1998—2011 年的全国政府 R&D 投入的数据则是直接从 1999—2012 年《中国科技统计年鉴》中直接录用的。相应的，省域企业 R&D 投入的数据也是用同样的方法获取的。

由于本章重点关注各省域的政府 R&D 投入，所以在进行计量分析研究前，有必要对省域的政府 R&D 投入进行描述性分析。本章由于需要对全国、东、中、西部地区以及 31 个省域的政府 R&D 投入数据进行描述性统计，为了操作的简单以及最终结果的可视性，本章使用 Stata10.0 对 35 组数据进行分析。为了比较分析的方便以及表格数据的美观，将用 Stata 得到省域的政府 R&D 投入描述性统计分为四张表格，分别为"1998—2011 年全国及东、中、西部地区政府 R&D 投入描述性统计"、"1998—2011 年东部地区省域政府 R&D 投入描述性统计"、"1998—2011 年中部地区省域政府 R&D 投入描述

自主创新与经济增长

性统计"、"1998—2011年西部地区省域政府R&D投入描述性统计"。

通过表9-5我们可以看出,全国的政府R&D投入均值与三个地区的政府R&D投入均值的和并不完全相等,但是相差不大,上述差异与本章各省域的政府R&D投入的数据获取方法是有关的,1998—2008年的数据是根据各个部门的数据求和估算的,所以存在误差是正常的。而且,表9-6、表9-7、表9-8中的东、中、西部地区的政府R&D投入的均值也不完全等于各个地区省域的政府R&D投入均值的和,且误差也在合理范围内。

表9-5 1998—2011年全国及东、中、西部地区的政府R&D投入描述性统计

	均值	标准差	变异系数	最小值	最大值
全国	771.42	547.13	0.71	184.07	1 883.00
东部	534.38	357.04	0.67	108.42	1 195.20
中部	121.05	85.47	0.71	28.46	288.20
西部	130.71	129.58	0.99	25.48	399.60

根据全国及东、中、西部地区的政府R&D投入的数据,用Excel得到图9-4。从图9-4中可以看出全国的政府R&D投入呈现逐年增加,而增长也比较平稳。同时,从图9-4中也可以直观地看出,东部地区的政府R&D投入构成了全国政府R&D投入的主要部分,而中、西部地区的政府R&D投入则相对较少。这也是与我国经济发展不平衡有关的。通常在东部地区的省域经济相对于其他地区要发达,一般表现为企业、高校及科研机构以及高科技产业集聚等等,因而整体的R&D投入需求水平也会较高,对应于政府R&D的投入就会比较高。尽管中、西部地区的经济发展落后于东部地区,但是中、西

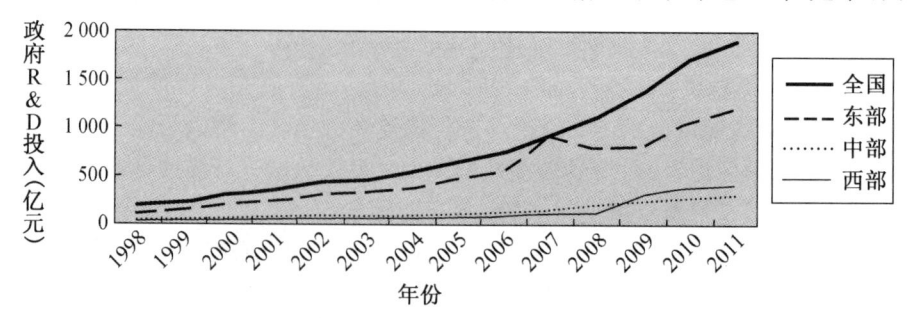

图9-4 全国及东、中、西部地区的政府R&D投入

部地区的政府R&D投入的趋势还是与我国政府R&D投入的趋势是一致的,基本上都是逐年增长的。然而,在2008年之后,我们可以观察到东部地区的政府R&D投入放缓,相反西部地区的政府R&D投入却明显上升,这与我国把东部沿海地区的剩余经济发展能力向内陆转移,用以提高西部地区的经济和社会发展水平的西部大开发战略是一致的,也就是说我国政府的R&D投入越来越多地倾向于西部地区。

结合表9-5与图9-4分析发现,我国东部地区的政府R&D投入的变异系数最小。为了对各个地区的政府R&D投入的变异程度进行比较,考虑到各个地区的政府R&D投入的水平不同,无法直接利用标准差来比较,因而采用政府R&D投入标准差与政府R&D投入平均数的比值来比较,也即政府R&D投入变异系数。直观可以看出,东部地区的政府R&D投入变异程度最小,而西部地区最大。造成这种变异程度的显著区别可能与各个地区的经济和科技基础有关,而且还可能受到我国近年重点关注中、西部地区的经济发展的政策的影响。此外,还可以发现,中部地区的政府R&D投入的最大值低于西部地区的政府R&D投入的最大值,可能是由于中部地区所辖省域少于西部地区,同时也可能受到我国提出的西部大开发战略的影响,从数据中可以看出西部地区的政府R&D投入在全国的政府R&D投入中所占的比例正在逐年增加。

根据表9-6对东部地区各个省域的政府R&D投入描述性统计可以看出,政府R&D投入最多的是北京,接下来是上海、江苏、广东。比较而言,河北、福建、海南等的政府R&D投入则相对较弱。这不仅与这些地区的经济发展水平有关,还与这些地区的经济结构的主要特点有关。例如福建的重工业比重偏低,在2003—2007年,江苏、上海重工业比重分别上升6.1%、2.6%,而福建重工业比重仅上升0.4%;同时福建高科技产业基础薄弱,化工、钢铁、有色等高耗能行业仍占有相当比重(关秀华,2011)。同样,比较各地的变异系数可以看出,各地政府的R&D投入变异系数基本围绕着整个东部地区的变异系数的附近波动,或者说大体上东部地区各地的政府R&D投入变异程度是相对一致的。但是,我们也发现了天津市政府R&D投入变异系数较大。考察天津市政府R&D投入的原始数据可以发现,2009年的政府R&D投入出现了下降,从而引致数据的整体波动变大。

自主创新与经济增长

表9-6 1998—2011年东部地区各省域的政府R&D投入描述性统计

	均值	标准差	变异系数	最小值	最大值
东部	534.38	357.04	0.67	108.42	1 195.20
北京	157.14	158.92	0.67	34.50	497.90
天津	20.97	14.67	*1.01*	4.18	47.60
河北	*16.52*	9.48	0.70	3.21	32.40
辽宁	34.02	21.11	0.57	8.75	82.20
上海	65.51	48.65	0.62	15.13	175.90
江苏	67.55	41.40	0.74	12.02	136.90
浙江	35.03	24.31	0.61	3.67	81.20
福建	*12.65*	6.47	0.69	2.07	24.00
山东	44.18	27.51	0.51	7.72	102.20
广东	61.16	29.07	0.62	13.66	118.50
海南	1.19	1.48	0.48	0.23	4.30

结合表9-7，比较分析中部地区各省域的政府R&D投入。可以看到，中部地区各省域的政府R&D投入的变异系数基本都是在0.71上下小范围内波动的，这说明了整体上中部地区各省域的政府R&D投入的变异程度是

表9-7 1998—2011年中部地区各省域的政府R&D投入描述性统计

	均值	标准差	变异系数	最小值	最大值
中部	121.05	85.47	0.71	28.46	288.20
山西	8.04	4.90	0.71	2.30	15.70
吉林	12.54	9.79	0.61	2.67	33.50
黑龙江	16.18	12.84	0.78	4.64	41.00
安徽	16.48	13.23	0.79	2.91	46.90
江西	8.58	6.24	0.80	1.47	18.70
河南	17.06	10.47	0.73	3.74	33.90
湖北	27.45	20.97	0.61	7.92	72.20
湖南	14.37	9.28	0.76	2.97	31.20

基本相似的，而且如山西、江西的政府R&D投入处于相对较低的水平，湖北省政府R&D投入相对处于较高的水平，其余各省域的政府R&D投入基本

情况相似。而结合表 9-6 和表 9-8 的东部及西部地区的描述性统计可以看出，中部地区各省域的政府 R&D 投入基本上差异不大，可能是因为中部地区各省域的经济发展特点较为相似的缘故。

表 9-8　1998—2011 年西部地区各省域的政府 R&D 投入描述性统计

	均值	标准差	变异系数	最小值	最大值
西部	130.71	129.58	0.99	25.48	399.60
内蒙古	4.28	3.78	0.99	0.40	12.10
广西	5.82	5.20	0.88	0.53	17.20
重庆	8.99	6.47	0.89	1.77	20.80
四川	46.38	49.52	0.72	10.09	150.10
贵州	3.33	2.19	1.07	0.87	7.50
云南	6.69	5.87	0.66	1.50	17.60
西藏	0.31	0.37	0.88	0.03	1.10
陕西	44.10	46.86	1.21	9.45	141.40
甘肃	6.70	5.24	1.06	2.30	17.10
青海	1.11	0.98	0.78	0.28	3.20
宁夏	1.30	0.98	0.89	0.30	3.40
新疆	2.92	2.76	0.76	0.65	8.80

相较于中部地区各省域的政府 R&D 投入的相似性，西部地区各省域的政府 R&D 投入则显示出了较大的差异性（表 9-8 中）。基本上，我国中、西部地区的经济发展都比较落后，但中部地区相对于西部地区更多地受惠于东部地区经济发展的辐射，所以相对来说中部地区的经济发展略好于西部地区。但通过西部地区的数据可以发现，在经济较为发达的四川、陕西的政府 R&D 投入的均值较高，西部地区政府 R&D 投入的均值有很大程度上是依赖于这两个省的贡献。其他 10 个省域的政府 R&D 投入相对来说很小。同时，观察发现四川、陕西的政府 R&D 投入的均值高于中西部地区其他所有省，而且基本上达到了东部地区各省域的政府 R&D 投入的平均水平，这值得在文中进一步研究。因此，本章用 Excel 做出了 1998—2011 年陕西、四川的政府 R&D 投入的折线图，如图 9-5 所示。

自主创新与经济增长

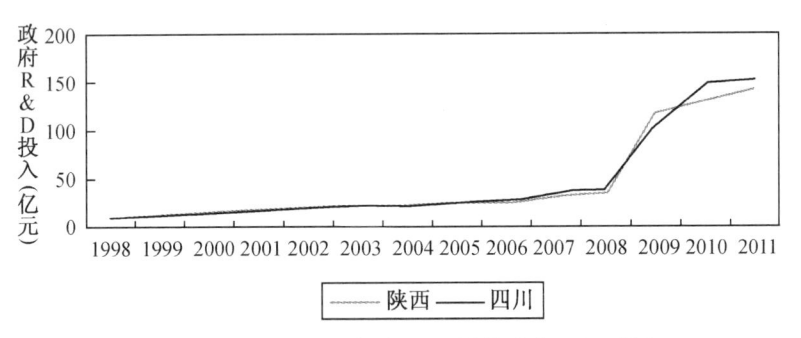

图 9-5　1998—2011 年陕西、四川的政府 R&D 投入

从图 9-5 中,我们可以发现陕西、四川的政府 R&D 投入的整体趋势基本相似,而且都是在 2008 年以后大幅增长的,这与我们在图 9-4 中观察发现的"东部地区的政府 R&D 投入放缓对应于西部地区的政府 R&D 投入的明显上升"的现象是一致的,同样我们可以用我国近年来提出的西部大开发战略政策来解释这一现象。而且,我们也可以看到,西部地区 2008 年后政府 R&D 投入的明显上升实际上是依赖于四川和陕西的政府 R&D 投入的大幅上涨。比较表 9-6、表 9-7 中的变异系数可以发现,西部地区各省域的政府 R&D 投入的变异系数是相对偏高的,这也与西部地区大多数省域的经济发展水平落后有关。从表 9-8 可以看到,除了四川、陕西,其余各省域的政府 R&D 投入都偏低,而且这些省域的经济又相对比较落后。这也部分说明了政府 R&D 投入会受制于该地区的经济发展水平。

从全国各省域的政府 R&D 投入的描述性统计来看,政府 R&D 投入会受到政府的经济政策、地区经济发展水平以及经济发展特点的约束。首先,近年来在我国经济转型的主导政策下,政府 R&D 投入基本上都是呈上升的趋势。其次,由于西部大开发战略的影响,政府 R&D 投入越来越倾向于西部地区。同时,从各省域的政府 R&D 投入的数据来看,相对发达的地区还是有相对较多的政府 R&D 投入。毕竟经济发展的规模会直接影响当地的自主创新投入的需求,经济水平越高,一般来说对 R&D 的投入也会越高,而且由于经济发展水平比较高也会使得 R&D 的投入提高,即能提供的 R&D 资金越多。另外,政府 R&D 的投入还要配合当地经济发展的特点。若是当地经济中的重工业、高科技产业都偏低的话,可能就会导致当地的自主创新的需求比较低,从而对 R&D 的投入需求就会比较低。

第四节 R&D 补贴与创新产出绩效的计量检验

一、R&D 补贴对我国自主创新产出绩效的回归分析

（一）R&D 补贴对我国自主创新产出绩效的回归分析

本章采用的自主创新产出绩效计量模型为：

$$\ln Innov_{it} = \ln A_{it} + \alpha \ln L_{it} + \beta^g \ln R_{it}^g + \beta^c \ln R_{it}^c + \varepsilon_{it} \qquad (9.5)$$

其中，$Innov_{it}$ 表示自主创新产出绩效，采用的数据来自于本章第三节中的计算结果；L_{it} 表示自主创新的劳动力投入，用 R&D 人员的全时当量数表示，单位为万人时，数据直接来源于《中国科技统计年鉴》；R_{it}^g、R_{it}^c 分别表示政府 R&D 投入和企业 R&D 投入，用 R&D 的内部支出中的政府资金、企业资金表示，单位为亿元，数据来源于《中国科技统计年鉴》；$\ln A_{it}$ 表示截距项，ε_{it} 表示随机误差项。α、β^g、β^c 表示弹性系数，i 表示省域，t 表示年份。本章选用 1998—2011 年共 14 年的数据进行回归分析。考虑到需要对全国、东部地区、中部地区、西部地区以及 31 个省域的样本进行回归分析，为了操作的简便以及输出结果的可视性，本章选用 Stata10.0 软件对各组样本进行了回归，得到如表 9-9 到表 9-13 所示的结果。

根据 Stata 的回归结果可以看出，本章的计量模型并不是对所有样本都是显著的，尤其西部地区的各个省域的回归结果基本上都是不显著的。而东部地区和西部地区也有部分省域的数据回归是不显著的。由于样本数量较多，表 9-9 中仅仅列出全国、东部地区、中部地区、西部地区、北京、安徽、重庆的回归结果。从表 9-9 中可以看出，全国的样本回归结果是比较显著的。在 5%～10% 的显著性水平下，政府 R&D 补贴、企业 R&D 投入、R&D 人员投入对自主创新产出绩效的弹性指数分别为 0.23、0.04、0.24，说明政府 R&D 投入、企业 R&D 投入、R&D 人员投入对自主创新产出绩效具有正向的促进作用。同时从全国的回归结果来看，企业 R&D 投入对自主创新产出绩效的贡献低于政府 R&D 补贴。但是这一结果并不能说明我国政府 R&D 补贴可以替代企业的 R&D 投入，只能说明在经济转型发展时期，政府的 R&D 补贴对自主创新产出绩效的影响是比较大的，这同时也说明了在我国现阶段政府的干预对推动自主创新是有效的。

自主创新与经济增长

表 9-9 全国及部分省域的政府 R&D 补贴对自主创新产出绩效的回归分析

	全国 ln Innov	东部 ln Innov	中部 ln Innov	西部 ln Innov	北京 ln Innov	安徽 ln Innov	重庆 ln Innov
$\ln R^g$	23.11** (2.57)	16.43* (2.10)	24.29* (2.18)	−0.154 (−0.23)	3.732* (1.85)	23.76*** (3.89)	19.55* (2.21)
$\ln R^c$	4.12* (1.66)	9.202 (1.20)	9.622 (1.36)	1.820 (1.61)	11.72** (2.45)	10.11** (2.37)	−9.759 (−1.76)
$\ln L$	24.01** (2.43)	0.550 (0.06)	14.07 (1.03)	−0.0477 (−0.01)	23.32* (−1.98)	13.36*** (3.84)	−5.367 (−0.35)
C	−2.479 (−0.15)	−35.40** (−2.68)	−12.94 (−0.84)	−10.19 (−1.81)	−18.74*** (−3.17)	−12.21*** (−7.08)	−7.743** (−2.65)
N	14	14	14	14	14	14	14
adj. R^2	0.653	0.548	0.490	0.863	0.456	0.777	0.539

注：括号中的数值为统计量 t，* $p<0.1$，** $p<0.05$，*** $p<0.01$。

根据表 9-9 所列的东、中部地区的回归结果来看，模型的回归结果并不显著，仅仅只有 R&D 补贴对自主创新产出绩效的弹性系数是显著的，这种情况的出现，说明了在该计量模型中，政府 R&D 补贴对于自主创新产出绩效的推动作用已经包含了企业 R&D 投入和 R&D 人员投入的影响。主要是由于在我国，政府 R&D 的补贴往往结合了我国的经济发展政策，而在我国市场经济环境中，企业的决策不仅受到市场内部规律的影响，还受到我国政府相关政策的约束。因而，在区域内，企业的 R&D 投入与政府的 R&D 补贴直接的关系一般是正向的。R&D 的人员投入本质上是与 R&D 的资本投入相关的，因为 R&D 的人员投入可以看成是 R&D 资本投入的结果。一个区域的政府 R&D 补贴的增多，意味着该地区相关的 R&D 劳动需求的增加，进而会引起 R&D 人员投入的增加。同样，从表 9-9 中西部地区的回归结果可以看出，模型(9.5)对西部地区的样本不显著，这也与从 Stata 中运算出来的西部地区各省域的回归几乎都不显著的结果相一致。这也说明，要解释西部地区的自主创新产出绩效需要加入更多的解释变量。西部地区作为我国经济欠发达地区，市场化程度不高，自主创新的基础薄弱，也可能是造成模型结果不显著的重要原因。

同时，表 9-9 中还依次罗列了东部地区的北京、中部地区的安徽以及西部地区的重庆的回归结果。从北京市的回归结果来看,北京市政府 R&D 的补贴对自主创新产出绩效的推动作用小于企业 R&D 投入以及 R&D 人员投入。可以说北京市的样本数据较好地吻合了经济增长的规律,反映了在自主创新中,企业投入和人才投入是推动自主创新产出绩效的主导因素。在经济发展中,虽然离不开政府的干预,但是企业应该仍是市场的主体,特别是在自主创新方面。结合原始的政府 R&D 投入、企业 R&D 投入的数据,可以看到,一般在经济比较发达的地区,企业的 R&D 投入都是远高于政府 R&D 投入。只有在经济欠发达的地区才会出现政府 R&D 投入与企业 R&D 投入差距不大,例如青海、宁夏、新疆等。从表9-9中安徽省的回归数据可以看出,安徽省的自主创新中,政府的推动作用比较大,这也与安徽省的经济发展现状相符。安徽省的经济发展在中部地区处于中上水平,而且整体经济正处于转型发展阶段。结合2011年的经济数据分析,安徽省的装备制造业、高新技术产业、八大战略性新兴产业的增长是比较明显的,而且装备制造业投资增长速度快于制造业投资和全部投资的增长速度[①]。在经济转型发展时期,安徽省的自主创新的产出绩效是在加速增长的。但是,安徽省的经济基础还是相对落后于东部发达地区,所以企业在自主创新产出中起到的作用相对较弱,而政府 R&D 补贴的推动作用则相对较大。而从西部地区重庆的回归结果可以看出,各解释变量的系数并不显著。基本上西部地区各省域的回归结果都是不显著的,这可能与西部地区整体经济市场化程度低、创新基础薄弱有关。

(二) R&D 补贴对我国区域自主创新产出绩效的弹性分析

比较表9-10中列出的全国及东部、中部、西部地区 R&D 补贴对各省域

表9-10 全国及东、中、西部地区的政府 R&D 补贴对自主创新产出绩效的弹性分析

	全国 ln Innov	东部 ln Innov	中部 ln Innov	西部 ln Innov
lnR^g	23.11** (2.57)	16.43* (2.10)	24.29* (2.18)	−0.154 (−0.23)
N	14	14	14	14
adj. R^2	0.653	0.548	0.490	0.863

注:括号中的数值为统计量 t,* $p<0.1$,** $p<0.05$,*** $p<0.01$。

---

① 参见孙韩,2011,安徽新闻,http://ah.anhuinews.com。

自主创新与经济增长

的自主创新产出绩效的弹性系数,不考虑西部地区的不显著的结果,仅仅分析比较全国、东部地区、中部地区的弹性系数。回归结果显示,在经济发达、教育科研资源丰富的东部地区,政府 R&D 补贴对于自主创新的产出绩效的影响小于经济相对落后的中部地区。这说明,越是经济发达的地区,企业在市场中的主体地位越是明显。企业作为自主创新的主体,其 R&D 投入受到了市场需求的影响。越是在经济发达的地区,企业越需要通过自主创新获取额外的经济收益,市场的自主创新需求会很好地被企业获知,企业在自主创新的主导作用会比较明显。而在经济欠发达地区,首先市场竞争并不充分,企业发展缓慢,企业对于额外经济效益的追求热情较低,从而自主创新的动力比较于发达地区是比较低的。而且企业并不能从市场中敏锐地获取自主创新的需求,这时政府 R&D 补贴对自主创新产出绩效的推动作用就会比较明显。同时,全国的政府 R&D 补贴对自主创新产出绩效的弹性系数介于东部发达地区和中部欠发达地区的,这也与本章对东部地区和中部地区 R&D 补贴的弹性系数差异的原因分析相一致。

二、R&D 补贴对我国各个省域的自主创新产出绩效的弹性分析

本章对 31 个省域的政府 R&D 投入和自主创新产出绩效进行了回归计算,得出了各个省域的政府 R&D 补贴对自主创新产出绩效的弹性系数。为了进行比较分析,本章将 31 个省域按东、中、西部三个地区分别罗列,结果如表 9-11、表 9-12、表 9-13 所示。结合之前的回归分析,西部地区各省

表 9-11 东部省域的政府 R&D 补贴对自主创新产出绩效的弹性分析

	北京 ln $Innov$	天津 ln $Innov$	河北 ln $Innov$	辽宁 ln $Innov$	上海 ln $Innov$	江苏 ln $Innov$
ln R^g	3.732* (1.85)	14.41* (1.83)	11.58** (2.62)	15.33* (1.83)	0.486* (1.80)	8.304* (1.98)
N	14	14	14	14	14	14
adj. R^2	0.456	0.435	0.709	0.441	0.265	0.527
ln R^g	1.593* (1.93)	2.929** (2.40)	2.392* (1.38)	4.261** (2.84)	0.136 (0.30)	—
N	14	14	14	14	14	—
adj. R^2	0.633	0.636	0.678	0.739	0.792	—

注:括号中的数值为统计量 t, * $p<0.1$, ** $p<0.05$, *** $p<0.01$。

表 9-12 中部各省域的政府 R&D 补贴对自主创新产出绩效的弹性分析

	山西 ln Innov	吉林 ln Innov	黑龙江 ln Innov	安徽 ln Innov	江西 ln Innov	河南 ln Innov	湖北 ln Innov	湖南 ln Innov
$\ln R^g$	11.95** (2.38)	2.274 (0.58)	−0.391 (−0.07)	23.76*** (3.89)	8.492** (3.15)	7.577 (1.55)	−5.862 (−0.55)	12.45** (2.58)
N	14	14	14	14	14	14	14	14
adj. R^2	0.568	0.340	0.052	0.777	0.843	0.560	0.307	0.545

注：括号中的数值为统计量 t，* $p<0.1$，** $p<0.05$，*** $p<0.01$。

域的政府 R&D 补贴对自主创新产出绩效的弹性系数不显著，如表 9-13 所示。这一情况的出现，可能与西部地区各省域的经济发展水平落后、教育科研水平较低有关。所以，本章将 R&D 补贴对我国省域的自主创新产出绩效的弹性分析重点放在东、西部地区的各个省域。

表 9-13 西部省域的政府 R&D 补贴对自主创新产出绩效的弹性分析

	内蒙古 ln Innov	广西 ln Innov	重庆 ln Innov	四川 ln Innov	贵州 ln Innov	云南 ln Innov
$\ln R^g$	0.297 (0.23)	7.049 (1.05)	19.55* (2.21)	0.214 (1.08)	5.985 (1.16)	2.376 (0.61)
N	14	14	14	14	14	14
adj. R^2	0.921	0.414	0.539	0.945	0.609	0.279
	西藏 ln Innov	陕西 ln Innov	甘肃 ln Innov	青海 ln Innov	宁夏 ln Innov	新疆 ln Innov
$\ln R^g$	0.179 (0.30)	0.155 (0.33)	1.406 (0.72)	−0.517 (−0.84)	2.177 (0.22)	−0.010 5 (−0.01)
N	14	14	14	14	14	14
adj. R^2	−0.045	0.835	0.265	0.888	0.472	0.694

注：括号中的数值为统计量 t，* $p<0.1$，** $p<0.05$，*** $p<0.01$。

根据表 9-11，从东部地区各省域的政府 R&D 补贴的弹性系数来看，具体表现出以下两个特点：一是除海南省外，东部地区各省域的政府 R&D 补贴对自主创新产出绩效的弹性系数均是在 5% 或 10% 水平上显著为正，这说明政府R&D补贴显著地推动了自主创新产出绩效的提高。二是天津、河北、辽宁几个在东部地区经济发展水平相对较低的省域的政府R&D补贴对于自主创新产出绩效的影响较大。这也说明了，越是在市场不发达的地区，市场化程度越低，市场失灵就越发明显，这时政府干预自主创新带来的推动作用也就更加明显。东部地区的经济比较发达的一些地区，如北京、上海的政府R&D补贴对与自主创新的产出绩效的推动作用较小。说明在经济较发达、技术和教育水平较高的地区，市场中的企业对自主创新产出绩效的贡献比较强，而相对应的政府R&D补贴的推动作用则比较有限。

根据表9-12，从中部地区各省域的政府R&D补贴的弹性系数来看，仅有山西、安徽、江西、湖南四个省份的政府R&D补贴对自主创新产出绩效的弹性系数在5%或10%的水平上显著为正，这说明政府R&D补贴显著地推动了自主创新产出绩效的提高。同时，这些省份的政府R&D补贴对自主创新产出绩效的影响还是比较大的。结合表9-13的数据分析，可以得出在经济不发达的地区，由于受到经济规模、教育水平、技术科研等条件的限制，所得到的数据结果不太显著。这也说明在经济不发达的省域的自主创新产出绩效可能更多地会受到其他因素的影响，同时由于市场化的程度较低，这些地区样本数据的模型回归不显著。但是，这并不是指在经济不发达的地区，政府的R&D补贴对于自主创新的产出绩效没有推动作用。我们只能说，模型(9.5)在这些省域可能由于样本数目的问题，回归的结果并不显著。

从省域的政府R&D补贴对自主创新产出绩效弹性系数的分析来看，基本上在经济发展比较落后的地区，政府R&D补贴对于自主创新产出绩效的弹性系数均是不显著的。而在经济比较的发达的东、中部地区的省域的弹性系数则一般都会在1%~10%的水平上显著。这说明政府R&D补贴会促进自主创新产出的增加，但政府R&D补贴的推动作用还受到经济发展水平的限制。

第五节 基本结论和政策建议

一、基本结论

本章从政府干预自主创新的角度，研究政府R&D补贴对自主创新产出绩效的影响。利用熵值法综合评价我国各省域的自主创新产出效率，同时引入创新知识生产函数，将政府R&D补贴、企业R&D投入和R&D人员投入作为创新投入变量,对政府 R&D 补贴对自主创新产出绩效的弹性系数进行分析,证明政府 R&D 投入对自主创新的产出绩效有正向推动作用。政府 R&D 补贴作为政府直接干预自主创新的重要手段,反映了我国近年来政府对于自主创新的干预程度。从这个角度来看,政府对于自主创新的干预基本上是有效的。

利用熵权法对 1998—2011 年全国各省域的专利授权数、专利申请数、高科技产业增加值综合评价,从而衡量各省域的自主创新产出绩效,结果显示基本上各省域的自主创新产出绩效都呈现增长的趋势。同时本章研究发现各省域在 2006 年之前的自主创新的产出绩效相对 2010 年都是比较低的,这与近几年我国推动经济增长转型的经济政策是密切相关的。

通过对 1998—2011 年全国各省域的政府 R&D 补贴进行定量研究发现,各省域的政府 R&D 投入一般是逐年增长的。同时,东部地区的政府 R&D 投入构成了全国政府 R&D 投入的主要部分,而中、西部地区的政府 R&D 投入则相对较少。这说明我国的政府 R&D 补贴受到区域经济规模和创新基础的影响,在经济发达、自主创新基础较好的省域,R&D 补贴较多。但是自 2008 年以后,东部地区各省域的政府 R&D 投入增加放缓,同时西部地区各省域的政府 R&D 投入明显上升,这与我国把东部沿海地区的剩余经济发展能力向内陆转移,用以提高西部地区的经济和社会发展水平的西部大开发战略是相一致的,也表明我国政府 R&D 投入会越来越多地倾向于西部地区。

根据文中的省域数据的实证分析发现,在经济较为发达的省域,政府 R&D 补贴、企业 R&D 投入、R&D 人员投入对自主创新产出绩效的影响均具有显著正向作用。但是政府 R&D 补贴、企业 R&D 投入、R&D 人员投入对于经济较为落后地区的自主创新产出的影响不显著。从东、中部地区各省域的回归结果来看,在经济发达、教育科研资源丰富的东部地区各省域的政府 R&D 补贴对于自主创新的产出绩效的影响小于经济相对落后的中部地区。说明了在经济较发达、创新基础较好的地区,政府 R&D 补贴的推动作用是相对有限的。

由于自主创新的产出绩效衡量指标的多样化以及影响自主创新产出绩效因素的多样化,本章的研究还有待深入,这包括以下几个方面。

(1) 自主创新产出绩效的指标选择。尽管本章已经利用熵权法对自主创新的产出绩效进行综合评价,但是自主创新的产出不仅仅只有专利和高科技产业增加值,还应该包括一般产业中由自主创新带来的产值的增加。

（2）本章选用的是 1998—2011 年共计 14 年的省域数据,由于样本数目偏小,不利于实证结果的稳定性,因而还要进一步检验模型参数结果的稳定性。

（3）由于政府 R&D 补贴往往具有方向性,会最终落实到某个行业或者某些微观的企业,但由于我们无法获得政府 R&D 补贴更为详细的数据,本章的分析仅限于省域的层面,还比较宏观,可能因此忽略了一些微观因素的影响。

（4）在进行各省域的弹性分析时发现,本章的计量模型不适用于经济落后的省域的分析,也就是在进行计量分析时没有针对区域的不同特征进行模型修正,这同时也是本章今后可以进一步研究的方向。

（5）本章考察政府干预对于自主创新产出绩效的影响,而 R&D 补贴仅仅是政府对自主创新活动进行干预的手段之一,在未来,我们还可以对其他政府干预工具的使用效果进行研究。

二、政策建议

本章对 R&D 补贴与各省域的自主创新产出绩效的实证分析表明,我国政府通过 R&D 补贴推动我国自主创新发展水平时,要结合目前我国经济发展区域差距较大的特点,在干预自主创新发展时要尽量避免差距拉大,以免加剧地区经济发展的不平衡。同时,结合本章的数据分析,政府 R&D 补贴在经济发达地区对自主创新的推动效果不如经济发展中等的地区。据此,政府 R&D 补贴可以更多地从经济发达地区向经济发展中等的地区转移,借此提高政府 R&D 补贴的绩效。同时,在经济欠发达地区,政府 R&D 投入可能由于受到当地自主创新基础薄弱,或是受到当地经济发展的约束,对于自主创新产出的推动作用会比较有限。因而,不能为了缩小区域经济发展差距,盲目地增加经济欠发达地区的政府 R&D 补贴,以免降低政府干预自主创新的效率。

全国 R&D 补贴应优先选择中部地区。从目前来看,我国的 R&D 补贴主要倾向于东部发达地区,并且正在向西部地区慢慢倾斜。但是从本章的创新弹性分析结果来看,首先受到西部经济发展水平不高和自主创新基础薄弱等原因的影响,R&D 补贴对于西部地区的推动作用并不显著,这也就意味着我国 R&D 补贴政策可以考虑先往中部地区倾斜,毕竟在中部地区 R&D 补贴的推进作用是显著高于西部地区的。由于技术创新存在一定的区域辐射性,所以我国运用 R&D 补贴干预经济自主创新时,可以考虑优先选择补贴中部地区,这样 R&D 补贴的效率会比较高,而中部地区的发展也会辐射到西部地区。

东部地区的 R&D 补贴应优先选择天津、河北、辽宁三个省域。东部地区相对于中、西部地区来说总体经济较为发达。但是东部地区各省域的经济发展水平相差较大。从东部地区的 R&D 补贴结构来看,天津、河北、辽宁三个省域的 R&D 补贴相对于北京、上海还是较低的,但是它们的 R&D 补贴对自主创新产出绩效的弹性系数却大于北京、上海。因而,东部地区的 R&D 补贴向这些弹性系数较大的省域倾斜可以进一步提高 R&D 补贴的整体效率。

政府在对自主创新进行干预时,要考虑所用干预政策的使用效率问题。尤其在 R&D 补贴、政府采购等较为直接、成本较高的直接干预政策的使用上,注意优化选择,进行资源合理配置,才能最大限度地发挥政策工具的使用效果,减少资源的浪费。

本章参考文献

[1] Adler P. S, Shenhar A. Adapting Your Technological Base: The Organizational Challenge. *Sloan Management Review*, 1990(25):25-37.

[2] Aghion P., Howitt P. A Model of Growth Through Creative Destruction. *National Bureau of Economic Research*, 1990, 60(2):323-351.

[3] Bottazzi L, Peri G. *Innovation and Spillovers: Evidence from European Regions*, 2000.

[4] Burgelman R. A, Christensen C. M., Wheelwright S. C. *Strategic Management of Technology and Innovation*. New York: McGraw-Hill/Irwin, 2008.

[5] Fritsch M. Cooperation and the Efficiency of Regional R&D Activities. *Cambridge Journal of Economics*, 2004, 28(6): 829-846.

[6] Furman J. L, Porter M. E., Stern S. The Determinants of National Innovative Capacity. *Research Policy*, 2002, 31(6):899-933.

[7] Griliches Z. *R&D and Productivity*. University of Chicago Press, 1998.

[8] Griliches Z. R&D and the Productivity Slowdown. *The American Economic Review*, 1980, 70(2):343-348.

[9] Grossman G. M., Helpman E. *Innovation and Growth in the Global Eonomy*. Cambridge, MA: the MIT Press, 1991.

[10] Guan J., Ma N. Innovative Capability and Export Performance of Chinese Firms. *Technovation*, 2003, 23(9):737-747.

[11] Hu M. C., Mathews J. A. National Innovative Capacity in East Asia. *Research Policy*, 2005, 34(9): 1322-1349.

[12] Krammer S. Drivers of National Innovation in Transition: Evidence from a Panel of Eastern European Countries. *Research Policy*, 2009, 38(5): 845-860.

[13] Sikka P. Analysis of In-house R&D Centres of Innovative Firms in India. *Research Policy*, 1998, 27(4): 429-433.

[14] Griffith R., Redding S., Reenen J. V. Mapping the Two Faces of R&D: Productivity Growth in a Panel of OECD Industries. *Review of Economics and Statistics*, 2004, 86(4): 883-895.

[15] Riddel M., Schwer R. K. Regional Innovative Capability with Endogenous Employment: Empirical Evidence from the U.S. *The Review of Regional Studies*, 2003, 33(1): 73-84.

[16] Nelson R. National Innovation Systems: A Comparative Analysis. University of Illinois at Urbana-Champaign's Academy for Entrepreneurial Leadership Historical Research Reference in Entrepreneurship, 1993.

[17] Romer P. Endogenous Technological Change. *National Bureau of Economic Research*, 1991.

[18] Rothwell R. Creating a Regional Innovation-Oriented Infrastructure: The Role of Public Procurement. *Annals of Public and Cooperative Economics*, 1984, 55(2): 159-172.

[19] 陈劲. 从技术引进到自主创新的学习模式. 科研管理,1994,15(2).

[20] 陈劲,宋建元,葛朝阳. 试论基础研究及其原始性创新. 科学学研究,2004,22(3).

[21] 陈至立. 加强自主创新,促进可持续发展. 中国软科学,2005(9).

[22] 多西. 技术进步与经济理论. 北京:经济科学出版社,1992.

[23] 范红忠. 有效需求规模假说,研发投入与国家自主创新能力. 经济研究,2007(3).

[24] 方希桦,包群,赖明勇. 国际技术溢出:基于进口传导机制的实证研究. 中国软科学,2004(7).

[25] 傅家骥. 技术创新学. 北京:清华大学出版社,1998.

[26] 龚荒,孙鸽. 江苏省区域自主创新能力的对比研究. 科技管理研究,2008(7).

[27] 关秀华. 论福建省产业结构优化升级. 经济研究导刊,2011(11).

[28] 郭显光. 熵值法及其综合评价中的应用. 财贸研究,1994,20(6).

[29] 何庆丰,陈武,王学军. 直接人力资本投入,R&D投入与创新绩效的关系——基于我国科技活动面板数据的实证研究. 技术经济,2009,28(4).

[30] 胡海波. 产业自主创新能力及其评价研究. 江西财经大学博士论文,2010.

[31] 江泽民. 江泽民论有中国特色社会主义(专题摘编). 北京:中央文献出版社,2002.

[32] 金麟洙. 从模仿到创新. 北京:新华出版社,1998.
[33] 经济日报,2010-04-18.
[34] 李平,崔喜君,刘建. 中国自主创新中研发资本投入产出绩效分析——兼论人力资本和知识产权保护的影响. 中国社会科学,2007(2).
[35] 刘凤朝,潘雄锋,施定国. 基于集对分析法的区域自主创新能力评价研究. 中国软科学,2005(11):83-91.
[36] 刘莹莹. 我国区域创新能力影响因素的实证研究. 湖南大学硕士论文,2008.
[37] 柳卸林. 中国区域创新能力的分布及成因分析. 重庆商学院学报,2002(3).
[38] 孙韩,2011. 安徽新闻,http://ah.anhuinews.com,2011.
[39] 唐清泉,卢珊珊,李懿东. 企业成为创新主体与R&D补贴的政府角色定位. 中国软科学,2008(6).
[40] 万兴亚. 中小企业技术创新与政府政策. 北京:人民出版社,2001.
[41] 魏江,寒午. 企业技术创新能力的界定及其与核心能力的关联. 科研管理,1998(6).
[42] 吴玉鸣. 空间计量经济模型在省域研发与创新中的应用研究. 数量经济技术经济研究,2006(5).
[43] 谢光亚,张蔚. 论国家创新系统及其政策工具的选择. 湖南大学学报:社会科学版,2002,16(5).
[44] 新华社,2012-09-23. 关于深化科技体制改革加快国家创新体系建设的意见. 中央政府门户网站,http://www.gov.cn.
[45] 信息资讯,国统局提出衡量中国企业自主创新能力的四大指标. 机械,2005,32(12).
[46] 熊彼特. 经济发展理论——对于利润,资本,信贷,利息和经济周期的考察. 北京:商务印书馆,1990.
[47] 徐顽强,廖少刚. 政府在高新技术发展和创新中的功能分析. 江汉论坛,2004(10).
[48] 许庆瑞. 研究、发展与技术创新管理. 北京:高等教育出版社,2000.
[49] 张宗和,彭昌奇. 区域技术创新能力影响因素的实证分析——基于全国30个省市区的面板数据. 中国工业经济,2009(11).
[50] 郑传锋. 国家创新体系建设中的政府职能定位. 经济师,2003(5).
[51] 中国科技统计年鉴. 北京:中国统计出版社,2011.

第十章 创业风险投资对技术创新的作用

本章提要 创业风险投资通过企业提供长期资金和增值服务,促进了企业的技术创新。本章选择国内 11 个行业 2001—2010 年面板数据,实证分析创业风险投资和技术创新之间的关系。在解决了模型的内生性问题之后,得出了国内的创业风险投资对企业的技术创新具有促进作用,但是其作用效果与国外相比显得较小。分行业来看,投向生物科技、媒体娱乐、计算机硬件、半导体、材料、农业和 IT 等 7 个行业的创业风险投资对技术创新具有促进作用,而投向医药保健、通讯、能源和资源开发等 4 个行业的创业风险投资对技术创新则表现出抑制作用。若把创业风险投资划分为首轮投资和后续投资,实证结果显示,后续投资对技术创新的作用效果是首轮投资的 5 倍左右。

第一节 研究背景与文献回顾

一、研究背景

创业风险投资[①]作为一种"支持创业的投资制度创新"(刘健钧,2004),起源于美国。经过半个多世纪的发展,创业风险投资在推动美国中小企业的发展及其技术创新和成果转化方面发挥了巨大的作用。创业风险投资在美国的成功,使得世界各国都在模仿美国的经验发展创投事业,渴望借此带动本国的技术创新,早日跻身创新型国家的行列。近年来,我国也加快了在创投领域的政策制定步伐,但与发达国家相比,许多方面还存在着明显的不足,急需改进。

从现实中看,技术创新需要发展创业风险投资。企业是技术创新的主体,企业进行技术创新主要有两条路径:一条是原有的大型企业通过增加研发投

[①] 国内学者将 venture capital 译为"风险投资"或"创业投资",本章根据国务院发布的《国家中长期科学和技术发展规划纲要(2006—2020)》及《配套政策》,将 venture capital 译为"创业风险投资"。

入对传统产业进行强制性的升级;另一条是鼓励创新型中小企业主动承担风险,在创业风险资本的支持下吸纳和发展新技术。然而,大型企业由于在经营、规模、商业化方面已经成形,依靠成熟的销售网络便可以获取高额的利润,自主创新的动力不足;后一条途径即利用创业风险资本支持创新型中小企业发展从而促进技术创新的做法已被美国、日本、以色列、英国、韩国等经济体的经验证明。

目前,很多国家都十分重视中小企业的发展,将他们视为技术创新的主要载体。在美国,70%以上的专利是由中小企业创造的,中小企业的平均创新能力是大企业的两倍以上。在我国,中小企业提供了全国约66%的发明专利、72%以上的技术创新、82%以上的新产品开发,已经成为技术创新的重要力量。创业风险投资既可以满足中小企业的融资需求,又可以通过一系列的产权设计达到风险共担、收益共享的目标。通过创业风险投资来带动整个科技投融资体制改革和科技创新激励机制的形成,加快科技成果转化和产业化生产。因此,发展具有中国特色的创业风险投资,对促进国家自主创新战略的实施将产生重要而深远的影响。

然而从实证角度看,创业风险投资真的能推动企业的技术创新吗?与R&D经费内部支出相比,创业风险投资在促进企业技术创新方面的效果如何?为规避风险,有的创业风险投资企业会采取分阶段投资的方式,那么是首轮投资还是后续投资更能促进企业的技术创新?分行业来看,创业风险资本对处于不同行业的企业产生的技术创新效果有何不同?本章尝试使用2001—2010年11个行业的面板数据,从专利生产函数入手,将专利申请数量作为被解释变量,创业风险投资金额和R&D经费内部支出额作为解释变量,控制住R&D人员全时当量,通过实证检验来回答上述问题。

二、文献回顾

基于行业层面研究创业风险投资对技术创新作用的文献并不多见,并且文献之间没有取得一致的结论(朱孝忠,2008)。

美国学者Kortum and Lerner(1998;2000)依据美国1965—1992年20个行业的面板数据,将各个行业的专利授权数量(技术创新指标)作为被解释变量,创业风险投资金额(或者创投企业参与的项目数)、以公司自有资金形式参与的R&D投入作为解释变量,通过引入专利生产函数模型,运用工具变量法解决了创业风险投资的内生性问题。回归发现创业风险投资的增加,将会显

自主创新与经济增长

著地带动专利授权数量的增加,从而得出创业风险投资对技术创新具有显著地促进作用。1983—1992年这一阶段虽然创业风险投资额占企业R&D投入不足3%,但它对行业的技术创新贡献率却达到了8%。如果保持1992年以来的创业风险资本筹资速度和创业风险投资潜力不变,那么到1998年,创业风险投资对技术创新的贡献率甚至可达到14%。

Ueda and Hirukawa(2003)认为,无论采用专利申请数量还是采用专利授权数量作为技术创新的替代指标都将会产生弊端。他们采用行业全要素生产率(TFP)作为技术创新的替代指标,通过对美国相关制造业数据的面板自回归分析和产业时间序列分析,使用Granger因果检验,得出与上述学者不同的结论:TFP与滞后一期的创业风险投资存在显著地正相关关系,而创业风险投资与滞后一期的TFP却是呈现出负相关。这表明了TFP的增长促进了创业风险投资,而不是创业风险投资促进了TFP的增长。另一方面,在计算机和通信行业,技术创新促进了创业风险投资,创业风险投资也促进了技术创新,这表明两者之间存在着双向因果关系。而在生物、医药行业,技术创新却与创业风险投资呈现出显著地负相关关系。

Gompers and Lerner(2003)从对经验数据的分析中得出结论:虽然有很多理由可以表明创业风险投资对技术创新有很大的促进作用,但这种结果不会是一成不变的,将会受到经济波动的影响。并且即便在经济处于繁荣期,对特定行业的过度投资,也会导致创业风险投资对技术创新作用效果明显下降。

Ueda and Hirukawa(2006)为了分析纳斯纳克市场网络泡沫破灭时创业风险投资对技术创新的影响,进一步扩展了Kortum and Lerner(2000)的样本数据到2001年。分别运用专利申请数量和TFP作为技术创新的替代指标,方法和模型与前者保持一致。结果表明创业风险投资对专利申请数量呈现出显著地正相关关系,却没有发现创业风险投资对TFP的正向影响。如果认为,TFP比专利申请数量更适合作为技术创新的替代指标,则说明了创业风险投资只是在某种程度上促进了专利申请数量的增长,并不表明其能够促进技术创新,这种专利申请数量上的增长是毫无意义的。

第二节 机理分析和模型构建

一、机理分析

直接来看,技术创新活动是一根完整的链条,包括了孵化器、公共研究平台、产权交易、市场中介、法律服务、物流平台、创业风险投资等环节,只有每一个环节都畅通无阻,技术创新活动才能得以发展。而创业风险投资作为产业链上重要的一环,从融资角度直接支持了企业的技术创新活动。

间接来看,创业风险投资在运作机制、组织制度方面具有其他性质的投资所不可比拟的优势。首先,它在企业的产权关系上是清晰的;其次,它能够最大限度地克服行政干预;最后,它本身并不参与企业的产品研发,而是把主要精力放在资本经营方面,准确地把握产业与市场的发展趋势。虽然创业风险投资并不直接参与企业的技术攻坚环节和产品研发环节,但是它能够通过为企业带来新的产权制度、新的管理方法和管理团队,减少企业的交易成本,提高企业的交易效率,间接地为企业的技术创新扫清障碍。

二、模型构建

按照熊彼特(2009)的观点,所谓创新就是通过建立新的生产函数,把一种从来没有过的生产要素和生产条件的新组合引入到生产体系中。因此选择合适的生产函数来衡量技术创新与创业风险投资之间的关系是实证进行的前提,假设创业风险投资和 R&D 经费内部支出是企业技术创新活动过程中的两种基本要素。企业在进行技术创新活动时,为了获得专利法的保护,往往将自己的最新研究成果向国家和地方专利局申请专利。因此,本章使用专利申请数量作为企业技术创新的替代指标。

本章借鉴 Kortum and Lerner(2000)的假设,认为专利申请数量 P_{it} 与创业风险投资金额 V_{it} 和 R&D 经费内部支出 R_{it} 之间的关系符合 CES 生产函数:

$$P_{it} = f(R,V) = (R^{\theta} + \mu V^{\theta})^{\omega/\theta} u_{it}, \qquad (10.1)$$

其中,ω 表示规模报酬因子,$\omega>1$ 表示规模报酬递增,$\omega=1$ 表示规模报酬不变,$\omega<1$ 表示规模报酬递减。θ 用来衡量 R 与 V 之间的替代弹性,$\theta=1$ 意味着 R 与 V 之间可完全替代,生产函数可简化为:$P_{it} = (R_{it} + \mu V_{it})^{\omega} u_{it}$;$\theta=0$

自主创新与经济增长

函数变成柯布—道格拉斯形式的生产函数：$P_{it}=R_{it}^{\omega/(1+\mu)}V_{it}^{\omega\mu/(1+\mu)}u_{it}$。$\mu$ 表示的是创业风险投资对技术创新的影响程度，$\mu>0$ 表示创业风险投资对技术创新具有促进作用；$\mu=0$ 则意味着创业风险投资对技术创新没有影响；$\mu<0$ 表明创业风险投资对技术创新具有抑制作用。u_{it} 是误差项，包含了创业风险投资和R&D经费内部支出之外影响技术创新的因素。

为了确定专利申请数量 P_{it} 与创业风险投资金额 V_{it} 和R&D经费内部支出 R_{it} 三者之间符合CES生产函数的哪种形式，需要估计出 θ 的值。运用非线性最小二乘法对方程(10.1)进行回归得到表10-1。

表10-1 使用非线性最小二乘法的回归结果

	θ 值	规模报酬因子 ω	μ 值
	1.02**	0.68**	0.12
样本		110	
R^2		0.93	

注：***、**、*分别表示1%、5%和10%的显著水平。

由回归结果发现：

$\theta=1.02$ 在5%水平上显著，拒绝了 $\theta=0$。为了简化方程的需要，下面讨论中取 $\theta=1$。规模报酬因子 $\omega=0.68$，说明专利生产函数是规模报酬递减的函数。此时CES函数变为：

$$P_{it}=(R_{it}+\mu V_{it})^{\omega}u_{it} \qquad (10.2)$$

上文中生产函数模型(10.1)和(10.2)，只是简单地描述了创业风险投资和技术创新之间的关系，其中隐含了一个重要的假设就是，创业风险投资是外生的。然而，这一假设不一定是合理的，创业风险投资有可能是内生的。考虑这样的一种情况：模型中存在一个外生变量技术冲击，该变量既与技术创新指标相关，又与创业风险投资相关。如果该情况成立的话，原先回归方程的估计结果就不准确。解决内生性问题常用的方法有两种：一种方法是构建含有外生变量技术冲击的模型，通过合理的途径消除该外生变量，使得回归方程中不再含有该变量。另一种是寻找到合适的工具变量，该工具变量既与创业风险投资金额相关，又不与外生变量技术冲击相关。本章分别使用了两种方法来解决模型的内生性问题。

方法一：模型中引入外生变量技术冲击，通过构造技术创新的价值函数和成本函数,使用局部均衡条件来分析模型存在的内生性问题。

假设技术创新的产出为 I_{it}:$I_{it}=(R_{it}+\mu V_{it})^{\omega}T_{it}$。

其中,T_{it}是一种外生的技术冲击。正是这种技术冲击的到来,促使两种要素通过某种方式的结合形成了科技成果。这种技术冲击程度越大,技术创新产出 I_{it} 也就越大。技术创新产出需要产生市场价值才能为企业带来收益。进一步假设技术创新产出 I_{it} 的市场价值为 M_{it}:$M_{it}=\alpha I_{it}+\beta$。

对 M_{it} 关于 R_{it} 和 V_{it} 求偏导数,可以分别得到创业风险投资和 R&D 经费内部支出的创新边际价值为:

$$\frac{\partial M_{it}}{\partial R_{it}}=\frac{dM_{it}}{dI_{it}}\cdot\frac{\partial I_{it}}{\partial R_{it}}=\alpha\omega(R_{it}+\mu V_{it})^{\omega-1}T_{it} \tag{10.3}$$

$$\frac{\partial M_{it}}{\partial V_{it}}=\frac{dM_{it}}{dI_{it}}\cdot\frac{\partial I_{it}}{\partial V_{it}}=\alpha\omega(R_{it}+\mu V_{it})^{\omega-1}T_{it}\mu \tag{10.4}$$

为了构建技术创新的局部均衡,接下来本章重点考虑创新的边际成本。无论是创业风险投资企业还是研发单位,都面临着项目收集、信息收集和市场经营风险方面的成本。随着创业风险投资金额 V_{it} 和 R&D 经费内部支出 R_{it} 的增加,企业和研发单位面临的风险也就越大,创新的边际成本也会随之增加。另外,为了构建模型的需要,还需考虑 V_{it} 和 R_{it} 在创新成本方面的差异性。假设还存在这样一种外生的技术冲击 γ,使得企业在募资方面更适合于采用创业风险投资的形式而不适合于使用 R&D 经费内部支出的形式。因此该技术冲击将会降低创业风险投资的创新边际成本,但却相对地增加了 R&D 经费内部支出的创新边际成本。

不妨设创业风险投资的创新边际成本为 $f_v\left(\frac{V_{it}}{\gamma(\mu V_{it}+R_{it})}\right)$,R&D 经费内部支出的创新边际成本为 $f_R\left(\frac{V_{it}}{\gamma(\mu V_{it}+R_{it})}\right)$,$\gamma$ 越大,创业风险投资的创新边际成本将会越小,而 R&D 经费内部支出的创新边际成本将会越大。

假设 f_v 是 $\frac{V_{it}}{\gamma(\mu V_{it}+R_{it})}$ 的增函数,f_R 是 $\frac{V_{it}}{\gamma(\mu V_{it}+R_{it})}$ 的减函数。随着 V_{it} 的增加,创业风险投资的创新边际成本 f_v 会增加;随着 R_{it} 的增加,R&D 经费内部支出的创新边际成本 f_R 也会增加。根据边际价值等于边际成本这一均衡条件来构建技术创新的局部均衡:

$$\alpha\omega(R_{it}+\mu V_{it})^{\omega-1}T_{it}\mu=f_v\left(\frac{V_{it}}{\gamma(\mu V_{it}+R_{it})}\right) \tag{10.5}$$

自主创新与经济增长

$$\alpha\omega(R_{it}+\mu V_{it})^{\omega-1}T_{it}=f_R\left(\frac{V_{it}}{\gamma(\mu V_{it}+R_{it})}\right) \tag{10.6}$$

若令 $\alpha\omega(R_{it}+\mu V_{it})^{\omega-1}T_{it}=x$，
化简得到：

$$\mu=\frac{1}{x}f_v\left(\frac{V_{it}}{\gamma(\mu V_{it}+R_{it})}\right) \tag{10.7}$$

$$x=f_R\left(\frac{V_{it}}{\gamma(\mu V_{it}+R_{it})}\right) \tag{10.8}$$

假设 f_R 和 f_v 都是单调函数，则 f_R 和 f_v 必有反函数。

$$\frac{V_{it}}{\gamma(\mu V_{it}+R_{it})}=f_R^{-1}(x) \tag{10.9}$$

代入上式(10.8)中，可得：$\mu=\frac{1}{x}f_v[f_R^{-1}(x)]=t(x)$

由上面假设可知 $t(x)$ 具有反函数，$x=t^{-1}(\mu)=\alpha\omega(R_{it}+\mu V_{it})^{\omega-1}T_{it}$

求得：

$$R_{it}+\mu V_{it}=\left(\frac{\alpha\omega T_{it}}{t^{-1}(\mu)}\right)^{\frac{1}{1-\omega}} \tag{10.10}$$

由 $f_R^{-1}(x)=f_R^{-1}[t^{-1}(\mu)]=\Phi(\mu)=\frac{V_{it}}{\gamma(\mu V_{it}+R_{it})}$

求得：

$$\frac{V_{it}}{R_{it}}=\frac{\Phi(\mu)\gamma}{1-\gamma\mu\Phi(\mu)} \tag{10.11}$$

由于原函数与反函数之间具有相同的增减性，可知 $t(x)$ 是减函数，从而可得 $\Phi(\mu)$ 是减函数。在上文中，γ 和 T_{it} 被定义为外生的技术冲击，由方程可知，随着 γ 的增加，V_{it} 也在增加；随着 T_{it} 的增加，V_{it} 和 R_{it} 都在增加。

假设 γ 和 T_{it} 这两种技术冲击之间存在正相关。由方程（10.10）和（10.11）可以得到下面的结论：技术冲击不仅与技术创新（专利申请数量）之间存在相关关系，而且与创业风险投资金额 V_{it} 之间也存在相关关系，因此创业风险投资是内生的。仅仅使用方程(10.2)进行回归，得到的结果是不准确的。下面运用解方程组的思想从回归方程中消去 T_{it} 解决模型的内生性。

在模型中加入技术冲击的外生变量后，专利生产函数(10.2)变为如下

第十章　创业风险投资对技术创新的作用

形式：

$$P_{it}=(R_{it}+\mu V_{it})^{\omega}T_{it}u_{it} \tag{10.12}$$

联解方程(10.11)和(10.12)可得：

$$P_{it}=\left[\frac{t^{-1}(\mu)}{\alpha\omega}\right](R_{it}+\mu V_{it})u_{it}$$

方程两边同除以 R_{it}：

$$\frac{P_{it}}{R_{it}}=\left[\frac{t^{-1}(\mu)}{\alpha\omega}\right]\left(1+\mu\frac{V_{it}}{R_{it}}\right)u_{it} \tag{10.13}$$

两边取对数可得对数线性回归方程[①]：

$$\ln P_{it}-\ln R_{it}=\mu\frac{V_{it}}{R_{it}}+Lnu_{it} \tag{10.14}$$

该对数回归方程中不再含有外生变量 T_{it}，这样通过解方程组的方法解决了模型的内生性问题。对模型(10.14)具体的实证检验将在下一节中给出。

方法二：寻找替代创业风险投资金额的工具变量。严格意义上与创业风险投资相关又不与外生变量技术冲击相关的工具变量是不存在的。本章认为创业风险投资更容易受到政策的影响而产生大幅波动。2006 年无疑是创业风险投资发展史上的一个分水岭。从这一年起，扶持创业风险投资发展的政策陆续出台，包括了《创业投资管理暂行办法》、《合伙企业法》修订案、《关于促进创业投资企业发展有关税收政策的通知》等，这些政策法规的出台在一定程度上降低了创业风险投资的成本，促进了技术创新的发展。但这些政策法规的出台，只是为了规范创业风险投资，与外生变量技术冲击并不相关。为此，在文中引入政策性虚拟变量作为工具变量替代解释变量创业风险投资金额，解决模型中存在的内生性问题。

第三节　基于行业层面数据的实证研究

一、数据来源

本章所采用创业风险投资行业方面的数据主要来源是科技部、商务部和

[①] 本章将 $\dfrac{t^{-1}(\mu)}{\alpha\omega}$ 合并到常数项中。

自主创新与经济增长

国家开发银行从2001年起联合发布的《中国创业风险投资发展报告》,该报告采用调查问卷的方式对创业风险投资企业的投资金额、投资项目、投资绩效和退出机制等进行了较为详细的调查。被解释变量专利申请数量和解释变量R&D经费内部支出、控制变量R&D人员全时当量的数据主要来自于各年度《中国统计年鉴》、《中国科技统计年鉴》、《中国高技术产业统计年鉴》和《中国制造业发展报告》。

《中国创业风险投资发展报告》从2001年起陆续对21个行业的创业风险投资情况进行了披露。结合数据的可得性,本章选择医药保健、生物科技、媒体和娱乐业、计算机硬件、半导体、通讯、能源、材料、资源开发、农业、IT等11个行业2001—2010年的面板数据作为研究对象。

二、实证检验

假设创业风险投资是外生的,使用专利生产函数模型(10.2)进行回归分析。

$$P_{it}=(R_{it}+\mu V_{it})^{\omega}u_{it}$$

两边取自然对数可得:

$$\ln P_{it}=\omega\ln(R_{it}+\mu V_{it})+\ln u_{it} \tag{10.15}$$

比较2001—2010年度11个行业的R&D经费内部支出和创业风险投资金额,85%以上的创业风险投资金额与R&D经费内部支出之比低于10%。因而,根据泰勒展开公式可以将回归方程进一步化简为线性形式:

$$\ln P_{it}=\omega\ln R_{it}+\omega\mu\frac{V_{it}}{R_{it}}+\ln u_{it} \tag{10.16}$$

控制住R&D人员全时当量[①],使用线性最小二乘法对方程(10.16)进行回归,得到表10-2。

由回归结果可知:$\mu=0.86>0$,说明了创业风险投资对技术创新具有促进作用,但是作用效果并不明显,低于R&D经费内部支出对技术创新的影响。规模报酬因子数值为0.56,说明专利生产函数为规模报酬递减的函数。

---

① 加入回归方程的是对数形式的R&D人员全时当量,下同。

表 10-2 使用普通线性最小二乘法的回归结果

变量	常数项 C	R&D 人员全时当量	V_{it}/R_{it}	$\ln R_{it}$	μ 值
系数	−11.01***	1.09***	0.48***	0.56***	0.86
标准误	1.06	0.20	0.14	0.13	
t 值	−10.35	5.55	3.50	4.18	
样本数			110		
R^2			0.90		

注：***、**、* 分别表示 1%、5% 和 10% 的显著水平。

上面的回归结果是在未考虑创业风险投资的内生性问题的基础上进行分析得出的。前文指出，创业风险投资可能是内生的，外生变量技术冲击将会影响创业风险投资。因此，在接下来的实证检验中，将外生变量技术冲击因素加入到模型中，通过在上一节中使用的推导方法，消除外生变量，得到新的回归方程。

$$\ln P_{it} - \ln R_{it} = \mu \frac{V_{it}}{R_{it}} + \ln u_{it} \qquad (10.17)$$

在新的回归方程(10.17)中，将 $LnP_{it}-LnR_{it}$ 作为被解释变量，$\frac{V_{it}}{R_{it}}$ 作为解释变量，同时控制住 R&D 人员全时当量，使用线性最小二乘法对方程(10.17)进行回归，得到表 10-3。

表 10-3 考虑模型内生性的回归结果

变量	V_{it}/R_{it}	常数项 C	R&D 人员全时当量	μ 值
系数	1.52***	−11.29***	0.55***	1.52
标准误	0.14	1.12	0.11	
t 值	3.98	−10.1	4.93	
样本数			110	
R^2			0.57	

注：***、**、* 分别表示 1%、5% 和 10% 的显著水平。

由回归结果显示，在消除了模型的内生性问题后，μ 值等于 1.52。相比之前未考虑内生性问题时的结果，μ 值有了较大的提高。回归结果表明了创业风险投资对技术创新具有较为明显的促进作用，并且这一作用效果要强于

自主创新与经济增长

R&D经费内部支出对技术创新的影响。不过相比较发达国家的实证结果，μ值并不算大，说明我国创业风险投资对技术创新的作用效果与国外成熟市场相比显得偏弱[1]。

若使用方法二，政策性虚拟变量作为V_{it}/R_{it}的工具变量。定义政策性虚拟变量D_{it}，当$t\in[2\,006,2\,010]$，$D_{it}=1$；当$t\in[2\,001,2\,005]$，$D_{it}=0$。对方程(16)进行回归，同时控制住R&D人员全时当量，得到表10-4。

表10-4 使用工具变量法的回归结果

变量	R&D人员全时当量	$\ln R_{it}$	D_{IT}	常数项C	μ值
系数	0.91***	0.33**	0.49***	−6.37***	1.48
标准误	0.22	0.14	0.18	1.83	
t值	4.13	2.29	2.67	−3.47	
样本数		110			
R^2		0.91			

注：***、**、*分别表示1%、5%和10%的显著水平。

使用工具变量的方法，回归结果显示μ值等于1.48，高于不考虑内生性问题时的回归结果。规模报酬因子为0.33，说明专利生产函数是规模报酬递减的，这与上文的回归结果是一致的。

考虑到具体的行业，控制住R&D人员全时当量，对方程(10.17)进行时间序列回归，结果见表10-5。回归发现生物科技、媒体娱乐、计算机硬件、半

表10-5 分行业时间序列回归结果

		系数	t值	标准误	R^2
医药保健	V_{it}/R_{it}	−0.51	−1.39	0.74	0.51
	R&D人员全时当量	0.28**	2.14	0.13	
生物科技	V_{it}/R_{it}	1.42**	2.05	0.43	0.31
	R&D人员全时当量	0.78	0.97	0.81	
媒体娱乐	V_{it}/R_{it}	0.42	0.13	2.25	0.66
	R&D人员全时当量	0.67**	2.84	0.23	

---

[1] 国外文献中，创业风险投资对技术创新的作用效果μ值在5以上。

第十章　创业风险投资对技术创新的作用

(续表)

		系数	t 值	标准误	R^2
计算机硬件	V_{it}/R_{it}	2.71**	2.08	1.81	0.56
	R&D人员全时当量	1.35***	2.88	0.12	
半导体	V_{it}/R_{it}	0.28	0.80	0.37	0.41
	R&D人员全时当量	0.70*	2.19	0.32	
通讯	V_{it}/R_{it}	−5.03	−0.37	13.71	0.79
	R&D人员全时当量	1.01***	3.22	0.31	
能源	V_{it}/R_{it}	−0.05	−0.02	1.09	0.15
	R&D人员全时当量	0.78	0.83	0.94	
材料	V_{it}/R_{it}	2.23	0.85	2.62	0.13
	R&D人员全时当量	0.06	0.68	0.09	
资源开发	V_{it}/R_{it}	−0.38	−0.27	1.38	0.68
	R&D人员全时当量	−0.44***	−3.59	0.12	
农业	V_{it}/R_{it}	1.64	1.38	1.19	0.80
	R&D人员全时当量	1.94***	5.02	0.38	
IT	V_{it}/R_{it}	0.88***	4.83	0.02	0.74
	R&D人员全时当量	1.24***	4.23	0.06	

注：***、**、* 分别表示1%、5%和10%的显著水平。

导体、材料、农业和IT等7个行业的 μ 值大于0，说明在这7个行业中，创业风险投资对技术创新具有促进作用；而医药保健、通讯、能源和资源开发等4个行业的 μ 值小于0，说明在这4个行业中，创业风险投资不仅没能起到促进技术创新的作用，而且抑制了企业的技术创新。

本章依据数据的可得性，将创业风险投资划分为首轮投资和后续投资。本章认为，相比较首轮投资，后续投资更为重要。创业企业在获得首轮投资后，往往按照事先约定的协议投入研发。但是一旦遇到新的技术冲击或者面临产品市场激烈竞争，前期的资金就会显得捉襟见肘。如果企业没有后续资金投入，企业的研发很可能会功败垂成。因此，创业风险投资更应该重视对创业企业的后续投资。考虑上述因素，控制住R&D人员全时当量，使用2002—

自主创新与经济增长

2010年11个行业的面板数据对方程(10.17)进行回归发现,尽管国内的后续投资比重偏低,后续投资平均金额仅为首轮投资的1/3左右,但是后续投资对技术创新的作用效果却达到了首轮投资的5倍左右,结果见表10-6。

表10-6 创业风险投资划分为首轮投资和后续投资的回归结果

	首轮投资	后续投资
V_{it}/R_{it}	0.35*	1.74**
R&D人员全时当量	0.75***	0.92***
常数项 C	−9.81	−10.25
标准误	0.14	0.38
t 值	1.76	2.72
样本数	99	99
R^2	0.73	0.74

注:***、**、*分别表示1%、5%和10%的显著水平。

第四节　基本结论与启示

本章基于11个行业2001—2010年的面板数据实证研究了创业风险投资对技术创新的作用,得出如下结论:国内的创业风险投资对技术创新的确具有促进作用,不过作用效果相比于国外显得较小;尽管如此,在考虑了模型的内生性问题后,创业风险投资对技术创新的作用效果仍然强于R&D经费内部支出的作用效果;分行业来看,投向生物科技、媒体娱乐、计算机硬件、半导体、材料、农业和IT等7个行业的创业风险投资对技术创新具有促进作用,而投向医药保健、通讯、能源和资源开发等4个行业的创业风险投资对技术创新则表现出抑制作用;若把创业风险投资划分为首轮投资和后续投资,实证表明后续投资对技术创新的作用效果是首轮投资的5倍左右。

实证结果表明创业风险投资对技术创新的作用效果相比于国外要小很多。除了数据和计量方法上可能存在着不足之外,还会有下列情况制约着我国创业风险投资的发展。

首先,国内资本市场还不够完善。参考国外的创业风险投资发展历程,完善的资本退出机制是创业风险投资企业决定是否出资的重要因素之一。大部分的创业风险资本的退出是通过并购和 IPO 实现的,而我国直至 2009 年 10 月才开设创业板,并且相关运作制度还在不断摸索之中。同时,国内缺乏权威、成型的场外交易系统运作企业之间的并购,导致资本退出渠道不畅,在一定程度上打击了创投企业的积极性。

其次,尽管政府相继出台了一些鼓励创业风险投资发展的法规,但是针对税收和补贴方面的政策还不够详细。比如,用"中小"和"高新"双重标准作为申报应纳税所得额的标准过于苛刻,很多创业企业达不到标准(刘健钧,2010)。

再次,我国国有背景的创投企业数量不在少数[①]。国有背景在创业风险投资产业的发展历程中发挥了相当大的作用,但也带来了诸如效率低下、寻租等诸多问题。如何有效地解决国有创投企业效率低下导致的资源错配是创投业发展过程中必须认真面对的问题。

研究还发现,创业风险投资对不同行业的技术创新作用是有差异的,在制定政策时,也需要考虑到这种差异性。本章认为,相比于首轮投资,后续投资更为重要。如果没有后续资金的注入,企业的研发成果可能会功败垂成。当前,国内后续投资比重偏低,导致创业风险投资对技术创新的作用效果大打折扣。在制定税收和补贴政策时,应该对后续投资有所侧重,加大对后续投资的税收优惠和补贴力度。

国内创业风险投资对技术创新的作用效果要强于 R&D 经费内部支出,因此要高度重视创投领域的建设。完善国内资本市场,构建多层次、全方位的资本市场体系,进一步完善相关政策和法规是支持创业风险投资发展的当务之急。同时,设立国家级创业引导基金,引导民间资本有序进入创投业,放大资金的杠杆作用,也是解决创投业资金缺口的途径之一。由于创业风险投资在国内才刚刚起步,创业风险投资对技术创新的作用效果将会随着相关制度的完善和监管的逐步到位而变得越来越明显。

本章参考文献

[1] Gompers, P. and Lerner, J. *Short-Term America Revisited? Boom and Bust in the*

---

① 据《中国创业风险投资发展报告 2010》调查显示,政府直接出资与国有独资投资机构出资合计占到总资本的 37.6%,若加上国有控股、事业单位、银行的出资,国有背景的创业风险投资比例不在少数。

自主创新与经济增长

Venture Capital Industry and the Impact on Innovation. A published volume from the National Bureau of Economic Research, 2003.

[2] Kortum, S., Lerner, J. Does Venture Capital Spur Innovation? *NBER Working Paper No. w*6846, 1998.

[3] Kortum, S., Lerner, J. Assessing the Contribution of Venture Capital to Innovation. *The RAND Journal of Economics*, 2000, 31(4): 674-692.

[4] Ueda, M., Hirukawa, M. *Venture Capital and Productivity*. Unpublished working paper, University of Wisconsin, USA, 2003.

[5] Ueda, M., Hirukawa, M. *Venture Capital and Industrial Innovation*. Unpublished working paper, University of Wisconsin, USA, 2006.

[6] 刘健钧. 创业投资制度创新论——对"风险投资范式"的检讨. 北京:经济科学出版社,2004.

[7] 刘健钧. 中国创业投资行业发展报告 2010. 北京:中国计划出版社,2010.

[8] 熊彼特. 经济发展理论. 叶华译. 北京:中国社会科学出版社,2009.

[9] 朱孝忠. 风险投资对技术创新的作用研究综述. 金融理论与实践,2008(3).

第十一章 风险投资对技术创新的影响及区域差异分析

本章提要 发达国家的经验表明,风险投资对技术创新具有显著促进作用。本章在对风险投资影响技术创新适应性作用机理分析的基础上,基于 Kortum and Lerner(2000)的专利产出方程建立实证模型,分别利用中国 1995—2011 年共计 17 年的时间序列数据和 2009—2011 年 27 个省域的面板数据进行计量检验,研究风险投资对技术创新的影响及其区域间差异,实证结果显示中国风险资本对技术创新产出的影响并不显著,地区间差异亦不明显。

第一节 问题提出与文献综述

一、问题提出

技术创新是经济增长的关键动力[1]。熊彼得(Schumpeter)首次提出技术创新理论,其后索洛(Solow,1957)用规范方法测度了技术进步在经济增长中的贡献,证实了技术进步的关键性作用。而随着当今产业链的全球转移,世界范围内的市场竞争已经转向以技术为核心的综合国力竞争(沈坤荣,2011)。改革开放以来,我国经济发展迅猛,国内生产总值从 1978 年 3 645 亿元增长至 2012 年的 519 322 亿元,位居世界第二。然而,多年来的高增长始终是以依靠资源持续投入为特征的粗放式增长,随着经济总量进一步扩张,人口、资源、环境等问题日益突出,经济发展方式亟待转变(李光泗和沈坤荣,2011)。因此,在这一经济转型的关键时期,探讨中国技术创新的影响因素显得尤为重要。

技术创新作为一种生产新知识的过程[2],其漫长的生产周期所需的持续资金投入通常很难从传统渠道获得。风险投资的重要作用由此凸显,成为解决技

---

[1] F.M.谢勒:《技术创新——经济增长的原动力》,新华出版社,2001年。
[2] 彼得·德鲁克:《后资本主义社会》,东方出版社,2009年。

术创新资金瓶颈的主要手段之一(杨兆廷和李吉栋,2009)。简单来说,风险投资是指向高科技中小企业提供资金的投资行为,主要面向处于初创期和成长早期的创业企业。风险投资具有的高风险、组合式、长期性、权益性、专业性的投资特征正好适应了技术创新的需求,不但可以提供资金支持,还能从管理上帮助创业者;发达国家的实践经验也普遍证明,风险投资是提高创新能力的加速器。

我国的技术创新能力与发达国家相比尚存明显差距,但从科研机构数和科研人员数来看,我国的科研力量可谓雄厚,然而形成的科研成果却很少,转化成实际应用的更少,科技创新效率极低。造成这一现状的原因,除了创新体制本身的缺陷外,缺乏资金支持是最主要的,不仅国家层面投入不足,更缺乏如风险投资这样的市场资本参与,创新活动普遍缺乏市场动力。

经济全球化不断深入也使得经济发展在国家层面上的界限逐渐淡化,取而代之的是区域化的经济体系,区域间的竞争发展成为世界经济发展的主要特征(刘伟,2011)。经济发展的区域间非均衡性在世界范围内普遍存在,而在经济发展迅猛的中国尤为明显;另一方面,风险投资业的发展也在各地区呈现明显差异。因此,深入研究风险投资对技术创新影响的区域差异对我国有针对性地制定区域创新政策有着十分重要的现实意义。

本章首次采用时间序列数据回归和面板数据回归相结合的方法,分别选取中国 1995—2011 年共计 17 年的时间序列数据和 2009—2011 年 27 个省域的面板数据为样本作计量分析,在面板回归模型中加入地区虚拟变量,从纵向和横向两方面全方位考查我国风险投资对技术创新的影响及其区域差异。

二、文献综述

关于风险投资对技术创新影响的研究,国外学界相对较为成熟,在理论和实证方面都有很多研究成果。理论研究主要集中在风险投资对技术创新的适应性作用机理。

实证研究方面,最具代表性的是 Kortum and Lerner(1998;2000)。他们在 1998 年首次提出风险投资能否促进技术创新的命题,并在 2000 年参考 Griliches(1990)的创新生产函数建立了具有奠基意义的专利产出方程,他们选取专利数作为创新产出的衡量指标,认为专利是 R&D 投入和风险投资额的函数 $P_{it} = (RD_{it}^a + bVC_{it}^a)^{a/\rho} u_{it}$。关于为何选取专利数作为创新产出变量,Kortum 等认为除了数据的可得性和易于量化等特点外,还有两个原因:一是风险投资企业为了防止创新成果外泄,会积极申请专利保护,因此创新和专利基本对等；二是企业为了吸引更多风险投资同时展示自身的创新成果，专利数是较为直观的评价指标。实证研究部分，Kortum 等用美国制造业部门 20 个行业近 30 年的面板数据作样本，对不同的假设情况进行了多次实证分析，结果显示线性产出方程比非线性方程更加可靠，同时 R&D 和 VC 具有高度可替代性，即方程中的 ρ 趋向于 1。研究结论是，对某一行业加大风险投资力度会显著提高该行业的专利产出率。

Tykvova(2000)使用与 Kortum 和 Lerner 相同的专利产出函数对德国 1991—1997 年 58 个观测值的样本数据进行实证分析，结果也显示风险投资对专利产出有显著的正向拉动作用。Romain and Potterie(2004)利用 16 个 OECD 国家的 21 年的面板数据，实证研究了风险资本对宏观经济的影响。他们认为风险资本对宏观经济的贡献主要通过两个渠道，一是创新，二是吸收能力。其研究结果显示风险资本对全要素生产率(TFP)的增长有显著的正向作用，同时风险投资强度对 R&D 的作用效果也有正向的影响。

国内学界对风险投资作用于技术创新的理论研究较少，吕炜(2002)从微观层面详细阐释了风险投资企业新的组织结构对技术创新活动具有更好的适应性，他认为这种适应性主要体现在三个方面：一是技术创新过程的向前扩展与生产过程的前移使得风险资本能够从企业种子期便开始提供支持；二是组织结构创新带来的资源配置和运作效率的改进，是风险投资企业与技术创新活动相适应的根本原因；三是风险投资机制的建立使得企业有能力动员外部资金，形成与技术创新过程对应的秩序良好的金融支持过程。

实证方面，由于数据的不健全，尤其是风险投资数据在地区或行业层面难以获取，国内的研究都存在一定的局限性，一般局限于较短的全国时间序列样本数据分析。程昆等(2006)利用 1994—2003 年共计 10 年的数据实证分析专利申请量与风险投资额及 R&D 投入之间的关系，在一定程度上证明了风险投资对我国技术创新的促进作用。刘伟(2011)选取中国 30 个省域 1998—2007 年共计 10 年的面板数据，研究中国技术创新影响因素的地区差异，但实证研究没有考虑风险投资因素。黄铭和朱孝忠(2012)则利用 2005 年 27 个省域的截面数据和 2003—2005 年共计 3 年的混合数据进行实证分析，结果显示一个地区风险资本量增加只能在较小程度上增加专利产出，且风险资本的影响力大约只相当于 R&D 投入的 1/4~1/6。方世建和俞青（2012）沿用 Kortum and Lerner 的专利产出方程，并加入制度变量，做了 20 年的时序数据回归，研究结果表明，中国的风险投资对技术创新并没有显著的促进作用，这

自主创新与经济增长

是关于风险投资与技术创新的研究中首次出现不显著影响的结果。陈治和张所地(2013)基于投入产出思想选择VES生产函数构建技术创新生产函数,实证研究选用10个省域的面板数据探讨中国风险投资对技术创新推动效应的省际差异,结果表明中国风险投资对技术创新有正向的促进作用,且这种作用呈现明显的省际差异。

综上所述,国际学术界普遍采用的行业层级或省级面板数据在国内难以获得,因而国内的实证研究大都存在一定的局限性,不同的研究得到的结论不同也佐证了这一点。本章首次根据《中国风险投资年鉴》的数据计算整理得到2009—2011年各省域的风险投资存量额,并将27个省域划分为三大区域,尝试研究风险投资对我国技术创新产出的影响作用及其区域间的差异。

第二节 模型建立及数据来源

一、模型建立

本章的基准模型参考 Kortum and Lerner(2000)的创新产出方程:

$$P_{it} = (RD_{it}^{\rho} + bVC_{it}^{\rho})^{\alpha/\rho} u_{it} \tag{11.1}$$

专利 P 是一个关于政府研究与发展支出 RD 和风险资本额 VC 的方程。

其中,P_{IT} 表示 T 期专利申请的受理数(或授权数),RD_{IT} 表示 T 期研究与发展经费 R&D 投入,VC_{IT} 表示 T 期风险投资额(venture capital),I 是表示行业的(在本章中是表示地区的)指数,α 表示专利对资本投入因素 R&D 和风险投资两种因素的弹性,即 R&D 支出和风险投资支出每增加1%,专利数变化的百分比,ρ 表示在对技术创新的资本支持方面,风险投资和 R&D 投入的替代程度,b 表示相对于 R&D 投入来说,风险投资对于专利产出的作用大小,是方程需要关注的焦点,u_{IT} 表示 T 期的随机扰动项。

Kortum and Lerner 在研究中发现 R&D 和 VC 具有高度可替代性,即 ρ 趋向于 1;后来方世建等(2012)进一步的研究证实了两者的完全替代性关系,即 $\rho=1$。于是,专利产出方程可以简化为

$$P_{it} = (RD_{it} + bVC_{it})^{\alpha} u_{it} \tag{11.2}$$

进一步研究显示,非线性最小二乘回归会大大高估 R&D 和 VC 对创新产出的影响作用,而线性回归方程则相对更加可靠真实,因为当风险投资数据相对 R&D 数据较小时,线性化处理是恰当的。本章的实证研究模型拟采用

Kortum 和 Lerner 的对数线性化后的创新产出方程：

$$\ln P_{it} = \alpha_0 + \alpha_1 \ln RD_{it} + \alpha_1 \alpha_2 VC_{it}/RD_{it} + \ln u_{it} \qquad (11.3)$$

式(11.3)是本章时间序列数据计量研究的实证模型,我们需要关注系数 α_2,考察风险投资对专利产出的影响。

为了考察这种影响的区域差异,本章将样本数据中 27 个省域划分为东、中、西部三大经济区域①,在模型中加入虚拟变量

$$D_i \left(D_1 \begin{cases} 1, 某省属于东部 \\ 0, 其他 \end{cases}, D_2 \begin{cases} 1, 某省属于中部 \\ 0, 其他 \end{cases} \right)$$

得到本章面板数据计量研究模型：

$$\ln P = \alpha_0 + \alpha_1 \ln RD + \sum_{i=1}^{2} \alpha_1 \alpha_2 D_i VC/RD + \sum_{i=1}^{2} \beta_i D_i + u \qquad (11.4)$$

式(11.4)中我们需要关注系数 α_2 和 β_i,考察风险投资对专利产出的影响,同时比较这种影响的区域性差异。

二、指标选取及数据来源

(一)指标选取

现有研究在指标选取方面虽有争议,但大体存在一定共识,本章选取实证模型指标时参考各方观点,说明如下。

(1)创新产出指标选取专利申请受理数或授权数,虽然专利并不一定带来真正意义上的创新,但一方面从企业层面来看,鉴于防止技术外溢的考虑和持续风险投资的激励性,创新成果和专利数仍具有高度一致性,另一方面专利数据易于获得和量化;另外,相对来说,专利受理数比授权数更可靠,因为授权数可能存在滞后性,即当年授权的专利有可能是以前年度的创新成果。

(2)R&D 指标选取各地区每年的 R&D 支出总额,有些研究中选用 R&D 人员全时当量,本章认为,R&D 支出的货币量更加直接相关。

(3)风险投资数据的统计一般有两个口径:一是当年风险投资实际投出的资金额,即风险投资机构对其所支持企业的实际投入,投资额是一个流量的概念;二是当年风险投资机构管理的可用于投资的风险资本总量,这是一个存

---

① 具体划分:东部(北京市、天津市、河北省、山东省、辽宁省、上海市、江苏省、浙江省、福建省、广东省);中部(山西省、内蒙古自治区、吉林省、黑龙江省、安徽省、江西省、河南省、湖北省、湖南省);西部(重庆市、四川省、贵州省、云南省、陕西省、甘肃省、宁夏回族自治区、新疆维吾尔自治区)。

自主创新与经济增长

量的概念。从理论上来说,考虑到资本的连续性和滞后性作用,应当选取风险投资的流量指标,但是鉴于数据的可得性①,本章选取当年各地区风险投资机构管理的可用于投资中国内地的风险资本总额作为风险投资指标。

(二) 数据来源

本章实证研究的时间序列数据选取 1995—2011 年全国的数据,3 年的面板数据选取 2009—2011 年中国 27 个省域的数据②。

专利申请受理量和授权量数据来源于国家知识产权局每年公布的统计年报,研究与发展经费(R&D)数据来源于国家统计局网站公布的"全国科技经费投入统计公报",风险投资额数据来源于《中国创业风险投资发展报告 2012》和《中国风险投资年鉴》,其中省级面板数据是根据全国年度风险投资总额及地区分布特征计算而来。

根据对样本数据的直观分析,可以看出:

(1) 中国省域的技术创新能力差异较大,东部沿海地区创新能力较强,而中、西部地区的创新能力相对较弱。图 11-1 是2006—2011年中国东、中、西部专利申请受理量随时间变化的柱状图。从图中可以看出,三大区域的专利产出都随时间变化显著上涨,但上涨速度却呈现差异,东部地区增加更快,使得东、中、西部地区的专利产出差距逐年拉大。

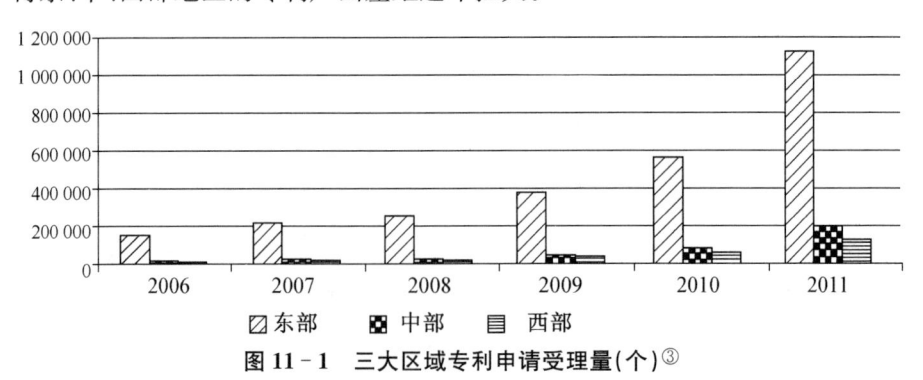

图 11-1　三大区域专利申请受理量(个)③

---

① 《中国风险投资年鉴》仅从 2009 年始公布各省市的风险资本总量,因此本章面板数据只有 2009 年、2010 年、2011 年,且选取的是风险资本存量。
② 由于数据缺失,未包含广西壮族自治区、青海省、西藏自治区和海南省的数据,以及台湾省、香港和澳门特别行政区。
③ 资料来源:国家知识产权局 2013 年。

（2）风险投资事业在中国始于 20 世纪 80 年代中期,历经近 30 个年头,正以迅猛势头发展。1995 年中国风险投资管理资本总量只有 51.3 亿元,到 2011 年的时候已经达到 3 198 亿元,增长了近 60 倍,见图 11 - 2。

图 11 - 2　1995—2011 年中国风险资本总量(亿元)①

面板数据的描述性统计见表 11 - 1。

表 11 - 1　面板数据描述性统计

变量	样本数	均值	标准差	最小值	最大值
lnPA	81	9.188 51	1.291 51	6.813 45	11.837 77
ln$P$	81	9.710 12	1.317 13	6.605 30	12.371 00
lnRD	81	4.953 95	1.098 44	2.345 86	6.754 49
VC/RD	81	0.198 19	0.355 18	0.001 57	2.263 77

第三节　实证分析

本章实证研究分别选取 1995—2011 年全国的时间序列数据和 2009—2011 年全国 27 个省域的面板数据作回归,实证结果如下。

---

① 资料来源:《中国创业风险投资发展报告 2012》。

自主创新与经济增长

一、时间序列数据实证分析

时间序列数据的回归结果如表11-2，两个模型分别用专利申请受理数和授权数做因变量，考察VC和R&D对专利产出的影响。首先，控制变量R&D对技术创新产出的影响，在两个模型中都通过了0.1%水平的显著性检验，表明R&D支出无论对专利申请受理数还是授权数都具有显著促进作用，R&D投入每增加1%，都能带来专利受理数增加0.944%，专利授权数增加0.910%。其次，风险投资对创新产出的影响，却出现值得探究的结果，模型（1）显示风险投资与专利申请受理数负相关，但只在5%水平上显著；而模型（2）则显示风险投资对专利申请授权数有一定的正影响，但没有通过显著性检验。考虑到时间序列数据的特点，本章认为至此并不能下结论，将进一步论证。

表11-2 时间序列数据回归结果

自/因变量	模型（1） $\ln(P)$	模型（2） $\ln(PA)$
$\ln(RD)(\alpha_1)$	0.944*** (58.01)	0.910*** (23.33)
$VC/RD(\alpha_1\alpha_2)$	−0.321* (−2.59)	0.278 (0.94)
α_2	−5.241*	−10.665
常数项	5.627*** (44.85)	5.115*** (17.02)
Adjusted R^2	0.9953	0.9717
样本数	17	17

注：***、**、*分别表示在0.1%、1%、5%的水平上显著。

由于时间序列数据可能存在不平稳性会导致伪回归现象，为了检验时间序列数据是否存在单位根，本章采用ADF检验法对各个变量的数据进行平稳性检验。

从表 11-3 中可以看出,全部四个变量的 ADF 检验值都在 1% 的显著性水平下大于对应的临界值,因而可以判断该时间序列数据存在单位根,是不平稳的。

表 11-3 变量的 ADF 检验结果

变量	T 值	临界值 1%	临界值 5%	临界值 10%	P 值
$\ln P$	2.724	-3.750	-3.000	-2.630	0.999 1
$\ln PA$	1.275	-3.750	-3.000	-2.630	0.996 5
$\ln RD$	1.574	-3.750	-3.000	-2.630	0.988 8
VC/RD	-1.608	-3.750	-3.000	-2.630	0.522 2

为了解决时间序列数据的不平稳性,本章拟采用协整理论进行讨论,首先考察各变量是否一阶单整,时间序列数据的一阶差分 ADF 检验结果如表 11-4。可以看到,所有变量的一阶差分 ADF 检验值都至少在 10% 显著性水平下小于临界值,表明各变量数据是一阶单整的。

表 11-4 变量的一阶差分 ADF 检验结果

变量	T 值	临界值 1%	临界值 5%	临界值 10%	P 值
$\ln P$	-2.945	-3.750	-3.000	-2.630	0.099 1
$\ln PA$	-3.537	-3.750	-3.000	-2.630	0.007 1
$\ln RD$	-4.053	-3.750	-3.000	-2.630	0.000 3
VC/RD	-3.191	-3.750	-3.000	-2.630	0.020 5

通过进一步考察,回归方程的残差序列也是平稳的,因而可以初步得出结论,虽然平稳性检验显示时序数据非平稳,但协整性检验表明各变量间存在协整关系,因此可以认为模型不存在伪回归,估计值是可信的。

二、面板数据实证分析

(一)数据检验及模型选择

本章首先采用 LLC 检验、IPS 检验和 ADF-Fisher 检验对面板数据的平稳性进行检验,检验结果显示,变量 $\ln P$、$\ln PA$、$\ln RD$、VC/RD 的一阶差分项

自主创新与经济增长

均在1%水平上拒绝存在单位根的原假设,表明四个变量均为一阶单整的面板序列。

由于面板数据各变量是一阶单整序列,可以进行协整性检验。本章分别采用Pedroni检验、Kao检验和Johansen检验对面板数据进行协整检验,在做Pedroni检验时,由于本章面板数据$T=3$,因此主要根据Panel ADF统计量和Group ADF统计量的结果做出判定。检验结果显示样本数据通过了协整检验,说明变量之间存在着长期稳定的均衡关系,方程回归的残差是平稳的。因此可以在此基础上直接对原方程进行回归,此时的回归结果是较精确的。

为了确定面板数据回归模型的选用,本章分别对样本数据作固定效应模型估计和随机效应模型估计,结果见表11-5和表11-6。

表11-5 面板数据固定效应估计结果

	ln(PA)		ln(P)	
	模型(1)	模型(2)	模型(3)	模型(4)
ln(RD)(α_1)	2.062*** (13.91)	2.023*** (13.86)	1.273*** (5.00)	1.222*** (4.80)
VC/RD($\alpha_1\alpha_2$)	−0.034 6 (−0.58)		−0.048 8 (−0.46)	
D1*(VC/RD)		−0.029 2 (−0.12)		0.069 4 (0.16)
D2*(VC/RD)		0.493 (1.13)		0.434 (0.57)
α_2	−0.016 8		−0.038 3	
常数项	−1.019 (−1.39)	−0.844 (−1.17)	3.416* (2.72)	3.636** (2.90)
Adjusted R^2	0.868 7	0.867 5	0.912 3	0.910 9
F检验值	45.35	37.94	10.11	7.76
样本数	81	81	81	81

注:***、**、*分别表示在0.1%、1%、5%的水平上显著。

首先,固定效应模型估计的所有F检验值都表明固定效应模型优于混合OLS模型,模型估计非常显著;同时对随机效应模型的BP检验Chi-sq统计量为 20.36，相应的概率值为 0.000 0，表明随机效应非常显著。

表 11-6 面板数据随机效应估计结果

	ln(PA)		ln(P)	
	模型(1)	模型(2)	模型(3)	模型(4)
ln(RD)(α_1)	1.322*** (14.27)	1.490*** (13.04)	1.153*** (17.51)	1.217*** (13.16)
VC/RD($\alpha_1\alpha_2$)	0.041 8 (0.55)		−0.016 1 (−0.17)	
D1*(VC/RD)		−0.032 9 (−0.12)		−0.077 9 (−0.26)
D2*(VC/RD)		0.667 (1.30)		0.567 (0.80)
D1		−0.880* (−2.54)		−0.288 (−1.14)
D2		0.813** (2.85)		0.484* (2.46)
α_2	0.031 5		−0.014 0	
常数项	2.629*** (5.58)	2.390*** (4.87)	4.000*** (12.01)	3.941*** (10.20)
Adjusted R^2	0.870 1	0.872 9	0.912 7	0.929 1
样本数	81	81	81	81

注：***、**、* 分别表示在 0.1%、1%、5%的水平上显著。

接着对固定效应模型和随机效应模型做 Hausman 检验，Chi-sq 统计量的值为 0.49，相应的概率为 0.781 7，大于 0.05，因此检验结果显示应当接受原假设，即选用随机效应模型对样本数据作参数估计，因此表 11-6 就是本章面板数据的回归结果。

（二）回归结果分析

从表 11-6 中可以看出，面板数据的回归结果同时间序列数据大体一致。首先，模型(1)和模型(3)结果都显示控制变量 R&D 投入对创新产出的正向作用更为显著，R&D 投入每增加 1%，带来的专利产出数增加均超过 1%。其次,风险投资的参数估计全部不显著,表明我国风险投资对技术创新可能并不具有明显的影响作用。

模型(2)和模型(4)显示了分地区的情况,东部地区各省域的风险投资额的增加对该地区专利产出有一定的抑制作用,而在中、西部地区增加风险投资额能够带来专利产出一定程度的增加。但二者参数估计的显著性都没有通过检验。

第四节 基本结论

本章使用中国的时间序列数据和省级面板数据分别作计量分析,考察风险投资对技术创新的影响作用,在一定程度上解决了现有研究中存在的部分问题,得到的结果相对较为可靠。本章基本结论如下。

第一,在中国,风险资本对技术创新的影响并不显著,参数估计的显著性水平都未能达到预期水平,这一结果与以往的国外研究结论和绝大部分国内研究不同。

从实际角度来看,这种结果反映出我国风险投资事业发展目前还存在诸多问题,尚有广阔的发展空间,风险投资大力带动技术创新的局面远未呈现,国内的技术创新仍然主要依靠传统政府 R&D 财政支持。一方面是由于我国风险投资正处于发展初期,人才匮乏、资金规模较小导致风险投资机构远未成熟,只能给被支持企业提供有限的帮助;另一方面是我国风险投资对技术创新的宏观影响机制尚未清晰,相关研究有待深入,因而在实际操作中缺乏理论指导,这些都在很大程度上限制了风险投资在技术创新中应发挥的作用。

从数据角度来看,本章选取专利数作为衡量创新成果的量化指标,虽然符合国际、国内一般做法,但专利数只能反映技术创新的研究成果,而一项创新成果的最终实现还要经历商业化、产业化,由于相关法律法规政策尚不完善,风险投资退出机制尚不健全,中国的风险投资机构相对较为谨慎,被投资企业大多已经初具规模或者已经表现出具有广阔的发展前景,风险投资在这些阶段的作用未能在本章的研究中体现。另外,本章实证研究所选取的研究与发展经费(R&D)支出使用的是国家统计局公布的政府支出项,而实际中支撑技术创新的 R&D 支出不仅包括政府支出,也包含其他多种渠道的资金来源,风险投资显然也在其中,因而实证结果也可能存在共线性问题,这有待在进一步研究中克服。

第二,面板数据回归结果显示了分地区的情况,东部地区的风险投资额的增加对该地区专利产出没有明显的促进作用,而在中、西部地区,风险投资额增加会较为显著地促进该地区的专利申请受理数。这一结论可能的解释为,对于东部地区的企业而言,其自身的创新动力足够强且政府对企业研发活动的财政支持比较充足,使得东部地区企业创新资金相对较为充裕,从而对风险资本的实际需求不如中、西部地区大,即风险资本对东部地区技术创新的激励作用小于中、西部地区。

中国正处在经济转型的关键时期,转变经济发展方式,注重自主创新,提高企业、地区、国家的自主创新能力是提高综合国力的最初动力。对自主技术创新的影响因素研究是一项长期而复杂的系统工程,这些影响因素不仅具有地区性、国际性差异,同时也会随着时间的推移而发生变化。本章试图从17年的时序数据和3年的面板数据中找出中国技术创新的影响因素和作用机理,但由于统计数据的残缺,尤其是地区风险投资数据的不可得性,本章的研究只做出了初步的努力尝试;另外,样本数据可能存在的共线性问题也在一定程度上影响了计量分析的可靠性,这多少降低了本次研究的参考价值。

随着时间的推进,中国的统计数据会日趋完整壮大,本章进一步的研究包括实证模型的改进,考虑到中国的实际情况,可以在模型中加入其他一些必要的控制变量;尽量消除样本数据共线性问题,同时扩充样本数据为多时期的面板数据,随着样本的扩大,可以进一步细化经济区域划分,详细研究在每一个具有自身特征的经济区,技术创新是如何受到各种因素影响的,从而逐步揭示技术创新的秘密,指引经济发展方式转变的道路。

本章参考文献

[1] Astrid Romain, Bruno van Pottelsberghe de la Potterie. The Economic Impact of Venture Capital. *Working Paper WP - CEB*:04/014, UniversiteLibre de Bruxelles, 2004, 4:456-476.
[2] Kortum S., Lerner J. Assessing the Contribution of Venture Capital to Innovation. *The RAND Journal of Economics*, 2000, 31(4):674-692.
[3] Tykvova T. Venture Capital in Germany and its Impact on Innovation. *Social Science Research Network Working Paper*, EFMA Conference, 2000:345-360.
[4] 程昆,刘仁和,刘英. 风险投资对我国技术创新的作用研究. 经济问题探索,2006(10).
[5] 成思危. 中国风险投资年鉴. 北京:民主与建设出版社,2010-2012.

自主创新与经济增长

[6] 陈治,张所地.中国风险投资对技术创新推动效应的影响.商业研究,2013(1).

[7] 方世建,俞青.中国风险投资对技术创新影响的实证研究.西北工业大学学报(社会科学版),2012(12).

[8] 黄铭,朱孝忠.风险投资对技术创新的作用研究——来自中国省际数据的经验证据.淮南师范学院学报,2012(1).

[9] 李光泗,沈坤荣.技术进步路径演变与技术创新动力机制研究.产业经济研究,2011(6).

[10] 刘伟.中国技术创新的作用及其影响因素研究.大连:东北财经大学出版社,2011.

[11] 吕炜.论风险投资机制的技术创新原理.经济研究,2002(2).

[12] 沈坤荣.经济发展方式转变的机理与路径.北京:人民出版社,2011.

[13] 王元,张晓原,赵明鹏.中国创业风险投资发展报告.北京:经济管理出版社,2012.

[14] 杨兆廷,李吉栋.自主创新的金融支持体系研究.北京:经济管理出版社,2009.

第十二章　风险投资影响自主创新的计量检验

本章提要　本章利用 Kortum and Lerner(2000)的专利产出模型,根据1994—2011年的专利授权数和全要素生产率,就全国范围对中国风险投资与自主创新的关系进行实证分析。研究显示,现阶段我国自主创新的主要动力依然是 R&D 经费投入;风险投资仅仅增加了专利数量,并没有有效促进创新活动在生产中的运用。在对我国七大区域进行面板数据检验后发现,风险投资对创新的影响在经济发达地区更明显。为此本章还就如何有效发挥风险投资的作用分地区、宏观、微观三方面提出了相应的政策建议。

第一节　研究背景与文献综述

一、研究背景

自从美国在1946年成立了第一家风险投资机构以来,风险投资在美国开始蓬勃发展,为美国创新型国家建设做出了贡献。世界各国政府纷纷效仿美国风险资本行业的成功做法,把风险投资作为创新的一部分和高新技术产业创新的推动力量,如日本实施的官民结合、通力协作的模式,欧洲采取的以政府直接投资作为投资主体的方式,美国的官助民营的模式等,从而在国家技术和商业创新上取得了丰硕的成果。

美国、日本、欧洲等地利用风险资本以提高创新能力的成功例子对我国有着重要的借鉴意义。身处发展中国家的中国,由于创新经济比较落后,风险投资是否能作为最有效促进企业自主创新能力的融资形式?美国、日本、欧洲、以色列等国家的成功案例是否能转变为中国创新经济政策的模式从而起到示范效应呢?如果风险投资适用于中国的经济环境,中国应该怎么做使得风险投资能够结合自身国情针对创新经济的影响特点来发展风险投资行业?如何解决目前中国风险投资行业发展过程中存在的如投资阶段偏后、增值服务不到位、制度建设存在缺陷等问题？这些问题都需要进行研究，因为中国和发达国家的国情和现实不同，如果照搬发达国家的发展模式，那么很有可能会适得其反，反而损害本国自身的技术和商业创新的发展。

二、文献综述

关于风险投资和创新之间的关系的研究，主要围绕风险投资对创新的影响是激励、抑制还是中性来进行的，大部分的研究认为风险投资对创新具有促进作用，但是也有研究认为这种促进作用不明显，甚至风险投资可能阻碍创新的发展。

关于风险投资能否促进创新，最早给出结论的是 Kortum and Lerner(2000)，以美国20个产业1965—1992年的数据作为样本，对一共530家风险投资背景的公司和非风险投资背景的公司进行了实证分析，以检验风险投资对知识产权、技术创新的作用，发现风险资本能解释15%的产业创新，风险资本的数量越多，企业的专利比例增加越大，且其效应为普通R&D的3.1倍。他们还发现获得风险投资的公司比起非风险投资的公司，更倾向于创新，拥有的专利更多，且更加维护专利权益。Hellman and Puri(2000)通过比较美国硅谷173个高科技创业公司和非风险投资的公司，发现风险资本和产品市场策略以及创业公司的成果间存在高度相关性，追求创新策略的公司更容易且能更迅速得到风险资本。Tykova(2000)通过比较1991—1997年的德国数据发现风险投资与专利申请有正相关关系，风险投资额翻一番会促使专利申请量上升12%，风险资本支持的企业翻一番会促使专利申请数上升21%。Tang and Chyi(2008)通过研究台湾产业的全要素生产率，发现由于知识内部扩散，风险资本行业的发展显著促进了产出的增长。

然而有另一些研究表明风险投资对创新并没有显著的影响。Ueda and Hirukawa(2008)通过1965—1992年的样本数据，从专利、全要素生产率、劳动生产率三个方面来衡量创新，发现虽然风险投资能够激励专利数的增多，但是对全要素生产率没有促进效果，风险投资虽然与劳动生产率正相关，但这个影响是由风险投资密集的行业偏好采用更多的资源对劳动进行技术替代导致的。Engel Dirk et al.(2006)研究德国数据认为尽管风险投资公司的专利申请数量高于没有风险投资的公司，但事实上这些专利在投资前就已经获得，风险投资仅作用于已有创新成果的公司，公司的创新水平是投资前的选择过程造成的，而不是风险投资本身促成的。

关于风险投资抑制创新的观点，Gilbert and Newbery(1982)的研究表明即使在市场失灵的情况下，专利制度为垄断者提供了一个赢得比赛的手段，那些在R&D研发方面低效率的企业为了能够打败其他有效的竞争者的威胁，常常倾向于申请更多排他性专利，因此风险投资的进入常会起到恶化的作用。Tredennick(2001)的研究认为风险投资只会投资于传统的、已得到证实的技术成果，而不会被投资到未得到证实的创新想法上。Zucker et al. (1998)研究美国1976—1989年生物技术新兴行业751家公司的数据，发现生物公司的创新率与风险投资的规模负相关。

国内学者在这方面的研究大多是从规范的角度出发，主要从风险投资的特点和运作机制来分析，只有极少数的学者利用中国数据进行过实证研究。王雷和党兴华(2008)运用典型相关分析研究了1994—2006年数据，发现风险投资额与专利授权书、高技术产品出口额、高技术产业工业总产值和工业增加值之间存在正相关关系，但其影响程度还远远低于R&D的影响程度。朱孝忠(2008)就中国风险投资对技术创新的作用进行了宏观、中观、微观三个层面的研究并在此基础上进行了计量回归，得出具有显著促进作用的结论。但国内的研究大多都是从典型相关性分析方面进行考虑，缺少计量模型的回归分析，并且使用的宏观数据较少，用于衡量创新的指标过于单一，有待进一步加以验证。

从世界各地的范围来看，风险投资在促进企业技术创新和地区经济发展这两方面扮演着越来越重要的角色。但是国内学者对风险投资的研究大多从规范出发，停留在理论或者制度研究层面，很少有学者进行实证分析。基于此现实，本章利用中国近年来风险投资和创新方面的统计数据，借鉴国外的研究思路，进行实证研究，不但直观地给出了风险投资和自主创新能力的相互关系和影响程度，一定程度上为今后这方面的研究提供了指导和参考，还针对文章的研究结论，提出了不同层面上的政策建议，为中国今后如何统筹和发展全国和区域的风险投资和自主创新给出建设性意见。

第二节　创新指标的选择

"创新"一词源于Schumpeter(1912)提出的以创新为核心的经济发展理念。作为创新理论的提出者，Schumpeter认为，创新即"建立一种新的生产函数"，重新排列生产要素，把从没有的关于生产要素和生产条件的"新组合"引

自主创新与经济增长

进生产体系中,实现对生产要素或条件的"新组合";所谓"经济发展"就是整个社会不断实现"新组合"。

自主创新是 20 世纪 90 年代才开始被引进的一个新的概念,强调技术在单纯引进的基础上进行消化吸收再创新。关于自主创新主要有以下几个观点:① 定义为单纯的技术创新,认为自主创新就是技术水平、专利数目、研发成果的综合体现。② 定义为一种经济行为,不同于单纯的技术创新,还应该涉及根据市场和生产的需要对研发技术的选择,研发过程中的各种中间投入,以及使最终研发成果逐步成熟并适用于生产、市场所做的努力(谢燮正,1995)。③ 认为自主创新的本质与知识产权相一致,认为自主创新是以追求自主知识产权为目标的创新(徐大可和陈劲,2006),自主创新就是要拥有自己的核心技术和知识产权(毛建军,2005),并认为自主创新就是要关注创新的自主性以及技术的率先性,将自主创新分为根本的自主创新和渐进的自主创新。④ 通过与模仿创新区分来定义自主创新,自主创新不同于"二次创新"的模仿创新,它是凭借自身来突破核心技术,但不一定产生自主知识产权(彭纪生和刘伯军,2003)。由于本章主要进行计量回归,从操作便利性出发,所选的数据主要侧重于单纯的技术创新,包括原始创新、集成创新和引进消化吸收再创新三种类型。

因为创新的抽象性,对其直接衡量较为困难,因此学术界一直在关注用何种替代性的指标来进行间接衡量。Kortum and Lerner(2000)曾经用专利数来表示自主创新的能力,但是,衡量技术上的自主创新是一项很困难的任务,需要多方面综合考虑而非单一的指标所能反映。例如,Jaffe and Lerner(2004)指出,近期专利是如何开始破坏创新、企业和经济产出的,尽管专利曾被认为是创新的源泉和支撑。Allison et al.(2003)指出很多专利是不值得执行的,因为这些专利所代表的创造发明是没有丝毫价值的。因此,为避免此类状况的发生,在本章中,将使用多方面的指标来表示自主创新的能力。虽然至今还没有一套完整的指标体系,但是浏览国内外学者所做的研究,主要是通过创新投入、创新产出、创新环境三个方面来进行衡量的,综合以往主流研究和数据处理的便利性,本章主要选择以下两种指标来衡量创新。

(1) 专利。在我国,专利有三方面的含义:第一,指专利权人(发明创造者或其权利继受者)对发明创造享有的独占使用权;第二,指受到国家法律保护的专利技术或者方案;第三,特指由专利局颁发的专利证书和文献记录,用以记录申请人发明创造的内容,并确认申请人享有专利发明的权利。使用专利来进行创新的衡量的好处是,专利几乎涵盖所有领域、不同国家,因而使不同行业或者地区间的比较显得便捷;并且大多数国家都具有较完善的专利统计的数据库,数据的来源较为完整。但是使用专利来替代创新也具有一定的局限性:首先,并非所有创新都是专利,当发明者认为申请专利会存在向潜在的竞争者透露发明的核心技术从而损害公司利益时,发明者就会选择其他的技术手段进行替代从而达到保护自身优势的效果,如保密(Trajtenberg,1999)。其次,由于专利申请程序繁琐,所需时间长、所用成本高,公司可能会理性地选择不申请专利而采取其他手段(Arundel and Kabla,1998);再者,由于创新本身具有复杂性,并非所有创新都能用专利来衡量(Coombs et al.,1996)。最后,专利不等同于创新,由于创新具有高风险性,如果将专利看作创新的投入,那么并非所有专利都会导致创新。此外,一些专利仅仅是作为垄断性行业阻止潜在竞争者进入的商业行为以及低信用小公司吸引外部投资的手段,这些情况下的专利是不能投入生产并被真正称为创新的。由于专利是高度异质的,因此在使用专利进行数据处理时,要特别注意各国间不同的专利制度,选定合适的方式区别对待不同专利间的价值,从而使数据在时间、空间上具有可比性。

(2) 全要素生产率(total factor productivity,TFP)。全要素生产率是一种用以说明产出相对于投入数量的改变发生何种变化的全部资源指数,是把劳动和资本指数结合形成的。使用全要素生产率进行衡量的优点在于:它是真正产出成果的体现,能够较为客观地反映创新的成果与其在生产中的应用。使用全要素生产率进行衡量的局限性主要在于:首先,指标的计算标准不一,较为复杂,并且有可能因为价格指数导致低估现象(Nordhaus,1997)。其次,由于国家某个企业或者部门出现的本质性的技术潜力变化是不能体现出技术变革的任何信息的,因为这种变化无论在何种模型中都会改变资本和劳动力的流动从而改变投入产出(Wright,1997)。此外,TFP对"接下来要发生什么"缺乏解释力(Thomas,2008)。

第三节 回归模型设定

本章借用 Kortum and Lerner(2000)提出的专利产出函数。假设:

$$P_{it} = (R_{it}^{\rho} + bV_{it}^{\rho})^{\alpha/\rho} u_{it} \qquad (12.1)$$

自主创新与经济增长

其中,专利(P)由 R&D 经费支出(R)和风险资本(V)决定,同时误差项(u)用来反映由对专利的偏好和技术机会而引起的波动。在 Kortum and Lerner 的文献中,i 曾被用来表示不同的行业,但是由于中国这类统计方面数据的获取难度以及在中国,比起行业的影响来说,区域的影响更大。因此在本章中,将主要考虑不同地区间的风险投资的影响,i 和 t 分别代表不同区域和不同年份;系数 a 用于衡量 R 和 V 的规模回报,例如,R 和 V 每 1% 的增长所引起的专利数的变化的百分比;系数 b 用于衡量风险资本在这个专利产出函数中的地位,如果 b 大于 1,那么风险资本就比 R&D 经费更能刺激创新;ρ 用来衡量 R 和 V 之间的替代程度,当 ρ 趋向于 0 时,上述专利产出函数就表现为传统的柯布—道格拉斯函数的形式:

$$P_{it}=R_{it}^{a/(1+b)}V_{it}^{ab/(1+b)}u_{it} \tag{12.2}$$

当 ρ 等于 1 时,函数就简化为:

$$P_{it}=(R_{it}+bV_{it})^{a}u_{it} \tag{12.3}$$

为了进行研究,我们需要对上式进行化简。假设:

$$P_{i,t}=(R_{i,t}^{\rho}+bV_{i,t}^{\rho})^{a/\rho}u_{i,t} \tag{12.4}$$

ρ 的最适宜数值需待我们回归决定。对上式两边取对数,得到:

$$\ln P_{i,t}=(a/\rho)(R_{i,t}^{\rho}+bV_{i,t}^{\rho})+\ln u_{i,t} \tag{12.5}$$

根据 Kortum and Lerner(2000)的研究分析显示,$\rho=1$ 是一个合适的假设,能够用此来简化我们的方程。其次,为了避免技术上的困难,我们使用线性方程来进行回归分析。Griliches(1986)在他分析生产增长率的影响的基本研究中提到,风险资本与 R&D 经费相比,仅仅占了很小的一部分,所以他认为可以用泰勒展开式来对上述函数进行处理。仿照 Griliches 的方法,在这里,因为 V/R 近似于 0,在 $\rho=1$ 的情况下,我们对等式两边进行线性化处理,得到:

$$\ln(P_{i,t})=a\ln(R_{i,t})+ab\ln(V_{i,t}/R_{i,t})+\ln(u_{i,t}) \tag{12.6}$$

因此在下文中我们将利用式(12.6)作为我们进行回归的基本模型。同时为了防止虚假回归的出现,在进行回归以前需进行格兰杰因果关系检验。表 12-1 中的数据,V 用风险资本总额表示,R 用 R&D 经费支出表示,P 用专利授权数表示。

第十二章　风险投资影响自主创新的计量检验

表 12-1　1994—2011 年我国 R&D 经费支出、风险投资与公司自主创新

年份	风险资本总额(亿元)	R&D 经费支出(亿元)	专利授权数(件)
1994	41.700 0	309.800 0	43 297
1995	43.800 0	348.700 0	45 064
1996	47.100 0	404.500 0	43 780
1997	83.600 0	509.200 0	50 992
1998	147.300 0	551.100 0	67 889
1999	256.700 0	678.900 0	100 156
2000	436.700 0	895.700 0	105 345
2001	532.000 0	1 042.500 0	114 251
2002	581.500 0	1 287.600 0	132 399
2003	500.500 0	1 539.600 0	182 226
2004	439.000 0	1 966.300 0	190 238
2005	441.300 0	2 450.000 0	214 003
2006	583.850 0	3 003.100 0	268 002
2007	1 205.850 0	3 710.200 0	351 782
2008	2 506.160 0	4 616.000 0	411 982
2009	1 782.060 0	5 791.900 0	581 992
2010	2 359.870 0	7 062.600 0	814 825
2011	1 694.850 0	8 687.000 0	960 513

资料来源:《中国风险投资年鉴》和《中国统计年鉴》。

先通过对各指标进行单位根检验来验证时间序列的平稳性,在本节中使用增广的迪基—富勒检验(ADF 检验)来对各指标进行单位根的平稳性检验,发现专利授权数(P)是平稳序列,风险资本总额(V)在一阶差分的情况下是平稳的。因此将一阶差分的风险资本总额(P)和专利授权数进行格兰杰因果关系检验,所得结果如表 12-2 所示。

表 12-2　格兰杰因果关系检验结果

原假设	观测值	F 统计值	显著性水平
专利授权数不是引起风险资本总额的格兰杰原因	15	0.198 5	0.823 1
风险资本总额不是引起专利授权数的格兰杰原因		14.094 7	0.001 2

自主创新与经济增长

从以上结果中可以看出,第一个假设"专利授权数不是引起风险资本总额的格兰杰原因"所得结果F统计值为0.1985,小于临界值,因此不能拒绝假设。第二个假设"风险资本总额不是引起专利授权数的格兰杰原因"的F统计值为14.0947,远大于临界F值,显著性水平为0.0012,低于5%,因此应当拒绝原假设,即风险资本总额是引起专利授权数变化的格兰杰原因。从以上检验结果中可以得出:风险投资与企业自主创新间存在着明显的单向因果关系,风险投资额的增大或减少必然会引起企业自主创新方面专利数目的变化,而企业专利数的增减却未必会引起风险投资的改变。因此本章的模型设定有效。

第四节 风险投资对全国自主创新的影响

一、用专利数衡量的回归

利用表12-1中的数据,即包括1994—2011年各年度的风险资本总额、R&D经费支出、专利授权数进行回归,表12-3展示了普通的最小二乘法进行线性回归的结果(设$\rho=1$)。

表12-3 模型回归结果

	回归系数	标准误差	t-Statistic	Prob.
R	0.9135	0.0321	28.4171	0.0000
V/R	0.0434	0.0699	0.6207	0.5441
C	5.3797	0.2854	18.8501	0.0000
R^2	0.9845	F-statistic		477.3725
调整R^2	0.9825	Prob(F-statistic)		0.0000
DW stat	1.0509			

注:R代表R&D经费,V/R代表风险投资额/R&D经费,C代表常数项。

从表12-3的回归结果可以得出以下结论:R&D经费每增加1%,大约能促进全国专利授权数增加0.91%;风险投资额对全国专利授权数的影响为正,影响程度小于R&D经费的影响程度,大约为R&D经费的4%。即说明在我国,整体来看风险投资对专利数具有促进作用,但促进作用较小,R&D研发经费仍是促进专利数增长的主要动力。总的看来,模型的回归结果R^2较高,F值显著,证明模型回归方程的拟合度较好。

二、用 TFP 增长率衡量的结果

为了验证上文结论的有效性,我们接着用 TFP 增长率来代替专利授权数,从而看看这个替代变量回归后是否能产生与使用专利数时相同的结果。如果回归后能产生相似的结果,我们就可以较肯定地得出结论证明风险投资在我国对自主创新具有促进作用。表 12-4 显示的是 1994—2009 年我国 TFP 增长率。

表 12-4 1994—2009 年我国 TFP 增长率

年份	1994	1995	1996	1997	1998	1999	2000	2001
TFP 增长率	3.629 0	1.172 0	0.337 0	0.119 0	−0.861 0	−0.712 0	0.411 0	0.290 0
年份	2002	2003	2004	2005	2006	2007	2008	2009
TFP 增长率	0.817 0	1.130	0.651 0	2.211 0	3.861 0	5.382 0	0.857 0	−0.402 0

回归结果如表 12-5 所示。从表 12-5 的回归结果可以看出,R&D 经费对我国全要素生产率(TFP)的具有促进作用,R&D 经费每增长 1%,全要素生产率(TFP)大约增长 0.87%;风险投资额对全国的全要素生产率的影响为负,其程度约为 R&D 经费的 1.5 倍。

表 12-5 二元模型回归结果

	回归系数	标准误差	t-Statistic	Prob.
R	0.865 0	0.512 8	1.686 8	0.115 5
V/R	−1.542 2	0.940 4	−1.640 0	0.125 0
C	−7.025 1	0.405 8	−1.594 5	0.134 8
R^2	0.223 5	F-statistic		1.870 9
调整 R^2	0.104 0	Prob(F-statistic)		0.193 2
DW stat	1.151 1			

注:R 代表 R&D 经费,V/R 代表风险投资额/R&D 经费,C 代表常数项。

三、结果的比较与解释

比较以上两个回归结果,我们能大致得出以下几点结论:① 在全国水平上,风险投资对专利授权数具有促进作用,其影响程度约为 R&D 经费的 4%。② 在全国水平上,风险投资对全要素生产率(TFP)具有负面影响,其影响程度约为 R&D 经费的 1.5 倍。可以看出风险投资增加了我国企业的专利数目,但是并没有有效促进我国制造业的全要素生产率,换句话说,风险投资促使企业去为其现有的技术和科研成果申请专利,而并没有有效促进创新活动在生产中的运用。

分析风险投资为什么能够增加专利数,主要有以下几点原因。

(一) 风险投资可能会引起现有企业增加防守型的专利

风险资本会加强新兴的企业的竞争力,而来自新兴企业的竞争压力就有可能引起现有的企业增加防守型专利的申请。Gilbert and Newbery(1982)认为这些现有企业为了排除竞争压力,一种常用的方法就是通过申请专利来阻止新进入的企业使用其创新成果,尽管有时这些现有企业并不会将这些专利成果商品化或者投入生产。站在支持阻止进入说的立场上,Cohen et al.(2000)的研究证实了82%的被试者提到因为这种阻止的动机而申请了专利,并且这种动机在研究统计中所占的比例仅次于为了防止抄袭的动机(96%)。当新兴的企业因为风险资本的支持变得更强时,这种来自竞争的压力就会促使更多的现有企业去申请专利。

(二) 风险资金对于现有企业来说,更青睐拥有更高专利研发动机的新兴企业

风险投资更多涌向新兴的企业,这些企业相比现有企业来说,具有更高的专利研发动机,更有可能频繁使用专利来增加利润。从第一家风险投资机构美国研究与发展公司(ARD)的投资行为可以看出,它所投资的企业基本上都是传统银行不愿涉及的创业企业,这些企业的一个共同特征是拥有新技术和新创意,但缺乏实体资产。Levin et al.(1987)研究发现相对于别的手段如保密、生产周期、销售和服务方面的努力,大企业很少有效地使用专利来作为增加利润的手段。然而,新兴产业常常缺乏除专利以外有效的手段来激励自身的经营,因为新兴企业常常缺乏独立的制造和销售能力,所以当和现有企业相比时,这些新兴企业更有可能使用专利。Hall and Ziedonis(2001)研究发现美国的设计行业中,专注产品创意的企业比起那些拥有独立生产能力的企业有更高的申请专利的动机。Cohen et al.(2000)研究发现在美国制造业中,当企业拥有新兴企业常常不能承担的完整的销售和服务资产时,很少有申请专利的动机。

(三) 新兴企业的专利动机增加了风险资本的预期

当融资变得更方便时,新兴企业的专利动机会增加,因此专利是一种有效获得投资的手段。Hall and Ziedonis(2001)研究发现半导体行业的企业常常

申请专利,以此作为确保融资的方法,尤其是当企业还年轻时。Ueda(2004)同样指出依靠风险资本投资的企业可能会有更高的动机来增加它们为创新成果申请专利,从而减轻风险资本剥夺其创新成果的威胁。

第五节 风险投资对区域自主创新的影响

一、数据选择与处理

为了研究我国风险投资对区域自主创新的影响,笔者延续上一节中提到的式(12.6)考虑时间和地区因素的思路来进行线性回归。u代表随机扰动项,i和v分别代表地区和时间因素。

由于地理、政治和经济等方面的差异,中国的风险投资业发展极不平衡。在客观考察中国风险投资业实际的地区发展状况后,我们将研究的中国大陆地区分为两大重点城市(北京、上海)和除此之外的五大区域(东北、华北、华东、中南、西部)。在下文的研究中,我们主要依据此分法来衡量风险投资的地区分布差异对自主创新的不同影响。各区域所包含的省市分类见表12-6。

表12-6 中国大陆地区调查区域划分

地区	所辖省市
北京	北京市
华北	天津市、河北省、陕西省、内蒙古自治区
东北	辽宁省、吉林省、黑龙江省
上海	上海市
华东	山东省、江苏省、安徽省、浙江省、江西省、福建省
中南	河南省、湖北省、湖南省、广东省、广西壮族自治区、海南省
西部	陕西省、新疆维吾尔自治区、重庆市、四川省、贵州省、甘肃省、青海省、宁夏回族自治区、云南省、西藏自治区

在被解释变量的选择上,用2003—2011年我国七大区域专利授权数来反映自主创新程度(P),用2003—2011年我国七大区域R&D研究经费来反映研究经费(R)、用2003—2011年我国七大区域新募集风险资本额来表示风险投资(V)。具体数据如表12-7、表12-8、表12-9所示。

自主创新与经济增长

表 12-7 2003—2011 年我国七大区域专利授权数　　　　　　　单位：件

	2003 年	2004 年	2005 年	2006 年	2007 年	2008 年	2009 年	2010 年	2011 年
北京	8 248	9 005	10 100	11 238	14 954	17 747	22 921	33 511	40 888
华北	8 069	8 005	8 695	10 689	14 247	15 893	18 964	27 915	32 337
东北	10 140	10 703	11 124	13 340	16 773	18 223	20 552	28 216	36 332
上海	16 671	10 625	12 603	16 602	24 481	24 468	34 913	48 215	47 960
华东	41 534	43 846	51 826	76 440	109 903	138 657	224 535	342 939	269 103
中南	39 869	42 875	49 586	60 790	77 955	88 240	118 044	171 478	187 938
西部	12 149	13 731	14 202	19 662	25 391	29 797	43 428	67 134	69 536

资料来源：《中国统计年鉴》。

表 12-8 2003—2011 年我国七大区域 R&D 研究经费　　　　　　单位：亿元

	2003 年	2004 年	2005 年	2006 年	2007 年	2008 年	2009 年	2010 年	2011 年
北京	256.3	317.3	382.1	433	505.4	550.3	668.2	821.8	936.6
华北	100.7	128.8	169.5	224.7	278.2	361.3	445.6	538.6	697.7
东北	143.5	177.8	212.9	233.7	282.3	329.6	421.7	486.3	581.7
上海	128.9	171.1	208.4	258.8	307.5	355.4	422.5	481.7	597.7
华东	417.4	576.9	756.2	968.7	1 226.9	1 622.5	1 965.3	2 445.9	3 040.9
中南	311.3	361.2	435.1	561.1	714.9	922.7	1 244.8	1 540.5	1 957.6
西部	205.4	233.3	285.8	322.8	395.1	474.1	623.9	747.8	874.9

资料来源：《中国统计年鉴》。

表 12-9 2003—2011 年我国七大区域风险资本总量　　　　　　单位：亿元

	2003 年	2004 年	2005 年	2006 年	2007 年	2008 年	2009 年	2010 年	2011 年
北京	75.08	100.97	136.80	265.92	51.01	992.44	504.85	344.1	47.28
华北	30.03	21.95	22.07	11.65	24.36	73.68	41.9	34.67	50.75
东北	30.03	4.39	13.24	20.4	18.33	24.31	35.26	82.08	13.48
上海	50.05	26.34	48.54	90.98	360.55	430.81	310.42	512.07	169.95
华东	70.07	70.24	48.54	61.92	31.59	233.57	171.33	381.69	334.01
中南	185.19	197.55	127.98	80.94	245.99	731.3	354.79	514.15	805.43
西部	60.06	21.95	44.13	20.58	39.91	22.30	57.97	162.05	66.11

资料来源：《中国风险投资年鉴》。

二、模型的回归与分析

为选择使用何种模型来回归上述面板数据,以使结果达到最优,需要先对上述数据进行 F 检验,假设:

$$F_1 = \frac{(S_2-S_1)/[(N-1)K]}{S_1/[NT-N(K+1)]}, F_1[(N-1)K, N(T-K-1)] \quad (12.7)$$

$$F_2 = \frac{(S_3-S_1)/[(N-1)(K+1)]}{S_1/[NT-N(K+1)]}, F_2[(N-1)(K+1), N(T-K-1)]$$
(12.8)

其中,S_1、S_2、S_3 分别为变系数、变截距和混合模型的残差平方和,N 为截面个体数量,K 为解释变量的个数,并提出以下两个假设:

$$H_1 : \beta_1 = \beta_2 = \cdots = \beta_N$$

$$H_2 : \alpha_1 = \alpha_2 = \cdots = \alpha_N, \beta_1 = \beta_2 = \cdots = \beta_N$$

先判断 F_2,如果计算结果小于给定显著性水平下的相应临界值,就接受假设 H_2 并采用混合模型拟合样本。如果结果大于临界值,则需判断 F_1 的大小,当 F_1 小于给定显著性水平下的相应临界值,就接受假设 H_1 并采用变截距模型,若结果大于临界值就拒绝假设 H_1 并采用变系数模型。对 LNP、LNR、$LN(V/R)$ 进行上述三种回归,得到 $S_1=1.050110$,$S_2=1.825367$,$S_3=9.594720$。将结果代入上述公式得到 $F_1=2.5839$,$F_1[12,42]$;$F_2=18.9860$,$F_2[18,42]$。对应表格,可知在自由度为 $[18,42]$ 时,在显著性水平为 5% 的情况下,F_2 的临界值为 1.86,对应的 $F_2=18.9860$ 大于临界值,所以应该拒绝假设 H_2;在自由度为 $[12,42]$ 时,在显著性水平为 5% 的情况下,F_1 的临界值应为 1.99,$F_1=2.5839>1.99$,所以应该拒绝假设 H_1,选择用变系数模型拟合。回归结果如表 12-10 所示。

表 12-10 面板数据模型回归结果

变量	系数	标准误差	T统计值	概率
C	4.020 367	0.250 936	16.021 48	0.000 0
_BJ—lnR	1.300 550	0.132 308	9.829 734	0.000 0
_HB—lnR	0.810 401	0.108 589	7.463 002	0.000 0
_DB—lnR	0.922 642	0.120 362	7.665 561	0.000 0
_SH—lnR	0.873 399	0.126 445	6.907 346	0.000 0

自主创新与经济增长

(续表)

变量	系数	标准误差	T统计值	概率
_HD—lnR	1.157 757	0.083 142	13.925 10	0.000 0
_ZN—lnR	0.873 833	0.085 797	10.184 85	0.000 0
_XB—lnR	1.311 114	0.112 804	11.622 96	0.000 0
_BJ—ln(V/R)	−0.033 394	0.053 793	−0.620 778	0.538 1
_HB—ln(V/R)	0.070 998	0.123 500	0.574 886	0.568 4
_DB—ln(V/R)	0.006 874	0.076 812	0.089 490	0.929 1
_SH—ln(V/R)	0.147 449	0.082 983	1.776 864	0.082 8
_HD—ln(V/R)	0.125 615	0.093 864	1.338 257	0.188 0
_ZN—ln(V/R)	−0.001 740	0.112 538	−0.015 459	0.987 7
_XB—ln(V/R)	0.084 033	0.099 033	0.848 536	0.400 9

固定效应(Cross)

_BJ—C	−2.453 929
_HB—C	1.150 553
_DB—C	0.495 639
_SH—C	1.167 945
_HD—C	−0.323 928
_ZN—C	1.493 041
_XB—C	−1.529 321

Cross-section fixed(dummy variables)

R^2	0.981 392	F-statistic	110.751 9
调整 R^2	0.972 530	Prob(F-statistic)	0.000 000
Durbin-Watson stat		1.642 335	

观察表12-10所显示的结果,主要能得出以下结果:① R&D经费支出(lnR)的系数较大,0.8至1.3不等,即R&D经费每变化1%,会促进各地区专利授权数增长0.8%至1.3%不等。② 风险投资额对R&D经费的比率(lnV/R)有正有负,随地区的变动差异较大,在经济较发达的沿海地区,风险投资额比R&D经费的比率为正,如上海和华东地区,lnV/R 的系数已达到14.75%和12.56%,即其影响程度大约为R&D经费的14.75%和12.56%;在经济较落后的内陆地区,系数较小,有些(如中南地区)甚至为负。从总体来看,整个模型的拟合程度较好,R^2 和 F 值很高,且 DW 值也显示出残差不存在自相关。R&D经费支出(lnR)的系数较显著,拟合程度好;风险投资额比

R&D经费的比率的系数虽然不太显著,但是也能从一定程度说明在中国风险投资额与R&D经费相比,对专利数的影响程度很小,即使有推动作用,也都发生在经济发展较快的东部沿海地区。

三、对回归结果的解释

从上文中可以看出,风险资本额对专利授权数的影响随地区差异变动较大,在经济较发达的沿海地区,风险投资额比R&D经费的比率对专利授权数的影响程度明显大于经济较落后的内陆地区。下面来探究为何在我国部分经济不发达的地区,风险投资的增加反而不利于企业创新能力的提高。

原因首先是因为在我国经济不发达的内陆地区,风险投资机构还不完善,不能正确有效地运用风险投资。大多数机构进行风险投资仅仅是为了获取高新技术企业的红利,这些机构往往提供很少的资金,并且千方百计通过签订对赌协议等霸王条款来保证自己的收入,而不是本着价值投资、价值创造的理念帮助被投资企业。而且这些风险机构自身缺乏有效的管理体制和有能力的风险投资机构管理人,这就导致了我国一些风险投资行业不能发挥完整的作用。从市场制度方面来分析,我国的风险投资行业仍然以国有资金为主导,国有资金常常因为要承担政策功能,比较呆板化,流动性差,且国有管理层缺少市场理念、价值投资的理念,而风险投资又是市场化和商业化的产物,这就导致在现实中风险投资机构难以发挥全部的作用,难以为企业提供有价值的增值的服务。

其次,在我国,R&D经费支出作为高新产业的投入,对企业的自主创新具有极大的促进作用。但是从回归结果中也能看出风险投资和R&D经费支出的比例也对企业有着较大作用的共同影响,因此只有一定量的研发投入和风险投资相配合才能更大幅度提高我国的企业创新能力。只有这样,风险投资才能发挥其应有的作用,而不是成为套利的工具。

第六节 研究结论与政策建议

通过对以上实证研究结果的分析,本章对我国风险投资与企业自主创新能力的研究主要得出以下结论。

(1)就目前总的形式来看,我国高新技术产业中R&D经费支出仍然是影响专利授权数的决定性因素之一,而风险投资对专利授权数的影响不明显。

自主创新与经济增长

这反映出我国企业自主创新的主要动力依然是 R&D 投入,风险投资对自主创新的影响能力尚不突出。

(2) 就全国水平来看,我国风险投资对高新企业的专利授权数影响为正,但对高新企业的全要素生产率的影响为负。说明风险投资仅仅增加了专利数目,但是并没有有效促进我国高新企业的全要素生产率。换句话说,风险投资仅仅促使企业去为其现有的技术和科研成果申请专利,而并没有有效地促进创新活动在生产中的运用。

(3) 按不同区域区分,我国风险投资对沿海等经济较发达地区的企业自主创新能力有较为明显的促进作用,而对内陆等经济欠发达地区的企业自主创新能力影响不明显,有些甚至起了负面作用。进而反映出我国区域发展不平衡,某些地区因为风险投资机构不完善、缺乏企业家等各种因素,高新技术产业不能有效引进先进的技术和管理,并提高创新能力。

在前文研究中我们指出了中国风险投资的现状和问题,对于如何有效发挥风险投资的作用,我们提出以下几点政策建议。

(1) 地区方面,上海、华东、广东等地作为目前国内风险投资机构集中地,其自主创新能力较强,风险资本作用较明显,为了进一步发挥现有的聚集优势,三地应因地制宜采取不同的风险投资发展模式。华东地区因高校和高科技产业聚集,属于创新的源泉,因此可以借鉴美国硅谷的模式,着力发展高新技术企业风险投资,并积极开展高校和高科技企业的合作关系,加强风险投资者和科技开发者之间的联系,大力发展风险投资中介机构的建设。上海依仗得天独厚的地理位置,已逐步发展成为全国金融中心,金融机构和金融市场较为发达,因此可以从风险投资的投融资和退出机制进行考虑,完善投资银行和证券市场的支持,创建优秀的风险投资机构,同时也要加强对中小企业的重视和扶植。广东近几年民营企业的发展极快,投资软环境不断优化,世界 500 强企业有 250 多家都在广东投资,同时又因为临近香港,可以依靠香港发达的金融业和咨询业,在硬件条件上较有优势,所以综合看来,目前广东应该加强科研机构和企业的联系,弥补科技发展的资源不足。当然,除了以上地区外,我国还存在部分省市因为先天的资源匮乏、地理位置限制等原因,使得风险投资严重缺乏,从而严重制约了该地企业自主创新能力的提高。针对这些地区,我们应该尽力完善区域自主创新的风险投资支撑体系,使当地可以因地制宜发展适宜的风险投资,当然,也要完善基础教育和金融市场,从而进一步推动我国企业自主创新能力的提高。

（2）政策体制方面，国家应当合理改变税收结构，如对不同阶段的高新技术企业投资给予不同比例的税收返还，从而激励风险投资对早期的高新技术企业的研发和创新进行支持。不断致力于提高资本市场结构的合理化程度，为早期风险投资项目提供一个良好的交易平台和退出渠道。目前我国的资本市场体制还不够健全，主板和创业板市场缺乏有效退市机制和企业价值发现机制，因此影响了风险投资市场的价值判断，引发了市场普遍的套利行为。因此完善资本市场是支持中国创新体系建立的重要举措。完善相应法规政策，建立公平竞争的制度环境，学习美国等发达国家设立专门支持中小企业尤其是高新技术企业发展的法律，将风险投资的管理纳入中小企业管理的法律中。

（3）在微观层面，风险机构应该加强人力资本的培养，吸纳有实业背景的高级复合型管理人才。同时，风险投资机构也要不断提高自身驾驭风险和发现企业价值的能力，不断提高增值服务水平，做到能不断为企业引进先进的技术和工艺，而不仅仅是通过资金投入然后上市退出的过程来实现风险投资，从而培养出创新企业、有竞争力的企业。高新技术企业在引入 R&D 投入的同时也要不断吸引有实力的风险投资，积极寻找有能力、适合的风险投资机构并获得投资和增值服务、引进服务、引进技术、开拓市场，从而提高企业的创新水平和竞争实力。

本章参考文献

[1] Allison, John R., Mark A. Lemley, Kimberly A. Moore, and R. Derek Trunkey. *Valuable Patents*, 2003. http://papers.ssrn.com/abstract=426020.

[2] Arundel A., Kabla I. What Percentage of Innovations are Patented? Empirical Estimates of European Firms. *Research Policy*, 1998, 27: 127-141.

[3] Cohen, Wesley M., Richar R. Nelson, and John Walsh. Promoting Their Intellectual Assets: Appropriability Conditions and Why U. S. Manufacturing Firms Patent (or Not). *NBER Working Paper* 7552, 2000.

[4] Coombs R., Narandren P. and Richards A. A Litrature-based Innovation Output Indicator. *Research Policy*, 1996, 25: 403-413.

[5] Engel D., Keilbach M. Firm Level Implications of Early Stage Venture Capital Investment-An Empirical Investigation. *Jounal of Empirical Finance*, 2007, 14(2): 150-167.

[6] Gilbert, Richard J., David M. G. Newbery. Preemptive Patenting and the Persistence

of Monopoly. *American Economic Review*, 1982, 72: 514-526.
[7] Hall, Bronwyn H., Rosemarie Ham Ziedonis. The Patent Paradox Revisited: An Empirical Study of Patenting in the U. S. Semiconductor Industry, 1979—1995. *RAND Journal of Economics*, 2001, 32(1): 101-128.
[8] Hellmann, Thomas, ManjuPuri. The Interaction Between Product Market and Financing Strategy: The Role of Venture Capital. *Review of Financial Studies*, 2000, 13(4): 959-984.
[9] Jaffe, Adam B., Josh Lerner. *Innovation and Its Discontents: How Our Broken Patent System is Endangering Innovation and Progress, and What to Do About It*. Princeton University Press, 2004.
[10] Levin, Richard C., Alvin K. Klevorick, Richards R. Nelson, and Sidney G. Winter. Appropriating the Returns from Industrial Research and Development. *Brookings Paper on Economic Activities*, 1987,3: 783-820.
[11] Masako Ueda, Masayuki Hirukawa. *Venture Capital and 'Industrial Innovation'*. Working Paper, University of Wisconsin, 2008.
[12] Nordhaus William D. Tranditional Productivity Estimates are Asleep at the (Technological) Switch. *The Economic Journal*, 1997,107: 1548-1559.
[13] Samuel Kortumand Josh Lerner. Does Venture Capital Spur Innovation?. *Rand Jounal of Economics*, 1998, 31: 674-692.
[14] Schumpeter, Joseph. Alois. *The Theory of Economic Development: An Inquiry into Profits, Capital, Credit, Interest, and the Business Cycle*. Transaction Publishers, 1912.
[15] Tang M. C., Y. L. Chyi. Legal Environments, Venture Capital, and Total Factor Productivity. *Contemporary Economic Policy*, 2008, 26(3): 468-481.
[16] Tereza Tykvova. *Venture Capital in Germany and its Impact on Innovation*. Working Paper, 2000 EFMA Conference, 2000.
[17] Thomas E. Vass. Will More Veture Capital Spur Regional Innovation?. *The Private Capital Market Working Paper*, 2008.
[18] Trajtenberg M. A Penny for Your Quotes: Patent Citations and the Value of Innovations. *Rand Journal of Economics*, 1990,21: 172-187.
[19] Trajtenberg M. Innovation in Israel 1968—1997: A Compatative Analysis Using Patent Data. *NBER Working Paper* No. 7022, 1999.
[20] Tredennick, Nick. An Engineer's Views of Venture Capitalists, IEEE Spectrum Online, 2011, September. www. spectrum. ieee. org/ WEBONLY/resource/sep01/ speak. html.

[21] Ueda, Masako. Banks Versus Venture Capital: Project Evaluation, Screening, and Expropriation. *Journal of Finance*, 2004, 59(2): 601-621.

[22] Ueda, Masako, Masayuki Hirukawa. *Venture Capital and Innovation: Which is First*, SSRN, 2008.

[23] Wright G. Towards a More Historical Approach to Technological Change. *The Economic Journal*, 1997, 107: 1560-1566.

[24] Zucker, Lynne G., Michael R. Darby and Marilynn B. Brewer. Intellectual Human Capital and the Birth of U. S. Biotechnology Enterprises. *American Economic Review*, 1998, 88(1): 290-306.

[25] 安慧霞. 我国区域自主创新及其风险投资机制研究. 浙江大学硕士学位论文, 2008.

[26] 毛建军. 自主创新是一种选择,更是一种实践. 科技促进发展, 2005(9).

[27] 彭纪生,刘伯军. 模仿创新与知识产权保护. 科学学研究, 2003(4).

[28] 王雷,党兴华. R&D经费支出、风险投资与高新技术产业发展——基于典型相关分析的中国数据实证研究. 研究与发展管理, 2008.

[29] 谢燮正. 科技进步、自主创新与经济增长. 软件工程师, 1995(5).

[30] 徐大可,陈劲. 后来企业自主创新能力的内涵和影响因素. 经济社会的体制比较, 2006(2).

[31] 朱孝忠. 风险投资对技术创新的作用研究. 中国社会科学院研究生院博士学位论文, 2008.

第十三章 知识产权保护水平的测算及创新效应

本章提要 本章在回顾国外文献和反观中国现实的基础上,更新和修正知识产权保护强度指数的指标体系,并据此实际测算1997—2011年中国各地区的知识产权保护水平。研究显示,中国知识产权保护对于技术创新具有非线性的影响,呈现出U型曲线特征;各地区的发展水平会间接影响知识产权保护的技术创新效应;知识产权保护对技术创新的影响体现出显著的区域差异性。

第一节 研究背景与文献回顾

一、研究背景

改革开放以来,中国经济持续保持了高速增长的态势。一般认为,中国在过去30多年里的经济成就主要归因于廉价的劳动力供给、大规模的投资和规模经济。然而,这样的传统竞争优势正在逐渐消失,单纯依靠要素投入的经济增长难以持续:由于通胀的压力和人民币升值的影响,中国的劳动力已不再廉价,许多设在中国的工厂陆续迁往菲律宾、印度尼西亚等东南亚国家;中国政府的过度投资未能促进效率的提升,产业升级面临制约瓶颈。若要实现经济的持续健康发展,中国必须想方设法突破这些约束,使经济发展由要素投入驱动向创新驱动转变,努力迈向全球价值链的上游,提高经济发展质量。

在影响技术创新的各因素里,知识产权保护制度尤为引人注意。知识产权作为一种私有权,被各国广泛确认和保护;知识产权保护制度作为维护市场经济公平有序竞争、推动新技术商品化和产业化的工具,在各国普遍确立,并被不断地丰富和完善。当前,经济全球化、产业结构调整和高技术的突飞猛进是世界经济发展的重要趋势,技术创新逐渐成为知识经济时代下最有效的竞争手段。在这样的背景下,自20世纪末以来,许多国家越来越把知识产权保护作为一项基础性的社会制度安排,甚至从国家战略的高度将知识产权战略与各项经贸政策相配合,以实现国家整体目标,提升国家竞争优势。

然而,围绕知识产权保护是否能促进一国的技术创新这一问题,发达国家和部分发展中国家存在着两种截然不同的观点。发达国家认为,加强知识产权保护对于发达国家和发展中国家都是有利的,它会推动更多的外商直接投资和技术转移,从而提高东道国的技术能力和刺激进一步的国内创新。但是,一些发展中国家却指出,更严格的知识产权保护不利于获得来自模仿的技术溢出,因此会阻碍技术进步。

中国作为最大的发展中国家,处于经济全球化的大环境下,可以利用多种直接和间接途径来提高技术创新能力,包括国际贸易、外商直接投资、技术许可和自主研发等。由于加强知识产权保护对来自不同途径技术创新的影响相异甚至相互抵消,所以就中国而言,知识产权保护对技术创新的影响具有一定的复杂性。因此本章立足于中国实际,尝试利用中国的数据对这一问题展开分析,回答以下的几个问题:中国的知识产权保护水平如何测算？知识产权保护制度是否能促进中国的技术创新？两者之间的关系究竟是怎样的？本章在文献回顾基础上,归纳和总结发展中国家知识产权保护与技术创新的理论和实证研究;依据中国国情提出经修正后的各地区知识产权保护强度指数,并测算出具体数值;应用计量模型检验知识产权保护对技术创新的影响,并提出相应的政策建议。

二、文献回顾

近年来,发展中国家的知识产权保护逐渐成为一个争论的热点。在理论上,这一争论经常被放置在南北国家的分析框架中。该框架一般假定北方国家(发达国家)是创新国,南方国家(发展中国家)是模仿国,争论的焦点集中在加强南方的知识产权保护是否会提高北方向南方的技术转移率和双方的福利水平。

主流观点指出,南方国家会因为知识产权保护水平提高而遭受损失:静态局部均衡的分析结果显示,知识产权保护会扩展北方国家创新型企业的市场力量,并提高其产品在发展中国家的价格(Chin and Grossman,1991; Deardorff,1992);而在考虑了动态一般均衡因素之后,增强知识产权保护会使北方国家的创新活动最终趋于放缓,南方国家仍然不能从知识产权保护制度中获益(Helpman,1993)。

自主创新与经济增长

也有观点赞成发展中国家需要提高其知识产权保护水平。第一,北方国家和南方国家通常有不同的技术需求,如果南方没有强有力的知识产权保护,北方将不会开发出南方所需要的技术(Diwan and Rodrik,1991)。第二,北方国家会尽力使其技术更难模仿来应对南方国家知识产权保护的匮乏,这会降低北方的研发效率,减少北方的创新成果(Yang and Maskus,2001)。第三,即使加强知识产权保护不能使南方直接得益,也有助于提高全世界的福利,南方国家仍能从强化知识产权的国际合作之中间接获益。事实上,与贸易有关的知识产权协定(TRIPS)已经成为WTO谈判中的一个关键因素,增强知识产权保护常常是发展中国家加入WTO的重要条件之一。另外,如果没有来自北方国家的战略性施压,南方国家将没有相应的激励以制定和实施知识产权保护。

更进一步地,Lai(1998)基于产品生命周期模型,采用动态一般均衡方法,分析了不同技术转移途径对南方国家的影响。该模型发现,如果外国直接投资和跨国生产是北方向南方技术转移的途径,那么南方国家加强知识产权保护会提高产品创新率;但是,如果技术转移的方式只是简单模仿这一种,则加强知识产权保护就会对南方国家产生相反的作用。应该说,这样区分不同技术转移途径的研究更细致地反映了南方和北方国家的实际经济情况,由此得出的南方国家知识产权保护与技术创新的结论也更为可信。在此基础上,Glass and Saggi(2002)引入模仿成本概念,假定南方国家用来模仿跨国公司本地生产产品的成本低于模仿北方公司国外生产产品的成本,模型显示南方加强知识产权保护会使得其模仿的努力增大,国际技术转移的成本提高,贸易条件恶化,最终导致稳态创新率下降。

上述的理论研究都有一个假定的前提,即技术创新都是来自发达国家,而发展中国家只能扮演技术模仿者的角色。Chen and Puttitanun(2005)则另辟蹊径,提供了一个研究发展中国家知识产权保护的新视角。他们提出,发展中国家加强知识产权保护会促进其国内的自主创新活动,因此即使没有来自发达国家的压力,发展中国家也会出于国内经济发展的考虑而保护知识产权。他们通过构建一个理论模型,展示了发展中国家在选择知识产权保护强度时,面临着模仿国外技术和鼓励自主创新之间的权衡。

žigic(1998)指出,虽然在南北框架下的理论分析有助于探讨知识产权保护影响技术创新的各种途径和方式,但是要想回答"加强知识产权保护是否真正有效"这一问题,仅仅借助于理论模型的推导演绎是不够的。然而,直到

Ginarte and Park(1997)给出110个国家1960—1990年知识产权保护的GP指数,相关的实证检验才大量涌现,但是研究结果却不完全一致。Kanwar and Evenson(2003)选取发达国家和发展中国家的混合样本,利用GP指数对1981—1995年32个国家的面板数据进行实证检验,结果支持了增强知识产权保护会促进技术进步的观点。而Lerner(2009)在研究了60个国家150年间的重大知识产权政策变化之后,发现增强知识产权保护并不产生促进创新的积极影响。同样的,如果把发达国家与发展中国家分离开,也会得到相异的结论。Chen and Puttitanun(2005)针对64个发展中国家的面板数据进行实证分析发现,发展中国家的技术创新产出随着知识产权保护水平的提高而增强。而Schneider(2005)将1970—1990年的47个国家样本分成两组后,分别对发达国家和发展中国家进行回归的结果却显示,更严格的知识产权保护虽有利于发达国家的创新,却不利于发展中国家的创新。由于发展中国家主要还是模仿性创新,所以要求其提供更严格的知识产权保护实质上是以牺牲发展中国家本土企业为代价来保护国外企业。

最近10年来,有关知识产权保护与技术创新的问题也开始引起国内学者的关注。从理论研究来看,邹薇(2002)首先用经典的最优专利期限模型揭示了研发活动与专利制度之间的关系,然后通过构建技术创新者与技术跟随者的博弈模型分析了不同知识产权制度安排对技术创新的影响。易先忠等(2007)利用拓展的内生增长模型,分析了知识产权保护制度在模仿创新和自主创新之间的两难取舍,提出后发国知识产权保护对技术进步的影响并非简单线性关系,而是取决于相对技术水平和模仿能力。尹翔硕(2008)则特别关注了知识产权保护的执行成本,认为像中国这样模仿能力强的发展中国家,若对知识产权实施较强的保护,会使政府的执行成本很大而实际收益不高,因此实际的保护程度应当与一国的创新能力和模仿能力相适应。就实证检验而言,王华(2011)采用2006—2008年27个发达国家和57个发展中国家的面板数据,检验了开放经济条件下知识产权保护对技术创新的作用,认为知识产权保护总体上有利于一国的技术创新,但更严格的知识产权保护对技术创新的影响依赖于初始保护力度。胡凯等(2012)从技术交易市场的研究视角,运用1997—2008年的省级面板数据进行实证研究发现,加强知识产权保护能够显著促进技术创新。

纵观上述国内外的理论和实证研究,可以发现存在一些不足:第一,以往在研究知识产权保护制度的技术创新效应时,大多是局限于南北框架的理论

自主创新与经济增长

分析,而且分析结论并不完全一致;第二,国内外考察知识产权保护与技术创新的实证研究,主要是关注发达国家或者发达国家与发展中国家的混合数据,较少选择只以发展中国家为研究样本;第三,利用中国数据分析中国实际情况的研究也十分有限,其中的一个重要原因在于对中国各地区知识产权保护水平进行测算存在一定困难。

由于中国是当今世界上人口最多的发展中国家,对中国的知识产权保护与技术创新关系进行考察将极大地丰富和加深这一领域关于发展中国家的研究成果。再者,鉴于中国区域发展不平衡的国情,各地区知识产权保护的技术创新效应可能存在巨大差异性,因此运用中国的省级面板数据进行实证分析具有重大意义。

对此,本章试图在以下方面进行拓展和创新:首先,根据最新的知识产权保护强度指标体系,结合中国实际对其进行进一步的修正;据此测算出中国各地区各年的知识产权保护强度总指数;最后,利用省级面板数据对中国知识产权保护与技术创新的关系进行实证检验,为中国能实施更有效的知识产权保护制度提供决策依据。

第二节 知识产权保护强度的测算

为了后文能展开进一步的计量实证研究,需要先对中国各地区的知识产权保护强度进行度量。知识产权保护强度是较为复杂的指标,对其定量测算存在一定困难,目前常用的方法主要是 Rapp-Rozek 指数和 Ginarte-Park 指数。具体而言,Rapp and Rozek(1990)建立的 RR 指数是依据一国专利法跟美国商务部建议的最低标准之间的满足程度,用 0 到 5 之间的整数把知识产权保护强度分为不同的级别进行衡量,并在一些实证研究中得到应用。不过 RR 指数是采用虚拟变量法来评分的,不能充分显示出国家或地区之间知识产权保护水平的差异性。相比之下,由 Ginarte and Park(1997)构建的 GP 指数更为精细,整个评价体系细分为 5 项指标,最终评分不再是突变型整数,因此能更好地反映国家和地区间的差异性,已经在国际上得到更为广泛的认同。

近几年来,一些国内学者(韩玉雄和李祖怀,2005;许春明和陈敏,2008)尝试将 GP 指数的评价方法具体用于量化中国的知识产权保护水平。他们特别指出,作为一个司法体系正在不断完善的转型期国家,中国的立法与执法进程不完全同步,所以简单采用 GP 指数度量出的静态知识产权保护强度极有可能与中国实际知识产权保护水平并不一致。由此,他们提出"执法力度"概念,并修正了知识产权保护强度的 GP 方法。

需要注意的是,Park 在考虑近年来全世界各国的发展状况,尤其是关于软件生物等新兴产业的立法、TRIPS 协定的签订以及其他国际条约的修订等因素的影响后,于其 2008 年的文章里进一步丰富了 GP 指数的测算指标。然而,现有测算中国知识产权保护强度的文献几乎都还是基于 1997 年的旧指标体系,未作更新,所以并不十分贴合当下中国的实际。

由此,本章将中国的知识产权保护强度总指数细分为立法强度指数和执法强度指数两方面。其中立法强度指数是参考 Park(2008)最新指标重新计算的,而执法强度则是采用标准化方法以改进许春明和陈敏(2008)的执法强度指数。基于上述两方面的改进,本部分测算出 1997—2011 年中国 30 个省域(除西藏以外)的知识产权保护强度指数。

一、知识产权保护的立法强度指数:GP 方法

从中国立法的实际状况来看,知识产权法律制度主要由专利法、商标法、著作权法等法律行政法规或规章、司法解释、相关国际条约等构成。因此,知识产权法不是一部特定的法规,而是一个较宽泛的学科概念。理论上,知识产权立法强度指数的测算应该涵盖专利法、商标法、著作权法等一系列知识产权法律法规。但是,鉴于知识产权保护对一国技术创新的最主要作用体现在专利保护上,并且中国各项知识产权法的立法和修正基本是同步的(许春明和陈敏,2008),故可以认为,专利保护是知识产权保护中最具代表性的指标。因此,本章参考 GP 方法,通过对照专利法的相关信息来测度中国知识产权保护的立法强度指数,这样做也便于进行国际比较。由于中国的第一部专利法(1984 年)自 1985 年 4 月 1 日起实施,所以本章将这一时间序列的起止时间定为 1985—2011 年。

立法强度指数包括 5 项一级指标,每项一级指标的总分为 1 分;各下设 n 项二级指标,每符合一项二级指标就得到 $1/n$ 分。上述 5 项一级指标的得分之和构成立法强度指数,范围是 0~5 分,该指数越高,意味着知识产权的立法保护越强。各二级指标的得分主要是根据专利法(1984 年)及其三次修正(1992 年、2000 年、2008 年)后的相关条款统计而得。具体评分方法如下。

自主创新与经济增长

（一）保护范围（coverage）

Park（2008）将专利法的保护范围分为 8 项：药品（pharmaceuticals）、化学品（chemicals）、食品（food）、医用器械（surgical products）、微生物（microorganisms）、实用新型（utility models）、软件（software）、动植物（plant and animal varieties）专利。其中，软件是最新加入的二级指标，用以反映世界范围内可专利性向软件业的延伸情况。然而，中国的专利法中没有规定软件专利，后来修订的《审查指南》虽增加了"涉及计算机软件的发明专利申请审查"，但却有严格的条件限制，与美国的软件专利存在很大的不同，故很多人认为中国实际上并不保护软件专利。另外，现行的中国专利法第二十五条第四项规定，对动物和植物品种不授予专利权。上述二级指标中每满足 1 项得 1/8 分，满足全部 8 项得 1 分。

（二）国际条约成员资格（membership in international treaties）

Ginarte and Park（1997）最初只考虑了巴黎公约以及后来的文本（1883 年）、专利合作条约（1970 年）和植物新品种保护国际条约（1961 年）这三项知识产权保护的国际公约。但从实际的国际影响来看，随后又产生了微生物保存的布达佩斯条约（1977 年）和与贸易有关的知识产权协定（TRIPS，1995 年）等，尤其是 TRIPS 协定，被公认是当前全世界知识产权保护领域里覆盖面广、参与度大、保护水平高、约束力强的国际公约，对近年来中国知识产权法律的修正起了重要作用。故本章也将后两者考虑在内，中国每加入上述的 1 个条约得 1/5 分，满分为 1 分。

（三）专利权的限制（restrictions on patent rights）

这一项指标包括 3 个方面：实施要求（working requirements）、强制许可（compulsory licensing）和宣告无效（revocation of patents），每满足一项得 1/3 分，满分为 1 分。

（四）执行机制（enforcement mechanisms）

包括诉前禁令（preliminary injunctions）、连带责任（contributory infringement）和举证责任倒置（burden of proof reversal），每具备一项得 1/3 分，具备 3 项得 1 分。中国的专利法在 2000 年第二次修正后，规定了诉前禁令和举证责任倒置这两项内容。

（五）专利保护期限（duration of protection）

各个国家或地区在专利保护期限的起始日上存在着两种标准：一是自专利授权之日起，二是自专利申请之日起。Ginarte and Park 将专利的最小保护期限设定为自专利授权之日起17年,或自专利申请之日起20年。一国的专利保护期限达到最小保护期限的,得1分;未达到的,则以其规定的年数与最小保护期限的比值作为该项指标的得分。就中国而言,1984年专利法规定发明专利权的期限是自申请日起15年;而在1992年修正之后,发明专利权的保护期限延长为20年。

表13-1列出了按照最新指标体系测算的1985—2011年中国知识产权保护立法强度指数,而图13-1则直观地显示了这一时间序列的变化情况,各指标的详细统计和计算结果参见附录。由表13-1和图13-1可见,中国知识产权保护的立法强度指数是分阶段快速提升的,这与中国依次加入各项知识产权保护的国际公约和不断修正专利法等知识产权法律制度的措施有关。

表13-1 中国知识产权保护的立法强度指数:1985—2011年

年份	1985	1986	1987	1988	1989	1990	1991	1992	1993
GP指数	1.9917	1.9917	1.9917	1.9917	1.9917	1.9917	1.9917	2.9500	3.1500
年份	1994	1995	1996	1997	1998	1999	2000	2001	2002
GP指数	3.1500	3.3500	3.3500	3.3500	3.3500	3.5500	3.5500	4.4167	4.4167
年份	2003	2004	2005	2006	2007	2008	2009	2010	2011
GP指数	4.4167	4.4167	4.4167	4.4167	4.4167	4.4167	4.4167	4.4167	4.4167

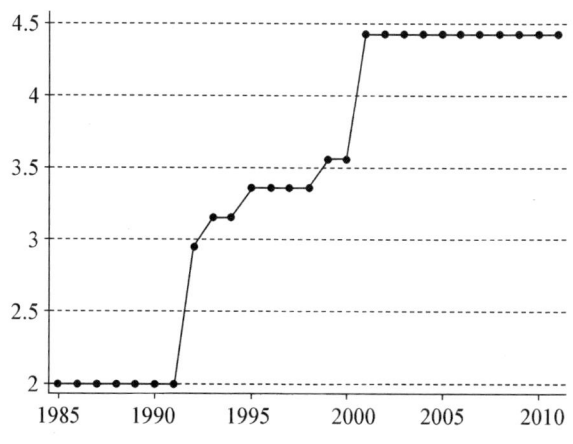

图13-1 中国知识产权保护立法强度指数的时间序列

自主创新与经济增长

为了将中国的知识产权保护水平与欧美国家进行比较,表13-2列出Park(2008)按照更新后的指标测算出的部分欧美国家的知识产权保护强度指数。

表13-2 部分欧美国家知识产权保护强度指数:1995年、2000年、2005年

国别 \ 年份	1995	2000	2005
英国	4.54	4.54	4.54
美国	4.88	4.88	4.88
加拿大	4.34	4.67	4.67
法国	4.54	4.67	4.67
德国	4.17	4.50	4.50
意大利	4.33	4.67	4.67
瑞士	4.21	4.33	4.33
丹麦	4.54	4.67	4.67
瑞典	4.42	4.54	4.54
芬兰	4.42	4.54	4.67
挪威	3.88	4.00	4.17
西班牙	4.21	4.33	4.33

资料来源:Walter G. Park. International Patent Protection:1960—2005. *Research Policy*,2008,37,pp.761-766.

表13-1和表13-2显示,从立法角度来看,自专利法第二次修正后的2001年起,以上述方法计算出的中国知识产权保护立法强度指数已经达到大多数欧美发达国家的保护强度,并与他们的同期水平相差不多。当然,决不能仅凭此就断定中国现在的知识产权保护已达到发达国家水平,这显然与我们的常识不符。上述的计算结果只能说明,中国知识产权的立法保护水平已经基本与国际接轨,这是因为中国自1992年以后,为了能尽早加入WTO,开始不断对包括专利法在内的知识产权法律体系进行全面修正,逐渐达到了以TRIPS协定为核心的知识产权法国际标准。但是,中国作为一个司法体系有待不断完善的转型期国家,其立法与执法进程并不同步,加之人们对于知识产权保护的意识还很淡薄,所以中国实际的知识产权保护还停留在较低水平上(许春明和陈敏,2008)。

第十三章 知识产权保护水平的测算及创新效应

由此可见,结合中国的实际,只有对 GP 测算方法加以修正,测算出知识产权保护的执法强度,才能更加准确地反映中国知识产权保护的真实水平。

二、各地区知识产权保护的执法强度指数

考虑到中国各地区的经济、环境、文化等相差悬殊,各地区在知识产权保护的执法行为上也会存在着差异。因此,有必要也对中国各地区知识产权保护的执法强度进行测算。因为重庆市的统计资料从 1997 年开始,而西藏自治区的部分数据缺失严重,所以本章以 1997—2011 年为测算区间,计算除西藏以外的 30 个省域的执法强度指数。

参考许春明和陈敏(2008)给出的执法强度指标体系,本章选择以美国、英国等发达国家作为所有指标的比较基准,采用标准化的方法,从而更合理地测算各地区知识产权保护的执法强度。

(一)法律体系的完备程度

法律体系是否完备,决定着实际的执法工作是否会出现偏差和歧义等问题。所以,知识产权保护的执法水平与法律体系的完备程度之间有着很大的关联性。一般来说,立法时间越长,执法实践就越充分,法律体系也就越完备。西方发达国家在经历了上百年的实践之后,法律体系已经趋于完备;而新型工业化国家由于可以借鉴西方国家的经验,其法律体系的完善时间明显缩短。根据已有的研究(韩玉雄和李怀祖,2005;许春明和陈敏,2008),将新型工业化国家法律体系的完善时间设定为 100 年是比较合理的。

中国的立法开始于 1954 年,所以用从 1954 年算起的实际立法年数除以 100 年而得的数值来衡量中国法律体系的完备程度。鉴于中国知识产权的立法行为高度集中于国家层面,所以可将历年中国各地区的该项指标数值统一为相应年份的国家得分值。

(二)司法保护水平

知识产权纠纷的解决方法之一是求助于司法保护,故司法保护水平直接会对知识产权的执法强度产生重要影响。一个常用的度量司法保护水平的指标是某一地区的律师人数与总人口数的比例。数据显示,美国、英国等发达国家的每万人律师比例已达到或超过 10/100 00。

本章也采用律师数占总人口的比例作为度量中国各地区司法保护水平的指标,并将计算出的律师比例除以 10/100 00 进行标准化。历年各地区的总人口数来自中经网经济统计数据库,2000—2007 年各地区律师人数来自《中

国律师年鉴》各期，1997—1999 年、2008—2011 年各地区律师人数来自各地区的统计年鉴。

（三）公众意识水平

知识产权法律制度执行的重要基础是公众的知识产权保护意识水平。许春明和陈敏(2008)指出，一般而言，社会公众的受教育程度越高，其知识产权意识也随之提高，并可以用成人识字率来度量公众的知识产权意识水平，发达国家的成人识字率均已超过 95%。

据此，本章用各地区的成人识字率除以 95% 来度量公众意识水平，其中成人识字率为 1 减去文盲、半文盲占 15 岁及以上比例，原始数据来自《中国统计年鉴》各期。

（四）经济发展水平

Ginarte and Park(1997)利用 110 个国家 1960—1990 年的实证分析显示，知识产权保护水平的高低与某一地区的经济发展水平相关，高收入国家提供的知识产权保护水平也较高。可见，测算中国各地区知识产权保护的执法强度指数也应考虑经济发展水平的影响，并可用各地区的人均 GDP 作为度量指标，即各地区的国内生产总值除以总人口数，数据来自中经网经济统计数据库。

这里需要对经济发展水平进行标准化的参照指标做一个说明。许春明和陈敏(2008)选择中等收入国家人均 GDP2 000 美元作为比较的基准，将其设定为一个恒定值。但是本章认为，这与前面的司法保护水平和公众意识水平指标均与发达国家进行比较是不相一致的，而且经济发展水平的参照指标应该随着时间的推移而不断变化。所以本章将标准化的基准改为使用 World Bank 每年公布的高收入国家的人均收入最低线(以美元计)作为比较的基准，并且用当年的美元对人民币汇率换算成以人民币计。高收入国家人均收入最低线和美元对人民币汇率的数据均来自 World Bank Data。

（五）国际监督水平

乌拉圭回合谈判达成了 TRIPS 协定，从而使得 WTO 的争端解决机制也能被用于处理 WTO 成员之间的知识产权争端。这样，WTO 的争端解决机制也成为监督成员国知识产权执法保护的有力手段，来自美国等发达国家的压力迫使 WTO 成员不断提高知识产权的执法强度。所以，可以用是否是 WTO 成员这一指标来度量国际监督水平，若是得 1 分，否则得 0 分。

然而，一个国家或地区并非在刚加入 WTO 后，就会立刻实现执法水平的突变并达到完全执法状态。从1986年复关谈判起,中国一直在不断增强知识产权保护的执法水平,尽力达到WTO的相应要求,这是一个由弱到强的渐进过程(韩玉雄和李怀祖,2005)。所以本章假设,中国自1986年复关谈判起直至加入WTO后的第五年2005年,该项指标得分均匀地从0变化到1,各地区相应年份的该指标数值统一为国家的WTO成员得分。

上述各地区五项指标得分的不加权平均数即为中国各地区知识产权保护的执法强度指数,取值介于0～1,0表示知识产权法完全没有被执行,而1则表示知识产权的完全执法状态。

三、各地区知识产权保护强度总指数

如前述,中国各地区知识产权保护强度的测算,既要考虑到立法强度,也要兼顾执法强度,因此修正的指标体系构成如图13－2所示。

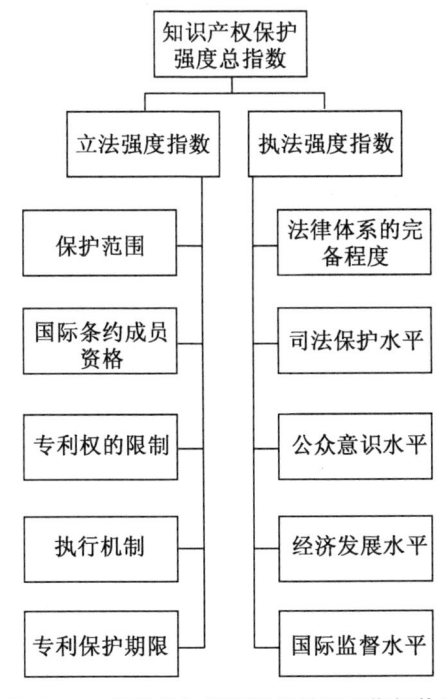

图13－2 修正的知识产权保护强度指标体系

可以用乘积的形式来表示:

自主创新与经济增长

$$IPR_{it} = LS_{it} \times ES_{it} \quad (13.1)$$

其中，IPR_{it}、LS_{it} 和 ES_{it} 分别表示地区 i 在 t 年的知识产权保护强度总指数、立法强度指数和执法强度指数。

根据许春明和陈敏（2008）的做法，由于中国知识产权的立法主要是集中在国家层面统一开展的，地方性的知识产权法规只是国家立法的延伸，所以本章在度量各地区的知识产权保护立法强度指数时，忽略地方性法规的影响，即认为 $LS_{it} = LS_t$，$\forall i = 1, 2, \cdots, 30$，$LS_t$ 为中国在 t 年的知识产权保护立法强度指数。这样，(13.1)式变为：

$$IPR_{it} = LS_t \times ES_{it} \quad (13.2)$$

LS_t 和 ES_{it} 的数值已在本部分的第一、二节中测算出来，将它们代入(13.2)式即可计算出 1997—2011 年中国 30 个省、自治区和直辖市的知识产权保护强度总指数，如表 13-3 所示。

表 13-3　中国各地区的知识产权保护强度总指数：1997—2011 年

年份省份	1997	1998	1999	2000	2001	2002	2003	2004	2005	2006	2007	2008	2009	2010	2011
北京	1.71	1.81	1.99	2.12	2.84	3.06	3.17	3.17	3.35	3.50	3.72	3.93	4.08	4.08	4.15
天津	1.55	1.60	1.78	1.83	2.39	2.48	2.59	2.69	2.81	2.87	2.90	3.05	3.11	3.25	3.45
河北	1.37	1.43	1.58	1.64	2.12	2.20	2.27	2.35	2.42	2.46	2.49	2.56	2.59	2.66	2.75
山西	1.40	1.45	1.60	1.66	2.14	2.22	2.29	2.35	2.43	2.48	2.50	2.56	2.58	2.64	2.74
内蒙古	1.35	1.41	1.54	1.62	2.10	2.15	2.23	2.33	2.41	2.48	2.56	2.68	2.75	2.87	3.04
辽宁	1.45	1.51	1.66	1.74	2.24	2.32	2.39	2.46	2.55	2.59	2.61	2.72	2.77	2.86	3.00
吉林	1.42	1.47	1.61	1.68	2.17	2.25	2.32	2.38	2.41	2.46	2.51	2.58	2.63	2.70	2.82
黑龙江	1.43	1.48	1.61	1.68	2.16	2.24	2.32	2.38	2.44	2.48	2.51	2.56	2.58	2.65	2.74
上海	1.75	1.82	2.04	2.09	2.68	2.78	2.91	3.01	3.17	3.26	3.25	3.34	3.41	3.57	3.70
江苏	1.38	1.43	1.59	1.68	2.20	2.24	2.31	2.41	2.52	2.59	2.64	2.75	2.81	2.94	3.10
浙江	1.40	1.48	1.63	1.71	2.25	2.30	2.39	2.47	2.57	2.64	2.72	2.82	2.89	2.99	3.14
安徽	1.31	1.35	1.48	1.56	2.04	2.07	2.17	2.22	2.24	2.29	2.31	2.37	2.41	2.50	2.60
福建	1.39	1.43	1.58	1.66	2.17	2.22	2.29	2.35	2.44	2.49	2.54	2.61	2.68	2.79	2.92
江西	1.36	1.40	1.54	1.62	2.09	2.12	2.20	2.26	2.32	2.36	2.39	2.45	2.49	2.56	2.63
山东	1.32	1.37	1.52	1.63	2.14	2.21	2.27	2.35	2.42	2.50	2.57	2.66	2.71	2.79	2.90
河南	1.34	1.39	1.51	1.59	2.08	2.13	2.20	2.28	2.34	2.38	2.43	2.49	2.53	2.60	2.67
湖北	1.36	1.41	1.54	1.62	2.10	2.12	2.21	2.29	2.35	2.40	2.44	2.51	2.56	2.63	2.74
湖南	1.38	1.43	1.57	1.64	2.12	2.16	2.22	2.30	2.37	2.41	2.46	2.51	2.56	2.63	2.71
广东	1.46	1.52	1.67	1.72	2.23	2.29	2.38	2.47	2.57	2.64	2.71	2.80	2.84	2.92	3.02
广西	1.34	1.40	1.54	1.61	2.10	2.12	2.19	2.27	2.33	2.38	2.41	2.46	2.49	2.57	2.64
海南	1.38	1.43	1.57	1.64	2.15	2.20	2.25	2.34	2.38	2.41	2.44	2.50	2.54	2.63	2.72
重庆	1.34	1.41	1.55	1.65	2.17	2.22	2.30	2.34	2.43	2.45	2.50	2.56	2.61	2.69	2.81
四川	1.33	1.39	1.51	1.59	2.08	2.12	2.19	2.27	2.35	2.39	2.44	2.48	2.56	2.65
贵州	1.24	1.26	1.42	1.48	1.92	2.00	2.05	2.13	2.16	2.21	2.25	2.31	2.35	2.40	2.46
云南	1.28	1.32	1.45	1.54	2.02	2.01	2.09	2.21	2.24	2.29	2.31	2.37	2.39	2.46	2.54
陕西	1.33	1.39	1.50	1.59	2.09	2.11	2.22	2.29	2.36	2.41	2.43	2.51	2.56	2.62	2.74
甘肃	1.25	1.29	1.44	1.51	1.97	2.02	2.09	2.16	2.17	2.23	2.27	2.33	2.37	2.45	2.54
青海	1.17	1.21	1.43	1.49	1.94	2.02	2.09	2.17	2.23	2.29	2.32	2.40	2.44	2.52	2.62
宁夏	1.29	1.34	1.49	1.56	2.08	2.13	2.20	2.27	2.31	2.37	2.41	2.50	2.54	2.65	2.75
新疆	1.41	1.48	1.63	1.69	2.17	2.22	2.32	2.38	2.43	2.47	2.51	2.56	2.57	2.66	2.73

注：由作者经计算得到。

第十三章 知识产权保护水平的测算及创新效应

可以发现,中国各地区真实的知识产权保护水平存在着很大的差异性:一方面,得分较高的地区主要是北京、上海、天津和东部沿海地区,特别是北京,其修正的知识产权保护强度指数在2009年之后甚至超过了4.00,已经与部分欧美发达国家的知识产权保护水平比较接近;而得分偏低的地区则主要是西部内陆省份,如贵州、云南、甘肃和青海等。另一方面,在1997—2011年的15年里,东部各地区知识产权保护水平提高的速度也明显快于中西部地区。总的来说,中国各地区知识产权保护强度总指数呈现出"东高西低"的分布态势,这样的差异性正体现了中国知识产权保护的真实情况。

第三节 计量模型和数据处理

一、模型

在现有研究知识产权保护与技术创新关系的国内外实证文献中,使用发展中国家数据的并不算多。基于此,本章将实证分析的样本定为中国各省、自治区、直辖市,并涵盖所有数据可得的省份和年份。

为了探究知识产权保护对技术创新的影响,首先设定以下的计量模型:

$$INNO_{it} = \beta_0 + \beta_1 IPR_{it} + \gamma X_{it} + u_i + \varepsilon_{it} \tag{13.3}$$

其中,下标i表示省份,t表示年份,$INNO_{it}$和IPR_{it}分别表示第i个省第t年的技术创新产出和知识产权保护水平,X_{it}为影响各地区技术创新产出的控制变量;考虑到各地区之间存在异质性的差别,用u_i代表各地区不可观测的个体效应,ε_{it}为与解释变量无关的随机误差项。

由于知识产权保护对技术创新的影响不一定只是线性的,所以可以用知识产权保护水平的二次形式来控制非线性的影响,这样计量模型变为:

$$INNO_{it} = \beta_0 + \beta_1 IPR_{it} + \beta_2 IPR_{it}^2 + \gamma X_{it} + u_i + \varepsilon_{it} \tag{13.4}$$

下面来讨论控制变量X_{it}的选择问题。

首先,一个地区的技术能力(或发展水平)会显著影响该地区的技术创新产出。Stern et al.(2000)把人均GDP作为一国技术能力的代理变量,建立了一个由人均GDP决定的创新产出函数。所以本章也用各地区的人均GDP作为技术能力的代理变量,记为$GDPPC_{it}$。

其次,Griliches(1984)在文献中指出,人力资本水平也与创新率正相关。Barro(2001)指出,人力资本越多,越有助于吸收技术领先国的先进技术。而

自主创新与经济增长

且对于发展中国家而言，无论是模仿性创新、还是自主创新，都需要有一定量的人力资本积累才行。鉴于此，需要对中国各地区的人力资本水平进行控制，记为 EDU_{it}。

再次，某一地区的进口贸易也可能会促进技术创新。李平（2002）详细分析了进口贸易对于技术落后国技术创新的影响途径：一是，进口贸易将新产品输入发展中国家的同时，也带来了模仿生产的动机；二是，迫于进口产品的竞争压力，进口贸易会间接刺激到进口国厂商的技术创新活动；三是，高技术产品的进口贸易往往有各式各样的技术指导作为补充和支持，技术创新随之外溢。本章用 IMP_{it} 表示各地区的进口贸易，作为另一个控制变量。

最后，Grossman and Helpman（1995）指出，外商直接投资（FDI）可能会促进技术向东道国的外溢。但是范承泽等（2008）的估测结果表明，FDI对中国国内企业研发的净影响为负，导致不少企业产生惰性，产生所谓的"FDI对科技研发的替代效应"。可见外商直接投资对技术创新的影响具有正负两面性，也应纳入计量模型的控制变量中，本章仍用 FDI_{it} 表示。

另外，Aubert（2005）认为，发展中国家用来促进创新的政策和措施应与自身的技术能力和发展水平相适应。知识产权保护作为一项旨在激励创新的重要制度安排，或许能促进发展中国家的技术创新，但是却会受到其发展水平的制约。Falvey et al.（2006）利用79个国家面板数据的门限回归结果显示，高收入国家加强知识产权保护可以充分鼓励国内创新，因而能够获益；低收入国家的模仿和创新能力都很匮乏，加强知识产权保护可以使其在从进口和FDI等途径获得国外技术的同时，又不会损害依赖于简单初级模仿的国内产业；而对于模仿能力强而自主创新力不足的中等收入国家来说，加强知识产权保护却会对技术创新产生两种相反作用，即进口和FDI引致的正影响会与因模仿范围受限的负影响相互抵消。基于此，为了反映中国各地区经济发展水平对知识产权保护与技术创新之间关系的间接影响，本章还引入知识产权保护水平与人均 GDP 的交互项 $IPR_{it} \times GDPPC_{it}$ 对模型进行新的估计。

中国根据经济带划分为东部、中部和西部三大区域①，所以引入两个虚拟变量来考察不同区域的知识产权保护对技术创新影响的差异性，定义如下：

---

① 东部地区：北京、天津、河北、辽宁、上海、江苏、浙江、福建、山东、广东、海南。中部地区：山西、内蒙古、吉林、黑龙江、安徽、江西、河南、湖北、湖南。西部地区：广西、四川、重庆、贵州、云南、陕西、甘肃、青海、宁夏、新疆。

$$D_1 = \begin{cases} 1, 属于东部 \\ 0, 其他 \end{cases} \quad D_2 = \begin{cases} 1, 属于中部 \\ 0, 其他 \end{cases} \tag{13.5}$$

二、数据

下面对各变量的数据处理过程进行说明。

(1) 技术创新产出。技术创新产出的代理指标采用各地区国内三种专利申请量合计数,选择这个指标主要是基于两点原因:一是随着中国专利保护制度的不断完善,越来越多的研发人员选择通过申请专利来保护研究成果,故专利申请量具有一定的代表性;二是因为专利的申请和授权之间存在着时间间隔,所以选用专利申请量而不是专利授予量,更能及时地反映各地区当期的创新活动。数据来自《中国统计年鉴》各期。

(2) 人均 GDP。为了消除通货膨胀的影响,应采用实际人均 GDP 来衡量各地区的技术能力和发展水平,所以需要先对名义 GDP 进行平减以得到实际值,再用各地区的实际 GDP 除以总人口数得到实际人均 GDP。各地区各年的名义 GDP 和总人口数来自中经网经济统计数据库。

本章选择用各地区的年度 GDP 除以年度 CPI 得到各地区的年度实际 GDP。其中各地区的年度 CPI 是根据统计局公布的各地区城乡居民消费价格指数(上年=100)向前和向后推算出的以 2000 年为 100 的 CPI 基期年度数据。这样,最后计算出的各地区人均 GDP 就是以 2000 年为基期的实际值。

(3) 人力资本水平。国内外学者常用与教育有关的变量来量化某一地区的人力资本水平,比如入学率、受教育人数占总人口数的比重、在校大学生人数和平均受教育年限等。考虑到《中国统计年鉴》各期均公布各地区 6 岁及以上的各种文化程度人口,所以本章采用平均受教育年限来衡量各地区的人力资本水平,具体的计算公式为:

$$EDU_{it} = \frac{\sum_{j=1}^{5} n_j h_j}{\sum_{j=1}^{5} n_j} \tag{13.6}$$

其中,EDU_{it} 表示第 i 个省第 t 年 6 岁及以上人口的平均受教育年限,n_j 为第 j 种文化程度的人口数,h_j 为第 j 种文化程度的受教育年限。j 为从 1 到 5 的整数,并依次代表不识字或识字很少、小学、初中、高中以及大专以上文化程度,相应的受教育年限折算为 0、6、9、12 及 16 年。

自主创新与经济增长

(4) 进口贸易。本章采用各地区按经济单位所在地分货物进口总额来衡量各地区的进口贸易对技术创新的影响,数据来自《中国统计年鉴》各期。因为原始数据是以美元现价计量,所以乘以各年美元兑人民币汇率后,再用CPI进行平减,基期为2000年,单位是亿元人民币。美元对人民币汇率的数据来自World Bank Data。

(5) 外商直接投资。《中国对外经济统计年鉴》只提供2004年及以前年份的各地区外商直接投资金额,2005年及以后年份的数据来自各地区的统计年鉴、统计公报等。同样的,也将原始数据转换成以亿元人民币为单位,进行平减后得到以2000年为基期的各地区实际FDI。

(6) 知识产权保护水平。第二部分已经测算出中国各地区各年的知识产权保护强度总指数,本章将其作为各地区知识产权保护水平的衡量指标。

上述所有数据最终均采用以 e 为底的对数值。在具体的样本中,由于重庆的数据从1997年开始,西藏的部分数据缺失情况比较严重,所以本章的最终样本共有中国30个省、自治区、直辖市从1997—2011年共15年的数据,总样本数为450个。详细的统计性描述可以参看表13-4。

表13-4 主要变量的统计性描述

变量	观测值个数	平均值	标准差	最小值	最大值
$\ln INNO$	450	8.4970	1.4876	4.8202	12.7611
$\ln GDPPC$	450	9.3771	0.7241	7.6997	11.1112
$\ln EDU$	450	2.0612	0.1311	1.5459	2.4471
$\ln IMP$	450	5.6161	1.8922	−0.0074	9.9079
$\ln FDI$	450	4.2076	1.7754	−1.5889	7.3718
$\ln IPR$	450	0.7751	0.2531	0.1553	1.4230

本章先从直观上考察一下技术创新产出与知识产权保护水平的相关关系。从图13-3的Panel A可以发现,1997—2011年中国各地区的技术创新产出与知识产权保护水平之间表现出典型的正相关关系。但是表面上呈现出的正相关关系可能是由一些同时影响技术创新和知识产权保护的因素所导致的,故还需要判断在其他条件不变的情况下,是否某地区随着知识产权保护水平的不断提高,其技术创新产出也不断增加。

图13-3的Panel B是各地区在样本期内技术创新产出的变化与知识产权保护水平的变化之间的散点图。可以观察到,对于知识产权保护水平有较

大增幅的地区,其技术创新产出的增量反而较小。这表明,Panel A 所显示的正相关关系是因为遗漏了一些既影响知识产权保护又影响技术创新产出的因素,但是 Panel B 所显示的关系是在没有考虑其他控制变量的情况下所得到的,至于这一关系是否真实地反映了两者之间的关系,还需要进行更规范的实证检验才行。

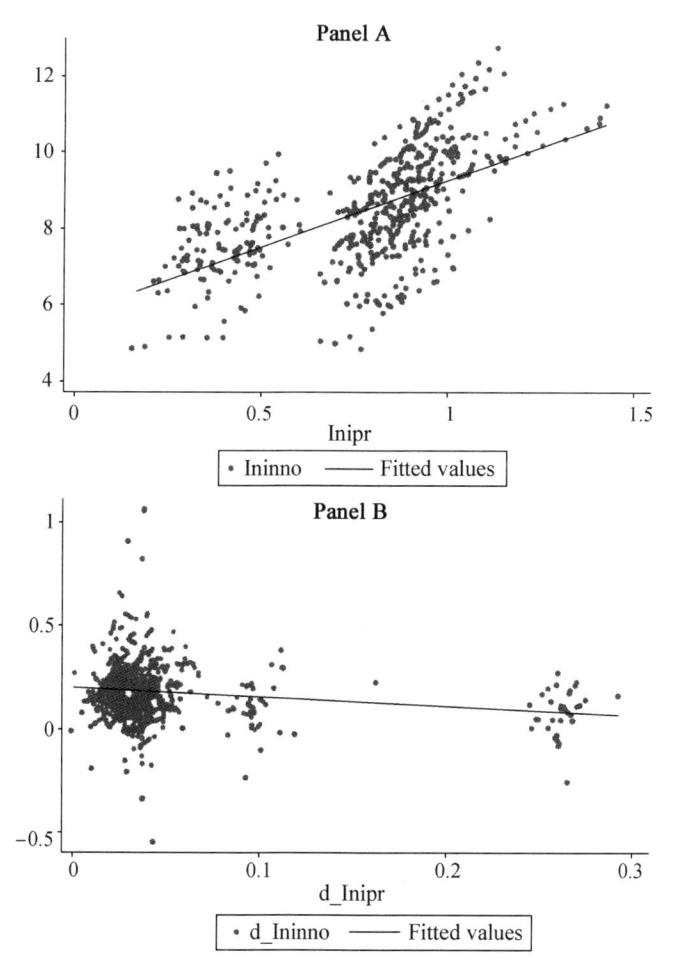

图 13-3 中国各地区技术创新与知识产权保护水平的相关关系

第四节 实证分析

本部分采用面板数据模型进行回归估计。

首先,为了避免虚假回归,需要进行单位根检验。鉴于中国各地区的差异性较大,允许面板数据中的各截面序列具有不同的单位根(individual unit root)过程,故采用不同根情形下的单位根检验。

不同根情形下的单位根检验又分为三种方法,即 Im-Pesaran-Shin 检验、ADF-Fisher 检验和 PP-Fisher 检验。结果如表 13-5 所示,ln EDU 在 1% 的显著性水平上是平稳的,ln IPR 至少在 10% 的显著性水平上是平稳的,而 ln INNO、ln GDPPC、ln IMP 和 ln FDI 则在 1% 的显著性水平上服从一阶单整。

表 13-5 各变量的单位根检验

变量	Im-Pesaran-Shin W-stat	ADF-Fisher Chi-square	PP-Fisher Chi-square	结论
ln INNO	3.552 6(0.999 8)	41.049 3(0.970 8)	32.020 4(0.998 9)	不平稳
dln INNO	−7.937 1(0.000 0)	168.805 8(0.000 0)	234.969 1(0.000 0)	平稳
ln GDPPC	0.070 3(0.528 0)	62.490 5(0.387 8)	51.281 4(0.781 2)	不平稳
dln GDPPC	−4.972 7(0.000 0)	123.452 2(0.000 0)	156.757 8(0.000 0)	平稳
ln EDU	−4.617 6(0.000 0)	116.087 7(0.000 0)	155.004 2(0.000 0)	平稳
ln IMP	−0.776 1(0.218 8)	70.448 9(0.167 6)	71.272 8(0.151 3)	不平稳
dln IMP	−10.406 0(0.000 0)	206.357 2(0.000 0)	336.283 1(0.000 0)	平稳
ln FDI	−1.610 9(0.053 6)	75.828 7(0.081 6)	67.240 1(0.243 1)	不平稳
dln FDI	−9.931 4(0.000 0)	194.174 6(0.000 0)	255.027 2(0.000 0)	平稳
ln IPR	−2.638 2(0.004 2)	75.811 5(0.081 8)	90.531 8(0.006 6)	平稳
dln IPR	−11.966 7(0.000 0)	224.836 2(0.000 0)	263.185 7(0.000 0)	平稳

注:括号内为 P 值。ln IPR 的单位根检验方程形式为含有截距项,其余变量的单位根检验方程形式为含有截距和趋势项。

由于不是所有的变量都是平稳的,所以还需进行面板数据的协整检验。Kao 协整检验的 t 统计量为 −2.202,对应的 P 值为 0.013,小于 5%,因此各变量之间存在协整关系,可以进行回归分析。

多余固定效应检验(redundant fixed effect)的 F 统计量表明,混合 OLS

第十三章　知识产权保护水平的测算及创新效应

回归模型与个体固定效应模型相比,应该建立个体固定效应模型。Hausman 检验表明,个体随机效应模型与个体固定效应模型相比,应该建立个体固定效应模型。由此,本章决定采用个体固定效应模型。考虑到中国各地区在改革开放后的差异性逐渐扩大,为了消除可能存在而又无法观测到的异方差的不利影响,又因本章的样本截面数大于时序数,所以采用截面加权估计法(cross-section weights)进行估计。

表13-6报告了各计量模型的回归结果,模型1是只对控制变量的回归,

表13-6　计量回归结果

解释变量	被解释变量:$\ln INNO$				
	模型1	模型2	模型3	模型4	模型5
$\ln GDPPC$	1.391 2*** (24.081 7)	1.399 4*** (23.256 2)	1.098 9*** (17.556 1)	0.511 8*** (6.046 2)	1.352 9*** (23.077 4)
$\ln EDU$	0.352 3 (1.423 8)	0.426 8 (1.451 9)	0.448 9 (1.588 1)	0.420 7 (1.552 1)	0.262 3 (0.966 1)
$\ln IMP$	0.028 1 (0.842 5)	0.030 8 (0.879 9)	0.064 6** (2.014 8)	0.121 1*** (3.858 0)	0.078 9** (2.420 2)
$\ln FDI$	−0.044 5** (−2.236 6)	−0.047 6*** (−2.259 6)	−0.047 6** (−2.400 0)	−0.042 7** (−2.294 3)	−0.020 1 (−1.007 7)
$\ln IPR$		−0.041 7 (−0.404 3)	−2.058 3*** (−8.685 1)	−6.503 5*** (−14.136 1)	−0.395 9*** (−3.645 5)
$\ln IPR \times D_1$					0.918 7*** (10.972 3)
$\ln IPR \times D_2$					0.048 5 (0.542 6)
$(\ln IPR)^2$			1.862 2*** (9.535 4)		
$\ln IPR \times \ln GDPPC$				0.748 1*** (14.557 7)	
Observations	450	450	450	450	450
Adjusted R^2	0.978 2	0.978 1	0.980 6	0.984 5	0.984 0
F值	611.824 5	590.002 6	652.160 4	820.577 6	769.175 2

注:括号内是系数估计值的t统计量;*** 表示在1%水平上显著,** 表示在5%水平上显著,* 表示在10%水平上显著。

自主创新与经济增长

模型 2、3、4 的区别在于核心变量 $\ln IPR$ 的引入形式不同,模型 5 则是引入虚拟变量以区分中国东、中、西三大区域的差异性。

首先来关注知识产权保护水平的作用。在模型 2 中,知识产权保护水平的线性估计系数虽然为负值,却未通过显著性检验。模型 3 在控制了非线性的影响之后,知识产权保护水平的一次项系数为负、二次项系数为正,且均通过 1% 的显著性水平检验。这说明知识产权保护对于技术创新具有非线性的影响,呈现出 U 型曲线特征,即是说,只有当知识产权保护强度超过一定水平后,知识产权保护才会对技术创新起到促进作用。

再来考察交互项 $\ln IPR \times \ln GDPPC$ 的估计结果。模型 4 显示,一方面,知识产权保护对技术创新的直接影响在 1% 水平上显著为负,这与模型 2 和 3 的结果相符合;另一方面,知识产权保护与人均 GDP 交互项的系数却在 1% 的水平上显著为正,这又说明中国各地区的发展水平会间接影响到知识产权保护的技术创新效应,即随着发展水平的提高,加强知识产权保护会促进技术创新产出的增加。将模型 4 两边关于 $\ln IPR$ 求一阶导数并令其为 0,求出发展水平 $\ln GDPPC$ 的临界值为 8.693 8,该数值介于表 13-4 统计性描述中 $\ln GDPPC$ 的最小值和最大值之间。就 $\ln GDPPC$ 高于此临界值的地区而言,知识产权保护强度提高有利于增加技术创新产出;而对于低于此临界值的地区,由于其发展水平的制约,知识产权保护对技术创新的促进作用还未能显现出来。

模型 5 通过引入区分三大区域的虚拟变量 D_1 和 D_2,显示出知识产权保护对技术创新影响的区域差异性。可以发现,$\ln IPR$ 的系数 -0.395 在 1% 的水平上通过了显著性检验,说明西部知识产权保护对技术创新的影响,在现阶段还没有表现为促进作用。$\ln IPR \times D_1$ 的系数在 1% 的水平上显著为正,意味着东部 $\ln IPR$ 的技术创新效应比西部高出 0.918,综合来看,东部的知识产权保护对技术创新已经起到显著的正影响作用。不过,$\ln IPR \times D_2$ 的系数虽为正值,却不显著且较接近于零,故可以认为,中、西部知识产权保护的技术创新效应不存在显著差别,与西部一样,中部的知识产权保护对技术创新的促进作用也未显现。造成这种区域差异性的作用机制在于:对于现阶段的中国来说,各地区的技术创新基本分为自主创新和模仿性创新两类。相较于技术能力强的东部地区而言,中、西部地区的自主创新力明显不足。所以当中、西部加强知识产权保护强度时,一是其自主创新产出的提升空间十分有限,二是其模仿性创新产出会因模仿范围受限的负影响而被抑制。这两方面的影响综合起来,就会导致知识产权保护的技术创新效应在中、西部地区均没有表现为促进作用。

需要指出的是,上述的区域差异性刚好解释了为什么在模型2和3对于全国数据的回归中,知识产权保护对技术创新的影响不是简单的线性相关关系,而是呈现出较复杂的U型曲线特征。另外,由于本章中东、中、西部是根据经济带划分的,所以模型5的结果再次验证了模型4里各地区的发展水平会对知识产权保护与技术创新的关系起到间接影响的结论。

控制变量的估计结果分析如下。

技术能力(发展水平)变量的估计系数均在1%的水平下显著为正,可见这一变量对提高我国技术创新产出具有很强的基础性作用,是影响技术创新的重要解释变量。

人力资本水平变量的估计系数虽然为正,但都没有通过显著性水平检验。这说明样本期间内中国技术创新产出的变化并不受人力资本水平的影响,人力资本的技术创新效应还未显现出来。

进口贸易变量的估计系数为正,且在模型3、4、5中通过了5%的显著性水平检验,故可以认为,样本期内进口贸易促进了中国的技术创新。

外商直接投资变量的估计系数均为负值,并且在除模型5之外的四个模型里都通过了5%的显著性水平检验,说明样本期内FDI对于中国的技术创新的影响为负。这与Connolly(2003)的研究结果一致,FDI流入并不能支持国内创新,也证实了范承泽等(2008)提出的"FDI对科技研发的替代效应"。造成这一结果的主要原因是,目前中国的外商直接投资仍是主要流向短期的劳动密集型制造业,而对于高技术产业(特别是服务业)的投资却远远落后。正如Aubert(2005)分析的那样,外商直接投资是一个不稳定的新知识来源,其溢出效应是否为正还不能被完全确定,它对东道国技术创新的影响不仅与当地的政治和商业环境有关,也同样与全球形势和新的投资"温床"有关。

第五节 结论和政策建议

本章基于省际面板数据考察了知识产权保护制度对中国技术创新的影响。在回顾和总结现有理论和实证研究的基础上,本章首先更新和修正了测算中国知识产权保护强度的指标体系;然后计算出1997—2011年中国各地区的知识产权保护强度总指数,该指数较好地体现了中国知识产权保护的真实

自主创新与经济增长

情况;最后将知识产权保护指标引入技术创新的实证研究中,主要结论如下。

(1) 中国知识产权保护对技术创新具有非线性的影响,呈现出 U 型曲线特征。只有当知识产权保护强度超过一定水平后,提高知识产权保护水平才会对技术创新起促进作用。

(2) 各地区的发展水平会间接影响知识产权保护的技术创新效应,随着发展水平的提高,加强知识产权保护能促进技术创新产出的增加。

(3) 知识产权保护对技术创新的影响体现出明显的区域差异性。东部知识产权保护对技术创新的影响已经显著为正,而中、西部由于受其发展水平的制约,知识产权保护对技术创新的促进作用还未能显现。

(4) 技术能力和进口贸易对中国的技术创新具有促进作用,外商直接投资对技术创新起到一定的抑制作用,人力资本的技术创新效应还不显著。

基于以上的研究结论,本章的政策建议如下。

(1) 要发挥出知识产权保护对技术创新的促进作用是一个长期过程,而短期内不同地区可能会在此问题上存在分歧,因此需要不断提高全社会的知识产权意识水平,加深知识产权保护的文化认同,避免机会主义倾向。

(2) 关注不同国际技术转移途径对中国技术创新影响的差异,趋利避害,深化利用进口贸易的技术溢出效应,努力提升 FDI 流入的质量。

(3) 鉴于技术创新与人力资本水平之间的相关性,中国应继续加强人力资本积累,注重提高人力资本对技术创新的促进作用。

本章参考文献

[1] Aubert J. E. Promoting Innovation in Developing Countries: A Conceptual Framework. *World Bank Policy Research Working Paper*, 2005 (3554).

[2] Barro R. J. Human Capital and Growth. *The American Economic Review*, 2001, 91 (2): 12 - 17.

[3] Chen Y., Puttitanun T. Intellectual Property Rights and Innovation in Developing Countries. *Journal of Development Economics*, 2005, 78(2): 474 - 493.

[4] Chin J. C, Grossman G. M. Intellectual Property Rights and North-South Trade. *NBER Working Paper Series*, 1991 (2769).

[5] Connolly M. The Dual Nature of Trade: Measuring its Impact on Imitation and Growth. *Journal of Development Economics*, 2003, 72(1): 31 - 55.

[6] Deardorff A. V. Welfare Effects of Global Patent Protection. *Economica*, 1992:

35-51.

[7] Diwan I., Rodrik D. Patents, Appropriate Technology, and North-South Trade. *Journal of International Economics*, 1991, 30(1): 27-47.

[8] Falvey R., Foster N., Greenaway D. Intellectual Property Rights and Economic Growth. *Review of Development Economics*, 2006, 10(4): 700-719.

[9] Ginarte J. C., Park W. G. Determinants of Patent Rights: A Cross-national Study. *Research Policy*, 1997, 26(3): 283-301.

[10] Glass A. J., Saggi K. Intellectual Property Rights and Foreign Direct Investment. *Journal of International Economics*, 2002, 56(2): 387-410.

[11] Griliches, Z. *R&D, Patents and Productivity*. University of Chicago Press, 2007.

[12] Grossman G. M., Helpman E. Technology and Trade. *Handbook of International Economics*, 1995, 3: 1279-1337.

[13] Helpman E. Innovation, Imitation, and Intellectual Property Rights. *Econometrica*, 1993, 61(6): 1247-80.

[14] Kanwar S., Evenson R. Does Intellectual Property Protection Spur Technological Change?. *Oxford Economic Papers*, 2003, 55(2): 235-264.

[15] Lai E. L. C. International Intellectual Property Rights Protection and the Rate of Product Innovation. *Journal of Development Economics*, 1998, 55(1): 133-153.

[16] Lerner J. The Empirical Impact of Intellectual Property Rights on Innovation: Puzzles and Clues. *The American Economic Review*, 2009, 99(2): 343-348.

[17] Park W. G. International Patent Protection: 1960—2005. *Research Policy*, 2008, 37(4): 761-766.

[18] Rapp R. T., Rozek R. P. *Benefits and Costs of Intellectual Property Protection in Developing Countries*. Washington, D. C.: National Economic Research Associates, 1990.

[19] Schneider P. H. International Trade, Economic Growth and Intellectual Property Rights: A Panel Data Study of Developed and Developing Countries. *Journal of Development Economics*, 2005, 78(2): 529-547.

[20] Stern S., Porter M. E., Furman J. L. The Determinants of National Innovative Capacity. *National Bureau of Economic Research*, 2000.

[21] Yang G., Maskus K. E. Intellectual Property Rights, Licensing, and Innovation in an Endogenous Product-cycle Model. *Journal of International Economics*, 2001, 53(1): 169-187.

[22] žigić K. Intellectual Property Rights Violations and Spillovers in North - South Trade. *European Economic Review*, 1998, 42(9): 1779-1799.

自主创新与经济增长

[23] 董雪兵,朱慧,康继军,宋顺锋.转型期知识产权保护制度的增长效应研究.经济研究,2012(8).

[24] 范承泽,胡一帆,郑红亮.FDI对国内企业技术创新影响的理论与实证研究.经济研究,2008(1).

[25] 韩玉雄,李怀祖.关于中国知识产权保护水平的定量分析.科学学研究,2005(3).

[26] 胡凯,吴清,胡毓敏.知识产权保护的技术创新效应——基于技术交易市场视角和省级面板数据的实证分析.财经研究,2012(8).

[27] 李平,崔喜君,刘建.中国自主创新中研发资本投入产出绩效分析——兼论人力资本和知识产权保护的影响.中国社会科学,2007(2).

[28] 李平.论国际贸易与技术创新的关系.世界经济研究,2002(5).

[29] 沈国兵,刘佳.TRIPS协定下中国知识产权保护水平和实际保护强度.财贸经济,2009(11).

[30] 王华.更严厉的知识产权保护制度有利于技术创新吗?.经济研究,2011(S2).

[31] 许春明,陈敏.中国知识产权保护强度的测定及验证.知识产权,2008(1).

[32] 易先忠,张亚斌,刘智勇.自主创新、国外模仿与后发国知识产权保护.世界经济,2007(3).

[33] 尹翔硕.创新能力、模仿能力与知识产权保护中的执行成本——论TRIPS条件下发展中国家知识产权侵权的必然性.世界经济研究,2008(3).

[34] 余长林.知识产权保护与发展中国家的经济增长.厦门大学,2009.

[35] 岳书敬.知识产权保护与发展中国家创新能力提升——来自中国的实证分析.财经科学,2011(5).

[36] 周经,刘厚俊.国际贸易、知识产权与我国技术创新——基于1998—2009年省际面板数据的实证研究.世界经济研究,2011(11).

[37] 邹薇.知识产权保护的经济学分析.世界经济,2002(2):3-11.

附录

中国知识产权立法保护水平的统计：1985—2011 年

指标描述 \ 年份	1985	1986	1987	1988	1989	1990	1991	1992	1993
1. 保护范围									
1.1 药品专利	0	0	0	0	0	0	0	1/8	1/8
1.2 化学品专利	0	0	0	0	0	0	0	1/8	1/8
1.3 食品专利	0	0	0	0	0	0	0	1/8	1/8
1.4 医用器械专利	1/8	1/8	1/8	1/8	1/8	1/8	1/8	1/8	1/8
1.5 微生物专利	1/8	1/8	1/8	1/8	1/8	1/8	1/8	1/8	1/8
1.6 实用新型专利	1/8	1/8	1/8	1/8	1/8	1/8	1/8	1/8	1/8
1.7 软件专利	0	0	0	0	0	0	0	0	0
1.8 动植物品种专利	0	0	0	0	0	0	0	0	0
小计	0.375	0.375	0.375	0.375	0.375	0.375	0.375	0.75	0.75
2. 国际条约成员资格									
2.1 巴黎公约以及后来的文本(1883年)	1/5	1/5	1/5	1/5	1/5	1/5	1/5	1/5	1/5
2.2 专利合作条约PCT（1970年）	0	0	0	0	0	0	0	0	1/5
2.3 植物新品种保护国际条约(1961年)	0	0	0	0	0	0	0	0	0
2.4 微生物保存的布达佩斯条约（1977年）	0	0	0	0	0	0	0	0	0
2.5 与贸易有关的知识产权协定TRIPS(1995年)	0	0	0	0	0	0	0	0	0
小计	0.2	0.2	0.2	0.2	0.2	0.2	0.2	0.2	0.4
3. 专利权的限制									
3.1 实施要求	0	0	0	0	0	0	0	0	0
3.2 强制许可	1/3	1/3	1/3	1/3	1/3	1/3	1/3	1/3	1/3
3.3 宣告无效	1/3	1/3	1/3	1/3	1/3	1/3	1/3	1/3	1/3
小计	0.667	0.667	0.667	0.667	0.667	0.667	0.667	0.667	0.667
4. 执行机制									
4.1 诉前禁令	0	0	0	0	0	0	0	0	0
4.2 连带责任	0	0	0	0	0	0	0	1/3	1/3
4.3 举证责任倒置	0	0	0	0	0	0	0	0	0
小计	0.000	0.000	0.000	0.000	0.000	0.000	0.000	0.333	0.333
5. 专利保护期限	0.75	0.75	0.75	0.75	0.75	0.75	0.75	1	1
立法强度指数	1.9917	1.9917	1.9917	1.9917	1.9917	1.9917	1.9917	2.9500	3.1500

自主创新与经济增长

(续表)

指标描述 \ 年份	1994	1995	1996	1997	1998	1999	2000	2001	2002
1. 保护范围									
1.1 药品专利	1/8	1/8	1/8	1/8	1/8	1/8	1/8	1/8	1/8
1.2 化学品专利	1/8	1/8	1/8	1/8	1/8	1/8	1/8	1/8	1/8
1.3 食品专利	1/8	1/8	1/8	1/8	1/8	1/8	1/8	1/8	1/8
1.4 医用器械专利	1/8	1/8	1/8	1/8	1/8	1/8	1/8	1/8	1/8
1.5 微生物专利	1/8	1/8	1/8	1/8	1/8	1/8	1/8	1/8	1/8
1.6 实用新型专利	1/8	1/8	1/8	1/8	1/8	1/8	1/8	1/8	1/8
1.7 软件专利	0	0	0	0	0	0	0	0	0
1.8 动植物品种专利	0	0	0	0	0	0	0	0	0
小计	0.75	0.75	0.75	0.75	0.75	0.75	0.75	0.75	0.75
2. 国际条约成员资格									
2.1 巴黎公约以及后来的文本(1883年)	1/5	1/5	1/5	1/5	1/5	1/5	1/5	1/5	1/5
2.2 专利合作条约PCT(1970年)	1/5	1/5	1/5	1/5	1/5	1/5	1/5	1/5	1/5
2.3 植物新品种保护国际条约(1961年)	0	0	0	0	0	1/5	1/5	1/5	1/5
2.4 微生物保存的布达佩斯条约(1977年)	0	1/5	1/5	1/5	1/5	1/5	1/5	1/5	1/5
2.5 与贸易有关的知识产权协定TRIPS(1995年)	0	0	0	0	0	0	0	1/5	1/5
小计	0.4	0.6	0.6	0.6	0.6	0.8	0.8	1	1
3. 专利权的限制									
3.1 实施要求	0	0	0	0	0	0	0	0	0
3.2 强制许可	1/3	1/3	1/3	1/3	1/3	1/3	1/3	1/3	1/3
3.3 宣告无效	1/3	1/3	1/3	1/3	1/3	1/3	1/3	1/3	1/3
小计	0.667	0.667	0.667	0.667	0.667	0.667	0.667	0.667	0.667
4. 执行机制									
4.1 诉前禁令	0	0	0	0	0	0	0	1/3	1/3
4.2 连带责任	1/3	1/3	1/3	1/3	1/3	1/3	1/3	1/3	1/3
4.3 举证责任倒置	0	0	0	0	0	0	0	1/3	1/3
小计	0.333	0.333	0.333	0.333	0.333	0.333	0.333	1.000	1.000
5. 专利保护期限	1	1	1	1	1	1	1	1	1
立法强度指数	3.1500	3.3500	3.3500	3.3500	3.3500	3.5500	3.5500	4.4167	4.4167

第十三章　知识产权保护水平的测算及创新效应

(续表)

指标描述＼年份	2003	2004	2005	2006	2007	2008	2009	2010	2011
1. 保护范围									
1.1 药品专利	1/8	1/8	1/8	1/8	1/8	1/8	1/8	1/8	1/8
1.2 化学品专利	1/8	1/8	1/8	1/8	1/8	1/8	1/8	1/8	1/8
1.3 食品专利	1/8	1/8	1/8	1/8	1/8	1/8	1/8	1/8	1/8
1.4 医用器械专利	1/8	1/8	1/8	1/8	1/8	1/8	1/8	1/8	1/8
1.5 微生物专利	1/8	1/8	1/8	1/8	1/8	1/8	1/8	1/8	1/8
1.6 实用新型专利	1/8	1/8	1/8	1/8	1/8	1/8	1/8	1/8	1/8
1.7 软件专利	0	0	0	0	0	0	0	0	0
1.8 动植物品种专利	0	0	0	0	0	0	0	0	0
小计	0.75	0.75	0.75	0.75	0.75	0.75	0.75	0.75	0.75
2. 国际条约成员资格									
2.1 巴黎公约以及后来的文本(1883年)	1/5	1/5	1/5	1/5	1/5	1/5	1/5	1/5	1/5
2.2 专利合作条约PCT(1970年)	1/5	1/5	1/5	1/5	1/5	1/5	1/5	1/5	1/5
2.3 植物新品种保护国际条约(1961年)	1/5	1/5	1/5	1/5	1/5	1/5	1/5	1/5	1/5
2.4 微生物保存的布达佩斯条约(1977年)	1/5	1/5	1/5	1/5	1/5	1/5	1/5	1/5	1/5
2.5 与贸易有关的知识产权协定TRIPS(1995年)	1/5	1/5	1/5	1/5	1/5	1/5	1/5	1/5	1/5
小计	1	1	1	1	1	1	1	1	1
3. 专利权的限制									
3.1 实施要求	0	0	0	0	0	0	0	0	0
3.2 强制许可	1/3	1/3	1/3	1/3	1/3	1/3	1/3	1/3	1/3
3.3 宣告无效	1/3	1/3	1/3	1/3	1/3	1/3	1/3	1/3	1/3
小计	0.667	0.667	0.667	0.667	0.667	0.667	0.667	0.667	0.667
4. 执行机制									
4.1 诉前禁令	1/3	1/3	1/3	1/3	1/3	1/3	1/3	1/3	1/3
4.2 连带责任	1/3	1/3	1/3	1/3	1/3	1/3	1/3	1/3	1/3
4.3 举证责任倒置	1/3	1/3	1/3	1/3	1/3	1/3	1/3	1/3	1/3
小计	1.000	1.000	1.000	1.000	1.000	1.000	1.000	1.000	1.000
5. 专利保护期限	1	1	1	1	1	1	1	1	1
立法强度指数	4.416 7	4.416 7	4.416 7	4.416 7	4.416 7	4.416 7	4.416 7	4.416 7	4.416 7

第十四章 知识产权保护影响技术创新的机理

本章提要 技术创新离不开知识产权制度的支持。本章深入分析了知识产权保护影响技术创新的作用机理,并用我国省级面板数据检验。研究显示:知识产权保护对我国企业研发投入的影响是不显著的,但却促进了我国的创新产出绩效。知识产权保护下,企业 R&D 投入和国际贸易对我国创新绩效产生正效应,但 FDI 对其的影响不显著。同时,企业 R&D 投入、FDI 和国际贸易对知识产权存在路径依赖,知识产权作为重要的制度变量作用于企业 R&D 投入、FDI 和国际贸易,使其对创新绩效产生正向促进效果。

第一节 引言与文献回顾

党的十八大提出,我国经济总量增长达到一定水平之后,下一步的重点是提升经济增长的质量和效率,经济增长的质量和效率离不开技术创新,技术创新的基础是知识产权制度。在全球化的今天,知识产权已成为国家的核心竞争力。然而我国知识产权制度建立较晚,从 1984 年《专利法》颁布至今,我国知识产权立法迅速与国际接轨,短短 30 年左右的时间完成了发达国家 200 多年的知识产权立法进程。对于发展中国家而言,加强知识产权保护是一把"双刃剑",其一方面减少了本国研发企业的技术外溢,鼓励本国企业自主创新;另一方面也抑制了对领先国先进技术的模仿,因为必须面对发达国家强知识产权保护下的贸易和技术壁垒。因此,知识产权日渐成为影响发展中国家工业化进程的最大不确定因素。我国知识产权发展至今,对我国技术创新产生了什么样的影响,是否真正促进了我国的技术创新?知识产权保护与技术创新的作用机理是什么?在目前经济发展的特殊时期,我国应该实行什么样的知识产权政策以适应经济结构转型和技术创新的需要?以上问题的研究对于我国建立知识产权制度、实施知识产权战略具有重要的意义。

第十四章　知识产权保护影响技术创新的机理

发明创造在投资上的风险以及知识的公共产品特性决定了自由市场不能带来最优水平的创新,因此要授予创新者某种形式的垄断(Arrow,1962),即给予创新产品一定时期和范围的知识产权保护。知识产权保护存在一个能够鼓励创新和实现社会福利最大化的最优时间长度和宽度(Nordhaus,1969;Scherer,1972;Klemperer,1990)。主流观点支持知识产权保护对技术创新的促进作用,认为知识产权保护可以促进知识的积累,刺激创新(Stiglitz,1980;Merges and Nelson,1990;张五常,2000;周寄中,2006)。也有部分不同观点认为知识产权保护造成了垄断,不利于知识的交流和扩散,限制资源的使用效率(Cohen and Levinthal,1989),尤其在技术水平不高、以模仿创新为主的发展中国家,无视技术差距,盲目地加强知识产权保护会抑制对先进技术的模仿,剥夺本国技术上的后发优势。因此,一国知识产权保护的强弱要视经济发展水平和发展阶段而定(庄子银,2009;Chen and Puttitanun,2005)。

大多数理论研究将知识产权置于南北贸易分析框架中,分析其对东道国以及全社会技术创新和社会福利的影响(Helpman,1992;Maskus and Penubarti,1995;Lai,1998;Branstetter and Saggi,2011),模型中考虑东道国技术创新以及FDI和国际贸易等技术外溢渠道,得到了诸多有价值的理论,但这些理论大多基于发达国家创新、发展中国家模仿的假定。郭春野和庄子银(2012)突破了这一假定,在南北贸易模型中内生化发展中国家自主创新,研究表明知识产权保护对发展中国家的激励效应依赖于发展中国家的初始技能劳动水平和北方创新性质导致的市场结构,但他们的理论尚未得到实证检验的支持。

关于知识产权保护与技术创新的实证研究,多数文献关注知识产权保护对东道国技术外溢渠道的影响。在以国际贸易为渠道的技术外溢中,实证并没有得到一致的结论。Maskus and Penubarti(1995)利用Rapp and Rozek指数方法(RP指数法)测算发展中国家知识产权保护水平,研究发展中国家知识产权保护强度对国际贸易的影响,研究表明知识产权保护水平与发展中国家国际贸易的关系与其经济发展水平和国家规模有关。对于规模较大且经济发展水平较高的国家,加强知识产权保护对国际贸易具有明显的促进作用,而对于经济发展水平较低的国家,这种作用相对较小。United States International Trade Commission(2010)研究认为虽然中国知识产权立法水平达到国际先进水平,但执法较弱,这种较弱的知识产权保护体制限制了美国等发达国家向中国出口知识产权敏感型和技术含量较高的商品和技术,最终会阻碍中国的技术模仿。相对于国际贸易，知识产权保护与 FDI 引致的技术外溢被普遍认为是发展中国家获取技术最直接、最有效的方式。对于发展中国家而言，外资引进不仅有利于弥补国内投资的不足，而且还有利于引进先进技术、增加就业、扩大出口、提高产业升级和人力资本的积累。然而，开放经济条件下，加强知识产权保护对东道国技术创新的影响具有双面性：一方面可以吸引更多的 FDI，扩大国内技术溢出；另一方面也会抑制对国外先进技术的模仿。一部分学者认为加强知识产权保护有利于南北双方国家的创新（Branstetter，2007；Mondal and Gupta，2008），尤其是发展中国家加强知识产权保护可能会增加来自美国等发达国家的FDI（Mansfield，1994；Lee and Mansfield，1996）。我国学者陈国宏和郭弢（2008）运用 Engle-Granger 因果关系检验认为我国 FDI、知识产权保护强度和自主创新能力两两之间存在长期稳定的关系，知识产权保护力度的加强对我国 FDI 产生明显的正效应，但对我国自主创新能力的影响不显著。关于知识产权保护与技术许可导致的技术外溢，大多数文献支持发展中国家知识产权保护的加强能够促进发达国家向其进行技术转让，从而在一定程度上提高发展中国家的技术创新水平（Yang and Keith，2003；Branstetter et al.，2006），但 Contractor（1980）通过对 102 个美国公司提供的技术许可协议样本研究发现，转移到知识产权保护相对较弱的发展中国家的技术明显落后于转移到知识产权保护较强的发达国家的技术。

通过对文献的梳理，我们发现，在理论分析中，大多学者站在发达国家背景研究知识产权保护对世界技术创新的影响，而对发展中国家研究得较少。事实上，随着世界知识产权制度的不断演进和发展，包括中国在内的许多发展中国家的自主创新能力不断增强，以我国为例，自 1985 年实施专利法以来，我国专利申请总量逐年增长，2011 年的国外发明专利授权数位于世界第 3 位次，仅次于美国和日本。事实让我们无法忽略知识产权的作用。然而关于知识产权保护与我国技术创新的作用关系，国内大多数文献停留在定性的加强或者弱化知识产权保护的政策分析中，多数观点缺乏系统的机理分析以及实证支持。本章在对我国知识产权保护影响技术创新的现有研究的基础上，对我国知识产权水平进行测度，运用相关的理论模型对知识产权影响技术创新的机理进行深度分析，并由此来检验创新绩效。研究发现，我国知识产权保护对企业研发投入的影响是不显著的，但却作为重要的制度变量作用于企业 R&D 投入以及 FDI、国际贸易等技术外溢渠道，使其对技术创新产生正向促进效果。

第十四章　知识产权保护影响技术创新的机理

第二节　机理分析与理论模型

一、机理分析
（一）知识产权对技术创新的作用机制
1. 知识产权的创新激励机制

作为经济社会重要的生产要素和经济资源，相比其他生产要素，知识具有非稀缺性、非消耗性、可共享性明显等特点。新知识的这种公共产品特性容易被低成本模仿或者无偿"搭便车"，会使创新主体的个人利益和社会收益产生巨大差异。比如，一种新产品的上市，在没有知识产权的保护下，模仿会接踵而至，并且很容易迅速扩散，短时期内就会实现社会收益最大化。由此，创新主体的研发投入和创新产出不协调，利益得不到补偿，就会抑制创新主体的创新行为。知识产权制度通过授予发明创造者以私人产权，为权利人提供了最经济、有效和持久的创新激励，无疑是"给天才之火添加利益之油"。

2. 知识产权的利益调节机制

为了增加创新主体的预期收入，作为创新高风险和不确定的补偿，知识产权赋予创新主体对创新成果的一定时期的垄断权，以此在市场上获得高额收入。但任何知识的创造，都需要继承人类智力的成果。因此，创新主体对创新产品拥有的知识垄断权不应该是无限度的，这就产生了创新主体对创新成果的独占权与社会的共享性需求之间的冲突，需要在个体利益和社会利益之间建立相关调节机制进行平衡。现代产权制度的功能在于通过产权的适度限制，平衡权利人与社会公众之间的利益，超过保护期的新产品、新技术和新知识要成为社会公共的财富，成为社会的共享。

产权的保护与限制涉及不同主体的利益，知识产权保护期限的设定要在创新的激励效应和社会的财富效应中权衡。太短的专利保护期限会阻碍创新主体创新的动力，限制增加社会财富的创新源头。太长的专利保护期同样会影响市场的竞争机制，因为竞争对手会绕开专利展开技术创新或者进行专利技术的重复投资，在全社会中造成资源浪费和创新效率低下。因此，专利保护期限的确定要保护知识创造者的利益，同时注意知识的广泛传播和有效利用，统一和平衡社会利益和创新主体收益。

3. 知识产权的市场规范机制

知识产权制度保护的是创新主体的创造性智力成果，这种智力成果只有获得知识产权才能得到法律的保护,从而在法律意义上形成占有,才能在新产品的市场转化过程中形成竞争优势,才能对抗假冒伪劣以及其他模仿行为。因此,知识产权以法律的形式规范和保护创新者的创新成果。保护依法创新主体取得的知识产权,同时规范知识产权的行使行为,维护市场竞争环境的公平。法律是经济社会良性循环的必要条件,只有知识产权得到有效保护,知识产权促进和保障技术进步和经济发展的激励机制和调节机制才能得到有效的落实。因此,知识产权意在从制度安排上规范产权的交易市场,制止侵权行为,以维护竞争的秩序。

一国的技术创新是本国自主创新以及国外技术外溢综合作用的结果,开放经济条件下,加强知识产权保护一方面会通过刺激本国自主创新和国外技术外溢的数量和质量而对东道国创新产生激励效应;另一方面,同样会增加企业的模仿成本和提高市场的价格从而对东道国创新产生抑制效应。

(二)知识产权保护对技术创新的激励效应

封闭经济下,企业技术创新过程离不开知识产权的保驾护航。技术创新过程主要分为技术研究、产品开发以及商品市场化三个阶段。技术研究阶段要应用专利文献检索避免重复研究,同时通过专利信息了解所研究领域的相关行业的技术水平,预测技术的发展动态,合法借鉴他人的研究成果以及合理规避和排除他人的技术专利;产品开发阶段要对专利状态进行及时追踪、应对其他公司的专利审查,同时准备自己专利成果的产权化和明确产权归属;产品商业化阶段要宣传创新的专利产品,监视自己产品有无被侵权,及时用知识产权保护自己创新的产品。技术创新的各个阶段无不渗透着知识产权,知识产权正作为一种规范体系对企业的技术创新活动进行调节。

开放经济下,知识产权保护通过 FDI、国际贸易和技术许可等知识溢出渠道影响东道国的技术创新。

传统的外商直接投资理论为 FDI 知识溢出提供了可能。其在垄断优势理论、内部化理论以及区位优势理论中得到了很好的诠释。垄断优势理论认为市场的不完全性是外商直接投资的直接原因,跨国公司要想取得竞争优势,应具备东道国企业所没有的垄断优势。内部化理论认为企业为降低交易成本,可通过内部的管理机制代替外部的市场机制。其解释了开放经济条件下世界各个国家的跨国投资行为,外商直接投资公司将生产转移到发达国家或者发展中国家,为其子公司或者分支机构向东道国企业的技术溢出创造了条件。区位优势理论认为东道国的区位优势条件是吸引跨国企业赴之投资的重

第十四章　知识产权保护影响技术创新的机理

要动因,并为跨国公司向东道国的技术外溢提供了研究的基础条件。传统的外商直接投资理论为知识溢出的可能提供了理论依据,而知识溢出理论解释了外商直接投资对东道国的知识溢出渠道:① 知识人才的流动。人才的流动一方面促进了新知识的产生,另一方面加剧了知识的传播,人才流动是隐形知识传播的主要途径。② 产学研合作组织。研发合作组织中的合作和交流为知识的溢出创造了可能,其为大学、科研院所等科研机构和企业单位、政府机构的相互学习提供了交流融合的平台。③ 企业家创业。企业家创业的知识溢出尤其发生在新企业的建立初期,在发现机会、开拓市场的过程中,企业家会与不同的群体发生互动和交流,实践显示,企业家在企业集聚区域能够获得大量的隐形知识,新知识的溢出开阔了企业家的实践思想和选择范围,为识别和利用机会提供了可能。

以国际贸易为途径的知识溢出可以通过以下几种机制反映出来。① 传染效应。传染理论认为,技术可以通过介质传染得很远,这种介质主要包括人和产品,技术传播中接触的人或者产品越多,则传播的速度就越快。东道国通过贸易引进的来自国外的先进设备和产品中包含大量的技术信息,通过与技术产品的接触以及相关技术人员的交流,可以提高技术的传播和渗透,国内人员可以在学习模仿中加快先进技术向国内的扩散,节约本国稀缺的资本存量,提高国内资本的积累效率和使用效率。② 竞争效应。进口国在引进国外先进产品的同时,会挤占所在行业产品的市场份额,无形中加剧国内企业的竞争,市场上的激烈竞争迫使国内同行通过降低生产成本、增强管理水平、进行技术创新等手段提高本企业的产品竞争力。同时,由于引进国的市场需求状况、人力资本、生产设备等诸方面可能与技术输出国存在较大差距,可能促使进口国进行二次适应性创新,从而增强进口国的整体创新水平。③ "干中学"效应。"干中学"效应主要表现为国内企业的技术模仿效应。中间品进口是国际贸易技术外溢的重要渠道,随着全球化进程的加快,产品的价值链逐渐加长,其生产通常分布在不同的国家进行。国内企业通过进口国外的关键零部件和设备,可以在生产过程中不断摸索和吸收国外同行的产品特性和制作方法,提高中间产品的生产能力。同时,国内中间加工品出口到国外,通过国外市场的需求和客户的产品性能的意见反馈,可以进一步改进产品性能和提高产品质量。

技术许可作为技术贸易的主要方式,对技术引进国企业的学习能力和创新能力的培育可以从以下三个方面进行理解。首先,技术引进企业通常和引进的技术同行业或同类型,通过引进技术可以解决企业现存的技术问题或者创新中的瓶颈问题,为创新知识提供可能;其次,技术许可企业和受让企业之间可能的长期合作为受让企业的技术外溢创造了条件;再次,许可技术可能成为企业内部研究的催化剂,引致更多的研发活动和投入。

(三) 知识产权对技术创新的抑制效应

实施强知识产权保护,一方面会增强FDI、国际贸易和技术许可的数量和质量,但另一方面同样会增加企业的模仿成本,在专利保护期限内,国内企业要使用申请专利保护的国外先进技术必须付出昂贵的专利使用费用,这无形中增加企业的成本,同时在利润有限的空间内减少企业R&D投资。另外,发展中国家尽管具备许多产品的生产能力,但在外商直接投资中很多都处于产业链的低端水平。知识产权保护的增强,将使技术模仿变得越来越困难,某种程度上可能会降低技术进步的速度。

知识产权保护产生的市场垄断同样会提高产品的市场价格,限制市场竞争,尤其表现在缺乏资金和自主创新能力不强的发展中国家。知识产权的独占性会阻碍一部分企业进入同行业市场,降低市场竞争程度。一方面,知识产权保护的加强会刺激企业进行更多的研发投入,而研发活动具有很强的规模经济性,能够使企业增强市场竞争能力和扩大企业规模,这种发展趋势会排挤一部分规模较小的企业参与同行业市场竞争。另一方面,当研发企业取得发明专利时,其会在一定时间内驱逐仿制品,从而提高本产品的市场价格。

二、理论模型

本章理论模型立足发展中国家自主创新,Chen and Puttitanun(2005)的关于内生发展中国家创新的知识产权的博弈研究符合本章的研究思路。本章在其基本理论的基础上进行简单扩展,考虑发展中国家自主创新模式下加强知识产权保护对其创新的影响[①]。

设 β 为发展中国家的知识产权保护水平,$\beta \in [0,1]$,β 越大,知识产权保护水平越高,$\beta=0$ 表示没有保护,$\beta=1$ 表示完全保护。θ 为该国的技术水平,$\theta \in [0,1]$,θ 越大,表示该国的技术水平越高。

为简化分析,假设一个发展中国家只有两个部门,从事研发为主的企业L和只以模仿为主的企业M,M部门可以模仿本国或者来自国外的产品。研发

---

① 许春明.知识产权保护与经济增长的机制研究.同济大学博士论文,2008。

部门的产品质量为 $V(z,\theta)$,其中 z 为该企业的 R&D 投入,$z\geqslant 0$。

企业 M 的产品质量为:

$$V^M(\beta,\theta)=V(z,\theta)\varphi(\theta)\gamma(\beta)$$

其中,$\varphi(\theta)$ 是 M 的模仿能力,$\gamma(\beta)$ 表示技术溢出水平,其与知识产权保护强度(β)呈负相关,β 越小,研发的技术溢出越大。相反,β 越大,研发的技术溢出越小。

$$\forall\theta,0\leqslant\varphi(\theta)\leqslant 1,\varphi'(\theta)\geqslant 0,0\leqslant\gamma(\beta)\leqslant 1,\gamma'(\beta)\leqslant 0,\gamma(0)=1$$

$$\frac{\partial v(z,\theta)}{\partial z}>0,\frac{\partial v(z,\theta)}{\partial \theta}>0,\frac{\partial^2 v(z,\theta)}{\partial^2 z}<0,\frac{\partial^2 v(z,\theta)}{\partial z\partial \theta}>0,$$

L 企业的产品质量随着 R&D 投入的提高而提高,但提高速率递减,随着技术水平的提高而提高,提高速率递增。

L 和 M 的单位成本为 C^L 和 C^M。

假定是完全信息的价格竞争,在价格(或准确地说,净价值)需求完全非弹性的情况下,把质量 $V(z,\theta)$ 和 $V(z,\theta)\varphi(\theta)\gamma(\beta)$ 看做是 L 产品和 M 产品的价值,设两个产品的价格分别为 P_1 和 P_2,在消费者市场,消费者要最大化自己的净价值,即 $\mathrm{Max}\{V(z,\theta)-P_1,V(z,\theta)\varphi(\theta)\gamma(\beta)-P_2\}$,在两个净价值中进行选择。在生产者市场,生产者在自己产品对于消费者的净价值不小于对手的前提下,最大化自己的利润 P_1-C^L 或 P_2-C^M。

1. 企业的均衡价格

L 和 M 部门的均衡价格分别为:

$$P^L=V(z,\theta)[1-\varphi(\theta)\gamma(\beta)]+C^M \text{ 如果 } V(z,\theta)-C^L>V(z,\theta)\varphi(\theta)\gamma(\beta)-C^M \tag{14.1}$$

$$P^M=V(z,\theta)[\varphi(\theta)\gamma(\beta)-1]+C^L \text{ 如果 } V(z,\theta)-C^L<V(z,\theta)\varphi(\theta)\gamma(\beta)-C^M \tag{14.2}$$

$$P^M=C^M P^L=C^L \text{ 如果 } V(z,\theta)-C^L=V(z,\theta)\varphi(\theta)\gamma(\beta)-C^M \tag{14.3}$$

2. 最优 R&D 投入的均衡条件

在(14.1)中,L 的产品利润为:

$$\pi^L=N\{V(z,\theta)[1-\varphi(\theta)\gamma(\beta)]+C^M\}-C^M-z=V(z,\theta)[1-\varphi(\theta)\gamma(\beta)]-z \tag{14.4}$$

利润最大化的最优 R&D 投入 $z^*(\beta,\theta)$:

自主创新与经济增长

$$\frac{\partial \pi^L}{\partial z}=N\frac{\partial v(z,\theta)}{\partial z}[1-\varphi(\theta)\gamma(\beta)]-1=0,即$$

$$N\frac{\partial v[z*(\beta,\theta),\theta]}{\partial z}[1-\varphi(\theta)\gamma(\beta)]=1 \qquad (14.5)$$

在(14.2)中,产品的利润为:

$$\pi^M=N\{V(z,\theta)[\varphi(\theta)\gamma(\beta)-1]+C^L\}-C^L=V(z,\theta)[\varphi(\theta)\gamma(\beta)-1] \qquad (14.6)$$

利润最大化的最优R&D投入$z^*(\beta,\theta)$:

$$\frac{\partial \pi^M}{\partial z}=N\frac{\partial v(z,\theta)}{\partial z}[\varphi(\theta)\gamma(\beta)-1]=0,$$

即

$$N\frac{\partial v[z*(\beta,\theta),\theta]}{\partial z}[\varphi(\theta)\gamma(\beta)-1]=0 \qquad (14.7)$$

在(14.3)中,企业L和M的利润均为0。

3. 本地企业创新与知识产权保护水平和技术能力水平之间的关系

在(14.1)和(14.2)中,均有

$$\frac{\partial z\times(\beta,\theta)}{\partial \beta}=\frac{\frac{\partial v}{\partial z}\gamma,(\beta)\varphi(\theta)}{\frac{\partial^2 v}{\partial z^2}[1-\varphi(\theta)\gamma(\beta)]} \qquad (14.8)$$

由于,$\frac{\partial v}{\partial z}>0,\frac{\partial^2 v}{\partial z^2}<0,0<\gamma(\beta)<1,0<\varphi(\theta)<1,\gamma'(\beta)<0$

所以,$\frac{\partial z\times(\beta,\theta)}{\partial \beta}>0$

由此我们得到如下命题:

命题:本地部门中,无论是研发部门还是模仿部门获得产品利润,研发部门的最优R&D投入随着β(知识产权保护水平)的提高而增加。即知识产权保护水平越高,本地企业的最优R&D投入z越大。

第三节 计量模型与指标解释

沿着前文的理论思路,本章首先构造计量模型检验知识产权保护对我国企业研发投入的影响。同时,在此基础上,利用知识生产函数检验知识产权保护对我国技术创新的产出绩效。

一、模型设定

基于以上考虑,本章建立如下两个模型:

$$\ln R\&D_{it} = \beta_0 + \beta_1 \ln R\&D_{it-1} + \beta_2 \ln FDI_{it} + \beta_3 \ln IMPORT_{it} + \beta_4 IPR_{it} + \beta_5 \ln X_{it} + v_i + u_i + \varepsilon_{it} \tag{14.9}$$

$$\ln Y_{it} = \beta_0 + \beta_1 Y_{it-1} + \beta_2 \ln R\&D_{it-1} + \beta_3 \ln L_{it} + \beta_4 \ln FDI_{it} + \beta_5 \ln IMPORT_{it} + \beta_6 IPR_{it} + \beta_7 \ln X_{it} + v_i + u_i + \varepsilon_{it} \tag{14.10}$$

模型(14.9)中,知识产权保护强度(IPR)是主要的解释变量,FDI(外商直接投资)和IMPORT(国际贸易)作为技术外溢的指标,由于数据的获得性问题,模型暂未引入技术许可变量。另外考虑创新是个动态的过程,当期创新投入可能受前期创新投入水平的影响,将企业R&D投入滞后一期引入模型。X为一组控制变量,u_i是反映个体效应的虚拟变量,v_i为表示时间的特定效应,ε_{it}是随机干扰项,i代表截面单元,t代表各个年度。

模型(14.10)中,同样将企业R&D投入滞后一期作为创新的主要投入,L为人力资本。根据我国实际情况,影响我国技术创新产出的企业研发投入、外商直接投资、进口、知识产权以及人力资本等变量都具有内生性,如果直接将其放入模型回归可能会使结果产生偏误,由此,我们在模型中加入被解释变量的滞后一阶,以此来降低变量间联合内生性带来的不良后果。

另外为了考察R&D、FDI和国际贸易等技术溢出渠道对创新的效应是否对知识产权存在路径依赖,本章在模型(14.10)的基础上分别引入知识产权保护与企业R&D投入、FDI和进口的交互项。

$$\ln Y_{it} = \beta_0 + \beta_1 Y_{it-1} + \beta_2 \ln R\&D_{it-1} + \beta_3 \ln L_{it} + \beta_4 \ln FDI_{it} + \beta_5 \ln IMPORT_{it} + \beta_6 IPR_{it} \times \ln R\&D_{it-1} + \beta_7 \ln X_{it} + v_i + u_i + \varepsilon_{it} \tag{14.11}$$

$$\ln Y_{it} = \beta_0 + \beta_1 Y_{it-1} + \beta_2 \ln R\&D_{it-1} + \beta_3 \ln L_{it} + \beta_4 \ln FDI_{it} + \beta_5 \ln IMPORT_{it} + \beta_6 IPR_{it} \times \ln FDI_{it} + \beta_7 \ln X_{it} + v_i + u_i + \varepsilon_{it} \tag{14.12}$$

$$\ln Y_{it} = \beta_0 + \beta_1 Y_{it-1} + \beta_2 \ln R\&D_{it-1} + \beta_3 \ln L_{it} + \beta_4 \ln FDI_{it} + \beta_5 \ln IMPORT_{it} + \beta_6 IPR_{it} \times \ln IMPORT_{it} + \beta_7 \ln X_{it} + v_i + u_i + \varepsilon_{it} \tag{14.13}$$

二、数据说明与指标解释

本章实证检验以我国 1997—2010 年省级面板数据(不包括西藏、香港和澳门特别行政区)为基础,所有数据来源于《中国统计年鉴》、《中国科技统计年鉴》、《中国金融年鉴》、《中国财政年鉴》、《中国区域经济统计年鉴》。由于模型涉及的变量基本上都发生在生产领域,应以生产价格指数对其进行价格调整,考虑数据的获得性问题,我们以各省的 GDP 平减指数代替生产价格指数对各变量进行价格调整。具体变量说明如下。

(1)创新产出(Y)。国内外学者普遍采用的创新产出的变量主要有专利申请量、专利授权量以及新产品销售收入。考虑专利授权量和新产品销售收入相对创新投入具有一定时期的滞后性,而专利申请量的产出时效性较强,本章选用专利申请量表示创新产出。专利申请量按照技术含量的高低又分为发明、实用新型和外观设计专利申请量。为了反映知识产权对不同层次创新产出的影响,我们在专利申请量的基础上,分别以发明专利申请量、实用新型和外观设计专利申请量为被解释变量,衡量知识产权保护下我国企业创新投入以及国际技术外溢对其的不同产出绩效。

(2)企业科技投入($R\&D$)。出于数据的获得性考虑,我们用我国大中型工业企业科技投入额表示。

(3)外商直接投资(FDI)。用各省实际利用的外商投资额表示。

(4)国际贸易($IMPORT$)。关于国际贸易的替代变量,由于本章主要考察进口对创新的影响,所以我们用进口贸易额表示。

(5)人力资本(L)。用各省科技人员数表示。由于统计口径发生变化,2009 和 2010 年的科技人员数没有专门的统计数据,本章用历年 $R\&D$ 全时当量与科技人员数的回归系数对 2009 年与 2010 年科技人员进行估算。

(6)知识产权保护强度(IPR)。关于知识产权保护强度,国际上公认的是 Rapp and Rozek(190)创造的 RP 指数以及 Ginarte and Park(1997)创造的 GP 指数,他们对各国的知识产权立法进行评级,评级结果用 0 到 5 分的数字表示。RP 指数和 GP 指数较好地从司法制度层面考虑一国知识产权保护水平,但其忽略了一国的知识产权执法情况,在评价司法制度较为健全的西方国家,评价结果较为科学,而在司法制度不够健全的发展中国家,其测算结果可能会出现较大偏差。基于以上考虑,我国学者许春明和陈敏(2008)在 RP 指数和 GP 指数理论的基础上,综合考虑我国各地执法水平的差异,构建如下公式对我国知识产权实际保护强度进行了修正:

第十四章　知识产权保护影响技术创新的机理

$$P(t)=L(t)\times E(t)$$

其中，$P(t)$表示一国t时刻的知识产权保护强度，$L(t)$为一国t时刻 GP 法下计算的知识产权立法强度，$E(t)$为该国的执法强度。立法强度的计算参考 GP 指数，执法强度用 5 个一级指标综合反映，分别为：司法保护水平、行政保护水平、经济发展水平、社会公众意识、国际社会环境，5 个一级指标下分别有不同的二级指标对其解释。计分规则为：每个一级指标满分为 1 分，二级指标按照个数在总和"1 分"中平均分配分数，实际二级分数总和为一级指标的得分，五个指标得分加总为知识产权执法得分。其数值介于 0 到 1，0 表示知识产权相关法律完全没有执行，1 表示知识产权法律被完全执行。知识产权实际保护强度为立法强度和执法强度得分的乘积。

本章借鉴其方法对我国各省知识产权保护强度进行了扩展计算。为了更直观地描述我国知识产权立法、执法和保护强度的变化趋势，作曲线图如图 14-1。

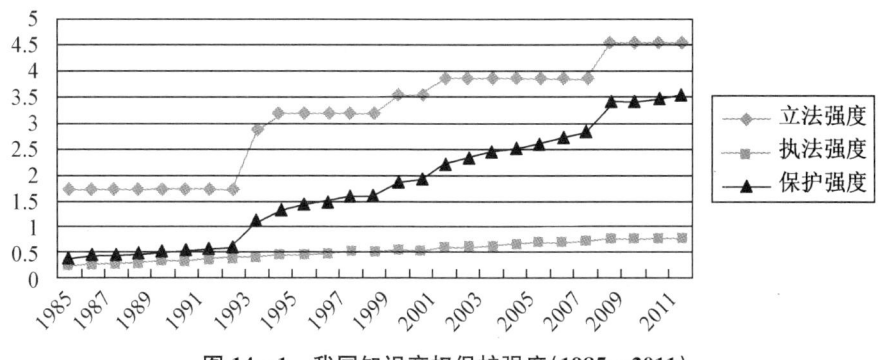

图 14-1　我国知识产权保护强度(1985—2011)

从图 14-1 可以看出，1985 年，我国知识产权执法强度较低，随着我国法律体系的逐步完善，立法指标呈逐年上升态势，但执法不足状态尚存。修正后的我国知识产权保护指数，由于执法强度的存在，明显低于 GP 指数法下计算的我国知识产权保护水平。

X 为控制变量，考虑其他因素对企业科技投入和创新绩效的影响。

（1）政府科技投入（$SUBSIDY$）。现阶段，受经济发展水平限制，我国企业尚未真正成为创新的主体，技术创新尚离不开政府的引导和支持，由此，我们将政府科技投入作为控制变量引入模型。出于数据的时间和口径的一致性考虑，本章选择我国各省大中型企业科技经费筹集中来自政府资金这一数据替代,虽然这一指标的统计口径要比政府R&D投入大,但两者差别不大。

(2) 金融发展水平(FINANCE)。金融发展为技术创新筹融资,进行风险分散和管理以及信息甄别发挥重要的作用,因此将其纳入模型。我们用各省银行年末存贷款余额与GDP的比值作为其代理变量。

(3) 其他制度变量:企业规模(SIZE),企业性质(SOE)。关于制度因素对创新的影响,除了模型引入的知识产权保护变量外,周黎安(2006)等认为企业规模对技术创新有显著的促进作用,并且这种正向促进作用主要来自于非国有企业而非国有企业。由此,本章引入控制变量企业规模和国有化程度指标,分别用地区大中型工业企业总产值和国有及国有控股企业工业总产值表示。

第四节 实证结果与分析

本章分析以面板数据为基础,面板数据同时间序列数据一样会产生单位根问题,为了避免面板数据模型估计中可能存在的"虚假回归问题",我们在方程回归之前首先对面板数据进行单位根和协整检验。

一、面板单位根检验

关于面板单位根检验,理论中的方法众多,检验结果难以统一,为增强检验结果的稳健性,我们同时采用常见的 LLC、Breitung、IPS、ADF-Fisher 和 PP-Fisher 方法对各个变量进行检验,以综合考虑结果的可靠性。检验结果如表14-1。

表14-1 面板单位根检验结果

	变量	LLC	Breitung	IPS	ADF-Fisher	PP-Fisher	结论
各变量原始数据	$\ln Y$	0.983 1	0.994 5	0.974 3	0.938 0	0.368 8	I(0)
	$\ln Y_1$	0.946 5	0.990 1	0.443 2	0.287 6	0.305 4	I(0)
	$\ln Y_2$	1.000 0	1.000 0	1.000 0	1.000 0	0.953 7	I(0)
	$\ln Y_3$	0.960 4	0.983 1	0.975 4	0.943 2	0.920 6	I(0)
	$\ln(R\&D)$	0.854 3	0.987 0	0.883 2	0.990 1	0.965 4	I(0)
	$\ln(FDI)$	0.039 8	0.554 3	0.498 6	0.451 3	0.265 4	I(0)
	$\ln(IMPORT)$	0.234 2	0.165 4	1.000 0	1.000 0	1.000 0	I(0)
	$\ln L$	0.013 2	0.987 6	0.954 1	0.904 3	0.356 4	I(0)

(续表)

	变量	LLC	Breitung	IPS	ADF-Fisher	PP-Fisher	结论
各变量原始数据	IPR	0.0067	0.8754	0.7703	0.7734	0.7049	I(0)
	$\ln(SUBSIDY)$	0.1048	0.6513	0.9802	0.9854	0.4009	I(0)
	$\ln(FINANCE)$	0.3015	0.3974	0.014	0.2170	0.3284	I(0)
	$\ln(SOE)$	1.0000	0.6915	0.8247	0.9244	0.0141	I(0)
	$\ln(SIZE)$	0.0000	0.0012	0.0003	0.0000	0.0000	I(0)
各变量一阶差分数据	$D(\ln Y)$	0.0000	0.1906	0.0200	0.0064	0.0000	I(1)
	$D(\ln Y_1)$	0.0000	0.0003	0.0000	0.0000	0.0000	I(1)
	$D(\ln Y_2)$	0.0000	0.1017	0.0006	0.0001	0.0000	I(1)
	$D(\ln Y_3)$	0.0001	0.1008	0.0162	0.0003	0.0000	I(1)
	$D(\ln R\&D)$	0.0000	0.0310	0.0000	0.0000	0.0000	I(1)
	$D(\ln FDI)$	0.0012	0.0510	0.0305	0.0570	0.0000	I(1)
	$D(\ln IMPORT)$	0.0000	0.0000	0.0000	0.0000	0.0000	I(1)
	$D(\ln L)$	0.0000	0.0054	0.0000	0.0000	0.0000	I(1)
	$D(IPR)$	0.0000	0.0012	0.0073	0.0306	0.0000	I(1)
	$D(\ln SUBSIDY)$	0.0000	0.0609	0.0000	0.0000	0.0000	I(1)
	$D(\ln FINANCE)$	0.0000	0.0000	0.0000	0.0000	0.0000	I(1)
	$D(\ln SOE)$	0.1325	0.2076	0.0631	0.2906	0.0000	I(1)

注:(1) D(·)为变量的一阶差分值。
(2) 表中的数字为各单位根检验的 p 值。
(3) 各检验方法的原假设均为存在单位根。

根据检验结果我们发现,各变量取对数的原始数据除只有企业规模(ln$SIZE$)符合 0 阶单整过程,其他变量均不属于 0 阶单整。将同为 0 阶单整的变量一阶差分后,除了企业性质(lnSOE)在 5 种检验方法中大部分拒绝原假设以外,其他变量基本上接受原假设,即符合 1 阶单整过程。通过以上平稳性检验的结果,我们将不满足 I(1)的企业规模($SIZE$)和企业性质(SOE)剔除,将剩下的同为满足 I(1)过程的变量进行协整检验,看其是否存在长期均衡的关系。

二、面板协整检验

我们分别用 Pedroni 的 7 个统计量、Kao 的 ADF 统计量对模型(14.9)和模型(14.10)的自变量和因变量的面板协整关系进行检验。检验结果如

自主创新与经济增长

表14-2所示。

表 14-2 面板协整检验结果

检验方法		R&D与其他变量	Y与其他变量	Y_1 与其他变量	Y_2 与其他变量	Y_3 与其他变量
Pedroni	Panel v-Statistic	−0.578 7 (0.718 6)	−1.510 6 (0.814 3)	−2.870 9 (0.987 0)	−2.653 2 (0.890 0)	−2.821 4 (0.986 3)
	Panel rho-Statistic	2.712 (0.996 7)	5.753 2 (1.000 0)	5.432 0 (1.000 0)	5.890 5 (1.000 0)	5.650 2 (1.000 0)
	Panel PP-Statistic	−22.474 7*** (0.000 0)	−13.328 7*** (0.000 0)	−15.543 1*** (0.000 0)	−8.324 7*** (0.000 0)	−9.762 50*** (0.000 0)
	Panel ADF-Statistic	−1.418 8** (0.038 0)	−1.739 8** (0.032 5)	−2.516 5*** (0.009 2)	−2.125 4*** (0.001 3)	−1.789 7** (0.024 9)
	Group rho-Statistic	5.622 4 (1.000 0)	9.543 9 (1.000 0)	8.416 5 (1.000 0)	8.910 2 (1.000 0)	7.785 4 (1.000 0)
	Group PP-Statistic	22.771 1*** (0.000 0)	−23.653 4*** (0.000 0)	−23.354 1*** (0.000 0)	−21.436 5*** (0.000 0)	−17.896 5*** (0.000 0)
	Group ADF-Statistic	−1.811** (0.035 0)	−2.542 3*** (0.006 9)	−1.281 5 (0.007 1)	−4.795 4*** (0.001 5)	1.442 7 (0.028 9)
KAO		−13.459 9*** (0.000 0)	−2.882 8*** (0.002 1)	−5.346 3*** (0.000 0)	−1.844 7** (0.019 8)	−1.990 6** (0.019 7)

注:(1) 表中 Pedroni 的 7 个检验和 Kao 的原假设 H_0 为不存在协整关系。

(2) **、*** 分别为 5%、1% 的显著性水平,括号中的数字为各单位根检验的 p 值。

根据 Pedroni 和 KAO 检验结果综合判断,方程(14.9)和方程(14.10)的自变量和因变量之间协整关系基本上是一致的。Pedroni 统计量中,Panel ADF-Statistic、Group ADF-Statistic 在小样本中较其他统计量具有更好的统计性质,它们均在 5% 的显著性水平下显著。其他几个统计量中,Panel v-Statistic 和 Group rho-Statistic 更适合大的样本空间,因此其结果可以不作主要参考。Panel PP-Statistic 和 Group PP-Statistic 均通过了 1% 的显著性水平检验。结合 KAO 检验结果,我们认为模型(14.9)和模型(14.10)的自变量和因变量之间存在协整关系,可以进一步拟合方程做变量之间关系的长期均衡分析。

三、面板回归分析

由于模型中存在被解释变量的滞后项,我们用广义矩(GMM)方法进行模型的拟合。由 Sargan 检验结果可知,残差项存在一阶自相关,但不存在二阶自相关,模型不存在明显的工具变量过度识别问题。各模型利用 Eviews 6.0 进行回归计算,结果如 14-3 所示。

表 14-3 各模型的回归结果

	$R\&D$ 投入	专利申请量(Y)				发明专利申请量(Y_1)	实用新型专利申请量(Y_2)	外观设计专利申请量(Y_3)
$Y(-1)$		0.734*** (26.813)	0.781*** (12.415)	0.761*** (12.253)	0.790*** (12.015)			
$Y_1(-1)$						0.593*** (28.417)		
$Y_2(-1)$							0.642*** (28.209)	
$Y_3(-1)$								0.701*** (12.324)
$\ln R\&D$ (-1)	0.383*** (29.188)	0.018*** (5.807)	0.053*** (2.831)	0.050*** (2.906)	0.051*** (2.656)	0.184*** (2.809)	0.112*** (2.823)	0.071*** (2.306)
$\ln FDI$	0.111*** (8.695)	0.021 (0.262)	0.063 (1.039)	0.042 (1.139)	0.062 (1.280)	−0.082 (−1.418)	−0.073 (−1.328)	0.020 (0.708)
$\ln IMPORT$	0.058*** (4.463)	0.181*** (5.339)	0.419*** (3.365)	0.208** (2.176)	0.029** (2.021)	0.295*** (4.338)	0.265*** (3.081)	0.209* (1.875)
$\ln L$		0.051* (2.102)	0.165*** (2.032)	0.290*** (2.807)	0.167* (1.62)	0.216*** (4.096)	0.217*** (3.085)	0.021 (0.234)
Ipr	−0.009 (−0.120)	0.095*** (4.081)				0.657*** (5.480)	0.417*** (3.514)	0.212*** (3.203)
$\ln SUBSIDY$	−0.103*** (−2.854)	0.142*** (6.253)	0.212*** (3.089)	0.221*** (3.884)	0.209*** (3.968)	0.309*** (4.819)	0.208*** (3.351)	0.250** (2.023)
$\ln Finance$	0.279*** (4.306)	0.206*** (4.390)	0.119*** (3.123)	0.219*** (3.890)	0.206*** (3.564)	0.198*** (2.409)	0.378*** (4.543)	0.216*** (3.398)
$IPR \times \ln R\&D$ (-1)			0.043*** (4.509)					

自主创新与经济增长

(续表)

	R&D 投入	专利申请量(Y)		发明专利申请量(Y_1)	实用新型专利申请量(Y_2)	外观设计专利申请量(Y_3)
IPR× lnFDI			0.059*** (5.905)			
IPR× lnIMPORT				0.063*** (13.484)		
AR(1)检验	0.019	0.011	0.022	0.019	0.021	0.019	0.031	0.030
AR(2)检验	0.093	0.097	0.089	0.079	0.089	0.087	0.098	0.094
Sargan检验	0.265	0.372	0.410	0.306	0.318	0.250	0.405	0.278
样本观测数	390	390	390	390	390	390	390	390

注：***、**、*分别表示变量系数通过了1%、5%和10%的显著性检验，括号内数字为统计值。

由模型分析结果，我们可以看出：

(1) 知识产权保护对我国企业科技投入的影响是不显著的。说明现阶段我国知识产权保护尚未对企业研发投入产生正效应。分析原因：一方面，我国知识产权立法与国际接轨，相当于给国外企业和跨国公司传递一个明显的信号，为了获得长时期的垄断收益，它们会增加对我国行业或者产业的投资和出口，从而会加剧我国企业或者行业的竞争，使我国内资企业重新洗牌。在洗牌的过程中，那些研发投入不力的企业被淘汰出局，或破产，或被外资兼并，留下的企业为了生存发展必须增加科技投入(王红领等，2006)。另一方面，当前我国受经济发展水平限制，国内创新尚离不开对国外先进技术的模仿，知识产权保护的增强无形中增加企业的模仿成本。这种高成本主要表现在，过去对国外先进技术的廉价或无偿使用，现在必须支付高额使用费或者转让费，国外跨国公司会利用专利权合法地制定垄断价格，形成技术垄断，从而导致国内企业对国外技术的模仿成本增加。并且，目前我们不容忽视的事实是，虽然我国知识产权立法接近国际先进水平，但执法较弱，致使知识产权实际保护强度很低，降低了模仿成本。在这种环境下，由于先进知识和产品的"公共产品"特性，导致我国自主优势项目的预期收入不确定，甚至有的企业收不回前期创新投入的成本，结果造成企业科技投入动力不足。由此，知识产权保护对企业科技投入的激励和抑制的双向作用导致其对我国企业的创新投入作用不明确。

虽然知识产权保护没有正向影响我国企业科技投入,但却显著地促进了我国不同层次的技术创新产出,尤其表现在发明专利上。知识产权保护强度每增加一个百分点,发明专利申请量增加 0.65 个百分点。说明知识产权保护在激励我国企业自主创新方面发挥着重要作用。企业 R&D、FDI 以及进口与知识产权保护强度的交互项说明的是知识产权保护对企业 R&D、FDI 以及进口的技术创新产出的引致作用,将其引入模型进行回归时发现,不论被解释变量为专利申请量、发明专利申请量,还是实用新型和外观设计专利量,知识产权保护与企业 R&D、FDI 与进口的交互项系数均为正,且通过了显著性检验。说明企业 R&D、FDI 以及进口对创新产出的作用依赖于知识产权保护变量。这在一定程度上解释了我国知识产权保护虽然没有对我国企业研发产生正效应,但却促进了我国技术创新的产出的原因。

(2) 企业 R&D 投入的滞后项对企业的当期创新投入和产出均产生正面影响,但相对于进口以及政府科技投入等变量,企业的 R&D 投入对专利产出绩效的影响并非最有效。分析原因:首先,虽然近年来我国 R&D 投入总量呈逐年上升态势,但与发达国家的研发强度(研发经费占 GDP 比重)相比,仍处较低水平。2010 年,我国研发的强度仅为 1.84%,而最高的韩国达到了 3.44%,日本也达到了 3.26%。并且,我国企业技术投入水平整体偏低,2010 年我国大中型工业企业有 R&D 活动企业所占比重为 28.31%,R&D 经费支出与主营业务收入之比仅为 0.93%,企业研发投入动力不足。其次,目前我国正处于工业化进程的中后期,企业 R&D 活动尚离不开政府的支持,模型(14.9)显示,我国政府科技补贴并没有刺激企业的 R&D 投入,而是对其产生了一部分替代。原因可能是我国政府科技投入领域与企业投入领域缺乏明晰、准确的定位,政府补贴支持了企业原本没有支持也会开展的项目,或者企业在进行创新项目的启动之前总是希望或者想方设法争取到政府的创新补贴,从而导致了政府补贴对企业科技投入产生替代效应。由模型(14.10)的结果可以看出,替代了企业投入的这部分政府补贴在资金投入和运营的多方监管下,对创新产出贡献效率反而高于企业的 R&D 投入。

(3) FDI 溢出对我国企业 R&D 投入的影响是正的,但对我国创新产出的影响不是很显著。这一结果说明,虽然 FDI 直接促进了我国企业的创新投入,但对创新产出的影响不明显。此结论的现实解释可能是:一方面,FDI 对我国企业创新产生明显的激励和示范效应,FDI 的增加会加剧企业或者行业间市场上的竞争,导致国内企业的市场份额受到冲击,为了抢占市场份额,国内企业会增加研发投入以应对这种竞争,所以随着外商直接投资的不断流入,企业科技投入也越多。但另一方面,"边缘"技术双重差距理论认为,发达国家和发展中国家的技术差距存在"技术转移差距"和"技术积累差距"。"技术转移差距"指发达国家与发展中国家技术发展阶段或技术体系方面存在的差距,导致发展中国家与发达国家的技术较难融合,"技术积累差距"认为发展中国家技术人员的数量和质量难与发达国家的技术结合。受目前经济发展阶段影响,我国与发达国家既存在"技术转移"差距,也存在"技术积累差距",技术水平和技术人才与发达国家差距较大,导致企业对外资溢出的消化吸收能力不足,缺乏二次创新的潜力,从而对技术转移效果产生显著不利影响。加上在过去一段时间里,很多政府和企业招商引资只注重短期经济效益,引进 FDI 只注重数量,不重质量,并且,外资公司获利的重要方式是保持其技术垄断优势,对于核心技术必然采取严格的控制措施,我国很难引入国外的高端技术和管理。由此导致 FDI 对创新产出的影响不明显。

(4) 进口对我国企业研发投入和各层次创新产出均产生正效应。技术和中间品的进口是技术外溢的两条重要渠道。改革开放以来,一方面,随着我国进口贸易结构的不断优化,我国进口产品中高技术产品所占比重逐渐增大。2010 年我国技术引进额环比增长 23%,其中专有技术、技术咨询和技术服务所占比重较高,技术溢出的研发层次和技术含量较高,使得进口对我国自主创新产生正的溢出效应。另一方面,我国进口主要以中间品为主,中间品的隐形技术具有巨大的溢出潜能。1997—2010 年我国从 12 大贸易伙伴国进口的中间品年均增长 15%,中间品的进口让我国企业及时了解和接触到了国外的先进技术知识,在对设备和关键材料等中间品进行组装生产时,了解这些中间产品的知识和技术窍门,更容易掌握这些中间产品所含的技术,从而节省了自主创新所需的人力、物力和技术研发的时间成本,提高了技术创新的效率。

第五节 基本结论与政策启示

本章在相关文献的基础上深入分析了知识产权保护影响技术创新的作用机理,并用我国省级面板数据检验。结果发现:知识产权保护对我国企业研发投入的影响是不显著的,但却促进了我国的创新产出绩效。知识产权保护下,企业 R&D 投入和国际贸易对我国创新绩效产生正效应,但 FDI 对其的影响不显著。同时,企业 R&D 投入、国际贸易和 FDI 对知识产权存在路径依赖,

第十四章 知识产权保护影响技术创新的机理

知识产权作为重要的制度变量作用于企业 R&D 投入、FDI 和国际贸易,使其对创新绩效产生正向促进效果。

目前,虽然我国知识产权立法接近国际先进水平,但执法水平较弱,导致我国实际知识产权保护水平较低,这在一定程度上抑制了企业自主创新的热情。同时,开放经济条件下,企业 R&D、FDI、国际贸易对我国技术创新产出的正向促进作用依赖于知识产权保护水平的提高。因此,要想提高我国技术创新能力,必须提高我国知识产权保护水平。首先要完善知识产权立法。目前我国知识产权法是由一个个单行法组成的,缺乏统一的体系。《专利法》、《商标法》、《著作权法》之间协调性差,为了避免各个法律之间的冲突和不协调,我们需要统一的知识产权法典。同时要适时调整我国知识产权的法律制度,深化对外合作,促进知识产权法的国际融合和交流。其次,要加大知识产权执法力度,虽然我国知识产权立法不断与国际接轨,但执法却严重落后于立法的变革。立法是一个必要条件,必须与有效的执行相结合,因此我们要加强知识产权的司法和行政执行力度,加快人才队伍建设,营造更加公平、规范、透明的制度环境,以使知识产权对企业技术创新产生正面的净效果。再次,要提高知识产权保护的群众基础。知识产权法律的实施和执行离不开好的群众和社会基础,长期以来我国知识产权的群众基础相对薄弱,企业和个人的知识产权意识淡薄。因此要不断改善知识产权的软环境,开展普法宣传和教育活动,强化企业知识产权保护意识,为知识产权制度的实施提供良好土壤。只有知识产权制度得到普遍遵守,我国的知识产权战略才能得到有效的实施。

本章参考文献

[1] Arrow, Kenneth. Economic Welfare and the Allocation of Resources for Invention, The Rate and Direction of Inventive Activity: Economic and Social Factors. *Nber*, 1962: 609 – 626.

[2] Awokuse, Titus O., Hong Yin. Does Stronger Intellectual Property Rights Protection Induce More Bilateral Trade? Evidence from China's Imports. *World Development*, 2010, 38(8): 1094 – 1104.

[3] Braga, Carlos A. Primo, Carsten Fink. International Transactions in Intellectual Property and Developing Countries. *International Journal of Technology Management*, 2000, 19(1): 35 – 56.

[4] Branstetter, Lee G., Raymond Fisman, and C. Fritz Foley. Do Stronger Intellectual

Property Rights Increase International Technology Transfer? Empirical Evidence from US Firm-level Panel Data. *The Quarterly Journal of Economics*, 2006, 121(1): 321 – 349.

[5] Branstetter, Lee, et al. Does Intellectual Property Rights Reform Spur Industrial Development? *Journal of International Economics*, 2011, 83(1): 27 – 36.

[6] Glass, Amy Jocelyn, Kamal Saggi. Intellectual Property Rights, Imitation, and Foreign Direct Investment: Theory and Evidence. *National Bureau of Economic Research* No. w13033, 2007.

[7] Chen, Yongmin, ThitimaPuttitanun. Intellectual Property Rights and Innovation in Developing Countries. *Journal of Development Economics*. 2005, 78(2): 474 – 493.

[8] Cohen, Wesley M., Daniel A. Levinthal. Innovation and Learning: The Two Faces of R&D. *The Economic Journal*, 1989, 99(397): 569 – 596.

[9] Contractor, Farok J. The "Profitability" of Technology Licensing by US Multinationals: A Framework for Analysis and an Empirical Study. *Journal of International Business Studies*, 1980, 11(2): 40 – 62.

[10] Dasgupta, Partha, Joseph Stiglitz. Industrial Structure and the Nature of Innovative Activity. *The Economic Journal*, 1980, 90(358): 266 – 293.

[11] Helpman, Elhanan. Innovation, Imitation, and Intellectual Property Rights. *National Bureau of Economic Research*, 1992, No. w4081.

[12] Klemperer, Paul. How Broad Should the Scope of Patent Protection Be? *The RAND Journal of Economics*, 1990: 113 – 130.

[13] Lai, Edwin L. C. International Intellectual Property Rights Protection and the Rate of Product Innovation. *Journal of Development Economics*, 1998, 55(1): 133 – 153.

[14] Lee, JeongY., Edwin Mansfield. Intellectual Property Protection and US Foreign Direct Investment. *The Review of Economics and Statistics*, 1996: 181 – 186.

[15] Mansfield, Edwin. Intellectual Property Protection, Direct Investment and Technology Transfer: Germany, Japan and the USA. *International Journal of Technology Management*, 2000, 19(1): 3 – 21.

[16] Maskus, Keith E. How Trade-related are Intellectual Property Rights?, *Journal of International Economics*, 1995, 39(3): 227 – 248.

[17] McCoskey, Suzanne, Chihwa Kao. A Residual-based Test of the Null of Cointegration in Panel Data. *Econometric Reviews*, 1998, 17(1): 57 – 84.

[18] Merges, Robert P., Richard R. Nelson. On the Complex Economics of Patent Scope. *Columbia Law Review*, 1990, 90(4): 839 – 916.

[19] Mondal, Debasis, ManashRanjan Gupta. Imitation and Intellectual Property Rights:

第十四章　知识产权保护影响技术创新的机理

Introducing Migration in Helpman's Model. *Japan and the World Economy*，2008，20(3)：369-394.
[20] Nordhaus, William D., William D. *Invention, Growth, and Welfare：A Theoretical Treatment of Technological Change*. Cambridge, MA：MIT Press, 1969.
[21] Pedroni, Peter. Critical Values for Cointegration Tests in Heterogeneous Panels with Multiple Regressors. *Oxford Bulletin of Economics and Statistics*, 1999, 61(S1)：653-670.
[22] Pedroni, Peter. Fully Modified OLS for Heterogeneous Cointegrated Panels. *Advances in Econometrics*, 2001, 15：93-130.
[23] Pedroni, Peter. Purchasing Power Parity Tests in Cointegrated Panels. *Review of Economics and Statistics*, 2001, 83(4)：727-731.
[24] Rapp, Richard T., Richard Phillip Rozek. *Benefits and Costs of Intellectual Property Protection in Developing Countries*. Washington, DC：National Economic Research Associates No. 3, 1990.
[25] Scherer, Frederic M. Nordhaus' Theory of Optimal Patent Life：A Geometric Reinterpretation. *The American Economic Review*, 1972, 62(3)：422-427.
[26] Yang, Guifang, Keith Eugene Maskus. *Intellectual Property Rights, Licensing and Innovation*. World Bank Publications, 2003.
[27] 陈国宏,郭弢.我国FDI、知识产权保护与自主创新能力关系实证研究.中国工业经济,2008(4).
[28] 顾元媛.寻租行为与R&D补贴效率损失.经济科学,2011(5).
[29] 郭春野,庄子银.知识产权保护与"南方"国家的自主创新激励.经济研究,2012(9).
[30] 柴江艺,许和连.知识产权政策的进口贸易效应：扩张或垄断?——基于中国高技术产品进口贸易的实证研究.财经研究,2011(1).
[31] 师萍,许治,张炳南.政府公共R&D对企业R&D的效应分析.中国科技论坛,2007(4).
[32] 王红领,李稻葵,冯俊新.FDI与自主研发：基于行业数据的经验研究.经济研究,2006(2).
[33] 许春明,陈敏.中国知识产权保护强度的测定及验证.知识产权,2008(1).
[34] 杨俊,王佳.金融结构与收入不平等：渠道和证据——基于中国省际非平稳异质面板数据的研究.金融研究,2012(1).
[35] 周寄中,张黎,汤超颖.知识产权与技术创新：联动与效应分析.研究与发展管理,2006(5).
[36] 庄子银.知识产权,市场结构,模仿和创新.经济研究,2009(11).
[37] 张五常,易宪容,张卫东.经济解释.北京：商务印书馆,2000.

第十五章　人力资本对自主创新的门槛效应

本章提要　本章以包含"门槛效应"的创新产出模型为基础，采用我国30个省份1999—2011年的数据样本进行实证研究。通过门槛面板回归模型估计方法，综合考虑R&D投资、FDI、人力资本投资等因素，估计出各省人力资本对自主创新产生作用时的临界值，进而分析不同地区人力资本与自主创新能力的现状和发展方向。通过数据分析和实证研究，本章认为，经过多年长期的基础设施建设、教育和医疗投入以及市场环境日益完善，我国的技能人力资本水平有了较好的发展，几乎所有省份都跨过了技能人力资本的门槛值，技能人力资本已经可以有效提高各省份的自主创新能力。然而企业家人力资本的现状不容乐观，特别是对FDI溢出效应的检测，绝大部分省份都没有跨过门槛值。这与企业家人力资本本身的特殊性相关，同时也说明我国对于人力资本的投资到了关键时期。

第一节　问题提出

改革开放以来，中国经济持续高速增长，取得了令世人瞩目的成就，经济总量也达到全球第二，居民生活水平和国际地位都有了质的飞跃。影响中国经济增长的因素有很多，资本积累、劳动投入都做出了巨大贡献，但是在全球领域的竞争优势却主要立足于低成本劳动生产力、巨大的潜在市场以及大规模的但不一定是高效率的政府投资。高投入、高消耗、高污染和低质量的发展模式使经济的可持续增长成为一个难题。

就国际环境而言，大型跨国公司拥有大量资本和先进的生产研发技术，在产业价值链中处于顶端位置，对世界经济的主导能力正在加强，但与此同时其对先进知识技术的控制没有放松，国际竞争优势正在向资本充裕、技术先进、创新能力强的国家和地区倾斜。"以市场换技术"的发展思路遭受瓶颈制约，已经

第十五章 人力资本对自主创新的门槛效应

不再符合未来的发展战略。处于全球产业链中低端地位的现状,创新能力薄弱及核心技术受制于人的局面,使我国在发展中更加难以掌握战略主动权。

面对愈加开放的国际环境,日益激烈的国际竞争,加之现今能源和环境的压力越来越大,如何从经济大国向经济强国转变,从粗放式向集约式发展模式转变,解决经济发展中日益增长的对先进知识技术的需求同供给不足的矛盾,是我国的当务之急。

经济增长理论认为,要素投入和技术进步是促进经济增长的两个关键因素,其中只有技术进步才能促进长期增长。技术进步获取途径分为引进吸收和自主创新两种。《国家中长期科学和技术发展规划纲要(2006—2020)》中明确表示,未来科技发展工作的首要指导方针是"自主创新、重点跨越、支撑发展、引领未来"。强调把提高自主创新能力摆在全部科技工作的突出位置。纲要中将自主创新的定义描述为"从增强国家创新能力出发,加强原始创新、集成创新和引进消化吸收再创新"。从现实来看,自主创新已经成为促进经济增长和提高国家竞争力的必然路径选择。

自主创新能力的提升不光需要依靠国内自主研发投入和国外研发投入的流入,更应该关注投入产出绩效。从自主创新投入产出绩效的视角来看,人力资本是提升投入产出绩效的内生变量。人力资本是知识经济增长的源泉,是最富有潜力和增值效益的核心资本。人力资本与经济增长的关系是近五六十年研究的热点。就理论而言,人力资本影响经济增长主要是通过两种途径实现:一是人力资本影响全要素生产率(Romer,1990),二是人力资本影响国家引进吸收技术外溢的效率(Nelson and Phelps,1966)。从自主创新的实际流程来看,高新技术研发、产品创新、企业孵化和风险创业投资都需要大量高层次人才。

人力资本作用的发挥受到多种条件因素的影响制约,是一个较复杂的动态过程。当地区人力资本水平相对比较落后时,国内研发资本的利用率和国外研发资本的引进吸收率可能比较低;而人力资本水平相对较高时,上述投入的绩效可能会提高。简言之,自主创新的投入产出会因为人力资本水平的变化而表现出非线性的"门槛"特征。就现实而言,中国地域辽阔、人口众多、各个地区的发展差异明显,人力资本对自主创新绩效的关系很难在各个地区保持完全一致性。如果忽略客观存在的地区差异,简单将人力资本与自主创新绩效的关系理解成单一线性的关系,很难反映变量之间的真实关系。为了克服研究方法上的不足,本章基于自主创新绩效的视角,重点分析不同研发投入和异质性人力资本对自主创新的影响,采用非线性的门槛面板数据回归模型,检验人力资本与自主创新绩效的关系。

第二节 相关理论及文献综述

一、自主创新相关理论及文献综述

(一)自主创新相关理论

将创新(innovation)这一完整概念最早提出来,并将它纳入经济学研究框架的,是奥地利经济学家熊彼特(Joseph Alois Schumpeter,1912)。20世纪30年代,在研究技术变革对经济非均衡增长的影响时,他首次提出了创新的理论。在《经济发展理论》(1912)和《资本主义、社会主义和民主主义》(1942)等诸多著作中,他认为创新是企业家对生产要素的新组合,并且将从未使用的生产条件和生产要素整合起来纳入生产体系,建立新的生产函数,从而实现潜在利润。他的阐述包括下列五种情况:① 引入一种新的产品或提供一种产品的新质量。② 采用一种新的生产方式。③ 开辟一个新的市场。④ 获得一种原料或半成品的新的供给。⑤ 实行一种新的企业组织形式。根据熊彼特的观点,创新就是创建一种新的生产函数,是把一种新的、从来没有过的关于生产要素和生产条件的重新组合引入生产体系,创新就是生产方式的新组合。

熊彼特的创新理论范围涵盖技术创新、市场创新、组织创新和管理创新。在熊彼特的创新理论中,企业家进行创新的目的和经济增长的目的是一致的,即获取利润。他认为经济增长的过程主要源于由企业家对超额利润和展示自身才华能力的特殊心理效用的追求,企业家在这种追求下进行持续的创新,随之产生创新模仿和扩散,打破经济旧秩序建立新秩序。经济增长的速度由创新活动决定,而创新活动源自企业家的数量、增速以及制度环境的协同作用。经济周期由创新活动的高涨或停滞决定。

其他学者也从不同角度给创新下了丰富的定义。德鲁克(Peter F. Drucker,1984)提出,创新行为是一种新能力,该能力能够运用资源来创造财富。缪尔塞(R. Mueser,1985)在收集大量研究文献的基础上,对创新的概念做出了完整的定义,他将技术创新总结为一些非连续性事件,而其特征为构思的新颖以及成功的实现。概括地说,学者们对创新的定义分为两类:一类是从发明和创新的联系与区别的角度来界定,范围较窄,强调技术与经济的结合;还有一类是从制度和管理的角度来界定,范围较广。

在熊彼特之后,经济学家继续对技术与经济增长的关系进行了大量的研究,并逐渐形成了创新的三种流派。

首先是以曼斯菲尔德(E. M. Mansfield)为代表的新熊彼特学派。该流派传承熊彼特的理念和思想,继续确立了创新对经济增长的核心影响力地位,坚持企业家是创新的主体,而企业的组织行为对创新有重要作用。具体理论发展包括:演进理论、路径依赖、创新扩散和企业战略等。该流派还有力推动了创新模型的发展,包括:企业家创新模型、创新周期模型、线性创新和连锁—回路模型等。曼斯菲尔德强调创新的商业化应用,他认为在经济学意义上,那些新产品、新工艺、新制度或新设计,只有被引进商业贸易活动时,才称得上创新。

其次是以索洛(Robert M. Solow)和阿罗(Kenneth J. Arrow)为代表的新古典学派。索洛提出了创新概念发展历史上的里程碑——创新的"两阶段论":新思想来源和以后阶段的实现发展。新古典经济学家运用新古典生产函数,认为影响经济增长率有众多要素,包括资本和劳动的增长率、产出的弹性和随着时间而变化的创新因素。由于资本和劳动的产出弹性增长范围有限,所以创新是经济增长的最核心的要素。

还有以弗里曼(Christopher Freeman)和纳尔逊(Richard R. Nelson)为代表的国家创新系统学派。弗里曼(1987)提出国家创新体系(national system of innovation)的理念,他在研究日本成功模式的基础上得出结论:提高一个国家创新水平不能仅仅依靠企业,还要提高层次和广度,从国家层面上制定优化资源配置、推动技术创新的相关制度和政策。政府要发挥其在各个经济系统中的推行发展战略和政策引导的积极作用。纳尔逊总结了美国国家创新体系得出结论,美国的创新主要依赖高科技企业,国家创新体系与高科技企业相互作用决定企业的创新活动。

除此以外,制度创新研究的出现也丰富了创新的内涵。以加布尔布雷斯、缪尔达尔和海尔布伦纳为代表的新制度学派认为,在现存的资本主义制度下,只有对其进行变革才能产生创新;以科斯、诺斯为代表的新制度经济学派认为,由于交易成本的存在,制度的安排直接影响到资源配置是否有效,所以制度才是经济的内生变量。

以上创新理论的发展逐步解释了创新促进经济增长的机理,充分揭示了创新在经济增长中的核心地位。

与自主创新密切相关的一个概念是一般意义的技术创新,它们既有共同点也有区别。技术创新是自主创新的前提和基础,但自主创新又并非技术创新的必然结果。对于理论研究来说,弄清自主创新的定义、内涵是相当重要的。对于自主创新的定义,国内经济学界已有丰富的研究。

施培公提出:"自主创新具有很多不同层次的含义,当用于表征企业自主创新活动时,是指企业通过自身努力,根据市场导向,攻克技术难关,形成有市场价值的研究开发成果,并在此基础上依靠自身力量推动创新的后续环节,形成技术成果的商品化,获取高额的商业潜在利润。当用于表征国家层面的特征时,是指一个国家依靠本国自身力量独立研究开发,不依赖他国技术,而进行创新的活动。"

傅家骥等认为:"自主创新是指企业通过自身的努力和探索在利益驱动下,攻克技术难关,产生技术突破,并在此基础上,依靠自身的能力,继续推动创新的后续环节,完成技术的商品化、市场化,获取商业利润,达到预期目标的创新活动。"

柳卸林的观点是:"创造了只是自己拥有产权的创新。"

雷家骕的观点是:"自主创新,是指创新过程中具有科技含量、创新结果中具有全部或部分自主知识产权的创新,尤其是原始性创新。"

由此可见,关于自主创新的概念,目前经济学界尚未产生权威的定义。学者们从各自研究的领域,各自关注的角度,做出不同的研究,提出了不同的解释,值得后人研究时认真学习和借鉴。

(二)自主创新文献综述

近年来,我国学者对于自主创新的研究剧增,主要包括以下方面。

1. 自主创新能力评价体系和实际情况

胡斌(2009)利用改进的考虑滞后期因素的C2R模型和C2GS2模型,实证研究了我国30个省市R&D活动效率,得出两个结论:我国R&D活动效率如前文所提一样由东往西呈阶梯状分布,在经济发展水平较高或人力资源丰富地区,R&D活动更加有效。

王杏芬(2010)分析了国内外多种评价体系,并加以改进,综合考虑企业和区域创新的特征和关系,采用技术创新审计、修正的平衡计分卡和数据包络分析(DEA)等多种方法,从微观层面上建立了以企业R&D为主、高校科研机构为辅的区域创新能力评价体系。

李高扬和刘明广(2011)采用区域创新能力评价的结构方程模型,搭建了中国区域创新能力评价指标体系,检测我国31个省域的区域创新能力。结果显示,我国区域创新能力由东往西大致呈阶梯状分布,东部沿海地区如广东等地区创新能力较强,中部地区水平中等,偏远的西部地区如西藏等地区创新能力较弱。

张海洋和史晋川(2011)从效率角度出发,以新产品技术效率(NPTE)作为衡量标准,构建参照物自主创新效率和生产效率(TE)。然后以生产效率为参照系,来评价我国各省份工业1999—2007年的自主创新效率。文章得出了地区非国有产权导致R&D投入和新产品技术效率负相关的结论。

2. 自主创新的影响机制和发展模式

近年来涌现出了大量关于自主创新的影响机制和发展模式的文章,越来越多的学者对自主创新产生之谜产生兴趣,寻找理论转化为实际的方法,以提升自主创新能力。

吴晓波和杜健(2007)认为浙江创新型经济形成的关键和基础是企业,企业在选择创新路径和发展时就决定了当地自主创新的模式。以当地为例,发展可以分为七种模式:市场拉动式创新,外包式创新,基于引进技术的二次创新,基于立基战略的市场创新,研究成果的快速产业化,从OEM到ODM、OBM的创新和全球视野下的高技术创新。

郭志仪和杨崎玮(2010)比较了"珠江三角洲模式"的代表城市东莞、"苏南模式"中的苏州以及"温州模式"的温州这三个城市的工业发展模式,对比分析了这三个城市的制造业创新能力,特别赞扬了苏州制造业的创新模式。

魏守华等(2010)发现区域创新能力不仅受R&D活动规模等创新基础条件影响,更重要的是受区域创新效率的影响,包括产业集群环境、产学研联系的质量、对区域外技术溢出的吸收能力。

魏守华等(2011)发现区域创新能力的集聚特征和趋势发散性。在空间分布上来说,区域创新能力有向东部地区集聚的特点,而从变化趋势上来说则是发散的。这种现象的原因可以归结于经济水平、R&D投入、公共科研机构知识溢出条件和引进吸收能力。

二、人力资本相关理论及文献综述

(一)人力资本理论的发展

对于人力资本的定义,最早可追溯到17世纪,"政治经济学之父"威廉·配第(William Petty)提出"土地是财富之母,劳动是财富之父和能动的要素"的论断。他将"武器损失"与"人的生命损失"进行比较,他提出"一个人,如果技艺高超,可以和很多人相抗衡",素质不同,对社会财富的贡献也会不同,而科学会提高劳动生产率,使财富加倍增进。

自主创新与经济增长

亚当·斯密(Adam Smith)认为,社会资本可以分为固定资本和流动资本两种,其中固定资本又分为下面四类:劳动用的机器和工具,用来获取利润的建筑物,改良的土地资本和人学到的一切有用才能。增加社会财富可以通过增加生产性劳动力的数量,增进劳动者的生产力实现,前者的改善要通过增加维持生产性劳动力的资金,而后者则需要进行分工,提高劳动力的熟练度和劳动技巧。"等量劳动,在任何时候和任何地方,对于劳动者来说具有同样的价值。""对有技能的人的劳动赋予更高的报酬,只不过是对获得技能所付出的劳动时间给予合理的报酬。"亚当·斯密已经认识到人力资本的存在,自然人和人力资本的区别应该通过价格体现出来。

马歇尔(A. Marshall)在《经济学原理》中多次论述知识、才能、劳动技能和健康的经济价值。"资本由知识和组织构成……知识是最有力的生产力,知识的进步和普及使新方法和新机械不断出现,如果在人类努力尚未达到最终目的以前花费一番努力的话,这种新方法和新机械就能够节省人力。""人类的才能与其他任何种类的资本一样是重要的生产手段。"最终,马歇尔提出所有的资本中最有价值的是对人本身的投资这一理论。尽管马歇尔认为人也是一种资本,但是他也认为在实际经济研究中,把人纳入资本范畴,与市场的实际情况不符。

马克思的人力资本思想,建立在劳动价值学说的基础之上,主要体现在《资本论》中对社会总资本扩大再生产以及资本主义积累规律等基本原理分析之上的,"人的身体即活的人体中存在的,每当人生产某种价值时就运用的体力和智力的综合。"他在分析劳动力存在层次时指出,人力资本形成过程中要投入教育和培训,这一部分费用应该在劳动力的价值获得体现,即由资本家承担。马克思在论述劳动力二重性学说时,间接提出人力资本层次的理论,将劳动分成简单劳动和复杂劳动,其中复杂的劳动是多倍的简单劳动。不同层次劳动要求不同层次的人,简单劳动只要求体力和基础的经验技能,而复杂劳动需要高层次的人力资本。他阐述了低层次人力资本和高层次人力资本之间的联系和转换规则,转换的比例由深层次的社会生产过程决定,途径是通过教育与培训。马克思的工资理论是人力资本定价理论的基础,除去劳动力价值中历史和道德的因素,执行相同职能的工人工资还受劳动者拥有的人力资本数量影响。

现代人力资本理论中最知名的是美国经济学家舒尔茨(Theodore W. Schultz)和贝克尔(Gary S. Becker)的人力资本理论。舒尔茨(1960)系统地分析了教育投资对农业生产率以及经济发展的影响,基于非均衡方法对农业的发展潜力展开分析,并且提出了人力资本投资理论。舒尔茨的人力资本理论中,人力资本是经济发展最重要的投资,是一切资源的核心。只有将人力资本纳入资本范畴,资本才是完整的。技术在经济增长中的重要性一直被低估,技术提高由投资引起,是资本理论的一个组成部分。传统经济学总是回避矛盾,避而不谈技术变革或者将技术假定为常数值,是不科学的。人力资本积累是投资的结果,包括教育、医疗保健、在职人员训练和迁移难易度等四个方面,教育是最关键的投资,成本和收益均可以计量,投资应以市场供需关系为依据,根据人力资本价格衡量。

贝克尔对人力资本投资的贡献在微观领域,对人力资本投资收益率、估算方法和人力资本要素作用的计量分析进行了创新,强调了教育和培训在形成人力资本过程的重要性。贝克尔将在职培训分为一般培训和特殊培训,并且对用传统经济分析方法估算劳动对国民收入作用时产生的不能解释的残差进行了定量分析和解释。

新增长理论中,人力资本真正受到了重视,人力资本被纳入经济增长的模型,变成经济学研究的主流。乌扎华(Hirofumi Uzaw,1965)修改了索罗单纯生产部门模型,在生产函数中引进教育部门,提出"两部门"模型。罗默(Romer,1986)在新古典的完全竞争假说下提出人力资本作为独立要素纳入理论经济增长的研究中,他将知识分为一般知识和专业知识,分别产生规模经济效益和要素的递增收益。发展中国家通过新技术的引进提高节约本国研究开发费用,提高生产效率,间接提高本国的资本存量,缩短与发达国家的差距。卢卡斯(Lucas, Robert E. Jr.)的专业化人力资本积累增长模型与罗默的相同点是都把人力资本内生化,都认为技术进步取决于人力资本的积累和溢出。卢卡斯的模型运用了更微观的变量,证明人力资本增长率与边际产出率正相关,与时间贴现率负相关。卢卡斯将人力资本理论延伸到国际领域,提出国家应该集中资源生产该国家具有人力资本优势的产品。卢卡斯还创新地解释了国际资本倒流之谜,由于发达国家一般人力资本存量较高,并且知识和人力资本可以产生递增收益,所以会吸引更多的国际资本,产生资本倒流现象。

众多新增长模型中有以下几个共同点:进行动态化均衡路径研究,强调技术内生化的作用,重视技术外溢、劳动分工和专业化、干中学、教育、保护知识产权、支持研究和开发、人力资本投资等。将对一般技术进步和人力资本的强调转化为对专业化知识的强调,丰富了人力资本的研究,更正确地认识了人力资本在经济增长的重要性,对现实经济增长有极强的指示作用。

(二)人力资本对自主创新影响的文献综述

国外学者 Nelson and Phelps(1966)认为经济体吸收新产品和新思想的能力取决于人力资本的存量水平。Bin Xu(2000)测定了影响技术吸收能力的人力资本的临界值(threshold effect),发现由于没有足够的人力资本吸收先进技术,发展中国家的技术转移效果很弱,而发达国家的效果则相对比较显著。Acemoglu and Zilibotti(1999)也明确提出欠发达国家的人力资本水平和引进技术的水平之间层次不匹配的问题。

我国早期自主创新侧重引进吸收,相对应的,人力资本对创新影响的研究也侧重于技术引进和吸收方面。邹薇和代谦(2003)指出战后日本与中国香港、新加坡、韩国、中国台湾等的崛起,即"东亚经济的奇迹",可以归功于它们不光侧重提高物质资本积累,而且非常重视人力资本的积累。深层次原因是人力资本水平的提高大大增强了日本和亚洲四小龙模仿和吸收发达国家先进技术的能力。文章独具见解地提出了人力资本影响技术吸收的门槛性问题,假设同样水平的技术,对于人力资本水平低的国家来说,模仿、消化、吸收效果很差,而人力资本水平较高的国家就可能适应并且投入市场应用。文章最后得出结论:人力资本水平存量越高的国家,对于技术的模仿能力、消化能力和吸收能力就越强,相应地就可以选择更广泛、更高深的适宜技术。

林毅夫和张鹏飞(2005)也对欠发达国家引进吸收技术的适宜性问题进行了分析,他们认为受到自身的多重要素禀赋结构的限制,发展中国家的适宜技术一定不是发达国家最先进的技术。技术的引进吸收模仿以及自主创新的成功实现都需要发展中国家拥有相应水平的人力资本。

孙文杰和沈坤荣(2009)考察了技术人员人力资本积累对我国制造业不同产业创新效率的影响。文章发现,由于大部分国内企业的人力资本水平低于临界值之下,吸收消化能力不足,导致其在技术引进的过程中,不能充分利用外资企业的先进技术。文章突出了我国企业创新中人力资本积累不足的这一重要问题,强调技术学习能力的提高。

第三节 机理分析

一、人力资本影响自主创新水平

从理论上来说,在影响经济增长的众多因素中,人力资本是最重要的因素。人力资本可以通过三种机制来影响经济增长：一是人力资本的水平可以直接影响劳动效率；二是人力资本的水平可以直接影响引进吸收的速度；三是人力资本的水平可以影响自主创新绩效。本章主要研究的是第三种机制，即人力资本影响自主创新能力。

人力资本对自主创新的影响包括人力资本水平和结构影响两方面。人力资本只有到达一定水平，才会对自主创新绩效产生影响。2006年发布的《国家中长期科学和技术发展规划纲要》中将自主创新明确分类："原始创新、集成创新和引进消化吸收的再创新"。其中原始创新是指企业自身培育研究开发队伍，投入研究开发资本，构建研究开发机构，在自身行业领域范围内开展创新活动的行为。这种方式强调企业的主观作用，是自主创新的基础和源泉，由于这种创新方式完全依靠企业自身的投入，不依赖任何外部资源，也需要最多的研发投入和人力资本，而目前中国最缺乏的就是研发人才。集成创新是指在已经存在的产品工艺和技术基础上的局部创新，创新投入不高，周期短，对人力资本的要求也相对较少，但也导致创新产出有很强的限制，很难形成大的收益。引进消化吸收基础上的创新是目前最普遍的自主创新形式，企业通过国外直接投资和直接引进技术的形式，对国外技术进行二次创新。这个方法不仅可以使企业获得外部资源，还可以在引进并创新的同时向先进的技术学习，增强原始创新的能力。人力资本是消化吸收引进技术的关键因素，对于消化吸收引进技术基础上的再创新尤其重要。

人力资本的结构对自主创新的发展水平和模式也有重要的影响，本章将着重分析不同类别人力资本的特征以及对自主创新绩效的作用。

众多理论表明，人力资本可以分为三类：一般人力资本、技能人力资本和企业家人力资本。

一般人力资本是广义的劳动力，是人类接受普通教育，受医疗卫生、经济发展水平等因素影响，从而形成知识、能力、健康等经济价值的总和。一般人力资本构成了社会劳动力的大众力量，他们承担的是社会经济发展的基层工作。理论上认为一般人力资本与自主创新没有显著的关系。

技能人力资本是指通过正规或非正规的教育形成的人力资本，包括在社会分工中从事专业技术工作、管理工作和研究开发工作的人员。这类人力资本既具有生产要素的功能又具有效率功能。技能人力资本的提高不仅可以提高自身生产效率，还可以提高其他生产要素的效率，产生递增效益。这类人力

自主创新与经济增长

资本是自主创新的主干力量。

从微观的角度来看,企业家人力资本是企业家创业并保持持续不断的发展所具有的各种能力的有机组合,包括企业家知识、能力、行业经验、市场洞察力和进取精神等基本因素。从宏观的角度来看,企业家人力资本的汇聚产生了区域创新的动力,是区域创新活动的载体。企业家能力一般是通过"干中学"获得的,包括鉴别机会和风险、配置资源、独立决策等特性,必须要投资实践于具有企业家精神的企业运营中才能积累。对于转型经济来说,只有充裕的资本、先进的技术,而没有企业家的存在,自主创新始终不能够投入产业。企业家的存在尤其重要,是发展的"引擎"。由于企业家人力资本与技能人力资本及一般人力资本的根本性质不同,对经济增长的作用机制的巨大差异,因此对企业家人力资本的研究具有重要意义。

企业家人力资本是人力资本中最特殊、最核心、最稀缺的种类,是企业效益的决定性因素。Chandler and Hanks(1994)研究表明,企业家人力资本是由创新能力和管理能力组成的,企业家能力是企业的核心竞争力。企业家能力与资本和其他生产要素一样,都是生产的重要的投入要素,并且,企业家人力资本能够充分代替资本和其他生产要素。拥有优质企业家人力资本但缺乏资本和其他生产要素的企业比企业家人力资本匮乏的企业更容易成功,三种类型人力资本特征具体见表15-1。

表15-1 三种类型人力资本特征

	一般人力资本	技能人力资本	企业家人力资本
资本特征	产权特征	产权特征	产权特征、投资特征、组织依赖特征
对象	基层工人	中层技术人员、管理人员	高层管理者
活动	常规劳动	智力劳动	组织革新、市场挖掘等
独特性	低	较高	高
稀缺性	低	较高	高
风险型	低	较高	高
可测性	高	较低	低
投资性	低	较高	高

二、人力资本结构影响自主创新模式

由上文可知,技能人力资本和企业家人力资本是与创新活动息息相关的资本,因此可以假设人力资本结构的特点对地区自主创新的模式会有重要影响,见图 15-1。

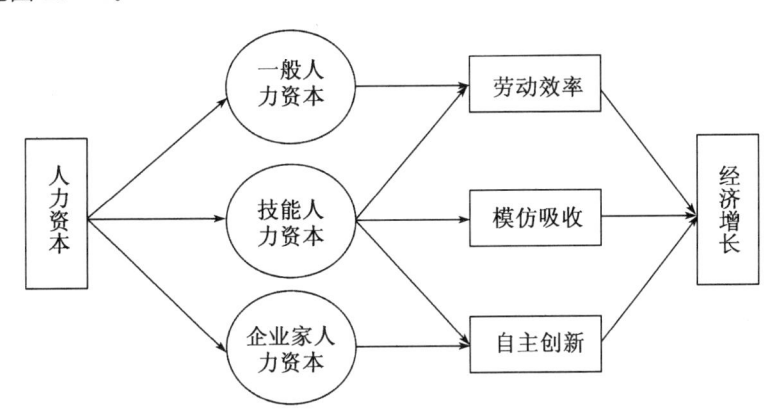

图 15-1　人力资本影响自主创新的机制

以人力资本结构和自主创新模式最有特色的江苏省和浙江省为例:江苏省的技能人力资本远远多于企业家人力资本的特点,造成了其独特的发展路径。由于缺乏企业家人力资本,江苏省改革开放以来发展的路径主要是由企业家以外的主体推动。经济发展初期,政府行为在一定程度上了代替了企业家的功能。而乡镇集体企业的所有权缺位,没有源源不断的内在动力。所以改革是自下而上的,动力源自政府。政府提供制度变迁的设计和动力,然后通过层层任务的分解落实,强制性变迁。外商投资在引进物质资本的同时还引进了企业家人力资本,在江苏省的自主创新中起到了一个发动机的作用,弥补了企业家人力资本不足的缺陷。与之相对应的是浙江省丰富的企业家资源,使得自主创新的模式截然不同。张一力(2006)基于温州、西安、深圳的实证比较,进行了区域创新模式和人力资本结构的相关性研究,结果表明:不同区域由于人力资本结构的不同而使区域创新模式大不相同。提升我国创新模式要补足与完善人力资本结构,从而促进自主创新和经济的可持续发展。企业家人力资本形成的影响因素主要有以下几方面。

(一)文化因素的影响

就像基督教文化对现代资本主义产生的促进作用那样,一般认为,文化对地区的经济发展有重要的影响。一个地区开放还是闭塞,激进还是保守,重农抑或是重商,不光会影响生活环境,更会影响经济增长模式。一般来说,功利主义、能力主义和合理主义的文化是与企业家人力资本的培养和经济发展紧密联系在一起的。

(二)经济发展水平的影响

企业家人力资本的培养需要相应的经济发展水平。一般来说,在经济发展水平和人口密度较高,农业生产率较高,容易产生农业劳动力过剩的地区以及商业、手工业等产业相对发达的地区,会拥有较好的产生企业家资源的条件。

(三)地理位置的影响

地理位置对企业家人力资源也会有重要的影响。那些处于交通要道和通商口岸位置的地区、临近通商口岸的地区以及进出口贸易较频繁的地区是产生市场经济资源和企业家资源的良好区域。

综上,分析我国长三角和珠三角等沿海地区的综合条件,这些地区在企业家资源的生成方面具有较多的优势。而从传统文化背景方面分析,我国长三角和珠三角等沿海地区,尤其是地处长三角的江、浙、沪地区拥有可观的优势,这与事实也是相符的。

第四节 计量模型和指标选取

一、人力资本影响自主创新的计量模型

(一)创新生产函数

本章将采用规范分析和实证分析相结合的方法,试图通过省际间面板数据,运用门槛面板回归模型估计方法,综合考虑 R&D 投资、FDI、人力资本投资等因素,估计出各省人力资本对自主创新产生作用时的临界值,进而分析不同区域人力资本与自主创新能力的现状和发展方向。

下面采用实证方法检验人力资本和企业家人力资本对自主创新的影响。本章借鉴 Griliches-Jaffe 提出的基本知识生产函数(knowledge production function)。Griliches(1979)在分析研究开发创新和知识溢出对生产率增长的影响时,设定一个最基本的假设,即将创新的产出看做是研发资本或人员的投入;Jaffe(1989)认为最重要的产出是新经济知识(new economic knowledge),企业在追求新经济知识产出时,投入研发经费和人力资本,并将获得的新经济

知识运用到生产过程中。Griliches-Jaffe 的知识生产函数基本形式如下:

$$INNO = A \times RD^{\alpha} \tag{15.1}$$

其中,$INNO$ 为创新活动的产出,A 为技术水平,RD 为自主研发资本投入。根据传统的内生增长模型,在一个封闭的经济体中,生产活动的技术水平取决于进行科学研究和创新活动的技能人力资本 HUM 和企业家人力资本 $ENTER$,这里仅以技能人力资本 HUM 为例,即:$A = HUM^{\beta}$。在当今经济全球化的背景下,FDI 是技术和创新溢出的首要渠道,在一个内部没有科学研究和创新活动的开放的经济体中,企业的技术水平很大程度上依赖于 FDI 的规模,即:$A = FDI^{\lambda}$。因此在国内科学研究和创新活动及国外 FDI 兼备的情况下,技术水平由技能人力资本和 FDI 溢出共同决定,即:$A = \eta HUM^{\beta} FDI^{\lambda}$,将 $A = \eta HUM^{\beta} FDI^{\lambda}$ 代入 Griliches-Jaffe 的知识生产函数式(15.1),得到创新产出函数:

$$INNO = \eta RD^{\alpha} HUM^{\beta} FDI^{\lambda} \tag{15.2}$$

两边取对数,获得如下面板数据模型:

$$\ln INNO = \alpha \ln RD_{it} + \beta \ln HUM_{it} + \lambda \ln FDI_{it} + \mu_i + \varepsilon_{it} \tag{15.3}$$

假设 $i=1,2,3\cdots,N$ 表示个体,$t=1,2,3\cdots,T$ 表示时间量。其中 μ_i 为个体效应,不随时间变化,仅与区域禀赋差异有关,$\varepsilon_{it} \sim i.i.d\ N(0, \sigma_{\varepsilon}^2)$。

据此模型提出假说:不同地区人力资本存量和结构存在差异性,这种差异性对地区的自主创新绩效有重要影响。只有人力资本跨越门槛值时,才会对区域的自主创新产生积极有效的影响,否则这一因素会进一步放大自主创新能力的差距。

(二)门槛面板回归模型

门槛面板回归模型最早是由 Tong(1978)提出,称作 threshold auto-regression,简称为 TAR 模型,模型提出后在经济学实证研究中得到了广泛的应用。TAR 模型应用的领域多为时间序列,直到 20 世纪 90 年代中期才被用于截面和面板数据研究。TAR 模型在计量方法上是比较客观的,它使用门槛变量(threshold variable)确定分界点,然后利用门槛变量的观察值估计合适的门槛值,卓有成效地解决了主观判定时间分界点的误差问题。

估计门槛面板回归模型时,首先要检验是否存在门槛效应。由于参数是未知的,会导致检验门槛值统计量的非标准分布,即出现所谓的 Davis problem(Davis,1997),不能推导出门槛值的置信区间。Hansen(1996)提出

自主创新与经济增长

自体抽样法(Bootstrap,即拔靴法),从而检验门槛效应的统计显著性。Chan(1993)研究表明,在拒绝 H_0 假设即存在门槛效应的情况下,门槛自回归模型的普通最小二乘法估计量具有超一致性,他进而推导出普通最小二乘法的估计量的渐进分布。然而,未知参数的存在会导致该分布呈现非标准分布状态。Hansen(1999)提出采用似然比检验(likehood ratio test)构造"非拒绝域"解决此问题。

Hansen(1999)采用两阶段最小二乘法估计门槛面板数据模型。该方法大致分为两步:第一步是对于给定的门槛值 γ,计算相应的残差平方和(SSR),进而求出使所有的 SSR 中达到取最小值对应的 $\hat{\gamma}$,第二步是用上述最小残差平方和对应的门槛值来估计模型中不同区间的系数从而做相应的分析。

门槛模型的基本模型设定非常简洁:

$$Y_{it}=u_i+X'_{it}\beta_1\times I(q_{it}\leqslant\gamma)+X'_{it}\beta_2\times I(q_{it}>\gamma)+\varepsilon_{it} \tag{15.4}$$

其中,$i=1,2,3\cdots,N$ 表示个体,$t=1,2,3\cdots,T$ 表示时间量,q_{it} 表示门槛变量,将所有变量分割为两个区间。在模型中,有可能不存在门槛,也有可有存在两个或以上门槛值,所以这并不是固定模型,而是一个简单的特例。门槛个数的确定采用 F 统计量来检验,若拒绝了 H_0 假设,则要采用似然比检验进一步检验双重门槛的显著性。Y_{it} 和 X_{it} 分别是被解释变量和解释变量,$I(\cdot)$ 为指标函数,符合条件时取值 1,不符合条件时取值 0。模型也可以用下面的方式表达:

$$Y_{it}=\begin{cases}u_i+X_{it}\beta'_1+\varepsilon_{it},q_{it}\leqslant\gamma\\u_i+X_{it}\beta'_2+\varepsilon_{it},q_{it}>\gamma\end{cases} \tag{15.5}$$

或者 $X_{it}(\gamma)=\begin{cases}X_{it}I(q_{it}\leqslant\gamma)\\X_{it}I(q_{it}>\gamma)\end{cases}$,其中 $\beta=(\beta'_1\beta'_2)'$,所以该公式可以转化为:
$Y_{it}=u_i+X'_{it}(\gamma)\beta+\varepsilon_{it}$,其中 $\varepsilon_{it}\sim i.i.d\ N(0,\sigma^2_\varepsilon)$。

将门槛变量 q_{it} 中的每一样本值作为可能的门槛值进行最小残差平方和检验,依据门槛变量 q_{it} 和门槛值 γ 的大小,可以将样本分为两个区间,从而获得不同区间不同的解释变量的系数 β。

假设门槛变量的影响不存在,检验的原假设为:

$$H_0:\beta_1=\beta_2 \tag{15.6}$$

在此假设下 γ 是不显著的,即门槛效应不存在。备择假设为:

$$H_1:\beta_1\neq\beta_2,\text{检验统计量为}\frac{S_0-S(\hat{\gamma})}{\hat{\sigma}^2} \quad (15.7)$$

其中,S_0 为在原假设 H_0 下得到的残差平方和,其中

$$\hat{\sigma}^2=\frac{1}{n(t-1)}S(\hat{\gamma}) \quad (15.8)$$

(三) 引入门槛效应的创新产出模型

前面的模型公式(15.3)为不考虑人力资本"门槛效应"的创新产出模型,基于前模型和本章的理论基础,将技能人力资本 HUM 和企业家人力资本 $ENTER$ 两个门槛变量纳入实证模型中,得到如下模型。

$$\ln INNO=\alpha_1\ln RD_{it}I(HUM_{it}\leqslant\gamma)+\alpha_2\ln RD_{it}I(HUM_{it}>\gamma)+\beta\ln HUM_{it}+\lambda\ln FDI_{it}+\mu_i+\varepsilon_{it} \quad (15.9)$$

$$\ln INNO=\alpha\ln RD_{it}+\beta\ln HUM_{it}+\lambda_1\ln FDI_{it}I(HUM_{it}\leqslant\gamma)+\lambda_2\ln FDI_{it}I(HUM_{it}>\gamma)+\mu_i+\varepsilon_{it} \quad (15.10)$$

$$\ln INNO=\alpha_1\ln RD_{it}I(ENTER_{it}\leqslant\varphi)+\alpha_2\ln RD_{it}I(RNTER_{it}>\varphi)+\beta\ln HUM_{it}+\lambda\ln FDI_{it}+\mu_i+\varepsilon_{it} \quad (15.11)$$

$$\ln INNO=\alpha\ln RD_{it}+\beta\ln HUM_{it}+\lambda_1\ln FDI_{it}I(ENTER_{it}\leqslant\varphi)+\lambda_2\ln FDI_{it}I(ENTER_{it}>\varphi)+\mu_i+\varepsilon_{it} \quad (15.12)$$

二、指标体系搭建和数据选取

本章采用 1999—2011 年我国 30 个省域(由于西藏多年数据缺失,故将其剔除在外)的数据样本进行实证研究。对于指标的选取详解如下。

(一) 创新产出 INNO 数据选取

如前文所述,衡量自主创新的方法有很多,可以从创新产出的各阶段如知识创造、知识获取、企业创新、创新环境、创新绩效等方面进行综合衡量。由于创新是动态的过程,加之是大量构成要素作用的结果,进行客观的估计绝非易事。2001 年起,中国科技发展战略研究小组对我国各省份的创新能力进行综合测评打分,编辑成《中国区域创新能力报告》。众多学者也采用多种模型,如数据包络法(DEA)、随机前沿法等对各区域的自主创新能力进行了测算。可是,这些数据缺失严重,一般只有反映数年甚至某年的区域自主创新能力情

况，无法满足本章关于数据地区连续性和较长时间跨度的要求。本章选择简单指标来衡量自主创新，从自主创新结果的视角出发，以产出来衡量自主创新。地区的自主创新能力可以由专利申请的授权结果来表现，而且准确、完整、连贯、易得。所以本章选取的指标为国内专利授权数，由国内发明专利申请、实用新型和外观设计专利申请授权数加总得来。数据来源于各省域历年统计年鉴。

(二) R&D 投入数据选取

在科技就是第一生产力的今天，R&D 活动的投入对于促进经济增长的作用日益重要，越来越多的学者注重于 R&D 资本的测算。但是 R&D 是一种知识资本，与一般的物质资本具有不同的特性，它必须要依附在适当的人力资本、基本设施或其他物体上才能发挥作用。当它一旦与适当的人力资本、基本设施或其他物体上相结合，就会融入其中不可分割。这些特性决定了 R&D 资本存量的测量十分困难。本章从 R&D 对自主创新发挥作用的直接途径出发，使用 R&D 投入金额，数据来源于各省域历年统计年鉴。

(三) 外商直接投资 FDI 数据选取

FDI 的技术外溢效应领域有大量的理论和经验研究，研究者大多是从 FDI 对东道国整体的技术进步和自主创新能力两方面进行研究。本章采用的数据来源于各省份历年统计年鉴。

(四) 人力资本水平 HUM 评价体系构建和数据选取

在大量的研究成果中，学者对人力资本水平的测算方法众说纷纭，各有千秋。总的来说，这些方法都不能逃脱成本、收入和能力的基本框架结构。本章采用层次权重决策分析法(analytic hierarchy process, AHP)构建人力资本水平评价体系。美国著名运筹学家、匹兹堡大学 T. L. Satty 教授在1970年提出了层次权重决策分析法。该方法将一个复杂的决策问题作为一个系统，将目标分解成若干层次的多指标，通过定性量化权重和总排序，把定性方法和定量方法结合在一起，应用于缺乏统一度量标准的领域。

AHP 方法包括四个步骤。

1. 建立层次结构模型

建立一个复杂问题的层次结构模型，首先要将一个问题分解为多个方案、准则或约束条件，分解时要求这些模块相互之间独立、不重叠。然后在第一层次的基础上继续拆分，第一层次对第二层次全部因素具有直接支配作用，依次类推，逐步拆分，即可建立由上而下的"金字塔"型结构。例如图 15-2，将问题 A 分为 B 层、C 层或者更多，A 层、B 层、C 层称为递阶层次。科学合理建造层次结构模型是解决复杂问题的关键步骤。

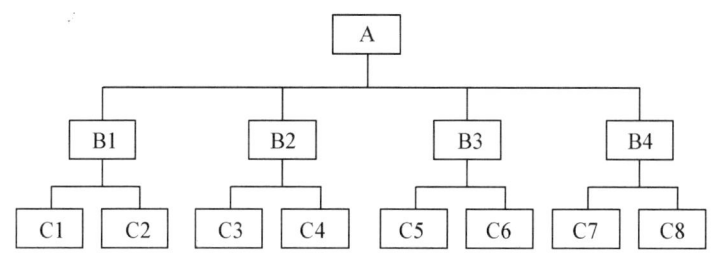

图 15-2　层次结构模型

2. 构造判断矩阵

判断矩阵是指某一因素对高一层次相邻因素的影响程度形成的矩阵，建造方法是由最低层次开始将所有因素两两比较，比较的标准是对高一层次相邻因素的重要性，按照 1 到 9 的打分机制，将结果数字写入矩阵表。表 15-2

表 15-2　相对重要性等级表

影响程度	意　　　义
1	一因素比另一因素同等重要
3	一因素比另一因素稍微重要
5	一因素比另一因素明显重要
7	一因素比另一因素显然重要
9	一因素比另一因素极端重要
2,4,6,8	介于 1～3,3～5,5～7,7～9 的中值

是因素相对重要性等级表。如表 15-3 中，数字就表示对 A 而言，B_i 对 B_j 相对重要性。判断矩阵的个数是除了最低一层所有层次的因素总和。

表 15-3　目标 A 的判断矩阵

A	B_1	B_2	B_3	B_4
B_1	1	b_{12}	b_{13}	b_{14}
B_2	$1/b_{12}$	1	b_{23}	b_{24}
B_3	$1/b_{13}$	$1/b_{23}$	1	b_{34}
B_4	$1/b_{14}$	$1/b_{24}$	$1/b_{34}$	1

3. 层次单排序和一致性检验

层次单排序是指通过每次计算前一步骤得到的所有判断矩阵的特征根和特征向量,来确定某一层次所有因素对高一层次相邻因素的优先次序。即对判断矩阵 B,计算满足 $BW=\lambda_{max}W$ 的特征根和特征向量。其中,λ_{max} 为极大特征根,W 是相应的单位特征根。得到 W 就得到了排序的权重值。

一致性检验是为了检验权重分布的合理性,判断指标的计算公式:

$$CI=(\lambda_{max}-n)/(n-1) \tag{15.13}$$

$$CR=CI/RI \tag{15.14}$$

其中,n 是判断矩阵 B 的阶数,CI 是一致性指标,CR 是随机一致性比率,RI 是平均随机一致性指标,值列在表 15-4 中。

表 15-4 随机一致性的 RI 值

N 值	1	2	3	4	5	6	7	8	9	10
RI 值	0.0	0.0	0.6	1.0	1.1	1.2	1.3	1.4	1.45	1.5

CR 越小,判断矩阵 B 的一致性越好,一般情况下,当 $CR<0.1$ 时就可以判断矩阵做出的权重分布是合理的。

使用 AHP 方法首先要确定层次结构模型中各个具体因素指标,要遵循四个基本原则:

(1) 科学性原则。层次结构模型设置要满足科学性,即同层次因素指标的相互独立性和高低层次因素之间的直接支配关系。

(2) 针对性原则。指标要有针对性地反映人力资本水平,准确且完整。

(3) 可比性原则。因素指标要具有可比性,能反映人力资本的不同水平。

(4) 可测性原则。指标值要能在统计年鉴中直接查找或者计算转换而来,否则没有实际意义。

本章借鉴王志宇和马海涛(2007)设计的人力资本水平指标体系。这个体系是两位学者采用德尔菲法(Delphi method,即背对背的通信方式征询专家小组成员的预测意见)对相关专家进行问卷调查得出的。具体指标体系如表 15-5。指标体系中有四个一级指标,17 个二级指标。王志宇和马海涛(2007)认为人力资本水平由教育水平、经验水平、健康水平和迁移水平决定,四个模块下一共有 17 个二级因素指标。按照前文所述的方法构造判断矩阵,并进行层次单排序和一致性检验,使用 MATLAB 软件得到。

表 15-5　一级指标的判断矩阵和 W 值

A	B_1	B_2	B_3	B_4	W
B_1	1	3	4	7	0.532
B_2	1/3	1	5	9	0.331
B_3	1/4	1/5	1	3	0.101
B_4	1/7	1/9	1/3	1	0.045

其中，$\lambda_{\max}=4.2657$，$CI=0.089$，$CR=0.093<0.1$ 符合一致性条件，说明按此判断矩阵得出的权重值是合理的。

接下来用相同的方法得到二级指标的权重值，见表 15-6。

表 15-6　二级指标的权重分布

目标	一级指标	二级指标	权重
人力资本水平	教育水平	教育经费/GDP	0.217
		教育经费/人口	0.186
		万人中普通高等教育在校生数	0.086
		万人拥有普通高等学校(机构)专任教师数	0.028
		万人拥有普通高等学校数	0.015
	经验水平	技术市场成交合同金额/GDP	0.147
		技术市场成交合同金额/人口	0.08
		研究发展金额/人口	0.068
		15~64 岁从业人员/人口	0.024
		万人拥有发明专利数	0.012
	健康水平	人均医疗保健支出	0.042
		万人拥有床位数	0.026
		万人拥有卫生机构医生数	0.019
		万人拥有卫生机构数	0.011
		人口死亡率	0.003
人力资本水平	迁移水平	人均交通支出	0.026
		人均通信支出	0.019

自主创新与经济增长

根据以上的权重分布就可以准确测算出表 15-7 中各省域的人力资本水平。

表 15-7 各省域的技能人力资本水平

年份	北京	天津	河北	山西	内蒙古	辽宁	吉林	黑龙江	上海	江苏
1999	64	35	24	20	20	27	24	25	47	24
2000	75	43	30	27	27	33	32	30	60	31
2001	89	54	35	31	28	37	34	33	70	35
2002	117	65	43	34	35	45	42	39	86	40
2003	134	76	48	38	42	53	47	44	87	52
2004	150	87	49	43	48	56	54	51	108	56
2005	169	103	59	51	53	69	64	57	119	68
2006	184	109	66	60	59	72	66	60	128	74
2007	193	120	74	68	71	83	76	67	153	82
2008	209	129	75	73	81	92	82	75	156	90
2009	222	143	86	78	97	103	101	85	170	101
2010	240	156	91	84	110	113	105	90	183	107
2011	268	174	98	93	123	125	110	97	202	113

年份	浙江	安徽	福建	江西	山东	河南	湖北	湖南	广东	广西
1999	37	16	22	15	21	19	22	23	40	20
2000	45	21	29	19	29	23	25	28	46	24
2001	48	23	33	21	31	26	30	33	49	28
2002	61	31	37	30	39	35	41	37	59	31
2003	74	34	45	33	45	39	45	43	65	35
2004	84	40	56	36	52	41	52	53	80	41
2005	102	44	58	43	61	45	56	58	99	46
2006	114	50	65	48	71	52	61	65	102	46
2007	114	58	75	52	79	59	65	68	118	56
2008	116	64	82	60	86	70	72	74	114	67
2009	143	71	91	71	99	78	76	81	128	74
2010	149	82	99	73	110	90	84	88	140	89
2011	156	96	107	76	124	108	96	97	153	107

(续表)

年份	海南	重庆	四川	贵州	云南	陕西	甘肃	青海	宁夏	新疆
1999	22	27	20	17	23	25	20	25	25	23
2000	26	30	24	23	28	31	24	26	29	30
2001	26	34	28	25	33	36	30	31	35	32
2002	36	44	35	28	41	45	37	38	41	41
2003	40	50	41	32	48	50	41	39	42	41
2004	41	57	47	34	55	54	43	41	44	43
2005	43	63	50	40	58	61	48	49	51	52
2006	57	69	56	40	60	67	54	51	55	51
2007	71	75	60	45	60	72	59	55	61	60
2008	72	81	65	51	65	84	63	57	76	66
2009	83	90	77	57	80	89	71	67	88	73
2010	89	98	85	66	90	97	80	72	92	76
2011	96	106	94	76	103	107	90	78	99	80

由表15-7可以看到,在研究的30个省域中,北京、上海和天津的技能人力资本水平最高,贵州和江西的技能人力资本水平最低。

(五)企业家人力资本ENTER评价体系构建

企业家人力资本的测算既有技术人力资本测算的难点,又有自身的独特之处。本章在综合前人已有研究的基础,提炼出三个相关性最强的指标。

1. 个体私营经济的比重

现代经济理论表明,市场经济的主体和主要动力因素是企业和企业家。转型经济中,企业家资源的充裕程度以及这种资源的利用率,很大程度上决定了转型和经济增长的速度。企业家在创业中,以市场和利润为导向,发现并利用当地市场资源与信息,吸收先进技术,对各类信息、制度进行创造性变革。本章认为,如果某一地区经济私营企业数量和规模较大,那么这个地区的企业家人力资本必定相对比较丰盈。在我国经济转型过程中,个体私营企业为企业家人力资本功能的实现提供了载体。个体私营企业在很大程度上就代表了企业家的创新精神。在测算方法发展到更科学之前,以私营企业的数量占工业企业数量的比重来测评本地企业家资源的丰盈度是可以接受的。

2. 开放化程度

根据国际货币基金组织的定义,经济全球化是"跨国商品、服务贸易及国际资本流动规模的增加和形式的变化,增强全球经济体之间的依赖性和相关性"。全球化经济环境给企业生存的宏观环境注入大量不确定因素,也给企业家带来新的挑战和机遇。任何企业都无法在闭关自守的封闭的环境中持续健康的发展,企业家抢抓机遇、放眼全球、开拓进取、不断创新和追求利润最大化的特质必然会融入到行业和产业链中去,带来国际间贸易的诉求增加,也就会提高一个地区的开放化程度。因此,可以使用进出口占GDP的比重来衡量一个地区的开放程度,从而衡量地区的企业家人力资本水平。

3. 经济发展水平

企业家资源作为一种重要的要素投入,必然对产出产生影响。事实上,拥有资本、政策和基础设施等优势的地区不一定是经济增长最快的地区,而对企业家有吸引力的地区往往会飞速发展。我国某些沿海发达地区也曾经农业占比较大,缺乏工业基础,在改革开放后之所以能飞越发展,很大程度上可以归功于浓郁的创业氛围,是改革开放使创业意识和精神得以实现。这个结论也可以反推,也就是说在市场经济或转型经济条件下,如果一个地区的经济发展水平较高,那么,可以认为这一区域的企业家资源相对丰盈。本章将人均GDP这一指标也纳入对企业家人力资本的测算中来。

综合以上三个指标,赋予各自一定的权重,得到企业家人力资本的值。数据来源于各省域历年统计年鉴。

由表15-8可以看到,在研究的30个省域中,上海、江苏和浙江的企业家人力资本水平最高,比较符合我们的直观印象,青海、陕西和海南的企业家人力资本水平最低,很多省份的企业家人力资本并不是平稳地增加,波动比较大。

表 15-8 各省域企业家人力资本水平

年份	北京	天津	河北	山西	内蒙古	辽宁	吉林	黑龙江	上海	江苏
1999	23.30	16.13	10.80	7.94	8.19	14.10	6.99	6.44	20.36	10.74
2000	29.86	21.22	15.14	9.37	12.71	15.97	8.74	8.80	21.98	17.17
2001	27.21	22.31	18.38	11.83	15.12	18.78	12.19	12.12	30.25	28.64
2002	29.09	24.65	22.55	16.09	16.49	22.12	14.76	15.94	35.12	36.70

第十五章 人力资本对自主创新的门槛效应

(续表)

年份	北京	天津	河北	山西	内蒙古	辽宁	吉林	黑龙江	上海	江苏
2003	33.61	28.79	28.44	19.49	21.16	28.40	19.62	20.30	43.85	45.99
2004	38.56	39.02	36.81	29.70	33.93	42.47	26.00	21.10	50.97	51.35
2005	48.57	45.87	37.51	22.53	32.84	40.30	30.51	28.66	60.08	56.11
2006	53.74	50.18	41.31	24.35	37.71	46.36	35.64	32.06	64.69	60.41
2007	60.33	51.74	44.77	29.66	40.13	50.56	40.67	36.24	70.29	63.64
2008	68.57	61.71	49.51	32.45	42.63	56.15	46.07	41.47	77.11	53.00
2009	62.79	59.37	50.44	33.23	44.84	57.69	48.21	41.91	73.67	67.47
2010	69.21	63.74	53.34	37.47	47.09	61.29	50.63	44.72	75.84	72.08
2011	67.81	63.22	54.26	42.35	47.57	63.35	48.07	42.41	72.79	71.39

年份	浙江	安徽	福建	江西	山东	河南	湖北	湖南	广东	广西
1999	20.82	7.87	12.82	8.37	11.04	9.47	17.64	6.06	38.91	13.27
2000	27.35	12.12	16.58	13.02	15.61	9.73	20.01	8.80	41.69	14.20
2001	35.72	16.49	20.11	13.92	22.09	11.57	22.56	14.25	36.68	13.75
2002	41.40	22.47	24.10	19.32	26.09	14.92	24.00	18.60	40.90	15.67
2003	47.15	29.40	29.48	27.99	32.71	20.67	27.16	25.68	45.31	17.75
2004	64.43	37.58	40.14	34.19	38.72	28.99	31.59	28.02	49.17	20.77
2005	56.02	38.51	39.01	35.14	44.50	34.29	34.13	40.30	48.84	26.80
2006	59.86	42.56	41.60	39.48	49.21	38.68	36.79	44.48	52.45	30.55
2007	63.31	45.87	44.92	41.37	52.12	42.48	39.78	46.61	55.60	37.07
2008	67.72	50.29	48.79	43.51	56.89	47.95	43.13	49.76	57.57	42.13
2009	67.82	51.21	50.14	43.40	57.89	48.48	45.39	51.89	55.51	44.01
2010	72.62	54.14	53.69	45.26	60.60	50.55	48.37	52.22	58.60	47.52
2011	70.23	51.92	54.51	44.34	60.54	49.63	44.48	53.70	57.29	44.40

年份	海南	重庆	四川	贵州	云南	陕西	甘肃	青海	宁夏	新疆
1999	7.83	18.92	11.34	4.57	4.48	5.61	12.51	2.70	7.70	4.35
2000	8.91	22.28	15.22	6.78	5.62	6.85	14.47	4.08	12.32	5.70
2001	10.31	23.08	19.89	10.34	7.87	8.77	15.96	8.34	13.22	7.78
2002	10.50	24.04	23.36	12.82	10.53	10.14	17.05	13.99	15.97	10.87
2003	11.54	28.41	28.03	17.02	17.61	13.06	20.47	14.34	23.59	15.31

· 309 ·

自主创新与经济增长

(续表)

年份	海南	重庆	四川	贵州	云南	陕西	甘肃	青海	宁夏	新疆
2004	14.16	34.37	34.29	20.52	29.73	14.46	23.97	25.63	48.73	22.49
2005	19.15	40.49	36.12	24.07	29.66	19.72	25.28	23.96	38.96	22.98
2006	19.20	43.51	38.15	27.74	32.63	22.90	24.75	25.17	44.66	25.70
2007	21.56	46.94	40.38	30.88	36.40	25.76	29.53	27.82	46.90	32.49
2008	22.03	60.08	44.87	35.23	40.19	29.93	30.48	26.49	49.40	38.50
2009	21.57	57.39	45.77	34.78	41.33	32.30	30.64	26.71	48.66	36.89
2010	23.80	58.26	47.62	37.52	43.42	35.21	32.35	28.90	49.60	39.06
2011	22.15	56.51	49.20	37.95	38.31	32.45	27.21	28.20	50.56	36.71

第五节 实证检验及结果分析

一、实证检验

(一)变量的统计性描述

本章使用STATA 11软件进行实证分析,根据各年各省域的相关数据,对各个变量进行统计描述,有表15-9、表15-10所示结果。

表15-9 变量的统计性描述

变量名称	平均值	标准差	最小值	最大值	单位
$INNO$	9 441.336	20 510.45	70	199 814	项
RD	951 658.1	1 398 970	8 040 201	8 555 897	万元
HUM	65.968 66	38.413 48	15.055 43	267.693 1	—
FDI	3 002.081	4 771.702	36.15	27 542.82	亿元
$ENTER$	33.726 92	17.246 58	2.7	77.11	—

表15-10 变量的相关系数

变量名称	$INNO$	RD	HUM	FDI	$ENTER$
$INNO$	1.000 0				
RD	0.838 2	1.000 0			
HUM	0.503 1	0.752 0	1.000 0		

(续表)

变量名称	INNO	RD	HUM	FDI	ENTER
FDI	0.7678	0.7700	0.4914	1.0000	
ENTER	0.5468	0.6829	0.8196	0.5797	1.0000

变量名称	ln*INNO*	ln*RD*	ln*HUM*	ln*FDI*	ln*ENTER*
ln*INNO*	1.0000				
ln*RD*	0.9300	1.0000			
ln*HUM*	0.6192	0.7005	1.0000		
ln*FDI*	0.8419	0.7700	0.5556	1.0000	
ln*ENTER*	0.6564	0.7230	0.8483	0.7223	1.0000

(二)单位根检验

为了保证变量为平稳变量,首先对各变量进行平稳性检验,本章采用LLC(Levin-Lin-Chu,2007),LLC检验原理仍是 ADF 检验方法,但是它使用的是 ΔY_{it} 和 Y_{it} 剔除自相关和确定项的影响得到的标准的代理变量。首先从 ΔY_{it} 和 Y_{it} 剔除自相关和确定项的影响,使其标准化,获得代理变量,然后用代理变量做 ADF 回归检验。结果从表 15-11 可以看到,所有的序列在一阶差分的情况下都拒绝原假设,说明变量序列一阶差分时是稳定的,可以进入下一步检验。

表 15-11 变量的平稳性检验

变量名称	Coefficient	T-value	T-star	$P>t$
ln*INNO*	−0.14311	−4.954	−1.42792	0.0767
Dln*INNO*	−1.12769	−13.483	−5.05115	0.0000
ln*RD*	−0.12941	−4.715	−0.22166	0.4123
Dln*RD*	−1.25611	−16.990	−4.95597	0.0000
ln*HUM*	−0.32166	−7.605	−2.49794	0.0062
Dln*HUM*	−1.29886	−17.857	−9.35380	0.0000
ln*FDI*	−0.25457	−10.089	−5.99722	0.0075
Dln*FDI*	−0.91910	−13.266	−5.40675	0.0000
ln*ENTER*	−0.33295	−14.995	−10.74311	0.0000
Dln*ENTER*	−0.86263	−13.729	−5.34162	0.0000

（三）门槛效应检验

Hansen(1996)提出自体抽样法（Bootstrap，即拔靴法），从而检验门槛效应的统计显著性。检验门槛值的统计显著性。下面介绍一下自体抽样法算出 P 值的过程：

(1) 首先对方程式(15.4)进行回归，产生该方程的残差分布函数：

$$\hat{\varepsilon_i} = (\hat{\varepsilon}_{i1}, \hat{\varepsilon}_{i2}, \cdots, \hat{\varepsilon}_{iT})\hat{\varepsilon}。$$

(2) 在 H_0 的基础上，计算一个标准的 Lagrange Multiplier 检验统计量。

(3) 在 $(\hat{\varepsilon}_{i1}, \hat{\varepsilon}_{i2}, \cdots, \hat{\varepsilon}_{iT})$ 中寻找恰当值代替样本容量为 N 的误差项。

(4) 固定回归值，产生自体抽样的自变量，在 $H_0: \beta_1 = \beta_2$ 的原假设下，$\hat{\varepsilon}_{it} \sim N(0, \hat{\varepsilon}_{it})$。

(5) 估计原假设模型和备择假设模型，计算 LM 的自体抽样值。

(6) 循环进行第 3~5 步，一般情况下将 STATA 中指令的 iters 后的迭代次数设为 2 000，即自举模型 2 000 次，得到 P 值。如果 P 值通过显著性检验，则可以求出估计置信区间。

使用上面六步自体抽样法，进行门槛回归，计算 P 值，检验技术人力资本和企业家人力资本是否存在门槛效应。本章的面板数据是 30 个个体和 13 年的面板数据组合，是一个较为扁平的面板数据。考虑到时间序列长度有限，而且确定一个门槛以后，时间序列的长度更短，因此不进行两个及以上门槛值的检验。

三、门槛面板回归分析

（一）技能人力资本作为门槛变量对 R&D 投入溢出效应的回归分析

前文已经将进入门槛变量的实证模型列出，考虑到企业家人力资本对自主创新的影响更为直接快速，因此使用企业家人力资本来代表人力资本水平。

首先将企业家人力资本作为 R&D 投入溢出效应的门槛变量，回归模型如下：

$$\ln INNO = \alpha_1 \ln RD_{it} I(HUM_{it} \leqslant \gamma) + \alpha_2 \ln RD_{it} I(HUM_{it} > \gamma) + \beta \ln ENTER_{it} + \lambda \ln FDI_{it} + \mu_i + \varepsilon_{it} \tag{15.15}$$

这个门槛面板模型是以技能人力资本 HUM 为门槛变量，以 R&D 投入、企业家人力资本 $ENTER$ 和 FDI 为解释变量，其中 R&D 投入是核心解释变量，γ 为门槛值，I 为指示函数，进行门槛面板回归的分析。结果如表 15-12 所示。

表 15-12 以技能人力资本为门槛变量的 R&D 溢出效应分析结果

	Coef	Std_Robust	t	Prob
ENTER	−0.260 9	0.063 7	−4.097 9	0.000 1
FDI	0.215 0	0.065 3	3.292 2	0.001 1
RD(HUM≤74.928 5)	0.645 1	0.078 8	8.185 7	0.000 0
RD(HUM>74.928 5)	0.678 3	0.075 9	8.933 4	0.000 0
F-stat &Prob	74.115 8	0.000 0		
95%置信区间	[74.928 5	76.104 2]		

由表 5-12 的门槛回归结果来看,技能人力资本作为门槛变量存在一个门槛值 $\gamma=74.928\,5$,当技能人力资本水平低于这个数值时,R&D 投入不能被有效吸收,而一旦技能人力资本跨越了这个数值,就会显著促进 R&D 投入对该地区的自主创新溢出效果。

具体看所研究的 30 个省、市和自治区的情况,到 2011 年均跨过了门槛值,技能人力资本的投资已经足够,已经显著改善了 R&D 的自主创新溢出效果。

(二) 技能人力资本作为门槛变量对 FDI 溢出效应的回归分析

$$\ln INNO = \alpha \ln RD_{it} + \beta \ln ENTER_{it} + \lambda_1 \ln FDI_{it} I(HUM_{it} \leqslant \gamma) + \\ \lambda_2 \ln FDI_{it} I(HUM_{it} > \gamma) + \mu_i + \varepsilon_{it} \quad (15.16)$$

这个门槛面板模型是以技能人力资本 HUM 为门槛变量,以 R&D 投入、企业家人力资本 ENTER 和 FDI 为解释变量,其中 FDI 是核心解释变量。

由表 15-13 的门槛回归结果来看,技能人力资本作为门槛变量存在一个

表 15-13 以技能人力资本为门槛变量的 FDI 溢出效应分析结果

	Coef	Std_Robust	t	Prob
ENTER	−0.255 8	0.065 1	−3.927 6	0.000 1
RD	0.654 7	0.080 4	8.146 5	0.000 0
FDI(HUM≤74.928 5)	0.206 5	0.066 4	3.110 4	0.002 0
FDI(HUM>74.928 5)	0.263 3	0.068 2	3.872 3	0.000 1
F-stat &Prob	67.107 0	0.000 0		
95%置信区间	[74.928 5	76.104 2]		

门槛值 $\gamma=74.9285$,当技能人力资本水平低于这个数值时,FDI 的投入不能被有效吸收,而一旦技能人力资本跨越了这个数值,就会显著促进 FDI 对该地区的自主创新溢出效果。

具体看所研究的 30 个省域,到 2011 年,所有的省域均跨过了门槛值,说明技能人力资本的投资已经足够,已经显著改善了 FDI 的自主创新溢出效果。

(三)企业家人力资本作为门槛变量对 R&D 溢出效应的回归分析

$$\ln INNO = \alpha_1 \ln RD_{it} I(ENTER_{it} \leqslant \varphi) + \alpha_2 \ln RD_{it} I(ENTER_{it} > \varphi) + \beta \ln ENTER_{it} + \lambda \ln FDI_{it} + \mu_i + \varepsilon_{it} \quad (15.17)$$

这个门槛面板模型是以企业家人力资本 ENTER 为门槛变量,以 R&D 投入、企业家人力资本 ENTER 和 FDI 为解释变量,其中,R&D 投入是核心解释变量。

由表 15-14 的门槛回归结果来看,技能人力资本作为门槛变量存在一个门槛值 $\gamma=47.7492$,当企业家人力资本低于这个数值时,R&D 的投入不能被有效吸收,而一旦企业家人力资本跨越了这个数值,就会显著促进 R&D 对该地区的自主创新溢出效果。

表 15-14 以企业家人力资本为门槛变量的 R&D 溢出效应分析结果

	Coef	Std_Robust	t	Prob
ENTER	−0.3399	0.0636	−5.3439	0.0000
FDI	0.2117	0.0690	3.0691	0.0023
RD(ENTER≤47.7492)	0.7839	0.0765	10.244	0.0000
RD(ENTER>47.7492)	0.8081	0.0740	10.9158	0.0000
F-stat & Prob	38.0552	0.0000		
95%置信区间	[47.1920 48.8635]			

具体看我国 30 个省域的数据,到 2011 年,山西、内蒙古、黑龙江、江西、广西、海南、贵州、云南、陕西、甘肃、青海、新疆这 12 个省域没有跨过门槛,也就是说,企业家人力资本缺失,影响了 R&D 的投入对自主创新的贡献,见表 15-15。

表 15-15　按企业家人力资本作用于 R&D 门槛值划分的省份分布

小于门槛值	大于门槛值
山西、内蒙古、黑龙江、江西、广西、海南、贵州、云南、陕西、甘肃、青海、新疆	北京、天津、河北、辽宁、吉林、上海、江苏、浙江、安徽、福建、山东、河南、湖北、湖南、广东、重庆、四川、宁夏

（四）企业家人力资本作为门槛变量对 FDI 溢出效应的回归分析

$$\ln INNO = \alpha \ln RD_{it} + \beta \ln ENTER_{it} + \lambda_1 \ln FDI_{it} I(ENTER_{it} \leqslant \varphi) + \lambda_2 \ln FDI_{it} I(ENTER_{it} > \varphi) + \mu_i + \varepsilon_{it} \quad (15.16)$$

这个门槛面板模型是以企业家人力资本 $ENTER$ 为门槛变量，以 R&D 投入、企业家人力资本 $ENTER$ 和 FDI 为解释变量，其中 FDI 是核心解释变量。

由表 15-16 的门槛回归结果来看，技能人力资本作为门槛变量存在一个门槛值 $\gamma = 60.5641$，当企业家人力资本低于这个数值时，FDI 的投入不能被有效吸收，而一旦企业家人力资本跨越了这个数值，就会显著促进 FDI 对该地区的自主创新溢出效果。

表 15-16　以企业家人力资本为门槛变量的 FDI 溢出效应分析结果

	Coef	Std_Robust	t	Prob
$ENTER$	−0.3504	0.0639	−5.4839	0.0000
RD	0.8600	0.0726	11.8417	0.0000
$FD(ENTER \leqslant 60.5641)$	0.1825	0.0726	2.5150	0.0123
$FD(ENTER > 60.5641)$	0.2352	0.0729	3.2284	0.0014
F-stat & Prob	36.9045	0.0000		
95%c 置信区间	[60.5641　63.3500]			

具体看到 2011 年，只有北京、天津、辽宁、上海、江苏、浙江这 6 个省域通过了门槛值。说明 FDI 对企业家人力资本要求相对较高，大部分地区还不能有效吸收 FDI 中的先进技术和制度。

综上所述，我国所有省域都跨过了技能人力资本的门槛值，技能人力资本可以有效提高各省域的自主创新能力，见表 15-17。技能人力资本的全面丰盈可以归功于我国长期的基础设施、教育和医疗投入以及市场经济环境日益完善。

表 15-17 按企业家人力资本作用于 FDI 门槛值划分的省域分布

小于门槛值	大于门槛值
山西、内蒙古、黑龙江、江西、广西、海南、贵州、云南、陕西、甘肃、青海、新疆、河北、吉林、安徽、福建、山东、河南、湖北、湖南、广东、重庆、四川、宁夏	北京、天津、辽宁、上海、江苏、浙江

而企业家人力资本的现状不容乐观，特别是对 FDI 溢出效应的检测，绝大部分省份都没有跨过门槛值。这与企业家人力资本本身的特殊性相关，同时也说明我们国家对于人力资本的投资到了关键时期。如果说前期技能人力资本的积累是打下了坚实的基础，那么企业家人力资本就是在基础上进行的拔高。企业家人力的积累复杂而且见效缓慢，需要投入大量的前期成本。但它又是至关重要的一步，只有拥有与一般人力资本和技能人力资本相匹配的企业家人力资本，才能构造完善的人力资本体系，才能更好地促进自主创新。

第六节 基本结论和政策建议

一、基本结论

（一）技能人力资本的水平发展较好

我国的技能人力资本的水平有了较好的发展，几乎所有省域都跨过了技能人力资本的门槛值，技能人力资本已经达到可以有效提高各省域自主创新能力的水平。

通过以技能人力资本作为门槛变量对 R&D 投入溢出效应的回归分析，我们技能人力资本作为门槛变量存在门槛值，当技能人力资本水平低于这个数值时，R&D 投入不能被有效吸收，而一旦技能人力资本跨越了这个数值，就会显著促进 R&D 投入对该地区的自主创新溢出效果。具体到本章所研究的 30 个省域，截至 2011 年，均跨过了门槛值，技能人力资本的投资已经足够，显著改善了 R&D 的自主创新溢出效果。

通过以技能人力资本 HUM 为门槛变量，以 R&D 投入、企业家人力资本 ENTER、FDI 为解释变量，对 FDI 溢出效应进行回归分析，我们发现技能人力资本作为门槛变量存在一个门槛值，当技能人力资本水平低于这个数值时，FDI 的投入不能被有效吸收，而一旦技能人力资本跨越了这个数值，就会显著促进FDI对该地区的自主创新溢出效果。具体到本章所研究的30个省域的情况,截至2011年,所有的省域均跨过了门槛值,说明技能人力资本的投资已经足够,显著改善了FDI的自主创新溢出效果。

(二) 企业家人力资本的现状不容乐观

企业家人力资本的现状不容乐观,特别是对FDI溢出效应的检测,绝大部分省份都没有跨过门槛值。东道国要吸收跨国公司的技术,必须要有相适应的人力资本水平,技术知识才能被有效吸收。

以企业家人力资本 $ENTER$ 为门槛变量,以 R&D 投入、企业家人力资本 $ENTER$ 和 FDI 为解释变量,以 R&D 为核心解释变量。从门槛回归结果来看,企业家人力资本作为门槛变量存在门槛值,当企业家人力资本低于这个数值时,R&D的投入不能被有效吸收,而一旦企业家人力资本跨越了这个数值,就会显著促进R&D对该地区的自主创新溢出效果。具体看所研究的30个省域的情况,到2011年,山西、内蒙古、黑龙江、江西、广西、海南、贵州、云南、陕西、甘肃、青海、新疆这12个省域没有跨过门槛,也就是说,企业家人力资本缺失,影响了R&D的投入对自主创新的贡献。

我们以企业家人力资本 $ENTER$ 为门槛变量,以 R&D 投入、企业家人力资本 $ENTER$ 和 FDI 为解释变量,以 FDI 为核心解释变量,从门槛回归结果来看,企业家人力资本作为门槛变量存在一个门槛值,当企业家人力资本低于这个数值时,FDI的投入不能被有效吸收,而一旦企业家人力资本跨越了这个数值,就会显著促进FDI对该地区的自主创新溢出效果。具体看,截至2011年,只有北京、天津、辽宁、上海、江苏、浙江这六个省域通过了门槛值。说明FDI对企业家人力资本要求相对较高,大部分地区还不能有效吸收FDI中的先进技术和制度。这一结果与企业家人力资本本身的特殊性相关,同时也说明我们国家对于人力资本的投资到了关键时期。如果说前期技能人力资本的积累是打下了坚实的基础,那么企业家人力资本就是在基础上进行的拔高。企业家人力资本的积累复杂而见效缓慢,需要投入大量的前期成本。但它又是至关重要的一步,只有拥有与一般人力资本和技能人力资本相匹配的企业家人力资本,才能构造完善的人力资本体系,更好地促进自主创新。

二、政策建议

(一) 完善市场化制度

改革开放前30年我国参与国际分工的主要是简单劳动等初级要素,在经济变革与转型的背景下,私营企业家参与全球价值链的分工愈加深化。市场化进程较快的东部沿海地区经济发展也较快,这和该地区私营企业家的丰裕程度高度相关。市场化给企业家才能提供了一个甄别与试错的舞台,市场化取向的经济体系和鼓励民营经济的外部环境有利于民营企业家的形成与发展。企业家人力资本的显化,不仅需要技术与品牌,还需要给企业家实践提供良好的制度保护环境。这样的制度保护,不仅仅体现为知识产权制度、专利制度和人力资本交易、流程相关法律制度等一系列的正式制度,还需要承认并确立人力资本产权的天然归属权,在承认人力资本产权的天然归属权基础上,明晰和保护人力资本产权,制定合理的企业家人力资本产权参与收入分配的制度。在制度安排上保证对人力资本合法的剩余索取权,体现对企业家人力资本所有者的激励。进一步深化市场化取向的体制改革,可为企业家才能的发挥提供良好的制度环境,并促使企业家潜能得到进一步激活与发展。

(二)发展第三产业

制约我国自主创新能力的一个重要因素就是专门性技术开发人才的短缺,亟须加快研发服务业、人力资源培训服务业的发展来解决短缺问题。近年来我国公共教育投入资源占 GDP 的比例逐年提高,但在全球范围内的排名中依然比较落后,甚至低于发展中国家的平均水平。高等教育对人力资本的提升,不但是作为生产要素进入生产函数,而且其发展本身就能促进技术的进步进而加快经济的增长。近年来我国一直面临着大学生就业的难题,这与目前我国的产业结构有关,这些现象都会影响社会和政府对于高等教育投入的积极性。我们应该认识到这与我国目前的产业结构不合理有关。我国服务业,尤其是吸收高等人才较多的知识密集型行业目前还不发达,制约了对于专门性技术人才的需求,这严重影响了我国对于高等教育的投资回报率,严重打击了对于高等教育投入的积极性,解决这一问题必须要加快实现产业结构的优化和升级,鼓励和促进第三产业的发展。从现实来看,专门性技术开发人才的短缺问题解决亟须采取各种措施促进相关配套设施建设和服务业的发展,从而将各种高级生产要素嵌入到自主创新中。

(三)完善教育体系,补充职业阶段教育投资

教育资源的投资不仅局限在小初高及高等教育机构等正规教育范围内的投资,还要将范围扩展到成人教育、业余和继续教育等非正规教育。我国应继续遵循教育投资的一般规律,在经济转型的节点上,注重非正规教育的发展,

第十五章 人力资本对自主创新的门槛效应

做好针对企业家的再教育、再培训体系的投入和建设。已有研究表明,一名普通本科毕业生在校阶段所学知识仅占其职业生涯所需职业技能知识的10%左右,而大量的技能知识是靠其职业生涯中的"干中学"完成的。在转型经济时期,企业面临的外部环境是一个瞬息万变的系统。如今,知识更新换代的速度日益加快,更新周期大幅下降,企业家人力资本贬值速度愈发加快。政府、企业、高校和社会等各个主体应积极主动联合起来,成立各种类型培训中心,通过产学研机构联动系统的有效撮合,来实现企业家人力资本的存量和质量的保持与提高。

本章参考文献

[1] Acemoglu, D., Zilibotti, F. Productivity Differences. *NBER Working Paper*, 1999: 68-79.

[2] Arrow, K. J. The Economic Implications of Learning by Doing. *Review of Economic Studies*, 1962, 29: 155-173.

[3] Benhabib, J., Spiegel, M. The Roles of Human Capital in Economic Development: Evidence from Aggregate Cross-country Data. *Journal of Monetary Economics*, 1994, 34: 143-173.

[4] Bin Xu. Multinational Enterprise, Technology Diffusion, and Host Country Productivity Growth. *Journal of Development Economics*, 2000, 62: 477-493.

[5] Chan, K. S. Consistency and Limiting Distribution of the Least Squares Estimator of a Threshold Autoregressive Model. *Annals of Statics*, 1993, 21: 520-533.

[6] Chandler, G. N., Hanks, S. H. Founder Competence, the Environment, and Venture Performance. *Entrepreneur Theory and Practice*, 1994, Spring: 77-89.

[7] Cooke. *Introduction: Origins of Concept, Regional Innovation Systems*. London: UCL Press, 1998.

[8] Cooke. Regional Innovation Systems, Clusters, and the Knowledge Economy. *Industrial and Corporate Change*, 2001, 10: 945-974.

[9] Davis, A. M., Jordan, K. and Nankajima, T. *Elements Underlying the Specification of Requirements. Annals of Software Engineering*. Balzer Engineering Publishers, 1997.

[10] Drucker, Peter F. Our Entrepreneurial Economy. *Harvard Business Review*, 1984, 1: 59-64.

[11] Etzkowitz, H., Leydesdorff, L. The Dynamics of Innovation: From National

Systems and "Mode2"to a Triple Helix of University-Industry-Government Relation. *Research Policy*, 2000, 29: 109-123.

[12] Freeman, C. *Technology Policy and Economic Performance: Lessons from Japan*. London: Printer Publishers, 1987.

[13] Griliches, S. Issues in Assessing the Contribution of R&D to Productivity Growth. *Bell Journal of Economics*, 1979, 10: 92-116.

[14] Hansen, B. E. Inference When a Nuisance Parameter is not Identified Under the Null Hypothesis. *Econometrican*, 1996, 64: 413-430.

[15] Hansen, B. E. Threshold Effects in Non-dynamic Panels: Estimation, Testing, and Inference. *Journal of Econometrics*, 1999, 93: 345-368.

[16] Jaffe, A. The Real Effects of Academic Research. *American Economic Review*, 1989, 79: 957-970.

[17] Lucas, Robert E. Jr. On the Mechanics of Economic Development. *Journal of Monetary Economics*, 1988, 22: 3-42.

[18] Mark, A. Husilid, Susan, E. Jackson and Randall, S. Schuler. Technical and Strategic Human Resource Management Effectiveness as Determinants of Firm Performance. *The Academy of Management Journal*, 1997, 40: 171-188.

[19] Mansfield, E. M., Rapoport, J. and Romeo, A. Social and Private Rates of Return from Industrial Innovation. *Quarterly Journal of Economics*, 1977, 4: 77-80.

[20] Mansfield, E. M. How Rapidly does New Industrial Technology Leak Out? *Journal of Industrial Economics*, 1985, 34(2): 217-223.

[21] Nelson, R. R. and Phelps, E. S. Investment in Humans, Technological Diffusion and Economic Growth. *American Economic Review*, 1966, 56: 69-75.

[22] Romer, Paul M. Increaing Return and Long-run Growth. *Journal of Political Economy*, 1986, 94: 1002-1037.

[23] Romer, Paul M. Growth Based on Increasing Due to Specialisation. *American Economic Review*, 1987, 77: 56-62.

[24] Romer, Paul M. Endogenous Technological Change. *The Journal of Political Economy*, 1990, 98: 71-102.

[25] Schumpeter, Joseph A. *The Theory of Economic Development*. Cambrige, MA: Harvard University Press, 1934.

[26] Swan, Trevor W. Economic Growth and Capital Accumulation. *Economic Record*, 1956, 32: 334-361.

[27] Tong, H. On a Threshold Model Pattern Recognition and Signal Processing. *Sijtthoff & Noordhoff*, 1978, 575-586.

[28] Uzawa, Hirofumi. Optimal Technical Change in an Aggregative Model of Economic Growth. *Review of International Economics*, 1965, 6: 18-31.

[29] 弗里曼. 日本：一个新国家创新系统. 北京：经济科学出版社, 1992.

[30] 傅家骥. 技术创新学. 北京：清华大学出版社, 1998.

[31] 高旭东. 自主技术创新的理论基础. 创新与创业管理（论文集）. 北京：清华大学出版社, 2006,(2)

[32] 郭志仪, 杨崎玮. 制造业区域创新模式与对策研究——以东莞、苏州、温州制造业为例. 科技进步与对策, 2010(1).

[33] 洪银兴. 科技创新路线图与创新型经济各个阶段的主体. 南京大学学报（哲学·人文科学·社会科学版）, 2010(2).

[34] 胡斌. 基于改进 DEA 的我国各省市 R&D 活动效率实证分析. 工业技术经济, 2009(8).

[35] 康志勇, 张杰. 有效需求与自主创新能力影响机制研究——来自中国 1980—2004 年的经验证据. 财贸研究, 2008(5).

[36] 雷家骕. 立自主创新导向的国家创新体系. 中国科技产业, 2007(3).

[37] 李赶顺. 发达国家产业结构的知识化及其经济影响. 世界经济, 1999(8).

[38] 李高扬, 刘明广. 基于结构方程模型的区域创新能力评价. 技术经济与管理研究, 2011(5).

[39] 李习保. 中国区域创新能力变迁的实证分析：基于创新系统的观点. 管理世界, 2007(12).

[40] 李小平. 国际贸易的技术溢出门槛效应——基于中国各地区面板数据的分析. 统计研究, 2004(10).

[41] 连玉君, 程建. 不同成长机会下资本结构与经营绩效之关系研究. 当代经济科学, 2006(2).

[42] 林毅夫, 张鹏飞. 后发优势、技术引进和落后国家的经济增长. 经济学（季刊）, 2005(4).

[43] 柳卸林, 胡志坚. 中国区域创新能力的分布与成因. 科学学研究, 2002(20).

[44] 柳卸林. 企业技术创新管理. 北京：社会科学出版社, 1997.

[45] 马歇尔. 经济学原理（上卷）. 朱志梢译. 北京：商务印书馆, 1981.

[46] 牛泽东, 张倩肖. FDI 创新溢出与门槛效应——基于非线性面板平滑转换回归模型的分析. 产业经济研究, 2011(6).

[47] 施培公. 后发优势：模仿创新的理论与实证研究. 北京：清华大学出版社, 1999.

[48] 施培公. 自主创新是中国企业创新的长远战略. 中外科技政策与管理, 1996(1).

[49] 孙文杰, 沈坤荣. 人力资本积累与中国制造业技术创新效率的差异性. 中国工业经济, 2009(3).

- [50] 王杏芬. R&D、技术创新与区域创新能力评估体系. 科研管理,2010(1).
- [51] 王志宇,马海涛. 综合评价人力资本水平指标体系的构建. 统计与决策,2007(21).
- [52] 威廉·配第. 政治算术. 陈冬野译. 北京:商务印书馆,1966.
- [53] 魏守华,吴贵生,吕新雷. 区域创新能力的影响因素——兼评我国创新能力的地区差异. 中国软科学,2010(9).
- [54] 魏守华,禚金吉,何嫄. 区域创新能力的空间分布与变化趋势. 科研管理,2011(4).
- [55] 魏下海,张建武. 人力资本对全要素生产率增长的门槛效应研究. 中国人口科学,2010(5).
- [56] 吴贵生,张洪石,梁玺. 自主创新辨. 技术经济,2010,29(9).
- [57] 吴晓波,杜健. 资源约束条件下的创新路径. 浙江经济,2007(18).
- [58] 西奥多·N.舒尔茨. 论人力资本投资. 北京:北京经济学院出版社,1990.
- [59] 熊彼特. 经济发展理论. 北京:商务印书馆,1991.
- [60] 熊彼特. 资本主义、社会主义与民主. 北京:商务印书馆,1979.
- [61] 徐冠华. 关于建设创新型国家的几个重要问题. 中国新技术新产品精选,2007(1).
- [62] 许广玉. 基于技术轨道的高技术企业自主创新探析. 科学学与科学技术管理,2005(3).
- [63] 杨德林,陈春宝. 模仿创新、自主创新与高技术企业成长. 中国软科学,1997(8).
- [64] 杨万东. 提高自主创新能力问题讨论综述. 经济理论与经济管理,2006(5).
- [65] 张海洋,史晋川. 中国省际工业新产品技术效率研究. 经济研究,2011(1).
- [66] 张一力. 人力资本结构与区域创新模式——基于温州、西安、深圳的实证比较. 经济社会体制比较,2006(3).
- [67] 张玉鹏,王茜. 人力资本构成、生产率差距与全要素生产率——基于中国省级面板数据的分析. 经济理论与经济管理,2011(2).
- [68] 朱涛. 企业自主创新的动力机制及模型构建. 科技管理研究,2009(9).
- [69] 邹薇,代谦. 技术模仿、人力资本积累与经济赶超. 中国社会科学,2003(5).

第十六章　金融发展影响自主创新的机理与实证

本章提要　本章结合金融发展和自主创新生产函数建立理论模型,分析金融发展对自主创新的影响。采用省际面板数据的计量检验显示,金融发展对我国东、中、西部地区的技术创新有显著影响,但存在显著的差异性。金融结构状况显著影响了东、西部地区的自主创新水平;政府信贷干预对三类地区自主创新水平均有影响,其中政府信贷干预提高了东、西部地区的技术创新水平,但是对中部地区技术创新水平的总体影响不显著;金融监管对地区技术创新水平的影响存在差异性;地区开放程度促进了东、中、西部地区的技术创新水平,尤其是西部地区。金融发展对研发资本存量和人力资本存量的影响也存在显著的差异性。

第一节　研究背景与文献回顾

金融发展对自主创新影响的研究最早开始于银行和资本市场的研究。一方面,认为在科技创新过程中银行和资本市场起到重要的作用;另一方面,指出银行和资本市场在科技创新每个阶段的作用具有差异性。Schumpeter 在其1912年的著作《经济发展理论》中强调了银行系统在创新过程中的重要作用。他指出功能完善的银行系统可以通过降低自主创新过程中的高风险,减小自主创新过程中的不确定性,以此激励企业家进行技术创新。随后,相关学者如 Goldsmith(1966)、Saint Paul(1992)、Hellwig(1991)、Rajan(1992)、King and Levine(1993)、Stulz(2000)等人也从银行系统自身特性出发,研究银行在技术创新中的作用。Goldsmith(1966)从银行的贷款功能角度分析银行的中长期贷款对墨西哥经济的影响;Saint Paul(1992)与 Hellwig(1991)、Rajan(1992)、King and Levine(1993)分别从金融市场降低风险、银行系统的甄别创新主体信息等视角分析金融市场在技术创新中的作用,研究结论一致认可金

自主创新与经济增长

融体系功能的完善有效地促进了企业的技术创新。Benciveng et al.(1995)从资本市场的流动性功能出发分析金融市场对技术创新的影响,研究显示,资本市场上资本流动越快,技术创新水平越高。Weinstein and Yafeh(1998)、Morckand Nakaumra(1999)则从银行经营原则出发,指出金融发展有可能对技术创新产生不利的影响,原因在于银行在经营过程中出于利益最大化以及稳健性原则的考虑,贷款发放侧重于风险小、项目期短的项目,而技术创新项目则属于高风险、高不确定性项目,并且往往创新水平越高,风险越大,收益越不确定。由此,银行贷款发放的过程中会规避技术创新项目,阻碍技术创新项目融资。Stulz(2000)指出银行的监管功能之所以能有效促进技术创新水平的提升,原因在于银行在贷款发放之后出于经营效益的需要,对贷款项目进行跟踪,以此对项目的实施进行监督管理。

　　金融发展对技术创新产出影响除了在技术项目的实施外,还体现在生产率提高方面,这些研究较多使用跨国面板数据,就金融发展与全要素生产率之间的关系进行实证研究,结果均显示金融发展通过作用于经济运行中的资本累积和资本形成,进而刺激投资行为的发生,最终的结果是导致经济增长中全要素生产率的提高。这方面研究的代表性学者有 King and Levine(1993)、Levine and Zervos(1998)、Levine et al.(2000)、Aghion et al.(2005)、Alessanda and Stoneman(2008)、Luigi et al.(2008)等。虽然都是跨国面板数据的分析,但是由于国家的选择以及时间序列的差异有可能是造成研究结论存在差异性的原因。King and Levine(1993)采用 1960—1989 年 80 个国家数据,分析金融中介规模对全要素生产率的影响,将 80 个国家根据经济发达情况,分成发达国家和发展中国家。研究结果显示金融中介确实是影响全要素生产率的重要因素,同时金融发展初始水平的差异导致了各国经济后续发展中的差异,就此得到金融发展与经济增长之间的因果关系。Leine and Zervos(1998)选择了 1976—1993 年 47 个国家的数据研究股票市场对全要素生产率的影响展开研究,研究结论不仅指出了股票市场对全要素生产率的影响,同时还指出了股票市场发展是经济发展的先行指标。

　　随着研究的深入,越来越多的学者开始关注技术创新过程中金融发展对研发主体企业的影响。这些研究较多使用企业调研数据,调查数据的范围有企业对先进技术的引进、高技术产业和小企业的比较研究、金融发展影响企业技术创新的阶段性分析等。Canepa and Stoneman(2008)将研究对象分成高技术产业的企业和小规模企业分析英国金融发展对技术创新的影响研究,研究结果证明金融发展显著影响了这两类企业的技术创新。在经济全球化发展的今天,开放性金融对国家经济发展的重要性日渐凸显,开放性金融对技术创新的作用成为新的研究视角。这方面代表性的学者有 Georege and Prabhu (2003)、Hyytinen and Toibvanen(2005)、Alfaro et al.(2004)等,他们使用印度、芬兰等国数据从筹资选择、公共政策的互补性、FDI 的技术外溢等方面进行案例分析,验证开放性金融在技术创新中的重要作用,以及国家发展开放性金融的必要性。

国内就金融发展对自主创新影响的研究也主要以实证为主,但是研究多集中在金融发展与自主创新产出之间关系的实证研究。刘凤等(2007)通过 Geweke 因果分解检验和协整分析,认为金融发展与技术进步存在长期的均衡关系,其中金融规模与技术进步是正双向因果的关系,金融效率与技术进步是负相关关系。刘隆斌和李艳梅(2008)对长江三角洲、珠江三角洲、东北老工业基地和内陆科技四个区域内科技型中小企业自主创新和金融体系的长期和短期关系进行分析,结果显示长期均存在支持效应,但是短期的支持效应存在滞后和差异。庞咏刚等(2011)认为金融中介发展促进了技术创新投入,但是对技术创新产出的影响比较小。叶子荣等(2011)使用 1998—2007 年中国省级动态面板数据模型,采用系统广义矩估计方法,以科技活动经费中来自银行贷款的资金衡量金融支持研究其对自主创新的影响,发现专利总数衡量创新产出时金融支持对创新具有显著的正向作用;将三类专利分开考察时,金融支持对发明专利产出影响不显著。已有研究对于金融发展对技术创新影响的结论并不明朗,金融发展不仅包括金融结构,还包括地方政府的干预程度、金融市场的监管力度以及金融的开发程度,研究金融发展对自主创新的影响,将进一步丰富金融发展与技术创新的研究成果。

已有研究显示,影响自主创新的诸多因素中,自主创新研发经费投入是主要因素之一。作为自主创新产出的必要条件,研发经费投入越多,自主创新产出越多,经济增长绩效就越高。金融发展影响自主创新研究的意义在于厘清现实经济背景和作用机制。实证研究证明了金融发展作为影响自主创新过程的外生变量,对地区和国家的自主创新水平产生了积极作用。这些研究成果为我国完善自主创新的相关金融支持政策提供了分析工具和现实案例。但是,现有的研究对转型期中国的特殊性关注不够,我们认为有待进一步研究的课题包括:中国是否存在针对自主创新的金融支持,如果存在,金融结构情况、政府的信贷干预、金融监管以及全球化背景下的金融开放对于中国自主创新的影响是什么？中国应该如何协调和制定自主创新的金融支持政策，营造自主创新氛围等。

第二节 金融发展影响自主创新的机理

建模思想主要从知识生产函数出发，在传统的人力投入、资本投入的基础上，将金融发展变量纳入知识生产模型，从宏观生产视角分析金融发展如何影响技术创新。模型的雏形是罗默（Romer）的内生增长模型，其中社会资本分成研发资本和生产资本，同时在投资方程中引入金融发展变量，分析资本的研发效率，从而得到金融发展对技术创新效率的影响。

一、最终产品生产部门

假定最终产品的生产是存在差异的，生产厂商投入劳动力和资本来进行生产，劳动力和资本的投入满足规模报酬不变的要求。具体生产函数形式为：

$$Y_t = K(p)_t^{\alpha_1} L_t^{\alpha_2} \tag{16.1}$$

式中，Y_t 为 t 时刻的产值，$K(p)_t$ 衡量 t 时刻的生产资本投入，L_t 衡量 t 时刻的生产劳动投入，$\alpha_1 + \alpha_2 = 1$ 保证了生产过程中的规模报酬不变。

二、技术研发部门

在技术研发部门，厂商根据资本的投入以及前期的技术累积获得更多的技术创新。

研发效率：

$$\dot{A}_t = \beta K(r)_t^{\varphi} A_t \tag{16.2}$$

其中，$\dot{A}_t$ 为 t 时的知识生产效率；$K(r)_t$ 为 t 时用于技术研发的资本投入；φ 为技术研发中资本投入的生产弹性，在本研究中设定 $\varphi=1$；A_t 为 t 时的知识存量。

三、研发效率提高与金融中介引入

借鉴 Romer(2009) 的思路，资本分成 $K(p)_t$、$K(r)_t$，即有：

$$K_t = K(r)_t + K(p)_t \tag{16.3}$$

将式(16.2)、(16.3)代入式(16.1)有

$$Y_t = \left(K_t - \frac{\dot{A}_t}{\beta A_t}\right)^{a_1} L_t^{a_2} \qquad (16.4)$$

金融市场形成的投资转化函数：

$$I_t = \gamma S_{t-1} - \delta R_{t-1} \qquad (16.5)$$

式(16.5)中，γ 衡量储蓄—投资的转换率，δ 为资本的折旧及漏损率。将储蓄转变成投资是经济增长的重要机制，其中，$(1-\gamma)S_{t-1}$ 为储蓄向投资转化的损失部分，也可以看成是储蓄向投资转化的成本，其中一部分成本如银行利差、证券市场的佣金、税费等都是必须支付的，还有一部分则是由于金融系统的相对落后造成的。

设定储蓄率 s，有 $S_t = sY_t$，代入投资方程(16.5)有

$$Y_t = \frac{I_{t-1} + \delta R_{t-1}}{s\gamma} \qquad (16.6)$$

联立(16.4)、(16.6)有：

$$\dot{A}_t = \beta A_t \left\{ K - \frac{I_{t-1} + \delta R_{t-1}}{s\gamma L_t^{a_2}} \right\}^{\frac{1}{a_1}} \qquad (16.7)$$

创新效率 $\dot{A}_t$ 的影响因素：研发水平 β、资本折旧率 δ、储蓄投资转化率 γ。

当 $K \geqslant \frac{Y_{t-1}}{L_t^{a_2}}$ 时，对式(16.7)求 γ 的偏微分有：$\frac{\partial \dot{A}_t}{\partial \gamma} > 0$，即储蓄投资转化率 γ 与科技创新率 $\dot{A}_t$ 之间存在正向非线性关系，储蓄投资转化率 γ 越高，科技创新率 $\dot{A}_t$ 也越高；反之亦然。

由此得到命题：创新效率与金融发展之间存在非线性的关系，但是金融发展程度越高，技术创新效率越高；反之亦然。

第三节 模型设定与实证检验

选取 1997—2010 年中国地区省际面板数据对第二节中的命题进行验证。

自主创新与经济增长

一、模型的设定

创新的实证研究文献中，一般采用柯布—道格拉斯生产函数来衡量创新产出生产函数。地区的柯布—道格拉斯型技术创新生产函数表示为：

$$Q_{i,t} = A_{i,t-1} ED_{i,t-1}^{\theta} K_{i,t-1}^{\alpha 1} L_{i,t-1}^{\beta} H_{i,t-1}^{\gamma} \varepsilon_{i,t-1} \tag{16.8}$$

其中，$Q_{i,t}$ 表示第 t 年地区 i 的专利申请数，$ED_{i,t-1}$ 表示第 $t-1$ 年地区 i 的金融发展水平，$K_{i,t-1}$ 表示第 $t-1$ 年地区 i 的 R&D 资本存量，$L_{i,t-1}$ 表示第 t 年地区 i 的 R&D 人力资本存量，$H_{i,t-1}$ 表示第 $t-1$ 年地区 i 的控制变量，参数 θ、α、β、γ 分别表示金融发展程度、R&D 研发资本存量、人力资本存量、控制变量对技术创新影响的估计系数。对式(16.8)取对数有：

$$\ln Q_{i,t} = \lambda A_{i,t-1} + \alpha 1 \times \ln K_{i,t-1} + \theta \times \ln ED_{i,t-1} + \beta \times \ln L_{i,t-1} + \gamma \times \ln H_{i,t-1} + \ln \varepsilon_{i,t-1} \tag{16.9}$$

其中，$\ln \varepsilon_{i,t}$ 为随机误差项。基于研究目标，为了考察金融发展与地区技术创新水平是否存在非线性关系，在方程(16.9)中加入金融发展水平的二次项 ($\ln ED_{i,t-1}^2$)。

$$\ln Q_{i,t} = \lambda A_{i,t-1} + \alpha 1 \times \ln K_{i,t-1} + \theta \times \ln ED_{i,t-1}^2 + \beta \times \ln L_{i,t-1} + \gamma \times \ln H_{i,t-1} + \ln \varepsilon_{i,t-1} \tag{16.10}$$

二、变量定义

本章中的关键指标为：研发的资本存量、金融发展指标、地区技术创新能力指标。

（一）研发资本存量的测算

当前对研发资本存量主要采用永续存盘法，但是测算过程中具体细节处理还没有形成统一规范的方法。本章综合考虑谢兰云(2010)、吴延兵(2006)、Griliches(1998)测算区域 R&D 存量的计算方法，通过计量模型 $R_{i,0} = \dfrac{E_{i,1}}{g_i + \delta_i}$ 计期的研发资本存量，从而将各年度的地区数据代入式 $R_{i,t} = \dfrac{E_{i,t}}{P_{i,t}} + (1-\delta) R_{i,t-1}$ 可得各年度的地区研发资本存量。其中，$R_{i,0}$ 表示基期地区 i 的研发资本存量，$P_{i,t}$ 表示第 t 年地区 i 的研发价格指数，$R_{i,t}$ 表示第 t 年地区 i 的研发存量，$E_{i,t}$ 表示 t 年地区 i 的研发支出，δ 为研发资本存量的折旧率，g 表示科技经费内部支出的平均增长率。研发支出采用科技活动的内部支出反映，其

1997年之前的数据用的是科技活动单位科技经费使用;2009—2010年的科技活动经费内部支出则根据1998—2008年科技活动经费内部支出与R&D内部支出之间的比例关系进行推算。研发价格指数构造过程汇总,首先测算各地区各年份科技经费内部支出中各部分支出所占的比重,而后以此为依据对各部分进行赋权,通过计量模型 $P_{i,t} = \sum_{1}^{3} w_{i,j,t} \theta_{i,j,t}$ 算得研发价格指数,其中,$w_{i,j,t}$ 表示 t 年地区 i 科技经费内部支出中 j 所占的比重,$\theta_{i,j,t}$ 表示 $w_{i,j,t}$ 表示 t 年地区 ij 的价格指数,劳务价格指数使用的是商品零售价格指数,原材料价格指数采用的是工业产品出厂价格指数,固定资产购建价格指数采用的是固定资产价格指数①。g 采用 Goto and Suzuki(1989)、Coe and Helpman(1995)的方法进行测算,假设 R&D 资本存量(R)的平均增长率等于 R&D 支出(E)的平均增长率,即 $\frac{R_t - R_{t-1}}{R_{t-1}} = \frac{E_t - E_{t-1}}{E_{t-1}} = g$。所有数据均来自《中国科技统计年鉴》(1998—2011)。

(二)地区创新能力指标

在测算地区技术创新能力的时候,考虑到目前技术创新的阶段性,我们没有单一的指标来衡量各地区的技术创新能力,而是参考张宗和等人(张宗和和彭昌奇,2009)的方法,将技术创新分为两个阶段:初始产出与最终产出。初始产出的测算方面,国际上通用将专利数作为衡量新知识产出的代理变量,但是考虑到研发投入到专利生产、专利生产到专利授权之间的时滞,本章采用地区当年的专利申请数作为初始产出的指标;最终产出的测度一般采用新产品的销售收入,从专利的申请到新产品销售中间存在的时滞不确定,因此在本章的分析中地区的创新能力采用技术创新的初始产出衡量。专利申请的数据来自《中国科技统计年鉴》(1998—2011)。

(三)地区金融发展指标

当前国际上对于金融发展的量化指标主要有戈氏和麦氏两种指标。戈德史密斯(1969)提出了以金融相关比率(financial interrelations ratio,FIR)为主衡量一国金融结构和金融发展水平的指标。在实际的研究中较多使用金融资产总量与GDP进行比较获得,用以衡量金融市场化的程度。麦金龙(1973)在

---

① 广东省1997—2000年固定资产价格指数缺失,由于广东省和全国固定资产价格指数的变动关系基本一致(2007年除外),且指数大小基本相等,所以广东省1997—2000年的固定资产价格指数采用全国的数据进行替代。

自主创新与经济增长

研究发展中国家的金融抑制与金融深化时,采用 M_2 与 GDP 的比值衡量一国的金融增长情况,该比值目前通常用于衡量一国的经济货币化程度。以上这两个指标均是从国家的角度衡量其金融发展情况。尽管中国各省、自治区和直辖市共享同样的金融法律,但是各地政策导向性以及地方保护主义盛行,地区之间的金融市场呈现地方"银政壁垒"(卞志村和杨全年,2010),致使地区间金融发展参差不齐(卢峰,2004)。因此可以借鉴以上两个指标计算各地区的金融市场发展情况。本章以金融相关比率衡量金融结构,在此基础上进一步引入金融市场的信贷干预程度、金融市场监管度以及对外开放程度,综合考虑地区的金融发展程度,进行逐一量化。

1. 地区的金融结构指标

地区的金融发展指标与地区的研发资本存量的效应可以进一步促进扩大研发资本的来源,进而促进地区的创新能力。本章采用存贷款总额比 GDP 的金融相关比率(FIR)衡量金融结构指标。金融相关比率计算的原始数据来自《中国金融年鉴》(1998—2011)。由模型(16.9)、模型(16.10)可得:

$$\ln Q_{i,t} = \lambda \ln A_{i,t-1} + \alpha 1 \times \ln K_{i,t-1} + \alpha 2 \ln FIR_{i,t-1} + \beta \times \ln L_{i,t-1} + \gamma \times \ln H_{i,t-1} + \ln \varepsilon_{i,t-1} \tag{16.11}$$

$$\ln Q_{i,t} = \lambda \ln A_{i,t-1} + \alpha 1 \times \ln K_{i,t-1} + \theta_1 \times \ln FIR_{i,t-1}{}^2 + \beta \times \ln L_{i,t-1} + \gamma \times \ln H_{i,t-1} + \ln \varepsilon_{i,t-1} \tag{16.12}$$

2. 金融市场的政府信贷干预程度

对于银行体系来说,地方政府对银行体系的行政干预或影响作用非常大,我国银行机构基本实行总分支结构模式。对于地方分行,在某种意义上说,银行产权属于中国人民银行,但是使用权却属于地方政府。这样,每一级分行可能存在三只眼的现象,即"三只眼睛"分别看总行、地方政府和作为监管者的银监部门(周小川,2005)。由于地方分行的经营业务基本只能在行政区域内开展,地方政府对当地分行具有一定的行政控制力,地方政府甚至可以通过设立地方金融机构来直接获取金融资源。赵勇(2010)的研究也指出银行贷款的发放与特定的政策目标紧密相关,当地区存款不足时,落后地区对中央银行信贷存在较大程度的依赖。因此用各地区贷存比衡量政府的信贷受干预的程度。该观点也得到了学者 Boyreau Bebray(2003)、Liang(2006)的支持。本章也是用地区的贷存比($SD_{i,t}$)衡量金融市场的政府信贷干预程度。存贷的原始数据来自《中国金融年鉴》(1998—2010)。由模型(16.9)、模型(16.10)可得:

第十六章　金融发展影响自主创新的机理与实证

$$\ln Q_{i,t} = \lambda \ln A_{i,t-1} + \alpha 1 \times \ln K_{i,t-1} + \alpha 3 \times \ln SD_{i,t-1} + \\ \beta \times \ln L_{i,t} + \gamma \times \ln H_{i,t-1} + \ln \varepsilon_{i,t-1} \qquad (16.13)$$

$$\ln Q_{i,t} = \lambda \ln A_{i,t-1} + \alpha 1 \times \ln K_{i,t-1} + \theta_2 \times \ln SD_{i,t-1}^2 + \\ \beta \times \ln L_{i,t} + \gamma \times \ln H_{i,t-1} + \ln \varepsilon_{i,t-1} \qquad (16.14)$$

3. 金融法治指数

金融法治指数是法治在金融领域的体现,因此法治的基本准则适用金融法治;金融是一种无形资产,金融交易的是权利,金融交易的规模、速度和对现代经济的影响,对企业的影响大于其他交易。金融市场体制完善程度对于金融市场的发展有促进作用,金融市场体制越完善,金融市场的自由竞争度越可能更高。卢峰和姚洋认为一个案件结案所需要的时间取决于法院的审判速度和执行速度,采用各省法院每年经济案件结案率衡量地区金融市场监管力度。市场经济是法制经济,法律规定宽严对金融主体和金融活动的市场进入、退出要求是不同的,所以法律系统对金融发展的影响是全面的、深刻的,金融监管更多受到法律的影响。本章采用经济案件结案率衡量金融市场的监管度[①],设为 $case_{i,t}$,由模型(16.9)、模型(16.10)有:

$$\ln Q_{i,t} = \lambda \ln A_{i,t-1} + \alpha 1 \times \ln K_{i,t-1} + \alpha 4 \times \ln Case_{i,t-1} + \\ \beta \times \ln L_{i,t} + \gamma \times \ln H_{i,t-1} + \ln \varepsilon_{i,t-1} \qquad (16.15)$$

$$\ln Q_{i,t} = \lambda \ln A_{i,t-1} + \alpha 1 \times \ln K_{i,t-1} + \theta_3 \times \ln Case_{i,t-1}^2 + \\ \beta \times \ln L_{i,t} + \gamma \times \ln H_{i,t-1} + \ln \varepsilon_{i,t-1} \qquad (16.16)$$

4. 金融市场的对外开放度

地区的对外开放度会对其金融市场的发展有促进作用,同时对外开放度也解决了地区研发资金不足的问题,但是已有的研究成果也表明对外开放对技术创新能力的实质性促进作用不明显。因此,较高的对外开放度对地区创新能力的影响方向不确定。本章采用地区当年实际使用外资额度占 GDP 的比重作为地区对外开放度的代理指标,指标数据来自各地区的《统计年鉴》(1998—2011)。设 $open_{i,t}$ 衡量地区对外开放程度。根据模型(16.9)、模型(16.10)有:

---

① 指标经济案件结案率数据来源:各地区历年《法院年鉴》、地区高级人民法院的年度工作报告、《中国法律年鉴》(1998—2011)。由于河北、河南、新疆、云南、湖南、海南、西藏等省份该指标的数据缺失,本章后面的分析中将这几个省份的样本进行剔除。

自主创新与经济增长

$$\ln Q_{i,t} = \lambda \ln A_{i,t-1} + \alpha 1 \times \ln K_{i,t-1} + \alpha 5 \times \ln open_{i,t-1} + \\ \beta \times \ln L_{i,t} + \gamma \times \ln H_{i,t-1} + \ln \varepsilon_{i,t-1} \quad (16.17)$$

$$\ln Q_{i,t} = \lambda \ln A_{i,t-1} + \alpha 1 \times \ln K_{i,t-1} + \theta_4 \times \ln open_{i,t-1}{}^2 + \\ \beta \times \ln L_{i,t} + \gamma \times \ln H_{i,t-1} + \ln \varepsilon_{i,t-1} \quad (16.18)$$

(三) 其他变量

本章的研发人员存量数据使用地区的研发人员全时当量数据,相关数据来自《中国科技统计年鉴》(1998—2011)。在分析过程中,我们添加了地区的总体经济和社会发展状况的控制变量即人均 GDP($PGDP_{i,t}$)、研究生在校人数在总人口中的比重($GS_{i,t}$)。这些变量的原始数据来自《中国区域经济统计年鉴》(1998—2011)。

三、计量检验结果

为避免出现伪回归,保证估计结果的有效性,本章对实证分析中的面板序列的平稳性进行检验。面板数据的单位根检验包括相同单位根检验(LLC 检验)和不同单位根检验(Fisher-ADF 检验)。结果表明 LLC 检验、Fisher-ADF 检验均不能拒绝存在单位根的原假设,但是经过一阶差分变化后均是平稳序列。因此,所有变量均是 $I(1)$ 变量,满足建模要求,结果见表 16-1。

表 16-1 变量单位根检验

	水平值		一阶差分	
	LLC(P 值)	ADF(P 值)	LLC(P 值)	ADF(P 值)
$\ln tpa$	0.989 6	1	0	0
$\ln gdp$	1	1	0.012 9	0.010 1
$\ln fir$	0.794	0.130 5	0	0
$\ln sd$	0.320 1	0.190 6	0	0
$\ln ls$	0.994 8	0.981 4	0	0
$\ln cs1$	0.566 4	1	0	0
$\ln cvd$	0.198 3	0.566 1	0.006 8	0
$\ln gs$	0.161 3	0.47	0.034 6	0
$\ln tfp$	0.481 8	0.338 8	0.003 2	0
$\ln open$	0.408 9	1	0	0
$\ln open2$	0.675	1	0.005 9	0
$\ln case$	0.623 9	0.576 4	0	0

单位根检验值的结果显示实证变量均有一个单位根为I(1),因此变量之间可能存在协整。进一步进行协整检验,本章采用Westerlund(2007)方法,检验结果显示变量之间存在长期的均衡关系,其方差回归残差是平稳的。在这个基础上对方程进行回归的结果是比较精确的。

协整检验结果如表16-2显示,序列间存在协整关系,可直接利用原时间

表16-2 协整检验结果

	模型(11)	模型(12)	模型(13)	模型(14)	模型(15)	模型(16)	模型(17)	模型(18)
Gt	4.996***	5.285***	16.787***	17.149***	14.973***	15.281***	11.7000***	12.560***
Ga	15.627***	14.666***	9.670***	18.529***	15.000***	14.994***	5.818***	6.168***
Pt	2.354***	2.925***	3.581***	6.896***	4.691***	5.075***	3.612***	4.676***
Pa	10.978***	10.550***	6.192***	17.329***	11.815***	11.831***	7.819***	11.850***

注:*** 表示在1%水平上显著,** 表示在5%水平上显著,* 表示在10%水平上显著。

序列进行回归分析。为了比较结果,本章同时报告了固定效应模型、系统GMM模型对模型(16.11)至(16.18)的估计结果。经Hausman检验,方程(16.11)至(16.18)为固定效应模型。考虑到地区的技术研发是一个累积的过程,R&D需要持续的资金投入以及人力资本投入,同时考虑到模型可能存在的内生性问题,本章使用广义矩估计方法来估算动态面板模型。表16-3给出的是

表16-3 计量回归结果

	OLS				系统GMM			
	(11)	(13)	(15)	(17)	(11)	(13)	(15)	(17)
R&D 资本存量	0.2234 1.81**	0.1622 2.17**	0.2175 1.76*	0.131 2.04**	0.1645 4.71**	0.1446 7.13***	0.1574 8.22***	0.0662 2.6***
R&D人力资本存量	0.8197 9.14***	0.8275 9.19***	0.8209 9.15***	0.8108 9.14***	0.7839 17.87***	0.9752 30.54***	1.0021 32.15***	0.7146 10.45***
金融结构	0.2782 1.75**				0.5403 5.71***			

自主创新与经济增长

（续表）

	OLS				系统 GMM			
	(11)	(13)	(15)	(17)	(11)	(13)	(15)	(17)
金融信贷干预		−0.129 8 1.96**				−0.222 6 3.51***		
金融市场监管			0.297 9 2.01**				0.375 1 5.22***	
开放度				0.140 9 2.88***				1.013 3 13.67***
市场需求	0.26 5.91***	0.260 4 5.92***	0.259 1 5.89***	0.263 4 6.06***	−0.241 9 6.91***	−0.148 9 7.01***	−0.194 9 9.05***	−0.188 1 8.34***
人力资本潜力	0.461 1 9.51***	0.473 8 9.43***	0.461 9.51***	0.374 2 6.61	0.698 5 20.40***	0.193 3 2.69***	0.462 9 20.23***	0.482 7 17.55***
观察值	350	350	350	350	325	325	325	325
F 值	21.10***	19.79***	21.06***	15.78***				
Hausman 值	260.49***	230.07***	134.72***	234.62***				
AR(1)(p 值)					0.004***	0.074**	0.012**	0.017**
AR(2)(p 值)					0.832	0.81	0.771	0.683
Sargan 检验(p 值)					0.324	0.225	0.257	0.717

注：*** 表示在 1% 水平上显著，** 表示在 5% 水平上显著，* 表示在 10% 水平上显著。

方程回归的结果,表 16-4 给出金融市场发展指标的平方项来检验其对地区技术创新的门槛特征。Sargan 检验可知,模型不存在明显的工具变量过度识

第十六章 金融发展影响自主创新的机理与实证

表 16-4 金融发展对技术创新的门槛效应

	OLS				系统 GMM			
	(12)	(14)	(16)	(18)	(12)	(14)	(16)	(18)
R&D 资本存量	0.339 5 2.33**	0.226 6 2.59***	0.316 2.17**	0.321 5 2.91***	0.184 6 2.86***	0.187 1 1.73*	0.394 9 6.95***	0.168 7 2.19**
R&D 人力资本存量	0.705 3 7.67***	0.743 7 8.5***	0.733 8 8.13***	0.129 2.62***	0.210 3 6.25***	0.644 8 11.39***	0.145 8 1.77*	0.168 4 0.056*
金融结构平方项	0.139 2.45***				0.696 7 33.05***			
金融信贷干预平方项		0.991 4.43***				0.237 2 17.4***		
金融市场监管平方项			−0.173 5 2.34**				−0.854 13.24***	
开放度平方项				0.164 5 14.78***				0.151 7 31.98***
市场需求	0.236 7 5.06***	0.202 8 4.4***	0.245 1 5.26***	0.134 8 3.73***	0.108 6 3.12***	0.146 13.46***	0.118 9 2.58***	0.166 9 1.89*
人力资本潜力	0.555 4 11.06***	0.550 3 11.28***	0.555 11.02***	0.393 1 9.89***	0.656 4 11.71***	1.065 22.66***	0.726 6 12.08***	0.662 6 23.59***
观察值	325	325	325	325	325	325	325	325
F 值	21.67	23.59	22.29	21.03				
Hausman 值	150.62***	1405.25***	727.24***	864.75***				
Arellano-Bond AR(1) 检验 p 值					0.009	0.017	0.01	0.027
Arellano-Bond AR(2) 检验 p 值					0.107	0.21	0.207	0.267
Sargan 检验 p 值					0.108 7	0.237 3	0.239 6	0.230 7

注：*** 表示在 1% 水平上显著，** 表示在 5% 水平上显著，* 表示在 10% 水平上显著。

自主创新与经济增长

别问题。Arellano-Bond 自相关检验显示残差项存在显著的一阶自相关,但是不存在显著的二阶自相关。结论如下。

第一,金融发展的程度显著地提高了地区技术创新能力。模型中金融发展变量的估计系数都在 5% 以上水平呈现出显著性,对地区技术创新起到了显著的作用。与叶子荣(2011)的研究一致,说明现阶段金融发展水平越高,地区的技术创新能力越强。而在平方项的回归模型中,金融发展的四个变量都呈现出显著的门槛效应。

第二,金融结构的加大显著地促进了地区技术创新。模型(11)中的指标都在 5% 水平显著,一方面说明现阶段存贷款与 GDP 比值越大,越有利于地区技术创新水平。另一方面也说明了目前以间接融资和银行体系为主的银行主导型金融结构对地区的技术创新是正向的促进作用。R&D 过程需要持续的资金投入和人力投入,这种特性使得研发过程中容易遭遇资金瓶颈,为了弥补单个 R&D 主体,进行外部融资是很有必要的。模型(12)中的二次项系数在 1% 水平显著为正,可见金融结构与地区创新之间呈现"U 型"关系。

第三,金融信贷干预的加强显著地降低了地区技术创新能力。模型(13)中的指标均在 5% 以上水平显著,说明现阶段政府对金融市场的信贷干预阻碍了地区的技术创新。模型(14)中二次项系数在 1% 水平显著为负,表示金融市场的政府信贷干预与地区技术创新之间呈现"倒 U 型"关系。说明在经济发展初期由于技术研发活动的不确定、风险性,地方政府部门对当地大型国有企业在研发活动中给予保护和支持,政府通过干预银行的信贷政策为当地的国有银行提供信贷支持,同时大型的研发活动也需要政府的支持,政府的信贷干预对地区技术创新有积极的影响,随着 2003 年 4 月 28 日成立中国银监会以后,银行管理体制和内控体系的完善,地方政府对银行系统的信贷干预影响力越来越小,并且随着时间的推移,研发主体呈现多样化特点,政府信贷干预越来越难以影响地区的金融资源配置效率,致使所带来的外溢效应越来越小。

第四,金融市场监管力度的加强显著地促进了地区技术创新能力的提升。模型(15)中的指标均在 5% 以上水平显著,说明现阶段金融市场的监管力度促进了地区技术创新。模型(16)中二次项系数在 1% 水平显著为负,表示金融监管力度与地区技术创新之间呈现"倒 U 型"关系。说明当司法效率低下时,通过市场来处理问题的方法受到一些限制,而随着司法水平的逐渐提高,通过法律保护投资者的利益,可以促进地区的技术创新发展水平。

第五,地区开放程度的加大显著地增强了地区技术创新能力。模型(17)

中的指标系数均在1%水平显著为正,模型(18)中二次项系数在1%水平显著为正,表示地区开放程度与地区技术创新之间呈现"U型"关系,并且已经位于"U型"右部分,说明地区的开放程度越大,地区的进出口水平越高,地区的技术创新水平越高。以进出口衡量的地区开放程度对地区技术创新的影响主要是通过FDI的技术外溢,以及贸易结构的调整。随着开放程度的加大,地区内的研发主体通过模仿技术、消化技术,开始进入自主创新阶段。

第六,在上述模型中,人力资本投入变量和资本存量变量均在1%水平上显著为正,说明地区的技术进步与人力资本积累和资本积累有很大的关联。并且产出弹性之和为1左右,符合生产函数中规模不变的性质。市场需要的增加促进了地区技术创新能力的提升。人力资本潜能从人力资本角度反映了地区技术创新能力提高的积极作用。

第七,对比OLS静态估计,系统GMM估计更多显示了地区研发投资后的动态过程。金融发展各指标对地区技术创新的作用更明显。其中,地区开放程度对于地区技术创新的影响作用较其他指标更大。

第四节 区域数据的比较分析

一、地区金融发展的差异性与技术创新产出现状

中国的东中西部地区之间就存在显著的经济差距和技术差距。资本在各地区间的配置和流动会影响区域的技术创新水平。改革开放以来,资本流动和配置一方面受到财政分配资金和国家银行政策性资金分配的制约,另一方面又受到市场引导,对外资而言,还受到地域性优惠政策的影响。财政体制、信贷政策、市场条件、外资引入等因素使得区域间金融发展对自主创新的作用呈现出复杂格局。来自《中国统计年鉴》的公开数据显示,东、中、西部地区的专利申请数1997年分别为6 091、2 449、1 789件,增加到2010年的208 429、32 118、27 331件;金融相关比率1997年分别为2.220 3、1.785 0、2.003 6,在1999年整体有所下降之后,到2010年为2.729 7、1.688 9、2.347 9;贷存比1997年分别为1.312 7、0.878 5、0.924 4,1999年整体有所下降,到2010年分别为1.088 0、1.023 5、1.070 8;经济案件结案率1997年为96.87%、95.82%、93.48%,到2010年为99.56%、97.36%、95.55%;外资实际使用额占GDP比重1997年为7.24%、1%、1.02%,2010年为11.56%、1.72%、1.42%。具体变化见图16-1至图16-5。

自主创新与经济增长

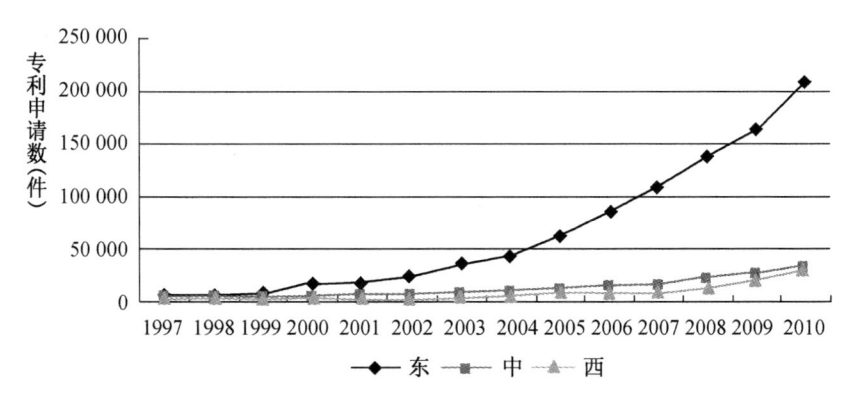

图 16-1 1997—2010 年地区专利技术申请数

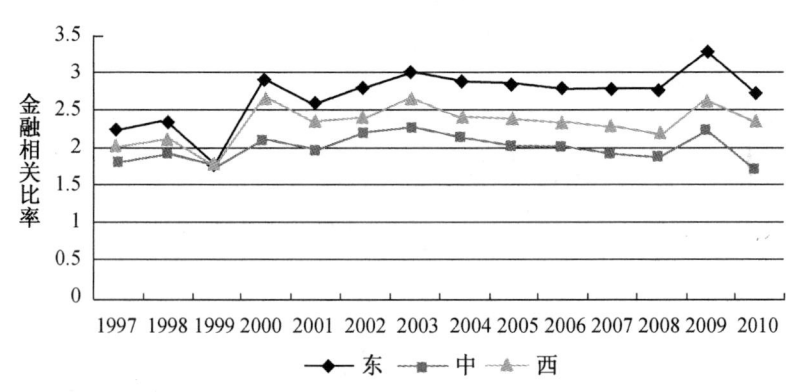

图 16-2 1997—2010 年地区金融相关比率

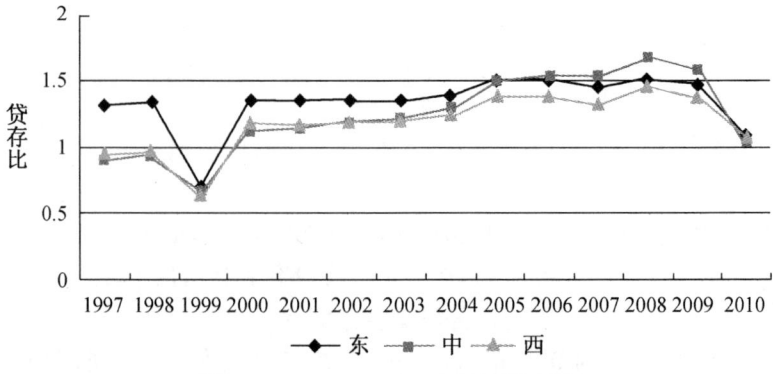

图 16-3 1997—2010 年地区贷存比

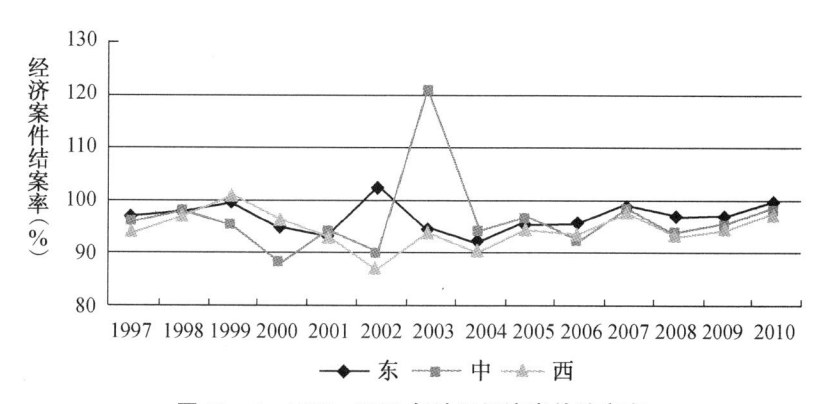

第十六章 金融发展影响自主创新的机理与实证

图 16-4　1997—2010 年地区经济案件结案率

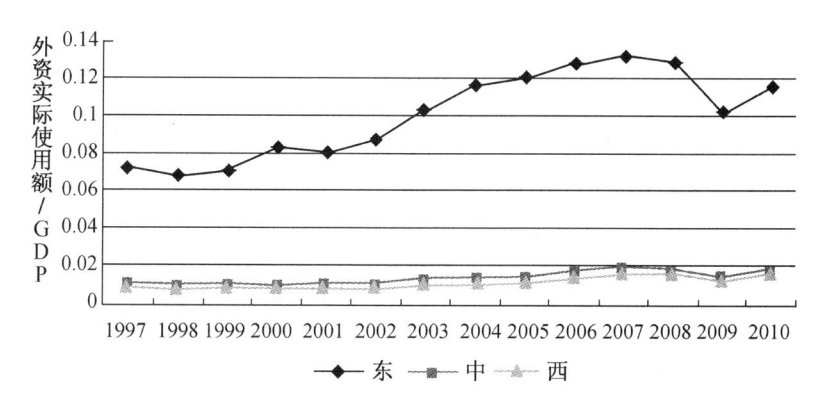

图 16-5　1997—2010 年地区外资实际使用额/GDP

数据来源：地区专利技术申请原始数来自 1998—2011 年《中国科技统计年鉴》，金融相关比率、存贷比、外资实际使用额、地区 GDP 数据来自于 1998—2011 年各省市区统计年鉴，经济案件结案率数据来自各省市区 1998—2010 年法院工作报告以及《法院年鉴》、《司法年鉴》，整理获得。

显然，1997—2010 年，我国东、中、西部地区技术专利申请数逐渐上升，而金融发展指标的变动则出现不一致。具体到金融发展指标，金融相关比率和存贷比的变动趋势基本保持一致，经济案件结案率各地基本一致，外资实际使用额与 GDP 占比处于上升阶段，但是东部地区远高于中部地区和西部地区。由此可见，我国技术创新水平与地区金融发展之间似乎存在某种联系。

本部分试图通过在此背景下，厘清金融发展程度在经济增长方式转型过程中所扮演角色的重要性，考虑到我国地区间资源禀赋的差异以及社会经济

自主创新与经济增长

发展水平的差距、地理位置的不同以及政府间的攀比、投资竞争和金融资源的争夺,本章首先在罗默的内生增长模型的框架下分析金融发展对地区技术创新效率的作用;其次,根据地理位置以及社会经济发展水平分成东、中、西部地区[1],比较地区金融发展对技术创新效率的影响;再次,测算地区的研发资本存量、金融发展程度。在此基础上,考察金融发展对技术创新水平的影响,以期通过经验研究为中国经济增长方式转型、金融体制变革找到更为合理的解释。

二、金融发展对地区技术创新产出的差异性作用的计量模型

在本章的 R&D 投入、地区金融发展情况与技术创新水平的分析框架中,技术水平由 R&D 研发投入水平决定。下面首先分析 R&D 投入与技术创新水平的关系。考虑新古典生产函数。

$$Q_{i,t} = A_{i,t-1} K_{i,t-1}^{\alpha} L_{i,t-1}^{\beta} \varepsilon_{i,t-1} \tag{16.19}$$

其中,$Q_{i,t}$ 代表 i 地区第 $t-1$ 年的技术创新产出,$A_{i,t-1}$ 代表 i 地区第 $t-1$ 年之前的技术积累基础;$K_{i,t-1}$ 和 $L_{i,t-1}$ 代表 i 地区第 $t-1$ 年的研发投入积累;α、β 分别代表资本投入和研发人员投入的技术创新产出弹性,$\varepsilon_{i,t-1}$ 代表误差项。

在技术研发过程中,金融发展程度不直接影响技术创新,通过影响研发投入来影响技术创新的条件和产出。如果创新主体对金融发展不敏感或者关联度不强,对金融发展就会做出不同的反应,金融发展对技术创新的影响程度就会不同。因此,在计量检验过程中,不能将金融发展因素与创新主体并列来比较对技术创新影响的程度。在本章中将各省市金融发展程度设定为虚拟变量,并且指数形式引入函数(16.20),从而确定金融发展程度对研发资本投入、研发人员投入,进而对技术创新产出的影响。基本模型如下:

$$Q_{i,t} = A_{i,t-1} K_{i,t-1}^{\alpha+\theta \times fd} L_{i,t-1}^{\beta+\vartheta \times fd} \varepsilon_{i,t-1} \tag{16.20}$$

将式(16.20)转换成线性模型:

$$\ln Q_{i,t} = \ln A_{i,t-1} + \alpha \times \ln K_{i,t-1} + \theta \times fd \times \ln K_{i,t-1} + \beta \times \ln L_{i,t-1} + \vartheta \times fd \times \ln L_{i,t-1} + \ln \varepsilon_{i,t-1} \tag{16.21}$$

---

[1] 由于河北、河南、新疆、云南、湖南、海南、西藏等部分数据缺失,在分析中将这些数据去掉。

三、模型变量及数据来源

关键指标有研发资本存量、金融发展指标、地区技术创新能力。其中,资本存量、地区创新能力的测算方式与上文保持一致。

(一)地区金融发展指标

本部分以金融相关比率衡量金融结构,在此基础上进一步引入金融市场的信贷干预程度、金融市场监管度以及对外开放程度,综合考虑地区的金融发展程度,进行逐一虚拟变量化。虚拟变量的具体设定:将金融发展程度设定为高、低2个等级,以金融发展变量的中位数为衡量界限,金融发展指标值大于中位数的设定为高的金融发展程度,引入虚拟变量 fd,有:

$$fd = \begin{cases} 1 & 金融发展程度高的地区 \\ 0 & 金融发展程度低的地区 \end{cases}$$

1. 地区的金融结构指标

图16-2中1997—2010年中国地区间金融结构与技术申请数对数之间是正相关,即金融结构对技术创新效率的作用是正向的。金融相关比率原始数据来自《中国金融年鉴》(1998—2011)。由模型(16.21)可得:

$$\ln Q_{i,t} = \ln A_{i,t-1} + \alpha \times \ln K_{i,t-1} + \theta_1 \times fd_{fir} \times \ln K_{i,t-1} + \\ \beta \times \ln L_{i,t-1} + \vartheta_1 \times fd_{fir} \times \ln L_{i,t-1} + \ln \varepsilon_{i,t-1} \tag{16.22}$$

2. 金融市场的政府信贷干预程度

图16-3中1997—2010年中国地区间政府信贷干预程度与技术申请数对数之间是正相关,即目前政府信贷干预对技术创新效率的作用是正向的。存贷数据来自《中国金融年鉴》(1998—2010)。由模型(16.21)可得:

$$\ln Q_{i,t} = \ln A_{i,t-1} + \alpha \times \ln K_{i,t-1} + \theta_1 \times fd_{sl} \times \ln K_{i,t-1} + \\ \beta \times \ln L_{i,t-1} + \vartheta_1 \times fd_{sl} \times \ln L_{i,t-1} + \ln \varepsilon_{i,t-1} \tag{16.23}$$

3. 金融市场监管度

金融市场体制完善程度对于金融市场的发展有促进作用,金融市场体制越完善,金融市场的自由竞争度越有可能更高。金融结构无关论的一种特例就是法律与金融论,持有该观点的学者均认为金融系统的健全首要的决定因素是法律体系。金融的整体发展依赖于法律制度和法律渊源。法律体系可能会对外部金融产生影响,良好的法律保护将使得投资者们更加相信其投资可以获得回报,从而更加容易提供投资资金(La Port et al.,2000;Stulz,2001)。图16-4中1997—2010年中国地区间金融市场监管与技术申请数对数之间

自主创新与经济增长

是正相关,说明目前金融市场监管对技术创新效率的作用是正向的。由模型(16.21)可得:

$$\ln Q_{i,t} = \ln A_{i,t-1} + \alpha \times \ln K_{i,t-1} + \theta_1 \times fd_{ase} \times \ln K_{i,t-1} + \beta \times \ln L_{i,t-1} + \vartheta_1 \times fd_{ase} \times \ln L_{i,t-1} + \ln \varepsilon_{i,t-1} \quad (16.24)$$

4. 金融市场的对外开放度

地区的对外开放度对其金融市场的发展有促进作用,同时对外开放度也解决了地区研发资金不足的问题,但是已有的研究成果也表明对外开放对技术创新能力的实质性促进作用不明显。因此,较高的对外开放度对地区创新能力的影响方向不确定。本章采用地区当年实际使用外资额度占GDP的比重作为地区对外开放度的代理指标,图16-5中1997—2010年中国地区间对外开放程度与技术申请数对数之间是正相关,目前地区对外开放程度对技术创新效率的作用是正向的。指标数据来自各地区的《统计年鉴》(1998—2011)。设为$open_{i,t}$,由模型(16.21)可得:

$$\ln Q_{i,t} = \ln A_{i,t-1} + \alpha \times \ln K_{i,t-1} + \theta_1 \times fd_{open} \times \ln K_{i,t-1} + \beta \times \ln L_{i,t-1} + \vartheta_1 \times fd_{open} \times \ln L_{i,t-1} + \ln \varepsilon_{i,t-1} \quad (16.25)$$

(二) 其他变量

本章的研发人员存量数据使用地区的研发人员全时当量数据,原始数据来自《中国科技统计年鉴》(1998—2011)。在分析过程中,我们添加了地区的总体经济和社会发展状况的控制变量,即人均GDP($PGDP_{i,t}$)、研究生在校人数在总人口中的比重($GS_{i,t}$)。原始数据来自《中国区域经济统计年鉴》(1998—2011)。

四、金融发展对地区自主创新产出差异化影响的计量检验

自主创新是一个持续累积的过程,考虑到要素投入的持续性以及长期性,以及模型可能存在的内生性问题,本章采用广义矩估计方法来估算动态面板模型。表16-5、表16-6、表16-7、表16-8分别给出的是金融结构、政府信贷干预、金融监管、地区开放程度对技术创新效率影响的回归结果。在对计量结果进行分析之前,我们需要对模型中工具变量的选择有效性进行检验,表16-5中的结果显示Sargan检验值均接近1,拒绝工具变量存在过度识别的原假设。Arellano-Bond AR(1)检验值均在5%水平显著,而Arellano-Bond AR(2)均在10%水平不显著,说明模型二阶平稳。

第十六章 金融发展影响自主创新的机理与实证

表 16-5 金融结构对技术创新影响的计量检验

	东	中	西
研发资本存量	1.782 2 7.17***	0.729 8 4.31***	1.24
人力资本存量	1.098 8 9.97***	0.690 6 7.79***	0.756 8 1.57
金融结构×研发资本存量	0.251 6 4.43***	−0.133 5 0.8	0.631 8 2.22**
金融结构×人力资本存量	0.127 8 4.43***	0.071 9 1.02	0.227 2 2.16**
人力资本潜力	0.214 9 2.79***	−0.458 8 3.55***	1.248 6 3.21***
市场需求	0.289 5.08***	0.224 1 2.58***	0.043 7 0.56
技术基础	1.849 7 6.26***	−1.389 2 5.84***	−0.300 4 1.58
AR(1)检验(p值)	0.004 2	0.003 1	0.040 1
AR(2)检验(p值)	0.28	0.333 4	0.370 9
Sargan 检验(p值)	0.999 9	0.829 6	1

注：***、**、* 分别在表示在 1%、5%、10% 的统计水平上显著。

表 16-6 政府信贷干预对技术创新影响的计量检验

	东	中	西
研发资本存量	1.138 2 2.34**	0.755 2 3.29***	4.700 1 2.03**
人力资本存量	0.802 4.36***	0.744 2 6.51***	3.846 3 2.09**

自主创新与经济增长

(续表)

	东	中	西
政府信贷干预×研发资本存量	0.284 7 3.13***	−0.173 5 1.13	−0.419 1 2.32**
政府信贷干预×人力资本存量	0.126 2.74***	0.042 5 0.65	1.091 2.28**
人力资本潜力	0.053 4 0.759	0.386 8 2.47**	3.019 5 2.33**
市场需求	0.142 8 2.57**	0.290 9 1.9*	0.642 9 2.31**
技术基础	1.301 8 2.32**	−1.110 7 3.78***	−0.454 4 0.7
AR(1)检验(p值)	0.001 4	0.004 5	0.005 2
AR(2)检验(p值)	0.944 7	0.358 1	0.622 6
Sargan检验(p值)	0.999 5	0.900 6	1

注：***、**、*分别在表示在1%、5%、10%的统计水平上显著。

表16-7　金融市场监管对技术创新影响的计量检验

	东	中	西
研发资本存量	1.622 1 9.08***	0.544 2 2.73***	1.912 9 1.99**
人力资本存量	0.960 7 8.16***	0.697 6 7.51***	1.363 9 0.195*
金融监管×研发资本存量	0.194 8 1.74*	0.153 8 0.9	−2.927 2 1.75*
金融监管×人力资本存量	0.223 8 1.75*	0.177 3 1	0.889 4 1.74*

第十六章　金融发展影响自主创新的机理与实证

（续表）

	东	中	西
人力资本潜力	0.199 2 3.20***	0.458 2 3.55***	7.692 2.07**
市场需求	0.275 9 6.11***	0.158 4 1.3	0.806 4 1.72*
技术基础	1.993 5 6.51***	1.5 4.45***	2.923 2 1.63
AR(1)检验(p值)	0.035 8	0.001	0.05
AR(2)检验(p值)	0.466 4	0.404 5	0.33
Sargan 检验(p值)	1	0.829 9	1

注：***、**、* 分别在表示在1%、5%、10%的统计水平上显著。

表 16-8　地区开放程度对技术创新影响的计量检验

	东	中	西
研发资本存量	1.548 4 17.44***	0.273 1 2.52**	2.045 7 1.56
人力资本存量	1.199 5 11.47***	0.682 6 6.69***	1.518 7 1.02
地区开放程度×研发资本存量	0.183 8 2.65***	0.242 1.85*	2.889 6 1.8*
地区开放程度×人力资本存量	0.292 8 2.15**	0.157 2 3.13**	9.071 1 1.77*
人力资本潜力	0.110 4 2.01**	0.456 4 3.18***	4.545 1 2.35**
市场需求	0.157 9 0.52**	0.198 5 2.15**	0.112 3 1.15

(续表)

	东	中	西
技术基础	2.021 7 5.34***	1.756 5 5.47***	2.508 1 1.58
AR(1)检验(p值)	0.036 7	0.001	0.011 3
AR(2)检验(p值)	0.304 3	0.420 7	0.582 1
Sargan检验(p值)	1	0.852	1

注：***、**、*分别在表示在1%、5%、10%的统计水平上显著。

第一，金融结构显著促进了东、西部地区技术创新水平。模型中金融结构变量估计系数都在5%以上水平呈现出显著性，对地区技术创新起到了显著作用，其中金融结构对研发资本存量影响大于人力资本存量；金融结构程度对西部地区的技术创新产出影响更大，东部地区的研发投入每增加1个百分点，金融结构程度相对高的地区技术创新产出增长0.397 4个百分点；西部地区的研发投入每增加1个百分点，金融结构程度高的地区技术创新产出增长0.858个百分点。金融结构对中部地区技术创新水平是正向作用，但作用不显著。在该模型中，研发投入力度加大显著提高了地区技术创新产出。模型中研发投入变量的估计系数都在1%。

以上水平呈现出显著性，对地区技术创新起到了显著的作用。以研究生为代表的潜在研发人力资本在1%水平显著提升了东、中、西部地区的技术创新水平。市场需求和技术基础对东、中部地区的技术创新产出具有显著的正向作用。

第二，政府信贷干预程度对东、中、西部地区的技术创新水平均有影响。政府信贷干预程度显著促进了东部地区的技术创新水平，模型中的政府信贷干预变量的估计系数均在1%以上的水平呈现显著性，对东部地区技术创新起到了显著作用；政府信贷干预对研发资本存量的作用比对人力资本存量的作用更大；东部地区的研发投入每增加1个百分点，政府信贷干预程度高的地区技术创新产出增加0.410 7个百分点。政府信贷干预促进了西部地区技术创新水平，模型中的政府信贷干预变量的估计系数均在5%水平呈现显著性，但政府信贷与研发资本存量的交叉项值为负，但政府信贷与人力资本存量的交叉项值为正；西部地区的研发投入每增加1个百分点，政府信贷干预程度高的地区技术创新产出增加 0.571 9 个百分点。政府信贷干预程度对中部地区的技术创新水平总体作用为负,但是不显著。

在该模型中,研发投入力度加大显著提高了三大地区技术创新水平。模型中研发投入变量的估计系数都在 5% 以上水平呈现出显著性,对地区技术创新起到了显著的作用。以研究生为代表的潜在研发人力资本在 5% 水平显著提升了中、西地区的技术创新水平。市场需求对三大地区的技术创新产出具有显著的正向作用,技术基础对东、中部地区的技术创新有显著的作用。

第三,金融监管力度对三大地区的技术创新水平均有影响。金融监管力度加大促进了东部地区的技术创新水平,模型中的金融监管变量的估计系数均在 10% 水平呈现显著性,对东部地区技术创新起到了显著作用;金融监管对人力资本存量的作用比对研发资本存量的作用更大;东部地区的研发投入每增加 1 个百分点,金融监管程度高的地区技术创新产出增加 0.418 6 个百分点。金融监管抑制了西部地区技术创新水平,模型中的金融监管变量的估计系数均在 10% 水平呈现显著性,金融监管与研发资本存量的交叉项值为负,与人力资本存量的交叉项值为正;西部地区的研发投入每增加 1 个百分点,金融监管力度高的地区技术创新产出下降 2.037 8 个百分点。金融监管对中部地区的技术创新水平总体作用为正,但是不显著。在该模型中,研发投入力度加大显著提高了三大地区技术创新水平。模型中研发投入变量的估计系数都在 10% 以上水平呈现出显著性,对地区技术创新起到了显著的作用。以研究生为代表的潜在研发人力资本在 5% 水平显著提升了三大地区的技术创新水平,尤其是西部地区,研发潜在人力资本的作用高达 2 个百分点以上。市场需求对东、西部地区的技术创新产出具有显著的正向作用,技术基础对东、中部地区的技术创新有显著的作用。

第四,地区开放程度对三大地区的技术创新水平均有影响。开放程度加大促进了三大地区的技术创新水平,模型中的开放程度变量的估计系数在 10% 以上水平呈现显著性,对三大地区技术创新起到了显著作用;开放程度对西部地区的技术创新水平影响最大,西部地区的研发投入每增加 1 个百分点,开放程度高的地区技术创新产出增加 11.960 7 个百分点;开放程度对东部地区的技术创新水平影响次之,东部地区的研发投入每增加 1 个百分点,开放程度高的地区技术创新产出增加 0.476 6 个百分点;开放程度对中部技术创新产出的影响最小。在该模型中,研发投入力度加大显著提高了东、中部地区技术创新水平。模型中研发投入变量的估计系数都在 5% 以上水平呈现出显著性,对地区技术创新起到了显著的作用。以研究生为代表的潜在研发人力资本在5%水平显著提升了三大地区的技术创新水平,并且对西部地区的作用最明显,高达4.545 1个百分点。市场需求对东、西部地区的技术创新产出具有显著的正向作用,技术基础对东、中部地区的技术创新有显著的作用。

第五节 基本结论与启示

本章在已有文献基础上就金融发展对自主创新影响作用的机理进行研究,采用中国1997—2010年的地区面板数据进行实证检验,同时比较了东、中、西部地区的影响差异。研究表明,金融发展对我国东、中、西部地区的技术创新有显著影响,但存在显著的差异性。金融结构状况显著影响了东、西部地区的自主创新水平;政府信贷干预对东、中、西部地区自主创新水平均有影响,其中政府信贷干预提高了东、西部地区的技术创新水平,但是对中部地区技术创新水平的总体影响不显著;金融监管对地区技术创新水平的影响存在差异性;地区开放程度促进了东、中、西部地区的技术创新水平,尤其是西部地区。金融发展对研发资本存量和人力资本存量的影响也存在显著的差异性。

随着经济体制改革的进行,金融体制的改革也变得越来越重要。就金融体制改革中自主创新的金融支持而言,首先,要完善技术创新金融支持的宏观环境,主要包括与技术创新金融信贷相关的法律制度的完善、科技信贷中针对中小企业的信贷优惠、政府部门在信贷初期以及针对高风险重大研发项目的优惠、相关科技信贷人才培养和专业教育发展等。其次,应开发与社会经济发展相适应的金融产品,根据技术创新项目的类型、研发所处的阶段、研发主体的性质、项目前景的不同需要,提供与之相匹配的金融产品,如小额信贷、民间信贷等。另外,还需要进一步完善辅助的宏观环境,为自主创新项目投融资进行评估、审计、咨询等提供服务。

本章参考文献

[1] Aghion P, Howitt P. Growth with Quality-improving Innovations: An Integrated Framework. *Handbook of Economic Growth*, 2005, 1: 67 - 110.

[2] Alfaro, Laura, Areendam Chanda, Sebnem Kalemli-Ozcan and Selin Sayek. FDI and Economic Growth: The Role of Local Financial Markets. *Journal of International*

Economics, 64(1): 89-112.

[3] Beck T, Demirgüç-Kunt A, Levine R. A New Database on the Structure and Development of the Financial Sector. *The World Bank Economic Review*, 2000, 14(3): 597-605.

[4] Canepa A, Stoneman P. Financial Constraints to Innovation in the UK: Evidence from CIS2 and CIS3. *Oxford Economic Papers*, 2008, 60(4): 711-730.

[5] George G., Prabhu G. N. Developmental Financial Institutions as Technology Policy Instruments: Implications for Innovation and Entrepreneurship in Emerging Economies. *Research Policy*, 2003, 32(1): 89-108.

[6] Goldsmith R W. *The Determinants of Financial Structure*. Paris: OECD, 1966.

[7] Hellwig M. Banking, Financial Intermediation and Corporate Finance. *European Financial Integration*, 1991, 35: 63.

[8] Hyytinen A, Toivanen O. Do Financial Constraints Hold Back Innovation and Growth: Evidence on the Role of Public Policy. *Research Policy*, 2005, 34(9): 1385-1403.

[9] King R G, Levine R. Finance and Growth: Schumpeter Might be Right. *The Quarterly Journal of Economics*, 1993, 108(3): 717-737.

[10] Levine R, Loayza N, Beck T. Financial Intermediation and Growth: Causality and Causes. *Journal of Monetary Economics*, 2000, 46(1): 31-77.

[11] Levine R, Zervos S. Stock Markets, Banks, and Economic Growth. *American Economic Review*, 1998: 537-558.

[12] Liang, Zhi Cheng. *Financial Development, Growth and Regional Disparity in Post-reform China*. Mimeo, 2006.

[13] Morck R, Nakamura M. Banks and Corporate Control in Japan. *The Journal of Finance*, 1999, 54(1): 319-339.

[14] Rajan R G. Insiders and Outsiders: The Choice Between Informed and Arm's-length Debt. *The Journal of Finance*, 1992, 47(4): 1367-1400.

[15] Saint-Paul G. Technological Choice, Financial Markets and Economic Development. *European Economic Review*, 1992, 36(4): 763-781.

[16] Schumpter, J. A. *The Theory of Economic Development*. Cambridge, Mass: Harvard University Press, 1934.

[17] Stulz R. M. US Banks, Crises, and Bailouts: From Mexico to LTCM. *National Bureau of Economic Research*, 2000.

[18] Weinstein D. E., Yafeh Y. On the Costs of a Bank-centered Financial System: Evidence from the Changing Main Bank Relations in Japan. *The Journal of Finance*, 1998, 53(2): 635-672.

[19] Westerlund, J. Testing for Error Correction in Panel Data. *Oxford Bulletin of Economics and Statistics*, 2007, 69(6): 709-748.

[20] 巴劲松. 金融制度变迁、法治与金融发展. 南开大学博士学位论文, 2009, 147.

[21] 刘凤朝, 沈能. 金融发展与技术进步的 Geweke 因果分解检验及协整分析. 管理评论, 2007(5).

[22] 刘隆斌, 李艳梅. 区域科技型中小企业自主创新金融支持体系研究——基于面板数据单位根和协整的分析. 金融研究, 2008(12).

[23] 刘志彪. 科技银行功能构建: 商业银行支持战略性新型产业发展的关键问题. 南京社会科学, 2011(4).

[24] 卢峰, 姚洋. 金融压抑下的法治、金融发展和经济增长. 中国社会科学, 2004(1).

[25] 庞咏刚, 王君. 金融中介发展与技术创新互动的实证分析. 科技进步与对策, 2011(10).

[26] 谈儒勇. 中国金融发展和经济增长关系的实证研究. 经济研究, 1999(10).

[27] 吴延兵. R&D 存量、知识函数与生产效率. 经济学(季刊), 2006(3).

[28] 叶子荣, 贾宪洲. 金融支持促进了中国的自主创新吗. 财经科学, 2011(3).

[29] 张宗和, 彭昌奇. 区域技术创新能力影响因素的实证分析——基于全国 30 个省市区的面板数据. 中国工业经济, 2009(11).

[30] 赵勇. 金融发展与经济增长——生产率促进抑或资本形成. 世界经济, 2010(2).

第十七章　中小企业创新能力与经济增长质量提升的微观基础

本章提要　经济发展方式转变的关键在于经济体制、机制创新,而体制、机制创新需要构建良好的微观基础,这个基础就是要求作为生产绝对主体的中小企业提高效率和稳定经营。本章选择从企业家能力这一知识性资源的视角,来分析中小企业创新能力的形成过程。作为提高效率的主要方式,企业创新主要包括技术创新和管理创新,其中管理创新是技术创新的基础,中小企业管理创新的核心就是要提升知识性企业家能力。本章还通过用固定资本投资、劳动使用和管理投入等方面的统计数据分析了中小企业创新发展的障碍,并利用我国30个省级大、中、小企业数和工业产值增长率等构成的面板数据,计量分析了不同规模企业对总产值增长率的贡献。基于此,本章强调通过提升企业家能力从而提升中小企业创新能力是经济增长质量提升坚实的微观基础。

第一节　问题提出与研究背景

任何经济要取得成功,都离不开微观企业这一基本经济细胞的有效运转,企业的有效运转是我国经济增长质量提升最根本的微观基础,而只有创新驱动的企业才能更有效运转。我国经济已步入"十二五"发展时期,发展方式转变已经刻不容缓,我国发展方式转变的核心意义就是提升经济增长质量和提高整体经济效率,其中增长质量提升需要效率提高来实现。发展方式转变关键在于经济体制机制创新,而体制机制创新的根本在于企业主体进行的技术创新和管理创新,技术创新和管理创新是实现效率的两个主要方面。广义地说,管理创新实质上包括一切管理方面的改进,例如企业主营业务的重新整合,企业生产中心、利润中心、设计中心和管理中心的重新布局,企业进行优势嫁接,资产重组,都属于管理创新。而组织形式的改进、企业家能力的形成和提高则是管理创新的核心和精髓。企业技术创新的基础是企业管理创新,对于中小企业而言,管理创新实质就是要把大量中小企业主切实地转变为能够稳定经营的企业家,提升中小企业的利润和企业剩余,从而为稳定中小企业的创新活动提供支持。

实质上,发展方式转变首先涉及的是技术创新问题,尤其是微观企业自主创新能力提升的问题。但企业技术创新与其说是技术问题,还不如说是企业管理问题,因为某种程度上技术创新能力提升是以企业家能力提升为基本前提和保障的。因为只有经营和管理富有绩效的企业,才可能持续生存,企业只有活下来才可能进行创新,对于中小企业来说,尤其如此。现实中,在外部融资难的约束条件下,中小企业形成创新能力的资金来源决定于其自身的利润和剩余,企业剩余和利润越大,企业可能进行的创新活动越多。而从新古典经济理论看,企业利润和企业剩余是通过企业家才能实现的。中小企业具有很强的创新动机,但是缺少企业剩余。而大企业具有较多利润和企业剩余,但是创新动机较弱。因此创新动机和企业家能力共存是企业进行创新的充要条件。

"十二五"时期是发展方式转变的关键时期,也是工业化加速时期。刘伟(2006)认为工业化加速时期,是社会发展成本迅速上升的时期。因为从微观的资源配置角度来看,工业化加速往往伴随资源消耗迅速上升,整个经济发展会越来越受到资源的严重约束。如果在技术创新和管理创新方面有所滞后,投入产出效率提升缓慢,对资源的消耗比必然进一步上升,从而增大发展的成本。因此,解决发展方式转变的难题,关键在于使我国的经济增长由主要依靠要素投入量的扩大转变为主要依靠效率的提高,要强化企业技术创新和管理创新对效率提高的作用。

陈清泰(2006)认为企业作为技术创新的主体,对技术创新的热情、投入和所付出的努力决定国家的技术创新能力。但我国很多高校和研发机构的研发成果无法转变为现实生产力,原因在于缺乏活跃的科技型中小企业的创新活动。陈清泰(2006)还指出,在创新的链条上,大学与中小企业及大型企业处于不同位置,扮演不同的角色。一般而言,大学主要承担知识和基础技术的创新,中小企业则是进行应用技术创新的主力军,大型企业主要在于技术集成,将创新成果推向最终用户。有调查显示,即便在大型企业十分强盛的美国,技术创新83%的成果仍来自于中小企业。技术创新的高投入、高风险的性质,使它所要求的环境条件比其他投资要苛刻得多,因此,还需要强烈的产权激励、敏锐的价值发现能力、灵活的决策机制、尊重个人的制度安排和分散风险结构。由于中小企业和民营企业更加符合这些特质,它们已经成为技术创新的主力军。但是,中小企业是企业群体中的弱者,很多科技企业创业者有创意、有知识,但缺乏资金支持和经营管理经验。

中小企业作为社会创新的绝对主体,在经济增长中的重要性受到很多学者的关注。Baumol(2008)认为大企业和小企业特征化的创新贡献,在于两者各自在社会创新过程中不同部分,对于经济增长必不可少的突破性进展往往来自于新的小企业。一个有效的刺激增长的政府计划应该能最小化对大企业和小企业创新行为的抑制。Duguet and Monjon(2004)通过标准计量方法对创新经济学的稳健性检验,表明创新的持续性在企业层面是稳固的,且理论模型是否正确依赖于企业规模大小。其中,小企业显示出在创新生产中强的"干中学"效应,而大企业创新的持续性依赖于正式研发投入的持续性。Stel et al.(2005)发现初期的企业家和刚刚成立企业的所有者或经营者的企业家行为影响了经济增长,但这种影响依赖于人均收入水平,表明不同国家在不同经济发展时期企业家行为发挥着不同的作用。Calantone et al.(2002)的研究结果则表明创新性通过促进企业学习活动中的创造性思想而提升了中小企业的竞争优势。洪银兴教授(2010)也认为在熊彼特创新理论中创新是同企业家相联系的,创新机制就在于经营者成为企业家。因此,创新就是企业家推动的企业制度创新、产品创新、技术创新和市场创新等。

Acs也长期关注企业家活动和创新对经济增长的作用和影响,Acs(1999)用技术轨道的转移来解释中小企业的兴起。他认为在世纪之交,工业化国家进入了一个新的技术时代,市场的停滞和传统产业的萎缩使大企业面临重重困难,与此同时,新技术带动新的产业的出现和发展,为中小企业提供了发展契机,中小企业在创新的试验阶段,在技术诀窍的扩散,以及新产品、新设备、新方法的应用等方面都扮演了重要的角色。

Acs(1988)还把他的观点运用到俄罗斯和东欧经济转轨问题上,他认为俄罗斯和东欧只有数目极小的中小企业,因此非常缺乏由大量中小企业培育出来的企业家创新精神,同时也缺少由大量中小企业创造出来的就业机会,这是苏联解体和东欧演变的重要原因之一,也是俄罗斯和东欧经济转轨所面临困难的关键所在。张金昌(2000)也认为创新将是企业取得竞争优势的根本途径,在经济发展的新时期,企业的生存与发展离不开技术创新和管理创新。陈英(2004)则把技术创新分为两类:一是改变生产效率的创新,即"生产过程创

自主创新与经济增长

新";另一类是改变产品本身的创新,即"产品创新"。这两种创新对于经济增长而言,生产过程的创新结果是提高生产率,使单位资源和时间范围内产量增加,因此能够提高增长速度,而产品创新对增长速度的作用是间接的。

现实是我国企业技术创新能力普遍不足。2008年我国大中型工业企业中有科技机构的企业数为9 941家,所占比重为24.7%,R&D经费占主营业务收入比重为0.84%,新产品销售收入占主营业务收入比重为16%。我国规模以上工业企业有科技机构的企业数所占比重为5.3%,R&D经费占主营业务收入比重为0.6%,新产品销售收入为57 027亿元,新产品销售收入占主营业务收入比重为11.3%;规模以上工业企业中,私营企业有科技机构的企业数所占比重为3.5%,R&D经费占主营业务收入比重为0.3%,新产品销售收入占主营业务收入比重为5.1%;[①]我国缺乏技术创新能力的主要原因是缺乏大量活跃的创新型中小企业。

中小企业对经济贡献很大。根据国家发改委的数据,2009年我国中小企业和非公有制企业数量已超过4 200万户,占全国企业总数的99.8%。其中在工商部门注册的中小企业430多万户、个体经营户3 800多万户。中小企业创造的国内生产总值占60%,上缴税收占50%,提供了大约75%的就业机会,所提供的就业岗位在2亿个以上,进出口总额占69%,开发新产品占82%以上,全国有约65%的专利技术是由中小企业拥有的,75%以上的技术创新是由中小企业完成的。中小企业对提升全国经济的创新能力,配合大企业高效运作,优化产业结构,提高整个社会经济增长质量等方面起着举足轻重的作用。而且中小企业相对于大企业,守业心理更弱,风险偏好和创新动机强。

然而,我国中小企业存续时间过短是一个不争的事实。究其原因,除了外部融资难的原因之外,内部原因主要是中小企业管理投入不足,我国大多数中小企业主还不是真正的企业家。中小企业作为最有活力的企业,成长速度可以达到三位数以上,这种成长的高速度掩盖了其管理上的缺陷,使中小企业主忽略了内部管理。席酉民(2006)也指出在中国一些迅速崛起的区域出现了中小企业"2至3之痒",即一些企业做到2至3亿元之后面临发展困惑。究其原因主要是中小企业管理问题。因此,提高中小企业主的企业家能力,让绝大多数中小企业主实质性地转变为企业家,将是提高我国要素使用效率的有效措施。因此,本章选择从中小企业创新能力形成过程的视角考察发展方式转

---

① 数据来源:《2009中国科技统计年鉴》,中国统计出版社,2009年。

变过程中如何大力提高生产效率,通过增强中小企业自主创新能力,最终达到提升经济增长质量目的。

第二节 基于知识性企业家能力视角的分析

中小企业创新机制就在于中小企业主成为真正的企业家。本章假定企业家能力是企业家拥有的一种知识性资源。企业家借助激励手段和导向功能,通过整合资源和组合其他要素的方式,来扩大人们的能力范围,提高效率。企业家能力作为一种知识性资源,可以指导人们的活动、提升人们处理信息和问题的能力、挖掘人的因素的潜能。

一、企业家能力作为一种知识性资源是企业创新的源泉

企业家能力越强,企业创新与成功的可能性越大。一般地,企业技术自主创新包括知识技术化、技术产品化和产品市场化三个阶段。具体地说,企业自主创新作为原始创新主要包括:① 产生新思想和新知识。② 将新思想和新知识孵化为新技术,形成新的技术设备。③ 采用新技术生产产品,并使新产品进入市场推广。在企业自主创新的知识技术化第一阶段,新思想和新知识不可能自动转化为生产的新技术,只有进行了一定知识和经验积累的企业家,通过对新思想和新知识的系统化和组织,才有可能把这些新思想和新知识科学化,形成代表新生产力的技术或机器设备,从而推动企业发展。可见,知识性企业家能力是企业创新的基础和前提。

熊彼特也特别重视企业家对于创新的作用。他把企业家机能的发挥看做是实现经济进步的主要力量,企业家是经济发展的带头人,其作用在于创新,或"实现新的组合"。他区分了五种类型的创新,并强调企业家作为变化源泉的作用。然而,正确的决定并不总是决定实行创新,因为不成熟的创新在商业上可能是灾难性的。熊彼特就此提出了一个疑问:如果一个人最先对一项创新做了评估,但他正确地决定不进行这项创新,那么,他是否够格做一名企业家?[①] 因此,企业家还需要选择正确的创新方向,只有在正确方向上进行创新的企业家能力才能有效推动经济发展。

---

① 熊彼特:《经济发展理论》(精华本),杜贞旭等译,中国商业出版社,2009年。

二、企业利润或企业剩余为企业创新的持久性提供内生动力与资金支持

企业家能力通过企业创新首先获得垄断收益,随着创新的新技术所实现的产品市场化,超额利润会逐渐转化为正常利润。垄断性创新收益向竞争性平均收益的转化过程是具有企业家能力的大量竞争性企业共存于市场的最终结果。洪银兴教授(2010)也强调需要给予企业创新一个垄断收益,以便激励企业创新。同时,他认为主张垄断收益和超额利润对创新的动力作用,并不等于弱化竞争,恰恰是需要强化竞争来提供企业连续创新的压力。

企业创新需要的投入,可以根据其资金来源区分为内源性资金和外源性资金。外源性资金是指企业自有资金以外的一切资金,主要包括来源于银行贷款等方面的资金。外源性资金受企业所处行业环境、政府政策、风险特征等因素的影响,具有不确定性。如果外源性资金在企业创新投入中所占比重过高,企业创新会因为外源资金的不稳定而最终流产。理论上只有企业的内源性资金成为企业创新投入资金的主体时,企业创新才会有保障。而企业创新投入的内源资金主要是企业利润或企业剩余。

企业利润或企业剩余作为企业创新投入内源性资金的主要来源,为创新的持久性提供了内生动力。一方面,企业利润为创新提供资金保障;另一方面,企业利润由企业家所有,企业家追求利润最大化的内在动机,会促使企业家把企业剩余用于创新和改善生产方式,从而提高企业生产效率。效率的提高直接带来企业剩余和利润的增加,结果会有更多投入可用于创新和生产方式的改进。企业家在生产和经营中,通过对变化过程中能带来收益的经验进行总结,形成可以指导下一次重复出现事件的知识,并利用这种知识来发现创新和变化的机会以获取企业剩余。因为创新成功可以实现垄断收益或者超额利润,在规范秩序的市场经济中,超额利润是企业创新的内在动力。

三、企业家(能力)禀赋的丰裕程度决定经济效率的高低

一般地,非国有经济中企业家能力高于国有经济,大企业中企业家能力高于中小企业。企业家能力形成的因素除了先天而来的特质之外,更为重要的是后天因素。在激烈竞争的市场环境中磨炼产生的实践经验和知识的积累,是形成企业家能力的决定因素。我国大部分非国有企业的经营者都是从激烈的市场竞争中成长起来的,而因为高进入壁垒造成的垄断,使很多国有企业的经营者面临的竞争程度较低。所处产业较强的竞争性和较高的市场化程度,使得非国有企业的经营者更接近于经济学意义上的企业家。

第十七章 中小企业创新能力与经济增长质量提升的微观基础

国有企业的经营者由于长期以来一直处于产业垄断性和政府主管部门的双重保护下,因而对于市场竞争环境的反应不敏感,一旦垄断地位被打破,往往倾向于寻求政府干预加以保护。随着我国国企改革的推进,国有企业的经营者也需要经受市场竞争的考验,逐渐呈现出企业家的素质,但企业经营行为中企业家才能含量仍然低于非国有经济。

从企业家获得企业管理权的方式就可以证明这一推断。国有企业的企业家获得企业的领导岗位的途径,约有70%以上是通过组织安排,而非国有企业经营者主要通过自己努力争取,凭着个人才能而取得经营资格,尤其是私营企业,93%的私营企业的企业家是自己努力争取的。通过组织安排产生的企业经营者,许多人难以在心理上和职业能力上有充分的准备,缺乏成为企业家的必要条件。调查发现,有3.3%国有企业经营者承认自己"不能胜任本企业的领导工作",比重高于其他几种类型企业,集体企业、三资企业和私营企业所占的比重依次为1.8%、1.6%和0。[①] 我国经济发展经验也表明,非国有经济效率高于国有经济。因此,我国的改革进程实质是一个不断让非国有经济替代国有经济的过程。

对于中小企业而言,因为没有经过一个较长时期的成长和经营管理,积累的知识性管理资源或企业家能力禀赋会小于大企业。所以,由此也可推知中小企业中企业家能力低于大企业。中小企业创新成功必须提高企业家能力。我国的现实情况是多数中小企业主还不是企业家,而且作为一个发展中国家,政策的多变性弱化了企业的创新动机,特别是一些优惠政策的出台,使企业不是努力去创新,而是想尽办法钻政策的空子,以期获得更大的近期收益。

改革开放释放出的众多市场机会和政策机会,使企业可以有最方便的途径获得近期经济利益,那就是获得和掌握政策机会或市场机会。这种"机会导向"的明显特点,是各个企业纷纷寻找政策的空当进行公关,针对市场热点进行排浪式重复投资。一个企业如果能获得进口或出口配额、争取到批租的土地、获得企业上市的原始股、获准进入某些新兴领域等机会,就可以出小力赚大钱。强大的利益诱惑使很多企业急于求成,很多企业不是致力于提高生产技术和生产能力,而是盲目进行投机,企业创新也就无从谈起。因此,政府要

[①] 周其仁:《中国农村改革:国家和所有者关系的变化》,见《中国经济学——1994》,上海人民出版社,1995年。

自主创新与经济增长

进一步规范市场经济秩序,确保企业家能力发挥正常的作用。

四、知识性企业家能力在企业创新中的作用:一个简单模型

结合上述理论命题,参照多阶段博弈动态模型(张维迎,1996),本章构建一个包括企业家创新的简单模型,分析企业家能力在企业创新中的作用[①]。在企业创新过程中,企业家行为面临两种选择,即创新与不创新,策略集 $S=$ {不创新,创新},分别用 S_1 和 S_2 表示。当企业家选择策略 S_1 不创新时,企业产出为 Y_1,获得的支付为 $m_1=m(Y_1)$。当企业家选择策略 S_2 创新时,由于创新存在不成功的可能性,假设创新成功的概率为 p_i,$p_i=p_v$,创新失败的概率为 $p_f=1-p_v$,$0 \leqslant p_f, p_v \leqslant 1$,对应的企业产出水平为 Y_i,$Y_v > Y_f$,企业根据实际产出支付企业家激励性报酬 m_i($i=v$ 或 f,分别代表创新成功和失败两种状态)。

此外,同时假定企业家除了获得激励性报酬 m_i 之外,企业家自身的知识性企业家能力可以获得一定的额外收益 $\alpha(Y_i-m_i)$,也即超额利润。其中,α 为知识性企业家能力溢出的报酬率,由外生给定,$E_1=E(\alpha+\sigma^2)=\alpha$,$\alpha$ 是 [0,1]区间的某一确定值,衡量企业家知识溢出程度水平,其方差 σ^2 衡量了知识溢出水平的稳定程度,即当 $\sigma^2=0$ 时,企业家知识溢出水平不变;当 $\sigma^2=1$ 时,企业家知识溢出水平处于完全不稳定状态。这样,企业家进行创新和不创新时的效用函数就可以分别表达为:

$$u_i = \alpha(Y_i-m_i) + Y_i - (C_1+C_d) \tag{17.1}$$

$$u_1 = \alpha(Y_1-m_2) + m_2 - C_2 \tag{17.2}$$

其中,C_1,C_2 分别是企业家一般经营活动的成本和创新前期积累新知识而投入的成本,C_d 是当前为策略 S_2 即创新而投入的成本,它是企业创新回报利润 R 的函数,有 $C'_d(R)<0$,而且,这里假定如果创新失败,该成本由企业家承担,企业家损失其进行创新而投入的利润部分。那么企业家选择创新时的期望效用函数是成功所得加失败所得之和,即:

$$\begin{aligned}\Sigma\pi_i u_i =\ & p_v[\alpha(Y_v-m_v)+m_v-(C_1+C_d)]+ \\ & (1-p_v)[\alpha(Y_f-m_f)+m_f-(C_1+C_d)] \end{aligned} \tag{17.3}$$

---

① 模型还参考了王帮俊(2011)有关企业家在技术创新扩散中的作用,具体参见王帮俊:《技术创新扩散的动力机制研究》,中国经济出版社,2011年,第169—173页。

第十七章　中小企业创新能力与经济增长质量提升的微观基础

假设企业家是风险中性的,令 $\bar{u}$ 为代理人的保留效用水平,这样企业家创新行为的最优化问题可表示如下:

$$\text{Max } (1-\alpha) \sum \pi_i u_i \geq \bar{u}$$

$$s.\ t.\ u_2 = \sum \pi_i u_i \geq \bar{u} \tag{17.4}$$

$$u_2 = \sum \pi_i u_i \geq u_1 \tag{17.5}$$

其中 u_1、u_2 分别表示不创新和创新时企业家的效用水平。约束条件 (17.4)式代表企业家选择创新策略的基本条件,这一条件表明企业家创新能够实现企业家的保底效用。(17.5)式代表企业家会选择创新策略的激励条件,即创新实现的效用会大于不创新的效用。

求解这个最大化问题,得到最优化的一阶条件,如下式(17.6)、(17.7)和(17.8):

$$\frac{\partial u}{\partial m_i} = \sum \pi_i (1-\alpha) = 1-\alpha \tag{17.6}$$

按照(17.6)式一阶条件,为了使企业家效用最大化,须有 $\alpha=1$,这就意味着企业家获取创新实现的全部超额利润,这是一种极端情况,即创新完全由企业家能力实现,而没有任何其他因素参与。一般情况下,$0<\alpha<1$,即 $1-\alpha>0$,$\partial u/\partial m_i>0$。意味着在其他条件不变的情况下,随着既定产出水平下获得激励性报酬的增加,企业家的效用水平也会增加,如果该效用水平超过了企业家不进行创新时的效用水平 u_1,理性的企业家就会选择进行创新。此时,企业和企业家的效用都达到了最大化水平。可见要鼓励企业家进行创新必须使其报酬与创新成果挂钩,报酬激励越充分,企业家创新的可能性越大。

$$\frac{\partial u}{\partial Y_i} = \alpha + (1-\alpha) \sum \pi_i m'_i(Y) \tag{17.7}$$

对于式(17.7)中的 $m'_i(Y)$,因为 $1-\alpha>0$,意味着随着产出的增加,如果企业家报酬增长较快,那么其效用水平提高幅度会更大,$m'_i(Y)$ 衡量了激励性报酬对创新产出的敏感度。

$$\frac{\partial u}{\partial \alpha} = 1 - \sum \pi_i (Y_i - m_i) \tag{17.8}$$

因为一般必然有 $Y_i \geq m_i$,所以有 $u_1 \geq 0$,即随着企业家获得超额收益比例的增加,其效用水平也不断提高,当且仅当 $Y_i = m_i$ 时,也就是企业家获得全部产出的时候,效用水平实现了最大化,这时候有 $\alpha=1$。

从以上的分析可以看出,企业家进行创新的积极性取决于企业家自身的知识性能力、为创新而积累新知识的投入成本以及知识性企业家能力溢出水平实现的创新成果带来的超额收益等因素。在创新活动中,企业家通过创新降低了协调分工的费用,分工的深化促进了研究开发的水平,进一步积累了技术知识,这一知识进展再通过企业家的技术创新形成了下一批新产品。同时,成功的创新使企业生产不断扩张,更大规模地通过收益递增效应产生更多的利润。这些利润的一部分再被投入到研究与开发中去,形成企业下一轮扩张的动力,推动企业不断发展。

第三节 微观基础不足的统计描述

我国中小企业绝大多数都是私营企业和个体企业,因此私营和个体企业的状况大体反映了我国中小企业的状况。实质上,在西方国家一般也用三个指标来衡量中小企业的经济地位(陈永杰,1997)。① 中小企业数占企业总数的比重。② 中小企业从业人员占全部从业人员的比重。③ 中小企业产值占总产值的比重。而本章主要从固定资产投资比重、劳动投入和就业变化、经营绩效或管理投入等三个方面对中小企业的现状做一统计描述。

一、我国投资增长中私营个体经济投资比重没有明显增加趋势

《中国统计年鉴》中的全社会固定资产投资按所有制划分为国有经济和非国有经济,其中非国有经济包括集体经济、个体私营经济,以及其他所有制经济等投资类型。表17-1列出的是中国全社会固定资产投资按所有制划分的各种经济形式所占比重。由表17-1看出,导致非国有经济投资占比超过国有经济投资占比的主要原因是其中的股份制经济等投资占比的较快上升,私营个体经济的固定资产投资比重增长速度较慢,甚至出现了较大波动。

如表17-1数据所示,直到20世纪90年代早期,固定资产投资中的大部分一直是国有企业投资。此后,非国有企业的固定资产投资赶上了国有企业,并在2001年超过了国有企业。但是2004年国有企业固定资产投资占全社会固定资产投资的35%,其就业人数占社会就业总人数仅为8.5%,经济的重心开始从国有企业转移到私营企业,但是资源在公共部门和私人部门之间的分

第十七章 中小企业创新能力与经济增长质量提升的微观基础

表 17-1 按所有制或经济类型划分的全社会固定资产投资比重

年份	国有经济	集体经济	股份制经济	私营个体经济	非国有经济	年份	国有经济	集体经济	股份制经济	私营个体经济	非国有经济
1980	81.9	5.0	—	13.1	18.1	1995	54.4	16.4	4.3	12.8	45.6
1981	69.5	11.9	—	18.6	30.5	1996	52.4	15.9	4.5	14.0	47.6
1982	68.7	14.2	—	17.1	31.3	1997	52.5	15.4	5.6	13.8	47.5
1983	59.6	10.9	—	22.5	40.4	1998	54.1	14.8	6.9	13.2	45.9
1984	64.7	13.0	—	22.3	35.3	1999	53.4	14.5	8.3	14.1	46.6
1985	66.1	12.9	—	21.0	33.9	2000	50.1	14.6	12.3	14.3	49.9
1986	66.6	12.6	—	20.8	33.4	2001	47.3	14.2	15.2	14.6	52.7
1987	64.6	14.4	—	21.0	35.4	2002	43.4	13.8	19.1	15.0	56.6
1988	63.5	14.9	—	21.5	36.5	2003	38.9	14.4	22.9	13.9	61.0
1989	63.7	12.9	—	23.4	36.3	2004	35.5	14.1	25.1	14.0	64.5
1990	66.1	11.7	—	22.2	33.9	2005	33.4	13.5	26.5	15.6	66.6
1991	66.4	12.5	—	21.1	33.6	2006	29.9	3.3	32.0	22.2	70.0
1992	68.1	16.8	—	15.1	31.9	2007	28.2	3.3	32.1	24.1	71.8
1993	60.6	17.7	—	11.3	39.4	2008	28.2	3.6	31.9	24.7	71.8
1994	56.4	16.2	—	11.6	43.6	2009	31.0	3.8	30.7	24.8	69.0

注:表格内数字单位为%。

资料来源:根据历年《中国统计年鉴》按所有制或经济类型划分的全社会固定资产投资数据计算而得。自2006年起,股份制经济=股份合作+有限责任公司+股份有限公司;私营个体经济=私营+个体。1995年以前统计数据中没有股份制经济数据。其中,非国有经济=集体经济+个体经济+其他经济,其他经济又包括联营经济、股份制经济、外商投资经济、港澳台投资经济等。

配仍然严重失衡。[①] 把表17-1私营个体经济占全社会固定资产投资比重数据绘制成图。如图17-1显示,我国私营个体经济投资的比重经历了较大的波动,可能原因在于我国经济转轨过程中政府政策的多变,导致社会对私营经济和个体经济预期变化不定。

洪银兴教授(2010)认为我国发展创新型经济并不是要绝对地减少资本投入,而是在资本投入上要进行选择。创新驱动经济增长节省的是物质资源、环

---

① James Riedel,金菁,高坚《中国经济增长新论:投资、融资与改革》,北京大学出版社,2007年,第34—35页。

自主创新与经济增长

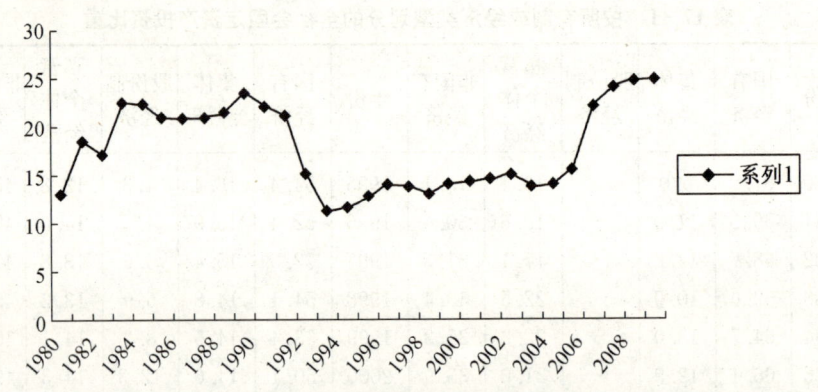

图 17-1 1980—2009 年中国个体私营经济投资占全社会固定资产投资比重(单位:%)

境资源之类的物质投入,但不能节省资金投入,创新驱动需要足够的创新投入来推动。而对易于进行创新的中小企业、私营个体企业,对它们投入的不足就是一种对社会创新的抑制。

实质上,我国的投资和融资模式拥有东亚模式的典型特征,东亚模式的主要融资方式是政府主导下的间接融资,企业为了获得经营活动资金,就必须通过政府官员向银行施加压力。因此,首先产生的现象是政府官员的腐败。银行不是根据项目的风险和可能回报来决定贷款,而是根据行政命令来发放贷款,到一定阶段,大量的呆账和坏账形成规模,就会对整个经济形成严重威胁,最终还是影响了企业发展,进而影响经济增长的持续性。[1] 我国个体私营经济中绝大部分是个体经营户,在这种融资方式下很难融资。因此中小企业在银行融资等外源资金极其有限、社会投入不足的条件下,自身的利润和经营剩余是创新资金非常重要的来源。

二、劳动投入的变化对中小企业的影响

从劳动投入来看,我国一直依靠大量廉价的劳动力,"人口红利"为我国经济增长曾经做出了很大的贡献。随着我国经济的发展,这种廉价劳动力的优势正在逐渐失去,未来会出现劳动力供求转变与用工成本上升的趋势。改革开放以来,中国社会的"人口红利"特征极为显著,劳动力资源,尤其是农村剩

---

[1] 刘伟等:《中国市场经济发展研究——市场化进程与经济增长和结构演进》,经济科学出版社,2009年,第102页。

第十七章 中小企业创新能力与经济增长质量提升的微观基础

余劳动力的"无限供给"首先被小企业大量使用,为小企业的迅速发展提供了条件,农民工的低工资也是我国劳动密集型中小企业迅速崛起的先决条件。然而,中国正在面对的"刘易斯拐点"暗示着中国的劳动力资源优势正在减弱。联合国的统计数据则显示,中国的识字率、教育和入学率等指标,在人类发展指数中排全球第94位,远远落后金砖四国的其余三国,甚至比阿塞拜疆等第三世界国家还要差。[①] 而且,我国劳动就业问题主要涉及三个重点群体,即大学生、农民工和城镇困难群体。大学生的就业困难在于技能匹配问题,而且当前大学生工资与农民工工资趋同。一方面,我国国民整体受教育程度偏低,另一方面,受过高等教育的大学生人力资本优势却没有得到体现。图17-2则显示,我国私营企业和个体企业的就业人数基本上呈上升的趋势,而城镇单位就业人员平均劳动报酬增速明显快于私营个体就业人数的增长速度。城镇单位就业人员平均劳动报酬实质上代表了我国劳动工资水平变动的一般趋势,工资的快速上涨是我国私营和个体企业用工面临的一个困难。随着"刘易斯拐点"的出现和工资等用工成本的上升,私营个体企业的就业增速可能会减缓。

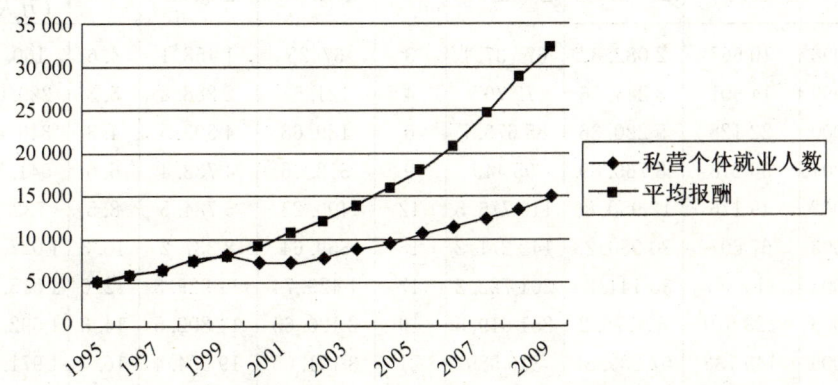

图17-2　1995—2009年我国私营个体就业人数与城镇单位就业人员平均劳动报酬[②]

总之,我国中小企业发展面临着需要使用的劳动力水平差的现状。大学

---

① 资料来源:《香港商报:金砖四国中国劳动力水平最差》,中国新闻网,2008年11月25日,http://news.ifeng.com/opinion/200811/1125_23_894241.shtml。
② 图17-2中,私营个体就业人数=私营经济就业人数+个体经济就业人数(就业人数为年底数,单位:万人),平均报酬为城镇单位就业人员平均劳动报酬(单位:元)。数据来源于历年《中国统计年鉴》。

自主创新与经济增长

生虽然是人力资本的所有者,却缺乏技能,中小企业使用大学生人力资本需要预先支付较大的培训成本。中小企业利润超薄,劳动用工成本上升,使中小企业面临用工的困境。劳动力使用的诸多不足阻碍了中小企业的创业和发展。

三、我国私营工业企业管理投入不足

从表17-2数据可以看出,私营工业企业单位数从1998—2009年增长了23倍,全部从业人员增长了17.5倍。私营工业企业工业总产值占全部工业企业工业总产值从1998年的3%上升到2009年的29%,这一比重的年均增长速度为2.17%;然而,私营工业企业利润总额占全部工业企业利润总额的比重从1998年的4.6%上升为2009年的28%,这一比重年均增长速度为1.95%。

表17-2 1998—2009年私营工业企业主要指标

年份	私营工业企业单位数(个)	私营工业企业工业总产值(A)	全部工业企业工业总产值(B)	A/B (%)	私营工业企业利润总额(C)	全部工业企业利润总额(D)	C/D (%)	全部从业人员年平均数(万人)
1998	10 667	2 082.87	67 737.1	3	67.25	1 458.1	4.6	160.8
1999	14 601	3 244.56	72 707	4	121.52	2 288.2	5.3	229.06
2000	22 128	5 220.36	85 673.7	6	189.68	4 393.5	4.3	346.42
2001	36 218	8 760.89	95 449	9	312.56	4 733.4	6.6	541.52
2002	49 176	12 950.86	110 776.5	12	490.23	5 784.5	8.5	732.9
2003	67 607	20 980.23	142 271.2	15	859.64	8 337.2	10.3	1 027.61
2004	119 357	35 141.25	201 722.2	17	1 429.74	11 929.3	12.0	1 515.43
2005	123 820	47 778.2	251 619.5	19	2 120.65	14 802.5	14.3	1 692.06
2006	149 736	67 239.81	316 589	21	3 191.05	19 504.4	16.4	1 971.01
2007	177 080	94 023.28	405 177	23	5 053.74	27 155	18.6	2 252.91
2008	245 850	136 340.3	507 448	27	8 302.06	30 562	27.2	2 871.89
2009	256 031	162 026.2	548 311	29	9 677.69	34 542	28.0	2 973.84

注:表中产值和利润数字单位为亿元。
资料来源:《中国统计年鉴》(2007、2008、2009、2010)。

图17-3是根据表17-2中A/B项与C/D项绘制而成,可以很直观地看出,私营工业企业利润占比增长速度显然慢于私营工业企业工业总产值占比

第十七章 中小企业创新能力与经济增长质量提升的微观基础

增速,如果把由管理投入所实现的利润看做是企业经营绩效的衡量标准,那么私营工业企业经营绩效显然比其他企业的经营绩效要低,私营工业企业管理投入尚显不足。

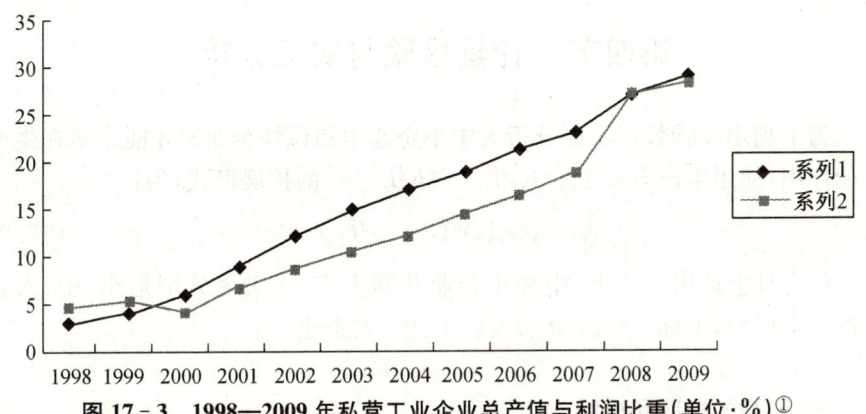

图 17-3 1998—2009 年私营工业企业总产值与利润比重(单位:%)①

与其他国家中小企业情况相比,我国中小企业存续时间和经营过程显得过于短期化,没有发挥知识性企业家能力或管理在长期增长中的作用。已有调研报告指出我国中小企业的平均寿命只有 3.7 年,而欧洲和日本企业平均为 12.5 年、美国企业平均为 8.2 年,德国 500 家优秀中小企业有 1/4 都存活了 100 年以上。在发达国家,个体私营经济的状况往往被视为经济发展的晴雨表。一个短期的即时生产过程或许仅仅需要资本和劳动投入就可以完成,但在一个较长的生产过程中必须要求管理要素对投入的要素进行配置组织和监督激励,充分发挥管理要素的组织和激励功能,生产才可以持续。因此,长期生产过程是在管理要素或知识性企业家才能存在的前提下对各种投入的组合过程和激励过程。实践证明,"企业一年成功靠促销,十年成功靠产品,百年成功靠管理"。中小企业要通过管理方面的创新、企业家知识的积累来实现企业经营的长期化。

总之,私营个体经济的固定资本投资等统计数据表明中小企业的外源性社会资金来源有限,现实中劳动使用的诸多不足对中小企业发展形成的制约也需要提高企业家能力来获得突破,私营工业企业利润增长方面的不足进一

---

① 图 17-3 中系列 1 表示私营工业企业总产值占全部工业企业总产值比重;系列 2 表示私营工业企业利润占全部工业企业利润比重。

自主创新与经济增长

步说明需要强化中小企业的经营管理能力。由此可见,提升中小企业主的企业家能力或加大中小企业管理投入的积累程度是突破中小企业创新发展障碍的关键。

第四节 计量检验与实证分析

为了利用经验数据实证分析大中小企业中知识性企业家才能禀赋在生产中的作用,使用生产方程 $Y_i = K_i^{\alpha} L_i^{1-\alpha} (K^{\xi} L^{-\xi})$ [①] 的扩展形式,为:

$$y = A(r_s k_s)^{\alpha} (r_m k_m)^{\beta} (r_b k_b)^{\xi} \tag{17.9}$$

假定社会产出 y 由大、中和小企业共同生产。α, β, ξ 分别是小、中、大企业的产出份额,下标 $s、m、b$ 分别表示小、中、大企业。

一、数据的选取和说明

因为从第九个五年计划开始,我国提出增长方式转变,从"九五"向"十五"过渡时期,样本数据具有典型意义。而且由于可比较数据的获得问题,我们选取 1998—2002 年我国 30 个省市(样本期间数据库中西藏数据缺失)的大、中、小工业企业单位数和大、中、小工业企业总产值数据作为样本数据,通过构建面板数据模型,分析大中小企业的单位数和企业工业产值对于总工业产值增长的贡献。具体数据来源于中经网。

面板数据模型根据生产函数(17.9)的对数形式得出,即:

$$\ln y_{it} = \mu_{it} + \alpha_{it} \ln(r_{sit} k_{sit}) + \beta_{it} \ln(r_{mit} k_{mit}) + \xi_{it} \ln(r_{bit} k_{bit}) + \varepsilon_{it} \tag{17.10}$$

其中,y 为大中小企业工业产值之和即总产值的增长率,r_s 为小企业产值增长率,r_m 为中企业产值增长率,r_b 为大企业产值增长率,以上增长率都使用环比增长率,即增长率=本年数值/上年数值(在 1998 年产值增长率的计算中使用了 1997 年有关产值数据)。k_s 为小企业数占总企业数比值,k_m 为中企业数占总企业数比值,k_b 为大企业数占总企业数比值。以下计量结果由 Eviews 6.0 软件得出。

这一模型实质上分析了大中小企业的企业单位数量占企业总数不同权重

[①] 生产模型参考戴维·罗默的《高级宏观经济学》(商务印书馆,1999 年),"第三章新增长理论",第 154 页。

和各自产值增长率对总产值增长率的贡献。如果我们把每一个企业都对应地看做一个企业家,这实际上分析了不同类型企业家所实现的产值增长对总增长的贡献,也反映了不同企业管理投入的增长贡献。

二、单位根检验和协整检验

为了避免伪回归,增加回归结果的可信性,首先对样本数据进行单位根检验。分别用 ADF 和 PP 方法检验序列 $\ln y_{it}$、$\ln(r_{sit}k_{sit})$、$\ln(r_{mit}k_{mit})$、$\ln(r_{bit}k_{bit})$ 的平稳性。ADF 和 PP 检验结果见表 17-3。

表 17-3　变量的平稳性检验

变量	检验设定形式	ADF	PP	结论
$\ln y_{it}$	(c,0)	184.87(0.00)	255.44(0.00)	I(0)
$\ln(r_{sit}k_{sit})$	(c,0)	98.73(0.0012)	116.06(0.00)	I(0)
$\ln(r_{mit}k_{mit})$	(c,0)	105.78(0.0002)	125.61(0.00)	I(0)
$\ln(r_{bit}k_{bit})$	(c,0)	207.61(0.00)	281.08(0.00)	I(0)

注:检验设定形式括号中的 c 表示有截距项,0 表示没有时间趋势项;ADF 和 PP 检验统计值括号内数据是对应统计检验的收尾概率,即 p 值。

经检验,被解释变量序列 $\ln y_{it}$ 和解释变量序列 $\ln(r_{sit}k_{sit})$、$\ln(r_{mit}k_{mit})$、$\ln(r_{bit}k_{bit})$ 均为 I(0) 过程,满足协整检验的前提。运用 Kao 和 Pedroni 残差协整检验方法进行协整关系检验,滞后阶数由 SIC 准则确定。结果如表 17-4 所示。

表 17-4　Kao 检验和 Pedroni 检验结果(滞后阶数由 SIC 准则确定)

检验方法	检验假设	统计量名	统计量值(P 值)
Kao 检验	$H_0:\rho=1$	ADF	−7.794538(0.0000)*
Pedroni 检验	$H_0:\rho=1$ $H_1:(\rho_i=\rho)<1$	Panel v-Statistic Panel rho-Statistic Panel PP-Statistic Panel ADF-Statistic	−3.645394(0.99) 2.010135(0.978) −5.334651(0.0000)* −5.292430(0.0000)*
	$H_0:\rho=1$ $H_1:(\rho_i=\rho)<1$	Group-rho-Statistic Group PP-Statistic Group ADF-Statistic	5.227259(1.0000) −6.330615(0.0000)* −5.330243(0.0000)*

注:表中加"*"表示在 1% 的显著性水平下拒绝原假设而接受备择假设。

自主创新与经济增长

从表 17-4 看,Kao 检验结果表明各变量存在协整关系,而 Pedroni 检验结果中 Panel PP-Statistic、Panel ADF-Statistic 和 Group PP-Statistic、Group ADF-Statistic 显示拒绝没有协整关系的假说,而 Panel v-Statistic、Panel rho-Statistic 和 Group-rho-Statistic 显示接受没有协整关系假说,据此不能确定变量间存在协整关系。但对回归方程的残差序列的平稳性检验显示残差序列平稳,因此序列间存在协整关系。[①]

三、面板数据模型回归结果

首先对模型(17.10)使用随机效应模型回归,并对回归结果进行 Hausman 检验,卡方数值为 40.56,大于临界值。Hausman 检验结果显示应该使用固定效应模型。通过对个体截面固定和时期固定效应模型计算结果的比较,使用截面权重的个体截面固定效应模型的结果更符合要求。总体回归结果如下:

$$\ln y_{it} = \underset{(19.75)}{0.904} + \underset{(33.6)}{0.406} \ln(r_{sit}k_{sit}) + \underset{(7.07)}{0.097} \ln(r_{mit}k_{mit}) + \underset{(13.7)}{0.19} \ln(R_{bit}K_{bit})$$

各回归系数下的括号中的数值为 t 统计量,各个系数都在 1% 水平上显著。回归方程的 r^2 为 0.94,调整后的 r^2 为 0.927,F 统计量为 60.4(Prob (F-statistic)=0.000),D-W 为 2.038。回归方程可用。

从以上回归方程可以看出,如果小企业的单位数占总企业数比重与小企业产值增长率之积变动 1 单位,则总产值增长率变动 0.406 单位;中型企业相应量变动 1 单位,总产值增长率变动 0.097 单位;大企业相应量变动 1 单位,总产值增长率变动 0.19 单位。在以上分析中,可以计算由大、中、小企业共同推动的总产值增长率变动中,58.6% 由小企业贡献,14% 由中型企业贡献,27.4% 由大企业贡献,中小企业为总产值增长率贡献了 72.6%。反过来对总产值负增长的影响也一样,如果总产值减少,则其中 72.6% 是由中小企业导致的。

这一计量结果已经表明,中小企业相关量的变动是导致经济波动的关键因素,如果加大培育中小企业主能力的力度,经济稳定性会得到增强。由于计

[①] 高铁梅(2006)认为 ADF 方法检验一组变量(因变量与解释变量)之间是否存在协整关系等价于检验回归方程的残差序列是否平稳。参见高铁梅:《计量经济分析方法与建模:Eviews 应用及实例》,清华大学出版社,2006 年。

量中把中小企业数看做是企业家数,因此每一个中小企业主都被看做具有企业家能力。然而,实际经济中很多中小企业主并不具备企业家能力,也没有大企业家那么丰富的管理性知识。如果中小企业主都是具备知识性企业家能力的企业家,则中小企业对增长的贡献和作用可能会更大。

中小企业对产出增长率的贡献很大,大量小企业的相对长期存续是社会经济增长平稳的一个绝对主因。现实经济中,由于小企业的产值增长空间和企业数量相对大企业更容易变动,所以利用小企业的生产贡献增强社会经济实力值得重视。然而,小企业的创办虽然容易,但破产死亡的速度也更快。企业存续时间的长短实质上反映了企业自身的市场竞争力和管理方面的企业家能力的强弱,提高中小企业的存续时间必须要提高中小企业的企业家能力和市场竞争力。

我国小企业很大一部分都属于乡镇企业,而且乡镇企业的发展主要集中于有很强经济发展潜力的地区,还有很多地区根本没有乡镇企业。在缺少乡镇企业对地方经济作贡献的地区,当地的收入水平很低。因此我国一方面要大力发展乡镇企业,另一方面,要把经济权利通过分权方式还给乡镇企业,强化企业家能力对乡镇企业的作用,尽可能减少企业所处地方政府对企业过多的行政干预,加快市场体制改革的进程。正如巴里·诺顿(2010)指出,中国为了尽快成为一种更加多样化、更为分权化且更加灵活的创业型经济,未来最为紧迫的挑战就是控制和削弱政府对经济和企业过多的干预,这也是真正实现向高增长模式和新的发展阶段转变的唯一途径。

第五节 基本结论

不同于现有文献,本章选择企业家能力是一种知识性资源的新视角,分析中小企业创新能力的形成过程。企业创新主要包括技术创新和管理创新。作为技术创新的第一阶段即新知识和新思想的转化,需要具备足够知识和经验积累的企业家,寻找恰当的时机加以系统化和组织,才有可能转化为新技术。在社会创新的过程中,大学或研究机构主要生产新思想和新知识,中小企业主要将新思想和新知识孵化为新技术,大企业则主要对新技术进行推广。其中,推动新思想和新知识向新技术转化的知识性企业家能力决定了社会创新能力。因此,以企业家能力提升为核心的管理创新是技术创新的基础,对于中小企业来说,管理创新的精髓是中小企业主向企业家的实质性转变。在中小企

自主创新与经济增长

业创新投入的外源性资金来源极其有限的条件下,中小企业的创新来源主要依靠内源性的企业利润,企业利润为创新投入提供了资金保障和内生动力。而企业利润是由企业家能力实现的,这进一步说明以企业家能力提升为核心的管理创新对企业创新的决定性作用,一定意义上企业技术创新问题首先是一个管理问题。

企业家能力的知识性资源禀赋决定经济效率的高低,相对于国有经济,我国非国有经济自改革开放以来的高效率说明了这一知识性资源禀赋的丰裕程度与效率高低是正相关的。因为国有经济的企业经营行为中企业家才能的含量低于非国有经济。在企业家对于企业创新作用的数理模型分析中,企业家知识溢出所获得的利润水平对于创新有非常重要的影响。成功的创新可以使企业实现更大规模的利润,这些利润投入到下一次的技术创新中,带来企业不断扩张,通过知识产生规模递增收益效应,最终实现更大规模的利润和新一轮的企业扩张。

中小企业的外源性投入、用工困难和管理投入等方面不足的统计描述,进一步说明提升中小企业主的知识性企业家能力和加大管理投入,是提高我国中小企业创新能力的关键。作为我国经济发展的一个阶段,1998—2002年的大中小企业数与各自工业总产值相关数据构成的面板数据模型的计量结果,一定程度上说明了中小企业对经济增长和经济稳定的贡献很大,随着我国非国有经济的大力发展,中小企业的这一贡献还会加大。提升中小企业主的企业家能力,也是进一步强化中小企业贡献的有效措施。

总之,要使发展方式转变取得实质性进展,必须通过企业尤其是中小企业的技术创新和管理创新来夯实我国经济增长质量提升的微观基础,最终提高效率,从而实现我国要素投入驱动的增长方式向主要依靠效率驱动的经济发展方式转变,实现经济持续平稳快速发展。

本章参考文献

[1] Acs, Z. J., D. Audretsch. Innovation in Large and Small Firms: An Empirical Analysis. *American Economic Review*, 1988, 78: 678-690.

[2] Acs, Z. J., Carlsson B., and Karlsson C. *Entrepreneurship, Small and Medium Enterprises and the Macro-economy*. London: Cambridge University Press, 1999.

[3] Calantone, R. J., CavuSgil, S. T. and Zhao, Y. Learning Orientation, Firm

第十七章 中小企业创新能力与经济增长质量提升的微观基础

Innovation Capability, and Business Performance. *Industrial Marketing Management*, 2002, (31).

[4] Duguet, E., Monjon S. Is Innovation Persistent at the Firm Level? An Econometric Examination Comparing the Propensity Score and Regression Methods. *Cahiers De La Maison des Sciences Economiques v04075*, Universite Pantheon-Sorbonne, 2004.

[5] James Riedel,金菁,高坚.中国经济增长新论:投资、融资与改革.北京:北京大学出版社,2007.

[6] Stel, A. Van, Carree, M., Thurik, R. The Effect of Entrepreneurial Activity on National Economic Growth. *Small Business Economics*, *Springer*, 2005, 24(3):311-321.

[7] William J. Baumol. Small Enterprises, Large Firms, Productivity Growth and Wages. *Journal of Policy Modeling*, 2008(30):575-589.

[8] 巴里·诺顿.中国经济:转型与增长.安佳译.上海:上海人民出版社,2010:"中文版序".

[9] 陈清泰.促进企业自主创新的政策思考.管理世界,2006(7).

[10] 陈英.技术创新与经济增长.南开经济研究,2004(5).

[11] 陈永杰.西方国家中小企业发展经验及其借鉴.管理世界,1997(2).

[12] 洪银兴.自主创新投入的动力和协调机制研究.中国工业经济,2010,(8).

[13] 刘伟等.中国市场经济发展研究——市场化进程与经济增长和结构演进.北京:经济科学出版社,2009

[14] 刘伟.经济发展和改革的历史性变化与增长方式的根本转变.经济研究,2006(1).

[15] 王帮俊.技术创新扩散的动力机制研究.北京:中国经济出版社,2011.

[16] 席西民.中小企业:公司治理研究的新领域.管理世界,2006(8).

[17] 徐平国,陈全生.发展中小企业是我国保就业的现实选择.经济研究参考,2009(42).

[18] 张金昌.新时期企业管理发展变化的10个趋势.中国工业经济,2000(11).

[19] 张维迎.博弈论与信息经济学.上海:上海三联书店、上海人民出版社,1996.

[20] 周其仁.中国农村改革:国家和所有者关系的变化.中国经济学——1994,上海:上海人民出版社,1995.

图书在版编目(CIP)数据

自主创新与经济增长 / 沈坤荣等著. — 南京：南京大学出版社，2013.12
（南京大学学术文库丛书）
ISBN 978-7-305-12604-8

Ⅰ.①自… Ⅱ.①沈… Ⅲ.①技术革新—影响—经济增长—研究—中国 Ⅳ.①F12

中国版本图书馆 CIP 数据核字(2013)第 307121 号

出版发行	南京大学出版社
社　　址	南京市汉口路 22 号　邮　编 210093
网　　址	http://www.NjupCo.com
出 版 人	左　健
丛 书 名	南京大学学术文库
书　　名	自主创新与经济增长
著　　者	沈坤荣 等
责任编辑	府剑萍　唐甜甜　张兴龙　编辑热线 025-83592193
照　　排	南京南琳图文制作有限公司
印　　刷	南京玉河印刷厂
开　　本	787×960　1/16　印张 24.25　字数 408 千
版　　次	2013 年 12 月第 1 版　2013 年 12 月第 1 次印刷
ISBN	978-7-305-12604-8
定　　价	68.20 元

发行热线　025-83594756　83686452
电子邮箱　Press@NjupCo.com
　　　　　Sales@NjupCo.com（市场部）

* 版权所有，侵权必究
* 凡购买南大版图书，如有印装质量问题，请与所购图书销售部门联系调换